KÖNIGS FURT

Zum Buch

In einer Welt, in der Mythen und Märchen zunehmend von der technischen Zivilisation verdrängt werden, geht nach wie vor eine starke Faszination von der Rätselhaftigkeit unerklärlicher Phänomene aus. Immer wieder gibt es Berichte über die Entführung von Menschen durch Ufo-Besatzungen, oder Augenzeugenberichte, denen zufolge Panther und Yetis auch in mitteleuropäischen Wäldern gesichtet wurden.

Ulrich Magin berichtet von bezeugten Ereignissen, die nicht wirklich geschehen sein können, und dennoch als wahr geglaubt werden. Hierbei entdeckt er einen irrationalen Charakterzug im Menschen, den er in keiner Weise verdammt, sondern als Ausdruck neuer Formen des Glaubens im technischen Zeitalter interpretiert, in dem an die Stelle eines deus ex machina die Ankunft von Außerirdischen in ihren Flugmaschinen getreten ist.

»Magin illustriert ihr Auftreten mit der Gelassenheit des Reiseschriftstellers, der die Landschaft seiner Neigung durchquert. Sein Verfahren überzeugt, weil es Ideologen, die die Wahrnehmung des Unwägbaren bestreiten, wie Gespenster aussehen läßt: Es gibt sie, aber man geht durch sie hindurch.«

Süddeutsche Zeitung

Zum Autor

Ulrich Magin, geb. 1962, studierte angewandte Sprachwissenschaften mit dem Abschluß Diplomdolmetscher. Seit 1996 ist er in einem süddeutschen Verlag als Lektor tätig. Magin beschäftigt sich seit vielen Jahren in zahlreichen Publikationen mit unerklärlichen Phänomenen. Er lebt in Rastatt.

Ulrich Magin

Ausflüge in die Anderswelt

Bedeutungen rätselhafter Phänomene

Königsfurt

Diese Ausgabe wurde zusammengestellt aus den Titeln »Von Ufos entführt«, 1991 und »Trolle, Yetis, Tatzelwürmer«, 1993 – erschienen bei C.H. Beck'sche Verlagsbuchhandlung, München.
Der Autor hat diese Ausgabe aktualisiert und mit einem Vorwort versehen.

Aktualisierte Neuausgabe
Königsförde 2000

D-24796 Klein Königsförde/Krummwisch
www.koenigsfurt.com

Umschlag: Init, Bielefeld

Lektorat: Heike Neumann

Satz & Layout: Stefan Hose, Eckernförde
Druck und Bindearbeiten: Elsnerdruck, Berlin

Printed in Germany
auf chlorfrei gebleichtem Papier

ISBN 3-933939-25-9

Inhalt

Vorwort zu dieser Ausgabe 7

Teil I

1. Was ist ein Ufo? 15

2. Das Ufo-Phänomen in Amerika 22
Zauberei in Neu-England 22
Die Luftschiffe von 1896 24
Charles Fort 29
Die Mars-Panik von 1938 32
1947 – Das Zeitalter der Ufos beginnt 34
Die vierziger und fünfziger Jahre –
Geburt eines Mythos 37
Die sechziger Jahre – Ufos im Kongreß 47
Die siebziger Jahre –
Der Boom der Pseudowissenschaft 53
Die achtziger Jahre – Mit Hypnose auf Ufo-Jagd 59

3. Unheimliche Begegnungen der vierten Art .. 64
Barney und Betty Hill, 1961 77
Betty Andreasson, 1967 80
Pascagoula, 1973 83
Whitley Strieber, 1985 85
Die Entführung der Days in Avely, 1974 91
Copley Woods, 1983 93
Edith Fiore, 1989 94
Entführungen in Deutschland 96

4. Erklärungen und Theorien 102
Die extraterrestrische Hypothese – ETH 102
Ufos und Folklore 106
Parapsychologische Erklärungen 111
Psychologische Aspekte 115

Soziologische Aspekte ... 119
Alles Schwindel! – Die Ansicht der Skeptiker ... 123
Earth Mysteries: Ufos, Menhire und Schamanen ... 127
Fortianische Deutungen ... 132
GE IV und Science Fiction ... 139
Ufos als Religionsersatz: Die Sekten ... 144

5. Die Bedeutung der CE IV-Erfahrung ... 152

Die Bedeutung des Ufo-Phänomens ... 152
Das CE IV-Erlebnis als religiöse Erfahrung ... 158
Religiöse Erfahrungen in der säkularisierten Welt ... 163

Teil II

Die Tür zum Wunderland ... 169

1. Unentdeckte Lebewesen ... 175

Seejungfrauen und Wassermänner ... 175
Feuerdrachen ... 188
Seedrachen und Wasserschlangen ... 195
Riesenkatzen und Geisterhunde ... 216
Drachen in Bergen und Wäldern ... 226

2. Unbekannte Welten ... 251

Kobolde und Riesen ... 251
Marien- und Engelerscheinungen ... 266

3. Unerklärliche Naturphänomene ... 301

Himmlische Geräusche ... 301
Kalte Grüße von oben ... 309
Leuchtende Kugeln und Irrlichter ... 325
Das ganz normale Wunder ... 337

Anmerkungen ... 342

Bildnachweis ... 371

Literatur ... 372

Vorwort zu dieser Ausgabe

Die Anderswelt ist um uns – das war meine Grundthese, als ich 1991 und 1993 zwei Bücher schrieb: »Von Ufos entführt« und »Trolle, Yetis, Tatzelwürmer«. Knapp zehn Jahre alt sind die beiden Manuskripte also, die in diesem Band, behutsam korrigiert, erneut veröffentlicht werden. Da stellt sich die Frage: können diese Texte noch bestehen? Schließlich haben sich all die Phänomene, die hier aufgeführt sind, ständig weiterentwickelt.

Das Gebiet der sogenannten UFO-Entführungen ist innerhalb weniger Jahre erstaunlich unübersichtlich geworden. In den USA scheint sich die UFO-»Forschung« (falls sie diesen Namen überhaupt noch verdient) auf die Aufdeckung von Entführungen und Regierungsverschwörungen zu beschränken, und TV-Miniserien und die Kultreihe »Akte X« haben mittlerweile den Idealtypus der Verschleppung durch Außerirdische in die entlegendsten Winkel gebracht. »Naive« Zeugen, die noch nie von dem Phänomen gehört haben, gibt es – sollte es sie denn je gegeben haben – heute nicht mehr. Bestätigt hat sich, daß Entführungen tatsächlich zu einem festen Bestandteil esoterischer religiöser Praktiken geworden sind. Immer stärker setzt sich die Erkenntnis durch, daß die Außerirdischen nur hier sind, um uns zu helfen.[1]

Forscher, die die tatsächliche Realität der Entführungen vertreten, etwa Budd Hopkins, David Jacobs oder John Mack, sind bis heute jeden physikalischen Beweis schuldig geblieben – trotz großspuriger Ankündigungen wurde bis jetzt kein Implantat, das von außerirdischen Intelligenzen stammt, vorgelegt. Die einzige Kontinuität ist nach wie vor, daß – wie bei den Hexenprozessen der frühen Neuzeit – die Opfer stets das bestätigen, was ihre »Erforscher« für die Wirklichkeit halten. So glaubt John Mack z.B. an Reinkarnation, und seine Zeugen geben an, bereits in früheren Leben Kontakt zu Außerirdischen gehabt zu haben; Budd Hopkins glaubt an einen machiavellistischen Plan der Ets, die uns via Genmanipulation übernehmen wollen, folglich berichten seine Entführten von schmerzhaften Untersuchungen und der Zucht von Alien-Mensch-Hybriden; Constance Clear vertritt die Ansicht, die Fremden wollten uns bei unserer geistigen Evolution helfen, und schon geben ihre Entführten New-Age-Botschaften von sich. Verschiedene Elemente der Entführungserzählung, die bislang weniger aus den Begegnungen gefolgert wurden denn theoretisch behauptet, gehören heute zum Idealtypus, so die Feststellung, daß immer mehrere Generationen einer Familie entführt werden, daß sich Entführte einer Unterstützergruppe bereits in den Ufos kennenlernten oder daß es zu hybriden Genzüchtungen kommt.

In Deutschland hat sich die Lage, was Entführungen angeht, mittlerweile drastisch verändert: Es gibt hierzulande keine isolierten Fälle mehr wie noch 1991, sondern zahllose »Entführte« – obgleich die meisten Zeugen kaum von mehr als von Träumen oder äußerst bruchstückhaften Erinnerungen berichten können. Vor allem Ufo-Forscher auf der Suche nach neuem Material für ihre sensationell ausgerichteten Bücher haben diese Lawine ausgelöst[2] und Leuten, die nur einmal schlecht geträumt haben, eingeredet, sie seien Extraterrestriern in die Hände gefallen. Tatsächlich hat man sogar Menschen, die nachweislich nur die Lasershow einer Disko oder einen hellen Stern gesehen haben, erfolgreich suggeriert, Außerirdische hätten sie an Bord eines Raumschiffes verschleppt. Welche Gipfel der Irrationalität die Weigerung der Ufologen, mythologische Erzählungen und subjektives Material als solches gelten zu lassen, noch erklimmen wird, kann nur die Zeit zeigen.

Ohne Zweifel wird auch in den nächsten zehn Jahren kein Beweis für die Anwesenheit von Extraterrestriern auf der Erde gefunden werden. Die Ufologen werden das weiterhin mit der überlegenen Intelligenz der Außerirdischen erklären, um ihre Traumgebilde am Leben zu erhalten.

Viele der Phänomene, die »Trolle, Yetis, Tatzelwürmer« zum ersten Mal einem größeren Publikum präsentierte, haben sich mittlerweile etabliert. Die Sichtungen von Berglöwen, Pumas und anderen Raubkatzen setzen sich unvermindert fort. Häufig bleibt es nun nicht mehr bei isolierten Beobachtungen, sondern es gibt ganze Beobachtungsreihen, die sich über Wochen fortziehen, mit teuren Polizeieinsätzen und genereller Hysterie.

Betrachtet man die in »Trolle, Yetis, Tatzelwürmer« vorgestellten Erscheinungen, dann erscheint die Entwicklung bei den mysteriösen »Eisbomben« am interessantesten verlaufen zu sein. Gleich in großen Mengen sollen sie im Januar 2000 zuerst in Spanien, dann in Italien vom Himmel gestürzt sein, und erstaunlicherweise handelte es sich weder um gefrorene Flugzeugtoiletten noch um mysteriös große Hagelkörner, sondern zum Großteil um Schwindel. Die »Zeugen« hatten Leitungswasser tiefgefroren (teilweise mit Sand und Blättern vermischt) und von Hochhäusern geworfen. Die Presse berichtete genüßlich, und die Gazetten ulkten, Eisbomben seien die neuen Ufos oder Kornkreise. Durch diese Spektakel erhielten plötzlich auch Berichte aus Deutschland landesweite Aufmerksamkeit, allerdings wurden sie nicht – wie in Italien oder Spanien – als Welle wahrgenommen, sondern nach wie vor als isolierte Vorkommnisse. Doch trotz der vielen Schwindel sind Eiskometen ein ernstzunehmendes Thema für die Wissenschaft. Zum einen stellten sich einige der Funde in Italien oder Spanien als atmosphärisches Eis heraus, also als gigantische Hagelkörner, deren Massivität nur schwer zu erklären war; zum anderen zeigte 1997 der amerikanische Wissenschaftler Dr. Louis A. Frank von der University of Iowa, daß – mit einer Dichte von 5 bis 30 Stück pro Minute – interplanetarische Eisblöcke von der Größe eines Hauses und einem Gewicht von bis zu 40 Tonnen in die

Erdatmosphäre eintreten, wo sie gewöhnlich in einer Höhe von 600 bis 15000 Meilen verglühen. Es kann aber keinen Zweifel daran geben, daß diese riesigen Eiskometen manchmal auch auf dem Erdboden aufschlagen. Frank hatte seine Kritiker, bis ein Satellit der NASA im September 1996 einen Eiskometen von 12 Metern Durchmesser fotografierte, der gerade in die Atmosphäre eintrat.[3]

Ob sich mit den »Eiskometen« tatsächlich ein neues Phänomen etabliert hat, das sich mit fliegenden Untertassen und Piktogrammen in Getreidefeldern messen kann, das muß allerdings die Zukunft zeigen.

1993 hatte ich noch nichts von Gebieten gehört, in denen Geisterlichter so gehäuft auftreten, daß sie – wie in den USA zum Beispiel – zur Touristenattraktion werden. Mittlerweile sind die Spuklichter des Brieselanger Waldes in Brandenburg durch die Medien gegeistert, »unwirkliche und in unregelmäßigen Abständen erscheinende Lichter«[4], die sich allerdings bei näherer Untersuchung als Reflektionen und Beobachtungen von Autoscheinwerfern und Taschenlampen herausgestellt haben. Das letzte Wort in dieser Sache ist jedoch noch nicht gesprochen, und die Forschungen dauern an.

Wie schnell falsche Verknüpfungen und Mythen entstehen können, das habe ich in der ersten Version von »Trolle, Yetis, Tatzelwürmer« unfreiwilligerweise selbst gezeigt. Da führte ich – nicht ohne Stolz – die Sichtung eines Seeungeheuers im Bodensee an, die sich (auch da fühlte ich mich bestätigt) genau an die Darstellung eines Monsters hielt, das der schwedische Gelehrte Olaus Magnus erstmals 1539 darstellte und auf 1522 datierte. Nun, tatsächlich war der Holzstich von 1539 die Vorlage für die angebliche Sichtung 1727 bei Friedrichshafen – nur mit Bodensee hatte das alles nichts zu tun. Denn Friedrichshafen am Bodensee hieß 1727 gar nicht Friedrichshafen, sondern Buchhorn. Ihren heutigen Namen erhielt die Gemeinde nämlich erst 1811. Die Nähe von Augsburg, wo die Flugschrift gedruckt wurde, zu dem »Schwäbischen Meer« führte mich auf diese falsche Fährte; tatsächlich bezog sich der Text auf Frederikshavn in Dänemark an der Spitze Jütlands.

Rastatt, September 2000 *Ulrich Magin*

[1] vgl. dazu Clear, Constance: Reaching for Reality. San Antonio, Tx: Consciousness Now 1999

[2] vgl. Magin, Ulrich: Kontakte mit »Außerirdischen« im deutschen Sprachraum, Lüdenscheid: GEP 1999 mit einem umfangreichen Fallkatalog.

[3] vgl. New Scientist, 31. Mai 1997; Focus 23/1997, S. 76; Fortean Times 102, 1997, S. 8

[4] Journal für Ufo-Forschung 112, 1997, S. 126 f.

Teil I

Als Elija so weit gekommen war, ließ er sich nieder und sprach: »Nun ist es genug, Jahwe! Nimm meine Seele hin!« Dann legte er sich hin und schlief ein. Da, auf einmal rührte ihn ein Engel an und sprach zu ihm: »Steh auf, iß!« Als er hinblickte, siehe, da war zu seinen Häupten ein gerösteter Fladen und ein Krug Wasser. Und er aß und trank und legte sich wieder schlafen.

1.Buch der Könige 19: 14-6

Einer der Ufo-Piloten hielt einen Eimer und bat Joe Simonton durch Gesten um Wasser. Simonton füllte den Eimer mit Pumpenwasser und gab ihn dem schweigsamen Mann zurück. In der Untertasse arbeitete ein Mann an einer Art Herd. Daneben lag ein Stapel Pfannkuchen. Simonton deutete auf die Pfannkuchen, der Mann mit dem Eimer holte welche und gab ihm vier. Joe Simonton stand mit weit aufgerissenem Mund da, vier warme Pfannkuchen in der Hand, als das Ufo davonflog.

Ufo-Bericht, Keel 1973:176

1.
Was ist ein Ufo?

Seit der amerikanische Pilot Kenneth Arnold am 24. Juni 1947 neun ungewöhnliche fliegende Scheiben über dem Mount Ranier im US-Bundesstaat Washington beobachtete und ein findiger Journalist den Begriff »fliegende Untertassen« schuf, hat das Rätselraten um diese Phantome des Himmels nie mehr aufgehört.

Heute wird allgemein der Begriff Ufo benutzt, eine Abkürzung aus dem Jargon der amerikanischen Luftwaffe, die »unidentified flying object«, also unidentifiziertes fliegendes Objekt, bedeutet und ein Flugobjekt bezeichnet, das zum Zeitpunkt der Sichtung zwar nicht identifiziert werden konnte, nach reichlicher Untersuchung aber einer natürlichen Ursache zugeordnet werden kann. Denn die amerikanische Luftwaffe stellte im Laufe ihrer offiziellen Untersuchung der vielen tausend gemeldeten Sichtungen recht schnell fest, daß zwischen 90 und 99 Prozent der gemeldeten Beobachtungen auf längst bekannte Ursachen zurückzuführen waren – z. B. Meteore, Nordlichter, Vogelschwärme, hochfliegende Flugzeuge, Helikopter und Ballone oder einfache optische Täuschungen und, wenn auch in geringem Maße, Betrügereien und Schwindel.

Nach der Untersuchung vieler zehntausend Sichtungen sind Ufo-Forscher fast überall in der Welt zu dem Schluß gekommen, daß nur ein verschwindend kleiner Teil der Beobachtungen tatsächlich etwas der Wissenschaft Unbekanntes beschreibt. Aus irgendeinem Grund scheinen die Menschen am Himmel Dinge zu sehen, die in dieser Form gar nicht dort sind.

Eine kurze Begriffserklärung wird das deutlich machen. Obwohl man gerne von Ufo-Sichtungen spricht, die untersucht

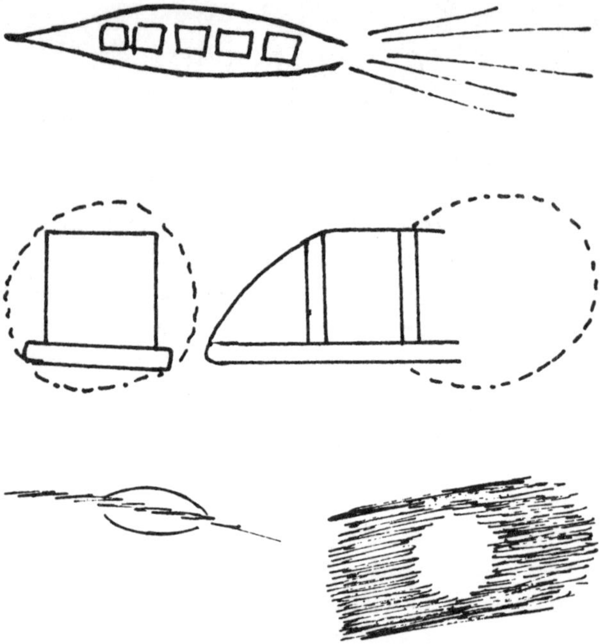

Abb. 1: Drei Skizzen von Zeugen, die Meteore beobachten und für Ufos hielten. Die Beobachtungen fanden am 24. Juli 1948 (oben), 23. September 1986 (mitte) und 2. Februar 1988 (unten) statt.

worden sind, kann natürlich niemand eine Sichtung untersuchen, wenn er nicht selbst anwesend ist. Ufo-Forscher machen denn auch die feine Unterscheidung zwischen dem Ufo-Ereignis, dem Ufo-Erlebnis und dem Ufo-Bericht.

Das Ufo-Ereignis ist das, was tatsächlich am Himmel, am Boden oder im Wasser vorgeht. Das mag etwas Ungewöhnliches sein, doch meist ist der Stimulus – der Auslöser der Sichtung – ein alltägliches Objekt, das unter ungewöhnlichen Umständen beobachtet und deshalb als außergewöhnlich wahrgenommen wird.

Der oder die Zeugen bemerken das Ufo-Ereignis und nehmen es wahr. Diese Wahrnehmung ist das Ufo-Erlebnis. Die Erlebnisse können sehr komplex sein, auch wenn der Stimulus selbst sehr alltäglich war. Bei einem Fall beobachteten zwei ältere Frauen in England stundenlang den Vollmond und deuteten ihn als silbernes Raumschiff mit Bullaugen. Schlechte Sicht, ungewöhnliche atmosphärische Verhältnisse oder ungewöhnliche psychologische Erwartungen und Hoffnungen auf der Seite der Zeugen können dafür verantwortlich sein, daß aus dem objektiven Ufo-Ereignis ein sehr subjektives Ufo-Erlebnis wird.

Sobald der Zeuge das Erlebte beschreibt, verwandelt sich das Erlebnis in einen Bericht. Dieser Bericht gibt, da die meisten Menschen nicht gerade Schriftsteller sind, das Erlebnis mindestens ebenso verzerrt wieder, wie das Erlebnis das Ereignis spiegelt. Was bei dem Erlebnis selbst noch reine Mutmaßung gewesen sein mag, erhält durch den Bericht eine Aura von Gewißheit: Da mag der Zeuge vage Lichter gesehen und für Fenster gehalten haben, doch im Bericht steht Bullauge – und schon hat sich ein eventuell alltäglicher Stimulus in ein Raumschiff vom anderen Stern verwandelt.

Ein Zeuge kann etwa einen Meteoriten sehen, der in mehrere Teile zerplatzt ist. Das Ereignis ist so nichts Ungewöhnliches, doch ein Zeuge mag, vielleicht aufgrund von Presseberichten in der Zeitung, nach denen in der Gegend Ufos gesehen worden sind, den Meteoriten für etwas Außerordentliches halten. Natürlich sieht er kein Raumschiff, doch er wird die Lichter für eine Reihe von Bullaugen halten und das Raumschiff darum herum durch seine Kreativität selbst erschaffen. Und in seinem Bericht wird er schreiben, er habe einen raketenähnlichen, unbekannten Flugkörper mit einer Reihe leuchtender Fenster beobachtet.

Diese doppelte Verzerrung der Realität durch den Ufo-Zeugen (und mögliche weitere durch die Forscher, die die jeweilige Beobachtung in ihre eigene Terminologie übertragen) muß man stets vor Augen haben, wenn man eine Sichtung beurteilen will. Die simple Gleichsetzung von Ufo-Bericht und Ereignis, oder eben von kulturell verarbeiteter Erzählung und Wirklichkeit, ist vollkommen ungeeignet, wenn man das durchaus rätselhafte Ufo-Phänomen verstehen will.

Um all diese Probleme zu umgehen, hat der amerikanische Astronom J. Allen Hynek Anfang der siebziger Jahre eine Klassifikation der Ufo-Berichte entworfen, die heute allgemein anerkannt wird. »Vor einigen Jahren«, schrieb Hynek im Jahr 1978[1], »habe ich ein einfaches Einteilungssystem entworfen, das allein auf dem als beobachtet Gemeldeten beruhte und nicht auf irgendeiner vorgefaßten Vorstellung davon, was die eigentliche Natur der Ufos sein könnte. (...) Es ist wichtig, daß dieses einfache Einteilungssystem in sich keine Andeutung einer Ufo-Theorie enthält, weder zu ihrem Ursprung noch zu ihrer Natur. Es unterscheidet einfach die vielen Arten der Wahrnehmung von Ufos und nicht das, was wahrgenommen wird. Dieselbe Einteilung gilt, ob Ufos wahrhaftig eine objektive physikalische Realität sind, oder ob sie sich als etwas völlig anderes erweisen«.

Zuerst teilt Hynek die aus einiger Entfernung gesichteten Ufos in drei Klassen ein:

Die *Nachtlichter* (Nightlights): Sehr fremdartige helle Objekte, Lichter und Formen, die nachts gesehen werden und deren Verhalten scheinbar auf etwas Fremdartiges hinweist. Nachtlichter werden kurz als NL bezeichnet.

Die *Tageslichtscheiben* (Daylight-Discs): Objekte, hauptsächlich, aber nicht nur, silbrige Scheiben, die am Tage beobachtet werden. Man kürzt sie DD ab.

Radar-Visuelle Sichtungen (RV): Dabei handelt es sich um Nachtlichter oder Tageslichtscheiben, die gleichzeitig mit dem Auge wahrgenommen und per Radar erfaßt werden.

Falls der Zeuge der Überzeugung ist, er sei dem Ufo näher als einhundert Meter gekommen, spricht Hynek von »Close

Abb. 2: Zeichnung von Mona Stafford, die berichtete, von diesem Raumschiff im Jahre 1976 in Kentucky entführt worden zu sein.

Encounters«, Nahbeobachtungen bzw. Nahbegegnungen. Bei uns ist diese Kategorie durch den Titel von Steven Spielbergs Film als »unheimliche Begegnungen« bekannt geworden. Diese reißerische Übersetzung wird dem nüchternen Hynekschen System zwar nicht gerecht, ist aber inzwischen so eingebürgert, daß sie auch hier verwendet werden soll. Daß ein Zeuge vermutet, er sei einem Ufo nahe gekommen, bedeutet natürlich nicht, daß er dem Stimulus tatsächlich so nahe gekommen ist. Man kennt nahe Begegnungen, die durch den sehr fernen Planeten Venus ausgelöst worden sind. Offenbar kommen nahe Begegnungen dann zustande, wenn ein Stimulus, der genausogut eine Fernbeobachtung erzeugen könnte, vom Beobachter grob verzerrt wahrgenommen wird. Danach gilt folgende Einteilung:

Nahe Begegnungen der ersten Art (Close Encounters of the First Kind, abgekürzt CE 1) sind Sichtungen, bei denen das Ufo in einer Entfernung von weniger als hundert Metern wahrgenommen wird, ohne daß etwas Besonderes geschieht.

Bei *Nahen Begegnungen der zweiten Art* (Close Encounters of the Second Kind, CE II) sind angeblich Spuren des Ufo-Ereignisses in der Umwelt zurückgelassen worden: ein Kreis niedergedrückter Vegetation, Löcher im Erdreich etc., oder das Ufo interagiert mit der Umgebung: ein Automotor stoppt, das Fernsehbild flimmert, Strom fällt aus, Tiere werden unruhig.

Bei *Nahen Begegnungen bzw. Unheimlichen Begegnungen der dritten Art* (Close Encounters of the Third Kind, CE III) werden in, bei oder auf dem Ufo oder in sinnvollem Zusammenhang mit einem Ufo Lebewesen beobachtet, die seine Piloten sein könnten. Diese Wesen sind praktisch immer menschenähnlich. In den seltensten Fällen wird von Robotern berichtet. Außerirdische Monstren, wie sie in der Science Fiction geschildert wurden, sind bisher noch kaum beobachtet worden. Diese Wesen nennt man Humanoiden, Ufonauten oder Piloten. In den fünfziger Jahren berichteten viele Menschen, sie hätten Kontakte mit wunderschönen freundlichen Menschen von Venus und Mars gehabt. Diese Kontaktler sind mittlerweile fast vollständig von der Ufo-Szene verschwunden.

Aber seit über 20 Jahren berichten immer mehr Zeugen, hauptsächlich in den USA, sie hätten nicht nur eine CE III erlebt, sondern mehr – eine CE IV, eine *Unheimliche Begegnung der vierten Art.* Dabei kommt es, wie bei den Kontaktlern, zu einem Betreten der Raumschiffe und zu Flügen ins All, doch sind die Zeugen dabei Opfer, d.h. sie werden von den Humanoiden in das Ufo geschleppt und dort meist sehr schmerzhaften medizinischen Untersuchungen und Experimenten unterzogen. Dann erhalten sie Botschaften, die meist politische oder soziologische Aussagen über den Zustand der Welt enthalten.

Es scheint nur zwei Alternativen zu geben: Entweder außerirdische Raumfahrer landen tatsächlich auf der Erde und operieren an Menschen herum, oder aber Tausende von gemeinhin unbescholtenen Bürgern in den USA und zunehmend auch der ganzen Welt erfinden unabhängig voneinander die gleichen unglaublichen Lügengeschichten.

Die unheimliche Begegnung der vierten Art, das CE IV-Erlebnis, ist Gegenstand dieses ersten Teils.

2.
Das Ufo-Phänomen in Amerika

Zauberei in Neu-England

Will man den einschlägigen Büchern glauben, dann beginnt die Geschichte des Ufo-Phänomens in Amerika mit der Entdeckung Amerikas: Wenige Stunden vor der ersten Landsichtung will Columbus eigenartige Lichter am Horizont gesehen haben.[1] Man hat verschiedene konventionelle Erklärungen für diese Beobachtung vorgeschlagen – darunter leuchtende Meerestiere, Meteore und die Fackeln der Eingeborenen.[2] Für die Verfechter der Ufo-Theorie ist bewiesen, daß das Phänomen schon vor der Ankunft der Europäer in Amerika vorhanden war. Skeptiker nehmen an, daß es damals wie heute einfache konventionelle Erklärungen für die Erscheinungen gibt. Doch Christoph Columbus begegnete auf seinen Reisen nicht nur eigenartigen Lichtern, sondern auch Nixen, Seeungeheuern und Engeln.[3] Er war ein Mensch des ausgehenden Mittelalters und nicht der rational denkende Seefahrer, zu dem ihn die Biographen gerne machen.

Im 17.Jahrhundert erlebte Neu-England, die Keimzelle der heutigen USA, die erste massive Welle von Sichtungen ungewöhnlicher Himmelserscheinungen. Neu-England wurde von Puritanern besiedelt, deren religiöse Vorstellungen das tägliche Leben bis hin zu den kleinsten Einzelheiten prägten. Die unbedeutendsten Ereignisse konnten Fingerzeige Gottes sein, und der Teufel besuchte die Menschen in der unschuldigsten Gestalt, um die Gläubigen vom rechten Weg abzubringen. Unbedeutende Zeichen wurden als Intervention Gottes interpretiert.[4] Traditioneller europäischer Aberglaube, der in der Alten Welt bereits vergessen war, hielt sich in den Kolonien weiter.[5]

Neu-England war eine junge Kolonie, die um ihre kulturelle Unabhängigkeit kämpfte. Die puritanische Moral zwang die Menschen, eine Doppelexistenz zu führen und erzeugte verborgene Konflikte und verdrängte Wünsche. Da begannen gegen Ende des 17. Jahrhunderts einige Kinder in Salem, Massachusetts, mit Vodoo zu experimentieren.[6] Die Kinder beschuldigten bald verschiedene weniger geachtete Mitglieder der Gemeinde Salem der Hexerei. Der Pfarrer glaubte ihnen, obwohl kritische Stimmen davor warnten, den Worten unreifer Kinder allzuviel Beachtung zu schenken. Jeder der Hexerei Bezichtigte beschuldigte seine Nachbarn, um sich selbst von dem Vorwurf zu befreien. Nach kürzester Zeit hatte der Wahn die ganze Kolonie ergriffen. Selbst die höchsten Honoratioren wurden der Hexerei bezichtigt. Die stärksten Anhänger der Hexentheorie bemerkten die Unsinnigkeit der Anklagen schließlich beim Vergleich der Beziehung der Beschuldigten zum Beschuldiger. Der Hexenwahn hatte 1691 begonnen, im Mai 1693 wurden die Urteile gegen sämtliche Verhaftete zurückgenommen – das jedoch kam für mehrere Angeklagte zu spät.[7] Dieser Gruppenprozeß war äußerst komplex und offenbart dem heutigen Forscher viel über die Sozialstruktur und die juristischen Kompetenzen der kleinen Kolonistengemeinden.[8]

Hier aber ist vor allem der Zusammenhang der Krise mit ungewöhnlichen Himmelserscheinungen von Interesse.

Zur Zeit der Hexenverfolgungen wurden wiederholt Lichtkugeln bemerkt, die von den Puritanern als Manifestation Satans interpretiert wurden. Die Krise der kleinen Kolonie spiegelte sich quasi am Himmel wider: »Seltsame Nachtlichter wurden gesehen«, schreibt Demos,[9] »plötzliche, unerklärliche Geräusche gehört, Geisterschiffe erschienen am Himmel«. England befand sich mit Frankreich im Kriegszustand, der europäische Konflikt wurde in die Kolonien getragen. Für die Puritaner waren die katholischen Franzosen und die heidnischen Indianer Teufelsanbeter. Cotton Mather, der Chronist und einer der Hauptbeteiligten an der Hexenhysterie, berichtet von einem Angriff von als Indianer verkleideten Dämonen auf das Blockhaus eines Siedlers.

Eine Generation vor Cotton Mather führte der Gouverneur von Massachusetts, John Winthrop, Buch über seltsame Lichtphänomene in seiner Provinz. Er beschreibt akkurat ein 1639 über dem Muddy River gesichtetes Licht und einen vollmondgroßen Feuerball im März 1644 über Boston.[10] Er notiert die Erscheinungen mit wissenschaftlichem Interesse, doch ohne weltanschauliche Interpretation. Damals mußte die Gemeinschaft noch nicht unter internen und externen Konflikten leiden: Die Erscheinungen konnten bemerkt werden, ohne daß ihnen eine göttliche oder diabolische Bedeutung beigemessen wurde.

Die Luftschiffe von 1896

Gegen Ende des 19. Jahrhunderts ging eine wichtige Periode in der amerikanischen Geschichte zu Ende: Das ganze Land war nun besiedelt, die mythische Grenze im Westen verschwunden. Freiräume gab es nur noch in Alaska, und nur das Meer, die hohen Gebirge und der Himmel blieben unerforscht. Wissenschaftler investierten viel Zeit in die Entwicklung von Luftschiffen und Motorflugzeugen – damals noch erfolglos. Die ersten brauchbaren Fluggeräte wurden erst gegen Anfang des 20. Jahrhunderts gebaut. Aber die Menschen sprachen schon von diesen Wunderdingen, und wenn ein namenloser Erfinder der Presse gegenüber erklärte, er habe ein flugfähiges Luftschiff konstruiert, fand er gewöhnlich ein Publikum, das ihm zu glauben gewillt war.

Gleichzeitig erlebten die USA gewaltige soziale Probleme. Die alteingesessenen Bürger fühlten sich von den neuen Immigranten bedrängt, die ersten faschistischen Parteien entstanden. Die Städte wurden größer, 80 Prozent der Bevölkerung lebten am Existenzminimum, während sich die High Society auf ausgelassenen Partys vergnügte. Im Winter 1893 erklärten 55 Banken ihren Bankrott. In New York gab es über 200000 Obdachlose.[11]

Während die Wissenschaft Wunder versprach, etwa das Fliegen, entwurzelten die neuen Technologien die Menschen. Das Leben in den vernachlässigten ländlichen Gebieten bestand aus Routine, die Jungen zog es in die großen Städte: Eine Krisensituation mit gewaltigen, scheinbar unlösbaren Problemen, in der apokalyptische Ängste und rassistische Ressentiments blühten und eine Zeit, in der zahlreiche Sekten entstanden und die Menschen auf Antwort vom Himmel warteten.

1896/97 fand die erste wirkliche Welle von Ufo-Sichtungen in den USA statt – Tausende von Beobachtungen von Luftschiffen und hellen Lichtern wurden in den Zeitungen gemeldet. Diese Berichte drücken die kollektiven Ängste und Erwartungen aus. Doch nicht alle gingen auf Sichtungen zurück. Wie John Keel[12] feststellte, waren viele der Beobachtungen einfach Erfindungen der gelangweilten Telegrafenbeamten, die sich gegenseitig mit Schwindelgeschichten unterhielten. War so eine Geschichte erst einmal in der Zeitung – und überregionale Zeitungen als wichtige Medien entstanden gerade zu dieser Zeit –, dann hielten die Bürger der Region nach den Luftschiffen Ausschau, und so manches helle Licht am Himmel stammte nicht von einem Zeppelin, sondern von Sternen und Planeten.

Die Hoffnung auf die Entwicklung realer Luftschiffe machte es einfach, daran zu glauben, daß ein findiger Amerikaner, vielleicht Edison, bereits ein solches Gerät erfunden hatte: »Gewöhnlich galt jedes ungewöhnliche Licht im Himmel«, so Keel,[13] »als Leuchte an einem Luftschiff«. Obwohl 1896 allgemein angenommen wurde, die beobachteten Objekte seien die Erfindung irdischer Konstrukteure, nimmt die Luftschiffwelle viele Aspekte des späteren Ufo-Phänomens bis hinein in die kleinsten Details vorweg.

So gibt es Gerüchte über Bruchlandungen von Luftschiffen, die später in den fünfziger Jahren unseres Jahrhunderts wiederbelebt wurden. Am 17. April 1897 soll ein Luftschiff nach einer Kollision mit einer Windmühle über dem texanischen Dorf Aurora abgestürzt sein. Der verstümmelte Pilot, den die Bewohner für einen Marsmenschen hielten (einer der wenigen Fälle, in denen nicht von einem irdischen Piloten berichtet wurde), sei auf dem Dorffriedhof beigesetzt worden. Im Luftschiff sollen sich außerirdische Hieroglyphen befunden, das Fahrzeug selbst aus einer Art Aluminium bestanden haben. J. Allen Hynek besuchte Aurora im Jahre 1966, um mehr über den eigenartigen Fall herauszufinden. Aber es hat in Aurora weder eine Windmühle noch das Grab eines Piloten je gegeben! Die Geschichte war eine Zeitungsente.[14]

In den siebziger Jahren unseres Jahrhunderts kursierten in den USA zahlreiche Berichte über grauenhaft verstümmelte Tiere, die angeblich von Außerirdischen geschlachtet worden waren. Am 28. April 1897 beobachtete der Farmer Alexander Hamilton aus LeRoy, Kansas, wie »einige gräßliche Gestalten« von einem Luftschiff aus mit einem Anker eines seiner Kälber geangelt und verstümmelt hatten. Auch diese Geschichte stellte sich als Schwindel heraus.[15]

Die ersten Entführungen wurden gemeldet: Im November 1896 wurde der Elektriker J. A. Heron aus San José in Kalifornien zu einem Flug in einem Luftschiff eingeladen. Er traf sich mit der (irdischen) Besatzung auf einem menschenverlassenen Feld in der Nähe San Franciscos und wurde zu einem Flug nach Hawaii mitgenommen. Er erklärte, er habe die 4400 Meilen lange Reise in 24 Stunden hinter sich gebracht. Später berichtete seine Frau den neugierigen Reportern, die fragliche Nacht habe ihr Mann zu Hause im Bett verbracht.[16] Im April 1897 wurde Senator Harris bei Harrisburg, Arkansas, zu einem Rundflug in einem gelandeten Luftschiff eingeladen. Harris lehnte ab.[17]

Astronomen wurden von dem allgemeinen Taumel nicht erfaßt: Professor Hough von der Northwestern University erklärte, bei den gesichteten Lichtern handle es sich nur um den Planeten Venus oder den Stern Alpha Orionis.[18] Seiner Meinung nach waren die beobachteten roten und grünen Lichter durch atmosphärische Verzerrungen entstanden.[19]

Während sich hinter zahlreichen Sichtungen also Himmelskörper verbargen, entstanden andere als Erfindungen von Zeitungsreportern und Telegrafenbeamten. Durch die ausgiebige Berichterstattung in den Zeitungen wurden Scherzbolde animiert, selbst »Luftschiffe« zu starten. Am 26. November 1896 ließ der Elektriker A. H. Babcock über Oakland, Kalifornien, einen großen Drachen steigen, der von der wundersüchtigen Masse als Luftschiff bestaunt wurde.[20] Ein Mann im Staat Washington knotete eine Laterne an die Füße eines Pelikans und ließ ihn fliegen.[21] Absichtlich in den Sichtungsgebieten gestartete Ballons trugen zur allgemeinen Verwirrung bei.[22] Zahlreiche »Erfinder« meldeten sich bei den Zeitungen und behaupteten, die Konstrukteure des Luftschiffes zu sein. Alle versprachen, ihr Geheimnis zu lüften, sobald die Zeit reif dazu sei und dann öffentliche Vorführungen zu veranstalten. Sie waren allesamt Schwindler, die das Interesse der Öffentlichkeit ausnutzten, um für ein paar Stunden im Rampenlicht zu stehen.[23]

Viele Einzelheiten bis hin zur Beschreibung der Luftschiffe, ihrer Piloten und ihres Verhaltens hatte Jules Verne bereits ein Jahrzehnt zuvor in seinen Romanen geschildert.[24] Andere Parallelen sind in keltischen Sagen zu finden. So soll am 26. April 1897 ein Luftschiff über Merkel in Texas einen Anker nachgeschleift haben. Ein Mann kletterte vom Luftschiff aus die Kette herunter und hakte das Gerät los. Ein Anker, den ein Luftschiff Anfang April 1897 über Sioux City, Iowa, herunterließ, verfing sich in der Kleidung des einzigen Augenzeugen, Robert Hibbard. Es gibt ein altes irisches Manuskript, den »Königsspiegel«, der ähnliches berichtet: Eines Sonntags im

Jahr 956 soll ein Schiff über dem irischen Cloera erschienen sein. Es schleppte einen Anker nach, der sich in der Kirchentür verfing. Ein Matrose kletterte das Ankertau herab, und die Menge wollte ihn lynchen, weil sie ihn für einen bösen Zauberer hielt. Nur den beherzten Worten eines Bischofs war es zu verdanken, daß dem Manne nichts geschah und das Schiff in den Wolken weitersegeln konnte. Diese Sage war im Mittelalter in ganz Europa verbreitet und wurde unter anderem auch noch in Lyon lokalisiert.[25]

Es wurde bereits angedeutet, daß die alteingesessenen Amerikaner die Neueinwanderer, besonders Osteuropäer und Chinesen, als »Abschaum« ablehnten. Im April 1897 traf der Richter Lawrence A. Byrne in Arkansas auf die Besatzung eines Luftschiffes: Es waren Japaner.[26] Andere Piloten wurden ebenfalls als »Ausländer« beschrieben.[27] Es gab aber durchaus Fälle, in denen sich die Piloten als äußerst patriotische Amerikaner entpuppten.[28] Offenbar symbolisierten die Luftschiffe gleichermaßen die Angst vor einer Invasion durch Fremde wie die Hoffnung in den amerikanischen Pioniergeist, der, der Grenze im Westen beraubt, nun neue Herausforderungen im Himmel suchte.

Obwohl sich die meisten der amerikanischen Luftschiffpiloten äußerst beredt über die verwendetete Technologie gaben (besondere Fortentwicklungen der Dampfmaschine oder Nutzungen der Elektrizität), schwiegen sie über ihre Motivation. Nur zwei nannten im Gespräch mit Zeugen den Grund, warum sie Luftschiffe erfunden und bislang geheimgehalten hatten. Der Pilot, der am 15. April 1897 zwei Meilen außerhalb von Springfield, Illinois, landete, wünschte sich ein von den Spaniern befreites Kuba,[29] und der Luftschiffer, der Senator Harris kontaktierte, wollte nicht nur einen Flug zum Mars unternehmen, sondern ebenfalls die Spanier aus Kuba vertreiben und den Armeniern in ihrem Kampf gegen die Türken helfen.[30]

Charles Fort

Charles Fort war ein amerikanischer Schriftsteller, der bis zu seinem Tode im Jahr 1932 unermüdlich Meldungen über unerklärliche und bizarre Vorfälle sammelte, mit denen er beweisen wollte, daß das moderne Weltbild nur geschaffen werden konnte, weil alle dagegen sprechenden Beobachtungen von der orthodoxen Wissenschaft ignoriert wurden. Diesen wissenschaftskritischen Ansatz nennt man heute in den englischsprachigen Ländern nach ihm »fortianisch«. »Fortianische Phänomene« sind all die unerklärlichen Ereignisse, die Fort in seinen vier Büchern »The Book of the Damned« (Das Buch der Verdammten), »New Lands« (Neue Länder), »Lo!« (Schau!) und »Wild Talents« (Ungezähmte Talente) katalogisiert hat: Regen von Fischen und Fröschen, Kröten, die in Kohleklumpen eingeschlossen sind, Poltergeister, seltsame Geräusche am Himmel, singender Sand, riesige Raubkatzen in Europa und den USA, Seeschlangen, Menschen, die ohne Grund Feuer fangen, sinnvolle Zufälle und Sichtungen von Planeten, Kometen und Sternen, die nie verifiziert werden konnten.

Fort sammelte als erster die Meldungen von Luftschiffsichtungen aus den Jahren 1896/97. Er stellte fest, daß solche Sichtungen bereits früher über anderen Ländern der Erde gemacht worden waren und daß sie sich zu bestimmten Zeiten häuften:

So wurde z.B. auch Großbritannien 1909 von einer Welle von Sichtungen heimgesucht. Zudem bemerkte Fort, daß diese Lichter nicht isoliert auftraten: Zusätzlich zu hellen Feuerkugeln in Wales im Jahre 1905 wurde England von Sichtungen von Phantomen, Geisterflugzeugen, Wölfen und Poltergeistern heimgesucht. Fort vermutete, all diese Ereignisse seien miteinander verknüpft, äußerte sich aber nicht zu ihrem Ursprung.

Abb. 3: Eines der beiden angeblich authentischen Ufo-Fotos, die der Farmer Paul Trent am 11. Mai 1950 in McMinnville/Oregon aufnahm.

Fort verstand sich als Romanautor, der Geschichten erfand, »in denen Ereignisse und wissenschaftliche Daten, nicht Personen« im Mittelpunkt standen. Er war ein Scherzbold, der mit den Erwartungen seiner Leser spielte: »Seine Bücher«, schreibt John Michell,[31] »sind so geschickt konstruiert, daß jeder Leser seine Ansichten darin bestätigt findet. Daher werden ihn die Dummen wohl nie verstehen, die Dogmatiker, die Heuchler«.

Fort schlug als Erklärung für die Lichterscheinungen, von denen er viele hundert Berichte gesammelt hatte, »Besucher von fliegenden Inseln in der Atmosphäre« vor – eindeutig ein Scherz auf Kosten seiner leichtgläubigen Leser. Doch der Scherz zeigte Wirkung: Als 1947 die erste fliegende Untertasse gemeldet wurde, da galt bald ihr extraterrestrischer Ursprung als erwiesen.

Abb. 4: Charles Fort (1874-1932) an seinem »Superchecker«-Tisch. Fort hat ganz bewußt die Grenze zwischen wissenschaftlicher Erkenntnis und phantastischer Begabung verwischt.

Die Mars-Panik von 1938

Im Jahre 1934 wurden unbekannte Lichter über Skandinavien, Österreich und Griechenland beobachtet. Drei Jahre später tauchten zum ersten Mal geheimnisvolle U-Boote in den skandinavischen Fjorden auf. In Kanada debattierte das Parlament über Sichtungen fremder U-Boote vor der Küste Neufundlands. In Sibirien und Deutschland tauchten feurige Scheiben am Himmel auf.[32]

Als 1938 ein Nordlicht über Deutschland aufflackerte, hielten es viele für ein Kriegsomen.

Wieder wurden also in problematischen Zeiten Himmelszeichen und unheimliche Bedrohungen beobachtet. Italien war faschistisch geworden, Deutschland nationalsozialistisch, in Amerika weckte Roosevelts »New Deal« die Hoffnung auf eine Überwindung der Weltwirtschaftskrise.

Am 31. Oktober 1938 strahlte das Radio im Osten der USA ein Hörspiel des jungen Regisseurs Orson Welles aus – eine Aktualisierung des berühmten Romans »Der Krieg der Welten« des englischen Schriftstellers H. G. Wells. Welles änderte Ort und Zeitpunkt des Romans – in seinem Hörspiel, das wie eine Nachrichtensendung gestaltet war, gab er vor, Marsmenschen seien in New Jersey gelandet und hätten damit begonnen, New York zu zerstören. Welles hatte ursprünglich gezögert, ihm erschien das Hörspiel zu unglaubhaft. Doch die Zeit war reif. Kaum hatte die Sendung begonnen, als eine Panik ausbrach. Menschenmassen strömten in New Jersey und New York auf die Straßen, um vor der Ankunft der marsianischen Kriegsmaschinen zu fliehen. Die Zeitungen und die Polizei wurden mit Anrufen überschwemmt. Einige behaupteten, Augenzeugen des Desasters zu sein. Ein Mann aus der Bronx meldete, er könne den Rauch aus den zerstörten Städten New Jerseys sehen, der nach New York ziehe. Als im Hörspiel der Innenminister eine Erklärung abgab, glaubten viele

Menschen dieser fiktiven Aussage. Von New York verbreitete sich die Panik über das ganze Land. In Indianapolis, Indiana, unterbrach eine Frau die Messe in einer Kirche, um die versammelte Gemeinde darauf aufmerksam zu machen, daß das Ende der Welt gekommen sei. Eine Frau in Pittsburg, Pennsylvania, wollte sich vergiften, bevor sie in die Hände der Marsmenschen fiel.[33]

Ein eigenartiges Phänomen: Obwohl die Menschen nur am Sendeknopf hätten drehen müssen, um eine Bestätigung oder Widerlegung der schrecklichen Vorgange zu erhalten, wollten viele einfach glauben, daß die große Katastrophe endlich gekommen sei. Jeder hatte sie erwartet, die Spannung wurde stärker, je länger das Desaster nicht eintraf – die Menschen wünschten sich, daß Orson Welles' Hörspiel wahr sei.

Der Psychiatrieprofessor Mark W. Rhine von der Universität Colorado[34] stellte fest, daß die Menschen 1938 in zwei Arten auf das Hörspiel reagierten: Die einen erkannten die Fiktion oder informierten sich bei der Polizei oder den Zeitungen, die anderen, die das Ende der Welt bereits erwarteten, sahen sich bestätigt, verzichteten auf eine Überprüfung und gerieten in Panik. »Die Gläubigen waren bereits davon überzeugt, daß Gott die Welt untergehen lassen würde, daß eine Invasion unmittelbar bevorstehe, oder sie hatten kuriose Vorstellungen über die Möglichkeiten der Wissenschaft. Als sie das Hörspiel hörten, akzeptierten sie es sofort als Beweis für ihre längst gehegten Vorstellungen. Sie ignorierten alles, was ihre vorschnell gefaßte Schlußfolgerung hätte widerlegen können«.

Die gleiche Spannung, die gleichen Ängste, die die Leute an Orson Welles' Hörspiel glauben ließen, sorgten auch dafür, daß die ganzen dreißiger Jahre ein Jahrzehnt der Zeichen und Wunder waren – vom Poltergeist von Saragossa, von dem sprechenden Mungo in England und dem Ungeheuer von Loch Ness wußten die Zeitungen ebensoviel zu berichten wie von der aktuellen politischen Lage.

Am Vorabend des Ersten Weltkrieges führte die vergleichbare Angst vor einer deutschen Invasion in Großbritannien dazu, daß dort Zeppeline gesichtet wurden, obwohl nachweislich alle in Deutschland waren. Manche Briten wollten sogar mit deutschen Luftschiffpiloten gesprochen haben, die in England und Wales gelandet seien. Gerüchte über deutsche Spione im Land erregten die Bevölkerung. Eine Untersuchungskommission des Militärs sammelte Zeugenberichte, nach denen Leuchtraketen über Dartmoor deutschen Schiffen im Kanal Signale gegeben hätten. Astronomen wiesen darauf hin, daß die Lichter nur der Planet Venus waren.[35]

Vor dem Eintritt der USA in den Zweiten Weltkrieg als Folge des japanischen Angriffs auf Pearl Harbor wurden über Kalifornien imaginäre japanische Flugzeuge beobachtet, ebenso U-Boote vor Los Angeles. Diese Kriegshysterie ist der reale Hintergrund von Steven Spielbergs Antikriegskomödie »1941«.[36]

1946 setzten die Schweden eine Regierungskommission ein, weil Tausende von Sichtungen von »russischen Raketen« über dem Land gemeldet worden waren. Die Angst vor dem Kommunismus begann gerade. 1934 hatten die Schweden und Norweger noch deutsche Flugzeuge in den Lichtern am Himmel vermutet. Die Experten fanden heraus, daß es sich bei den »Geisterraketen« um Meteoriten handelte.[37]

1947 wurde dann die erste fliegende Untertasse beobachtet.

1947: Das Zeitalter der Ufos beginnt

Im Jahre 1945 war der Zweite Weltkrieg mit dem Abwurf der Atombombe zu Ende gegangen, doch die Hoffnung der Menschen auf Frieden schien sich nicht zu erfüllen: Der Konflikt zwischen dem stalinistischen Osten und den westlichen Ländern deutete eine neue globale militärische Auseinandersetzung an. Die Spannungen nahmen eher zu als ab. Die Luftbrücke nach Berlin wurde im Jahr 1948 zur ersten Schlacht des kalten Krieges. In den Vereinigten Staaten begann Senator McCarthy, Jagd auf vermeintliche Kommunisten zu machen. Die Ängste der Menschen brauchten ein neues Ventil.

Am 24. Juni 1947 sah ein Geschäftsmann aus Idaho, Kenneth Arnold, eine Gruppe von silberglänzenden, dreieckigen Flugmaschinen, die über den Mount Ranier im US-Staat Washington flogen. Arnold schätzte ihre Geschwindigkeit aufgrund der angenommenen Entfernung auf 1700 Meilen pro Stunde – damals eine fantastische Geschwindigkeit, die die menschliche Technik nicht erreichen konnte. Als Arnold, von Reportern umringt, seine Beobachtung zu Protokoll gab, verglich er das Flugverhalten der Objekte mit »einer Untertasse, die man übers Wasser schlittern läßt«.[38] Ein Reporter machte daraus eine »fliegende Untertasse«.

Das Wort saß, und bald wollten auch andere, teilweise vor Arnold, solche »fliegenden Untertassen» gesehen haben. Bis Ende Juni wurden 23 weitere Sichtungen berichtet, 46 dann bereits im Juli.

Bereits seit Urzeiten wurden seltsame Lichter am Himmel beobachtet und jeweils nach der herrschenden Mode oder den herrschenden Ängsten interpretiert. Aber erst durch die Erfindung des journalistischen Schlagwortes »fliegende Untertasse« hatten die Menschen einen einfachen Begriff, der auf praktisch jede ungewöhnliche Himmelserscheinung paßte. Zeugen mußten nicht mehr umständlich erklären, was sie gesehen hatten – eben eine Untertasse! Die Presse war an Meldungen interessiert. Und das Publikum wollte diese Meldungen lesen.

Gegen Ende des Weltkrieges hatten die Nazis mit immer neuen Waffen aufgewartet: Sie konstruierten die ersten Raketen und Düsenflugzeuge. Als nun Deutschland den Krieg verlor, fielen die Pläne aus der Forschungsanstalt Peenemünde – so jedenfalls glaubten die Amerikaner – in die Hände der Russen. So wie die Rolle des Bedrohers der Freiheit von Nazi-Deutschland auf die UdSSR übertragen wurde, so wurden nun auch die mythischen »Geheimwaffen« der Nazis den Russen zugeordnet: Sie hätten die deutschen Wissenschaftler gezwungen, die »Flugscheiben« der Nazis für die Sowjetunion zu bauen.

Als die Welle von »Geisterraketen« 1946 Skandinavien heimsuchte, hielten nicht wenige, darunter zuerst auch die Militärs, sie für eine Geheimwaffe des Dritten Reiches, die nun in der Hand der Sowjets war. Diese Vermutung wurde auch gleich laut, als Arnold von seinen fliegenden Untertassen berichtete. In der aufkommenden Hysterie des kalten Krieges glaubten auch die Militärs zuerst an diese Theorie. Nur deshalb wurde Arnolds Sichtung ernstgenommen und alle weiteren Berichte gesammelt.

Was Arnold wirklich gesehen hat, ist heute schwer zu bestimmen: Manche tippen auf ganz normale Flugzeuge, andere auf eine Fata Morgana. Auf jeden Fall hat Arnold die Entfernung überschätzt, seine Angaben zu der Größe der Ufos und ihrer Entfernung passen nicht zueinander, und so muß auch die von ihm geschätzte Geschwindigkeit der Objekte viel zu hoch sein. Am wahrscheinlichsten ist, daß es sich bei Arnolds neun Ufos um eine Herde Pelikane gehandelt hat.

Hätte das Militär gleich auf Arnolds Schätzungsfehler geachtet und seine Untertassen als Vögel identifiziert, der Ufo-Mythos wäre wohl nie entstanden.[39] Arnold schrieb zusammen mit Ray Palmer, dem Herausgeber von Science Fiction-Groschenheften, ein Buch über seine Sichtung. Palmer, der bereits die Bücher Forts in seinen Magazinen als Serien veröffentlicht hatte, war ein Ufo-Fan der ersten Stunde. Er erkannte den kommerziellen Wert des Phänomens, das man nur richtig und unter der geeigneten Leserschaft verbreiten mußte. Ohne Palmers missionarische Schriften über Ufos, die die Diskussion im ganzen Land ankurbelten, meint John Keel,[40] wäre das Ufo-Phänomen wohl nie älter als zwei Wochen geworden.

Die vierziger und fünfziger Jahre – Geburt eines Mythos

In den vierziger und fünfziger Jahren, in dem ersten Jahrzehnt nach Arnolds Sichtung, entstanden praktisch alle Bestandteile der Ufo-Mythologie. Nur wenige Ergänzungen kamen in den sechziger Jahren hinzu, während in den siebziger und achtziger Jahren hauptsächlich die Elemente der fünfziger (Kontakte und abgestürzte Ufos) neu belebt wurden. Daher muß dieses Jahrzehnt, in dem sich der Mythos gebildet, variiert und konsolidiert hat, genau betrachtet werden.

Vieles ereignete sich in der amerikanischen Innen- und Außenpolitik in diesen Jahren: Senator McCarthys Hatz auf die Kommunisten, das Engagement der Amerikaner in Korea, die Entwicklung der Wasserstoffbombe 1952 und der kalte Krieg beherrschten die Gedanken der Amerikaner. Im Wettlauf um Prestige versuchten sich die Supermächte auf dem Gebiet der Weltraumfahrt zu überbieten. Hier bewies die UdSSR, daß sie vorerst der USA eine Nasenlänge voraus war: Im Oktober 1957 startete sie ihren ersten Sputnik und schockierte damit eine überraschte, an ihre Überlegenheit glaubende amerikanische Öffentlichkeit.

Die Ängste der Amerikaner offenbarten sich in der Populärkultur. Science Fiction-Filme und Romane, die davon handelten, daß Außerirdische die Erde unterjochten (wobei man nur »Außerirdische« durch »Russen« ersetzen muß, um die Intention der Filme zu erraten), wurden in großen Mengen produziert. Die Angst vor der Atombombe zeigt sich in vielen Filmen, in denen unkontrollierte Atomstrahlung Riesenspinnen oder -ameisen wachsen läßt, die idyllische amerikanische Dörfer bedrohen. In einem dieser Filme, »Tarantula« vernichtet die Armee die Monstren mit Napalm – ein Zeichen dafür, daß Amerika immer gegen seine Feinde gewappnet sein mußte.

In anderen Filmen, etwa »The Day the Earth Stood Still« von 1951 oder Jack Arnolds »It Came From Outer Space«, erscheinen friedliche Außerirdische auf der Erde, die über die kriegslüsternen Erdenmenschen nur entsetzt sein können. In »The Day the Earth Stood Still« zerstört ein außerirdisches Gerät alle Waffen und sorgt so für Frieden – der Außerirdische jedoch, der als Friedensapostel erscheint, steht unter der Kontrolle eines gewaltigen Roboters: Er hat seine Friedfertigkeit mit dem Verlust seiner Persönlichkeit bezahlt. Ufos, die irdische Maschinen stoppen, sind seit diesem Film ein Bestandteil des Ufo-Märchens geworden. Andere Filme hatten Titel wie »Invaders from Mars« (1953), »War of the Worlds« (1953) oder »I Married a Monster From Outer Space« (1958). Diese Filme kommentieren die Entwicklung des Ufo-Phänomens in ihrer Zeit, häufig nehmen sie einige Aspekte sogar vorweg.[41]

Nach Arnolds Sichtung und der ersten Aufregung legte sich die Hysterie rasch. Nach dem Juli 1947 sank die Zahl der Sichtungen unter 20 pro Monat, und im Dezember 1947 wurden aus den ganzen USA nur noch sechs Beobachtungen gemeldet.[42] Sicher wäre die Welle von 1947 wie die vorherigen bald vergessen gewesen, wäre nicht die Science Fiction-Presse in den Boom eingestiegen und hätte die amerikanische Luftwaffe die Gerüchte nicht indirekt dadurch bestätigt, daß sie die Beobachtungen untersuchen ließ. Luftwaffensprecher riefen die Bevölkerung dazu auf, unerklärliche Himmelserscheinungen den zuständigen Armeestellen zu melden. Man war sich immer noch nicht sicher, ob die Ufos – in Form sowjetischer Geheimwaffen – nicht doch die nationale Sicherheit der USA bedrohten. Das Militär gründete »Project Sign« am 20. Dezember 1947, um diese Möglichkeit zu untersuchen. Da das Projekt der strengsten Geheimhaltung unterworfen war, kam bald das Gerücht auf, das Militär wisse mehr über die Untertassen als es zugebe.

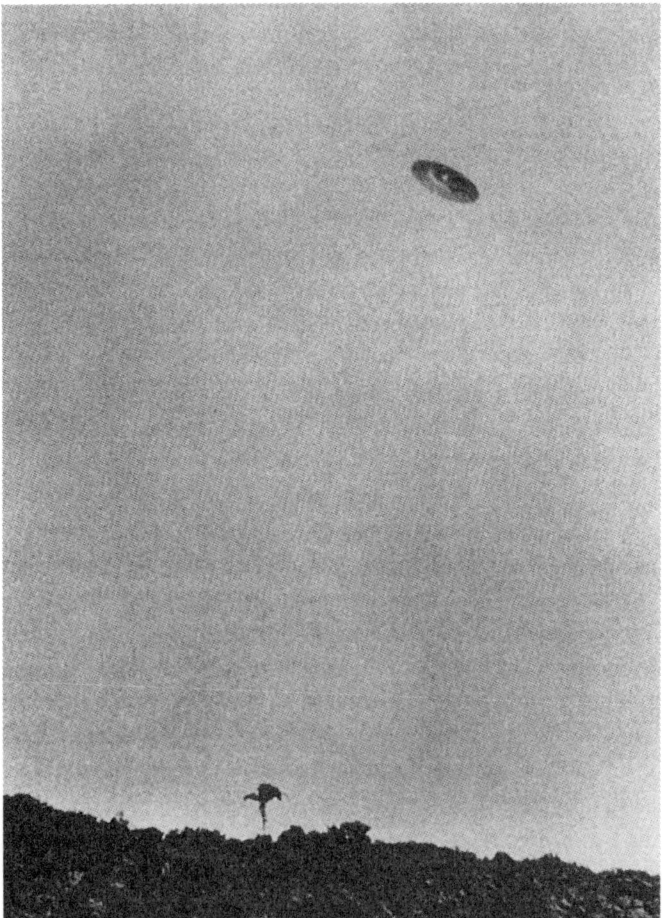

Abb. 5: Angeblich authentische Ufo-Aufnahme, die der Pressefotograf Ed Keffel am 7. Mai 1952 beim brasilianischen Barra da Tujuca in der Nähe Rio de Janeiros machte.

Nach der Untersuchung der seit 1947 gemeldeten Ufo-Sichtungen kamen die Mitglieder des Projektes zu dem Schluß, es könne sich bei den gemeldeten Flugobjekten nicht um sowjetische Geheimwaffen handeln, also blieb nur noch der außerirdische Ursprung, den die Science Fiction-Schreiber und Massenblätter ohnehin schon längst proklamiert hatten.[43] »Es gab im Project Sign mehr, die an die Existenz von Ufos glaubten, als solche, die skeptisch waren«, stellt Billig[44] fest. »Man sprach nicht davon, vermutete aber, es seien Marsianer«.
1947 schloß Generalleutnant Nathan F. Twining, daß Ufos »real und nicht fiktiv« seien. Er riet, die Berichte gewissenhafter zu sammeln und zu untersuchen. Project Sign wurde daher im Dezember 1948 vom Project Grudge abgelöst. Dieses Projekt kam zu dem Schluß, daß die Mehrzahl der Sichtungen auf fehlinterpretierte natürliche Stimuli zurückzuführen sei. Da Ufo-Sichtungen immer wieder dazu führten, daß den offiziellen Verlautbarungen der Militärs kein Glaube geschenkt wurde, beschloß man, von 1948 an sämtliche Sichtungen zu erklären und die Auflösung (die manchmal recht willkürlich war) zu publizieren. Project Grudge schenkte den Zeugen größere Beachtung als den geschilderten Objekten, offenbar auch, weil man endlich erkannt hatte, daß menschliche Beobachter keine unbestechlichen Aufnahmegeräte waren. Ufo-Fans begannen damals zu vermuten, das Militär wisse alles über die Ufos, besitze sogar abgestürzte Untertassen und tote Außerirdische und mache die Zeugen lächerlich, um dieses Wissen zu vertuschen.[45]
Project Grudge kam zu der Schlußfolgerung, die Ursachen der Sichtungen lägen in »Fehlinterpretationen konventioneller Erscheinungen, abnormen psychologischen und physiologischen Zuständen, gesellschaftlichem Streß und Schwindel«.[46] Die Luftwaffe folgerte, Ufos stellten keine Bedrohung der nationalen Sicherheit dar, und beschloß, mit der Einstellung des Projektes die eigene Verwicklung in das Thema zu beenden.

Obwohl also das Ufo-Rätsel im Prinzip bereits 1949, zwei Jahre nach seinem Erscheinen, gelöst worden war, war die Öffentlichkeit mit dieser Erklärung nicht einverstanden. Die Ufos verkörperten die Hoffnungen und Ängste der Amerikaner geradezu ideal, und die Erklärung, Tausende von Amerikanern hätten so ungenau beobachtet, daß sie Sterne für außerirdische Raumschiffe hielten, war nicht sonderlich schmeichelhaft für das nationale Selbstbewußtsein. Zudem war zu dieser Zeit schon so oft in Magazinen und Zeitungen behauptet worden, die Ufos seien außerirdischen Ursprungs und die Luftwaffe wisse das, wolle es aber geheimhalten, daß den nüchternen Erklärungen des Projektes Grudge nicht geglaubt wurde.

Die Ufo-Mythologie wurde durch weitere, spektakuläre Sichtungen bestätigt: So soll am 7. Januar 1948 eine fliegende Untertasse einen Piloten, der sie verfolgte, getötet haben. Die offizielle Erklärung war, der Pilot sei der Venus nachgeflogen, hätte dann unter der Höhenkrankheit gelitten und sei darauf abgestürzt. Erst drei Jahre später wurde bekannt, daß Mantell, der Pilot, in Wirklichkeit einen (damals noch streng geheimen) Ballontyp der Marine gejagt hatte. Da die Luftwaffe von diesem Ballon nichts wissen konnte, kam es zu dem tragischen Mißverständnis. Wieder erhielten die Vertuschungsgerüchte Auftrieb.[47]

Anfang der fünfziger Jahre gab es noch keine Berichte über Sichtungen von oder Begegnungen mit den Ufo-Piloten, Entführungen oder Landungen waren unbekannt. Ein bei Roswell in New Mexico 1947 abgestürzter Ballon hatte indes in Luftwaffenkreisen zu dem Gerücht geführt, eine fliegende Untertasse mit 16 kleinen außerirdischen Leichen sei abgestürzt. Obwohl diese Geschichten nichts als Hörensagen waren, stellte sie der Klatschreporter Frank Scully in einem Buch als bewiesene Tatsachen dar.[48]

Durch dieses Buch kam es im März 1950 zu einer erneuten Welle von Ufo-Sichtungen in den USA, die die Intensität der

Welle von 1947 erreichte. Ufos waren jetzt zum zweiten Mal in aller Munde, und das Militär sah sich genötigt, die sensationalistische Berichterstattung in der Presse zu kritisieren. Jetzt sorgten wichtige außenpolitische Entwicklungen dafür, daß das Interesse der Amerikaner an Ufos sank. Im Juli 1950 überschritt Nordkorea den 37 Breitengrad, der Krieg in Korea kündigte sich an.

Zur Zeit der McCarthy-Prozesse begann sich das Fernsehen als Medium in den amerikanischen Heimen zu etablieren. Im Januar und Februar 1951 übertrug das Fernsehen die Parlamentsanhörungen über das organisierte Verbrechen – wer kein Gerät hatte, folgte dem Geschehen über die in Geschäften stehenden Apparate.[49]

Am 10. September 1951 wurde über Fort Monmouth New Jersey, ein Ufo gesichtet das auch auf den Radarschirmen der Militärs erschien. Die amerikanische Luftwaffe beschloß ihr Ufo-Projekt wieder aufleben zu lassen. Er hieß nun »Project Blue Book«. Das wiedererwachte Interesse an Ufos führte dazu, daß eine Nummer der Illustrierten »LIFE«, die am 7. April 1952 erschien und behauptete, daß Ufos Besucher aus dem Weltraum seien, zum Bestseller wurde. Das hatte Folgen. Im Juli sahen Tausende von Zeugen fliegende Untertassen über Washington, D. C. Unerklärliche Echos erschienen auf den damals noch unvollkommenen Radarschirmen. Die Luftwaffe ließ Düsenjäger aufsteigen, um die Ufos abzufangen oder abzuschießen. Fotos zirkulierten, die ganze Geschwader von außerirdischen Raumschiffen zeigten, die das Capitol überflogen. Offizielle Stellen erklärten ganz richtig, daß es sich nur um atmosphärische Phänomene (Lichtbrechungen an Inversionsschichten) gehandelt hatte und daß die Radarechos von ähnlichen Erscheinungen her stammten, doch die Öffentlichkeit war über die Vorgänge, die eine Verletzlichkeit ihrer Hauptstadt durch eine fremde Macht zu implizieren schien, so beunruhigt, daß sie die Erklärung nicht akzeptierte.[50]

Da das Interesse der Öffentlichkeit nun geweckt worden war, erschienen innerhalb von zwei Monaten mehr als ein Dutzend Artikel über das Thema in überregionalen Zeitschriften, darunter »Time«, »Newsweek«, »Reader's Digest« und »New Yorker«.[51] Die Anzahl der Sichtungen in diesem Sommer stellte einen einsamen Rekord dar: 1952 wurden der Luftwaffe 1166 Berichte gemeldet, davon 366 im Juli, 218 im August und 105 im September. In den restlichen drei Monaten wurden je rund 50 Beobachtungen gemacht.[52]
Die nüchternen Erklärungen der Militärs fanden unter solchen Bedingungen kaum noch Glauben. So formierte sich 1952 unter der Leitung von Coral und Jim Lorenzen die APRO, »Aerial Phenomena Research Organisation« (Forschungsgruppe für Himmelserscheinungen), die erste private Ufo-Organisation.[53] Unzufrieden mit den Ergebnissen der Luftwaffe hatte man beschlossen, das Rätsel selbst zu lösen.
Ein Kalifornier polnischer Abstammung, George Adamski, nutzte die Gunst der Stunde und veröffentlichte Anfang 1953 einen Science Fiction-Roman als Sachbuch – er behauptete, er sei im November 1952 in der kalifornischen Wüste auf einen Außerirdischen getroffen, der ihn vor den Gefahren der Atombombe gewarnt hatte. Der langhaarige Schöne von der Venus hinterließ einen Fußabdruck mit Hieroglyphen, den Adamski in seinem Buch abbildete. Das recht naiv geschriebene Büchlein wurde mit einem Beitrag des Esoterikers Desmond Lesie versehen, der die These aufstellte, daß die Götter und Engel der Mythen und heiligen Schriften in Wirklichkeit Raumfahrer von anderen Planeten gewesen waren. Diese Mischung aus esoterischen Traditionen und Erzählelementen aus dem Science Fiction-Film »The Day the Earth Stood Still«[54] war so erfolgreich, daß Adamski lange Zeit als Inbegriff des Ufo-Zeugen galt.
Seine Anhänger gründeten später religiöse Gemeinden und verehrten ihn als Propheten. Adamski schrieb zwei Fortsetzungen

zu seinem Buch und behauptete darin, zum Mond und zu mehreren Planeten des Sonnensystems geflogen zu sein. Er habe dort mit vielen Planetenmenschen gesprochen, aber auch mit Jesus und Buddha. In den fünfziger Jahren war er so berühmt, daß er von Königen und sogar vom Papst empfangen wurde. Die APRO hielt die ganze Sache für einen Schwindel, offizielle Stellen kümmerten sich nicht um diese neue Religion.[55]
Zahlreiche weitere Autoren zogen mit ähnlichen Büchern nach. Sie waren die ersten Entführungsopfer der fliegenden Untertassen, doch verhielten sich die Planetarier als überlegene moralische Macht ihren Opfern gegenüber friedlich. Ein Howard Menger behauptete, seine Frau sei eine Außerirdische, der britische Astronom Patrick Moore schrieb unter dem Pseudonym Cedric Allingham, er habe in Schottland Außerirdische getroffen. Es ist anzunehmen, daß die meisten dieser Geschichten bewußte Schwindeleien sind, doch sie legten den Grundstein für das Symbolgebäude, aus dem die heutigen Entführten ihre Erlebnisse konstruieren.
Die Luftwaffe wollte zu dieser Zeit immer weniger mit der Untersuchung der Ufo-Sichtungen zu tun haben – es war eine lästige Aufgabe geworden, man war der Ansicht, die Zeit ließe sich sinnvoller nutzen. Das CIA empfahl, die Ufo-Hysterie zu beenden, bevor sie Schaden anrichten konnte. Man befürchtete, daß im Falle einer ernsthaften Krise eine Ufo-Welle sämtliche Informationskanäle, die für wichtigere Meldungen gebraucht würden, verstopfen könnte. Eine Gruppe führender amerikanischer Wissenschaftler, der »Robertson Panel«, schloß im Januar 1953, Ufos seien keine Bedrohung der nationalen Sicherheit. Schuld an der Verbreitung des Ufo-Mythos hätten die Ufo-Sekten und Forschungsorganisationen, die »Aura des Geheimnisses« um die Erscheinungen müsse gelüftet werden. Falls nötig, sollten auch noch unerklärte Sichtungen der Öffentlichkeit als geklärt präsentiert werden, um weitere Legendenbildung und Panik zu vermeiden.[56]

Abb. 6: Georg Adamsski vor einem Gemälde, das den Venusier zeigt, mit dem er am 20. November 1952 zusammentraf.

Man hoffte, für dieses Programm die Hilfe der Medien zu gewinnen. Durch Artikel und Filme im Fernsehen, im Kino und in den großen Magazinen sollte »die Leichtgläubigkeit der Öffentlichkeit« reduziert werden, um sie so weniger anfällig für geschickte feindliche Propaganda zu machen.[57] Der »Robertson Panel« überschätzte die Fähigkeit der Medien, wenn er wirklich glaubte, mit solch einem didaktischen Programm Erfolg zu haben. Obwohl sich offizielle Stellen und viele Medien an die Empfehlungen hielten, sahen die Amerikaner weiterhin fliegende Untertassen.

Nach 1953 sank die Zahl der Berichte und blieb bis 1957 konstant. Billig[58] erklärt das mit der sich abzeichnenden Entspannung. Stalin starb am 5. März 1953, im April 1954 begann der amerikanische Kongreß, McCarthys Praktiken zu untersuchen und beendete so die Hexenjagd auf vermeintliche Kommunisten in Amerika. Am 27. April 1953 kam es zum Waffenstillstand in Korea, nachdem sich die Verhandlungen zwei Jahre lang hingezogen hatten.

Präsident Eisenhower erlitt im September 1955 eine Herzattacke. Die Börse geriet in Aufregung, die Kurse purzelten. Im Juni 1956 ließ sich der Präsident operieren, im Juli blockierte der ägyptische Präsident Abdul Nasser den Suez-Kanal. Im Mai hatten die Vereinigten Staaten die erste Wasserstoffbombe gezündet – und im August 1956 erlebte das Land die erste stärkere Ufo-Welle seit dem Sommer 1952. Es kam zu 73 Berichten im Juli und 122 im August.

Mit der Arbeit sowohl des offiziellen »Blue Book« als auch der APRO unzufrieden, gründete der Major Donald E. Keyhoe 1956 seine Organisation NICAP, das »National Investigation Committee for Aerial Phenomena« (Nationaler Forschungsausschuß für Himmelserscheinungen). Fast seine gesamten Energien verschwendete das NICAP darauf, dem Militär eine Vertuschung der Wahrheit nachzuweisen. Landungen und nahe Begegnungen wurden von der Organisation als zu wenig seriös ignoriert. Die Konkurrenz zur APRO (denn schließlich finanzierte man sich aus den Beiträgen der Mitglieder) war groß, Fälle, die die jeweils andere Organisation für authentisch hielt, galten als Schwindel.[59]

Am 4. Oktober 1957 löste dann der Start des russischen Sputnik in ganz Amerika einen Schock aus. Hatte man bisher geglaubt, die führende Technologienation der Welt zu sein, fühl-

te man sich jetzt um Jahre hinter die Sowjetunion zurückgeworfen. Der Vorsprung der UdSSR führte aber auch zu Kriegsängsten, die Niederschlagung der Aufstände in Ost-Berlin und in Ungarn war noch nicht aus dem Gedächtnis verschwunden. Im Oktober, beginnend mit dem Tag nach dem Start des Sputnik, wurden der Luftwaffe 102 Beobachtungen gemeldet, im November bereits 361 – nur fünf weniger als zur Zeit der Hysterie von Washington. Diese Welle war die erste, die die ganze Welt ergriff, sie erfaßte Lateinamerika, Europa und sogar die Türkei.[60]
Die Gunst der Stunde nutzend kam zur gleichen Zeit auch der Spielfilm »Invasion of the Saucer Men« (Invasion durch die Menschen der Untertassen) in die Kinos.[61] Bereits im Oktober 1954 hatte in Europa, hauptsächlich in Frankreich, Italien und Spanien, die bisher größte Sichtungswelle außerhalb der USA stattgefunden. In diesem Jahr wurde von über 200 Landungen berichtet, darunter ein hoher Prozentsatz mit Sichtungen von Humanoiden.[62] Das war ein absolutes Novum – in Amerika gab es zur gleichen Zeit nicht einmal ein Dutzend Landungsberichte. Die französischen Berichte waren zum Großteil Zeitungsschwindel, doch 1955 wurden viele davon in den Zeitschriften der APRO und des NICAP publiziert – die ersten CE III-Berichte, die die Mitglieder dieser Organisationen lesen konnten. Von 1954 bis 1960 wurden in den USA ganze 13 Begegnungen der dritten Art gemeldet, davon fünf 1955, dem Jahr nach der europäischen Welle, und sieben 1957 im Sputnikjahr.[63]

Die sechziger Jahre – Ufos im Kongreß

Die wichtigste Ufo-Begegnung der sechziger Jahre fand 1961 statt, wurde aber erst 1966 als Buch publiziert. Am 19. September 1961 befand sich das Ehepaar Hill nachts in

New Hampshire auf dem Nachhauseweg von einem Besuch. Sie sichteten ein helles Licht, das sie für ein Ufo hielten. Beide verloren das Bewußtsein und hatten keine Erinnerung an etwa zwei Stunden, die ihnen irgendwie »verloren« schienen. Von einem Arzt hypnotisiert, erinnerten sie sich daran, daß sie von Humanoiden in ein Ufo geschleppt und dort medizinisch untersucht worden waren.

Der Journalist John Fuller, der von dem Fall hörte, schrieb darüber den Bestseller »The Interrupted Journey« (Die unterbrochene Reise).

Die Entführung der Hills ist zum bekanntesten Ufo-Fall geworden. Er fehlt in keinem Buch über das Thema.[64] Lange Zeit galt der Fall als einzigartig. Hynek fand sogar, er stehe vollkommen außerhalb des Prototyps der CE III-Erfahrung.[65]

Bald wurde aus Brasilien ein ähnlicher Fall bekannt: Der Bauer Atonio Villas Boas war bereits im Februar 1958 von einer fliegenden Untertasse entführt worden. Die Außerirdischen zogen ihn aus, rieben ihn mit wohlriechenden Ölen ein und veranlaßten ihn, mit einer gutaussehenden, außerirdischen Nackten zu schlafen. Als Boas erschöpft war, deutete sie auf ihren Bauch und dann in den Himmel, um Boas so zu signalisieren, ihr gemeinsames Kind werde auf einem fernen Planeten geboren.[66] Auch dieser Fall ist in vielen Büchern zu finden.[67]

Der brasilianische Fall wurde 1965, der neuenglische 1966 erstmals veröffentlicht. Sie verwirrten die Ufo-Forscher außerordentlich, bis es Mitte der siebziger Jahren zu einer wahren Explosion der Zahl der Entführungsberichte kam. Im Juli und August 1965 fand in den USA wieder eine große Welle statt. Zum ersten Mal wurden die Ufos dabei häufig fotografiert. Das emsig vorangetriebene Mondlandungsprogramm der NASA machte die Menschen empfänglicher für Vorstellungen von Raumschiffen und Raumreisen.

Das neuerwachte öffentliche Interesse wurde nicht nur durch die einschlägigen Medien bedient, die ersten beiden

Abb. 7: Ein Ufo über Vancouver Island in Kanada, aufgenommen von Hannah McRoberts im Oktober 1981. Zweifler sprechen durchaus auch einmal von einer hochgeworfenen Radkappe.

fortianischen Vereinigungen, die SITU (»Society for the Investigation of the Unexplained«) und INFO (»The International Fortean Organisation«) wurden gegründet. Sowohl INFO als auch die SITU verdanken ihre Entstehung den Bemühungen des Biologen Ivan T. Sanderson, der damit die Tradition der 1959 aufgelösten alten »Fortianischen Gesellschaft« fortführen wollte. Sanderson war bereits als Biologe in den USA bekannt geworden; seine Versuche, Forts Theorie in den Vereinigten Staaten populär zu machen, führten dazu, daß er eine vereinfachte fortianische Theorie verkündete. Er legte mehr Wert auf das »Geheimnisvolle« als auf Forts philosophische Überlegungen und initiierte damit eine

Flut von Sachbüchern über Ufos und »die letzten Geheimnisse unserer Welt«. Sanderson hatte selbst mehrmals Ufos beobachtet.[68]

Die fortianischen Gruppen, unterstützt von der Öffentlichkeit, forderten eine erneute staatliche Untersuchung des Ufo-Phänomens. Der spätere US-Präsident Gerald Ford, damals noch Führer der republikanischen Minderheit im Kongreß, forderte auf Drängen der Wähler seines Wahlkreises in Michigan, der Kongreß solle das Thema Ufo erörtern.[69] Am 28. März 1966 schrieb er: »Wir sind es den Leuten schuldig, festzustellen, ob es das Ufo-Phänomen gibt, und dabei die größtmöglichen Erkenntnisse über das Thema zu sammeln«.[70] Ab Mitte der sechziger Jahre begann die Jugendrevolte in den USA. Popmusik bestimmte das Leben. Die von der Gesellschaft gestellten Normen wurden überschritten. Die Ablehnung verkrusteter Strukturen und des zunehmenden Engagements in Vietnam einte die Jugend. Ein Teil ihrer Philosophie war die Ablehnung der Rationalität, die Flucht ins Märchenhafte, die Suche nach bewußtseinserweiternden, »psychedelischen« Erfahrungen.

Die Wissenschaft versuchte, dieses Protestpotential wieder für sich zu interessieren, indem sie begann, Grenzgebiete zu erforschen. 1969 fanden die ersten wissenschaftlichen Expeditionen zum Loch Ness statt, im gleichen Jahr wurden die Ergebnisse der Erforschung des Ufo-Phänomens im Auftrag des amerikanischen Militärs durch die Universität von Colorado in Boulder veröffentlicht. Es gibt Anzeichen dafür, daß die Forschungsgruppe um Dr. Condon auf jeden Fall zu einer negativen Bewertung kommen sollte. 1966 initiiert, wurde das Programm 1969 beendet, der Bericht als Taschenbuch veröffentlicht. Von Anfang an stand das Unternehmen unter einem ungünstigen Stern, das Militär wollte einerseits die Öffentlichkeit zufriedenstellen und andererseits das leidige Ufo-Thema für immer beenden. »Der Trick, denke ich, wird sein, das Projekt so zu beschreiben, daß das Publikum es für eine objektive wissenschaftliche Untersuchung hält, für Wissenschaftler aber deutlich zu machen, daß es sich um eine Gruppe Skeptiker handelt, die ihr Bestes tun, um objektiv zu sein, aber trotzdem nicht erwarten, tatsächlich auf ein Ufo zu stoßen«, schrieb der Projektleiter Dr. Low am 9. August 1966 in einem internen Strategiepapier.[71]

Erbost verließen einige Wissenschaftler, die an die Existenz von Ufos glaubten, das Projekt und ließen so die Skeptiker unter sich. Diese Vorgänge waren in den Medien bereits publik geworden, bevor der »Condon Report« endgültig erschien. So wurde er von den Gläubigen bereits verteufelt, als ihn noch niemand gelesen hatte.[72]

Der »Condon Report« ist ein unübersichtlicher, fast tausend Seiten starker Wälzer, der physikalische, psychologische, soziologische und historische Aspekte des Ufo-Phänomens bespricht. Von den untersuchten Fällen blieben mehrere Dutzend ungeklärt. In den Schlußfolgerungen des Projekts schreibt der wissenschaftliche Leiter, der Physiker Dr. Edward U. Condon, das Ufo-Phänomen sei nicht real. »Die in der Vergangenheit durchgeführte Sammlung von anekdotischen Berichten ist ohne wissenschaftlichen Wert, denn die meisten wurden von herkömmlichen Stimuli ausgelöst. Wir empfehlen daher, daß keine weiteren Gelder zur Untersuchung von Ufos verwendet werden«.[73]

Der »Condon Report« bedeutete tatsächlich das Ende des Engagements der amerikanischen Luftwaffe mit dem Ufo-Phänomen. Viele Wissenschaftler glaubten zudem, der Bericht habe die Ufos endgültig ad acta gelegt. Doch Dr. Hynek, früher offizieller Mitarbeiter des Projektes »Blue Book« und Mitglied der Condon-Forschungsgruppe, verwies darauf, daß die Hälfte der untersuchten Fälle unidentifiziert geblieben war. Er schrieb 1972 das Buch »The UFO Experience«, das noch heute als eines der besten Ufo-Bücher gilt.

Es gibt kaum noch verläßliche Daten über die Anzahl der Ufo-Sichtungen nach 1969, da die Luftwaffe die Berichte nicht mehr länger sammelte. Diese Arbeit übernahmen nun die privaten Organisationen; die Sammlungen überschneiden sich allerdings teilweise, und eine genaue Statistik ist noch nicht veröffentlicht worden. Mit der Hippie-Philosophie kamen verstärkt auch okkulte Einflüsse in das Ufo-Phänomen. Die Jugend nahm Drogen und dachte, sie habe damit »schamanistische Praktiken« wiederentdeckt. Die Beatles meditierten in Indien. Jim Morrison, Frontmann der amerikanischen Popgruppe Doors, schrieb Lieder über ägyptische Mythen. Mick Jagger von den Rolling Stones sagte in einem Interview, er lese gerade die Bücher von Charles Fort.[74]

Zur Rückwendung der Jugend zur Mystik, dem Zurückblikken in ein goldenes Zeitalter der Antike, kam der Fortschritt in der Weltraumtechnik. Im Juni 1969 landete das erste amerikanische Raumschiff auf dem Mond. Das gab den Ufo-Anhängern recht, die schon immer davon geträumt hatten, interplanetare Raumfahrt sei möglich. Das war die Atmosphäre, in der eine Mischung aus der simplen These von den Raumfahrern vom anderen Stern und den mystischen Konzepten der Jugendrevolte geschaffen wurde, die schließlich zu dem Entführungsphänomen führen konnte.

1968 wurde ein noch unbeholfener Versuch einer solchen Fusion unternommen. Erich von Däniken veröffentlichte seine »Erinnerungen an die Zukunft«, die teils auf theosophischen Ideen, teils auf der Projizierung der vermuteten menschlichen Zukunft in die Vergangenheit beruhten: Außerirdische Raumfahrer, behauptete Däniken, hatten die Menschheit durch eine genetische Intervention in die Evolution geschaffen. Mythen seien Tatsachenberichte, die diese Vorgänge metaphernreich überlieferten.[75] In Dänikens Schriften, die oft nicht einmal originell sind – sein Erstlingswerk kann die Herkunft vieler Ideen aus Robert Charroux' »Phantastische Vergangenheit« (1965, deutsch 1966) nicht verleugnen – findet man viele Anklänge an die Ufo-Kontaktler der fünfziger Jahre: eine wissenschaftliche Religion, die Gott als Raumfahrer sieht, die Wissenschaftsfeindlichkeit vieler Menschen und die Vorstellung, Außerirdische würden in massivem Maße in die Geschicke der Menschheit eingreifen.

Vom Weltraumflug schwärmten selbst die Befürworter des LSD. Sie lasen Science Fiction-Romane oder die grenzwissenschaftlichen Klassiker des 19. Jahrhunderts. Dr. Timothy Leary, der Prophet des LSD, hielt den Weltraumflug für eine bewußtseinserweiternde Droge.

Nach und nach erschienen Forts Bücher in Amerika in hoher Auflage als Taschenbuchausgabe, in London gab Bob Rickard die »Fortean Times« als erstes britisches fortianisches Magazin heraus. Bis heute ist sie die wichtigste Zeitschrift auf diesem Gebiet geblieben.

Da sich die etablierte Wissenschaft nach dem Condon-Bericht endgültig aus der Ufo-Szene verabschiedete, wurde das Gebiet den Sensationalisten und Geschäftemachern widerstandslos überlassen.

Die siebziger Jahre
Der Boom der Pseudowissenschaft

Im Jahre 1973 verebbte der Jugendprotest in den USA. Der Vietnamkrieg war beendet, die Watergate-Affäre hatte das Vertrauen in den Staat endgültig unterminiert.

Die große Ufo-Welle im Herbst 1973 lenkte die Aufmerksamkeit wieder auf das Phänomen, das diesmal eine neue Dimension erreichte: Zum ersten Mal wurden auch in den USA zahlreiche CE III und CE IV-Erfahrungen gemeldet. Das von J. Allen Hynek gegründete »Center for UFO-Studies« (Ufo-Forschungszentrum) spricht vom »Jahr der Humanoiden«.[76] »Der Herbst 1973«, schreibt Ribera, »brachte eine der wichtigsten und konzentriertesten Ufo-Wellen in der gesamten Geschichte des Phänomens mit sich. Praktisch alle Berichte stammen aus den Vereinigten Staaten, wo sie sich im Südosten konzentrierten. Obwohl diese Welle den vorherigen in vielen Punkten gleicht, brachte sie doch einige neue Muster mit sich: die zahlreichen nahen Begegnungen der dritten Art, Landungen und physikalische Spuren«.

Bei diesen CE III-Erlebnissen handelte es sich nicht immer um den bereits bekannten Prototyp. Häufig wurde Bigfoot, der amerikanische Yeti, in Zusammenhang mit Ufos beobachtet.[77] Zum ersten Mal wurden Entführungsberichte zu einem integralen Bestandteil des Gesamtphänomens. Immer häufiger entsprachen die gesichteten Humanoiden nicht den aus der Ufo-Geschichte bekannten außerirdischen Zwergen, sondern ähnelten den Kobolden der Sage. Bereits 1969 hatte Jacques Vallee in seinem Buch »Passport to Magonia« auf die zahllosen Ähnlichkeiten zwischen der keltischen Koboldfolklore und den amerikanischen Ufo-Berichten hingewiesen. John A. Keel, der vermutete, daß die Humanoiden von heute die gleichen übernatürlichen Wesen seien wie die mythischen Gestalten der Folklore, veröffentlichte in dieser Zeit drei seiner besten Bücher.[78]

Die Beobachtung, die die Welle auslöste, war die Entführung zweier Angler am 11. Oktober 1973 in Pascagoula in Mississippi. Sie waren etwa eine Stunde an Bord einer Untertasse, wo sie von großen menschenähnlichen Kreaturen mit krabbenartigen Händen und einem riesigen schwebenden Auge untersucht wurden. Die beiden konnten sich anfangs nur an eine Ufo-Sichtung erinnern, erst als sie von der APRO und Dr. Hynek untersucht wurden, kam unter Hypnose die Entführung zum Vorschein.[79]

Obwohl Hynek hinter dem Erlebnis ein reales physikalisches Ereignis vermutete, wies Keel[80] darauf hin, es hätte sich um »eine alltägliche Halluzination« gehandelt – die Starre der

Opfer, ihre Begegnung mit dem Auge waren typische Elemente der außerkörperlichen Erfahrung. Die Entführung von Pascagoula verdeutlichte zum ersten Mal die spätere Spaltung zwischen den »wissenschaftlichen« Ufo-Forschern, die an reale Raumschiffe glaubten, und den »fortianischen« Forschern, die psychosoziale oder paranormale Ursachen verantwortlich machten.

Die Pascagoula-Entführung beherrschte mehrere Tage lang die amerikanischen Schlagzeilen und führte so zu der Welle von Humanoidensichtungen. Am 17. Oktober fotografierte ein Polizist einen außerirdischen Piloten bei Falkville, Alabama (es handelt sich um ein Trickfoto), am 4. November behauptete das Ehepaar Snow aus Goffstown, New Hampshire, sie hätten zwei außerirdische Kobolde gesehen. Überall im Land tauchten hunzlige Zwerge, leuchtende Riesen, behelmte Raumfahrer und andere Formen extraterrestrischen Lebens auf.[81]

Die Popularität dieser Sichtungen trug dazu bei, daß bald weitere Zeugen angaben, sie hätten nicht nur ein Ufo gesehen, sondern wären auch von dessen Piloten entführt worden. 1975 behauptete der Holzfäller Travis Walton, er hätte einen Tag an Bord einer Untertasse verbracht. Dr. Hynek glaubte ihm und wertete den Bericht als »den wichtigsten Fall des Jahres«. Bis Anfang der achtziger Jahre kamen mehrere Dutzend Entführungsberichte zusammen, die von Holzer[82] gesammelt wurden.

Beginnend mit den Werken Dänikens hatten immer mehr pseudowissenschaftliche Bücher Erfolg auf dem Markt. 1974 veröffentlichte Charles Berlitz sein erstes Buch über das Bermuda-Dreieck, in dem angeblich zahlreiche Schiffe und Flugzeuge verschwunden waren. Obwohl der Historiker Lawrence Kusche[83] bald zeigen konnte, daß die Mähr vom Dreieck eine Erfindung war, die auf unsaubere Recherche und fiktive Berichte zurückging, wurde das Geheimnis äußerst populär. Fast alle Entführten der siebziger Jahre wollen von ihren Entführern erfahren haben, daß diese eine Basis im Bermuda-Dreieck hätten.

Die Hauptannahme der Bermuda-Dreieck-Autoren war, daß sich auf dem Grunde des Atlantiks eine Ufo-Basis befinde, von der aus Raumschiffe immer wieder Flugzeuge und Schiffe entführten. »Wir waren«, wie bereits Fort ironisch geunkt hatte, »Eigentum der Außerirdischen«.

War bis dahin die Entführung eine Variante der CE III-Berichte gewesen, so erweckte nun der Dreiecks-Mythos die Vorstellung, Entführungen seien der eigentliche Kern des Phänomens. Mittlerweile waren genug Prototypen des Entführungserlebnisses veröffentlicht worden, die den Menschen, die eine unerklärliche Erfahrung erlebten, die Möglichkeit gaben, diese in der Terminologie der CE IV zu berichten.

Zur gleichen Zeit veröffentlichte der Mediziner Raymond Moody zwei Bücher über Nahtoderfahrungen. Dabei handelt es sich um die Erlebnisse von Menschen, die klinisch tot waren. Gewöhnlich löste sich bei ihnen eine Art Seele aus dem Körper und betrachtete sich selbst von außen. Dabei wurden Leuchterscheinungen wahrgenommen. Das Ich schlüpfte dann durch einen engen, dunklen Tunnel in einen hellerleuchteten Raum, in dem sich die Geister von Freunden und Verwandten befanden, häufig auch eine Art helles Licht oder Lichtperson, die als Gott gedeutet wurde. Nach einem Bewußtseinsverlust erwachte der Zeuge dann wieder in seinem stofflichen Körper[84] – also im Grunde eine religiös interpretierte Entführung. Moodys Bücher waren so populär, daß sie zu Bestsellern wurden. Zwischen 1975 und 1978 erschienen zahlreiche Artikel über Nahtoderfahrungen in den populärwissenschaftlichen Magazinen und – vor allem – den amerikanischen Massenblättern.

Die Motive des Bermuda-Dreiecks und der Entführung benutzte der amerikanische Regisseur Steven Spielberg 1977 in seinem Film »Close Encounters« (Unheimliche Begegnung der dritten Art). Der Titel ging auf Hyneks Klassifikation zurück, der Astronom wirkte als »wissenschaftlicher Mitarbeiter« und als Schauspieler am Film mit.

Der Film beginnt mit einfachen Sichtungen von Nachtlichtern. Ein Zeuge hat dann eine nahe Begegnung mit einem hellerleuchteten Ufo auf einer einsamen Landstraße. Er erhält telepathisch die Botschaft, an einem bestimmten Tag am Landeplatz der Außerirdischen zu erscheinen. Bei seiner Suche nach der Wahrheit und bei seinem verzweifelten Versuch, seine Erlebnisse rational zu verarbeiten, trifft er auf die Mutter eines Kindes, das bereits von einem Ufo verschleppt worden ist.

Während dessen laden riesige Raumschiffe die Flugzeuge und Boote, die im Bermuda-Dreieck gekidnappt wurden, in den Wüsten der Erde ab. Wissenschaftler eilen zu diesen Orten, an denen Sekten entstanden sind, die ebenfalls Mitteilungen über die bevorstehende Landung erhalten haben. Mittlerweile hat auch das amerikanische Militär Ort und Datum der geplanten Landung errechnet. Das Gebiet wird abgesperrt, das Vieh vergiftet, ein chemischer Unfall vorgespielt. Der Mann und die Frau können gemeinsam zu dem Landepunkt vordringen: Ihr starker Wille, sich selbst zu beweisen, daß sie nicht verrückt sind, hilft ihnen dabei. Doch ihre Ehe ist der Belastung des Erlebnisses nicht gewachsen und zerbricht.

Schließlich landet das riesige Mutterschiff der Außerirdischen, aus dem friedliche kleine embryonenhafte Humanoiden steigen. Sie bringen das entführte Kind zurück und nehmen den Mann zu einem Flug in den Kosmos mit. Die Landung des Raumschiffes, das wie eine Kathedrale gestaltet ist, und die unterlegte pathetische Orgelmusik bilden das semi-religiöse Finale des Filmes.

Der Spielfilm ist die bisher genaueste künstlerische Studie eines Ufo-Kontaktlers. Otto Billig[85] findet hier alle Elemente einer echten religiösen Vision verwirklicht: »Der Film zeigt

Reaktionen, die im Geiste des Menschen auf der ganzen Welt verankert scheinen. Die Parallelen lassen sich in den Märchen und Mythologien der Völker finden. Der Hauptdarsteller erhält Kontakt mit übernatürlichen Wesen, deren Wissen das menschliche weit übertrifft. Die Humanoiden sind Zwerge – klein an Statur, doch Besitzer großer Kräfte. Sie lehren den Helden durch wahrhaft übernatürliche Gefahren. Doch der Mut und die Entschlossenheit des Helden siegt zum Schluß über die Gefahr.«

Der Film führte zu einem erneuten Aufleben des Interesses an Ufos und wurde zu einem der größten Erfolge an der Kinokasse. In Italien löste er die größte Ufo-Welle des Landes aus, in der alle fiktiven Elemente des Films in die ufologische Realität übertragen wurden.[86]

1977 wiederholte sich nicht nur eine Ufo-Welle in den USA, sondern auch Ungeheuersichtungen nahmen zu. Clark und Coleman[87] widmen diesen Beobachtungen von Schneemenschen, Flugsauriern und Riesenkatzen ein Kapitel in ihrem interessanten Buch über amerikanische Monster.

Bereits 1973 hatte Hynek, nachdem er als Berater der Luftwaffe aus deren Ufo-Projekt ausgeschieden war, das »Center for UFO-Studies« (CUFOS) gegründet. Enttäuscht über die fehlende Methodik bei den Untersuchungen des Militärs und der seiner Meinung nach unwissenschaftlichen Arbeit der Universität von Colorado, etablierte er dieses Zentrum für eine unvoreingenommene Erforschung der Ufo-Sichtungen. Nach seinen Plänen sollten ausschließlich Wissenschaftler mitarbeiten. Das CUFOS ist der Ansicht, daß Ufos tatsächlich existieren, will sich aber nicht auf eine Interpretation festlegen.[88] Hynek selbst ging anfänglich von dem außerirdischen Ursprung der Ufos aus, vermutete aber später, es handle sich um Besucher »aus einer anderen Dimension«.

Alan Hendry, der Hauptuntersucher des CUFOS, folgerte Anfang der achtziger Jahre nach einer Analyse von Hunderten von Ufo-Berichten, daß Ufos von Ifos, also identifizierten fliegenden Objekten, statistisch nicht zu unterscheiden seien und das Ufo-Phänomen daher vor allem auf die Unfähigkeit der Zeugen zurückgehe, alltägliche Stimuli am Himmel richtig einzuschätzen. Er wurde daraufhin entlassen.[89]

Schon während der sechziger Jahre hatten die beiden größten privaten Organisationen, APRO und NICAP, immer mehr an Einfluß in der Szene verloren. Eine neue Gruppe, MUFON, das »Mutual UFO Network« (Ufo-Forschungsnetz), übernahm ihren Platz. MUFON ist laut Satzung neutral, unterstützt aber de facto die außerirdische Hypothese. Vor allem auf Kongressen des MUFON wurden und werden Entführungsberichte und Geschichten über abgestürzte Untertassen verbreitet. Die Organisation scheint hauptverantwortlich für die neue Popularität dieser Erklärung zu sein.[90]

Die achtziger Jahre – Mit Hypnose auf Ufo-Jagd

Die achtziger Jahre begannen mit einem aufsehenerregenden Fall, der viele Ufo-Interessierte wieder davon überzeugte, daß es sich bei den gesichteten Objekten um Raumschiffe handelte. Am 29. Dezember 1980 fuhren Betty Cash, Vicki Landrum und Colby Landrum bei Houston durch die kalte texanische Nacht. Einige Meilen voraus bemerkten sie ein ungewöhnlich helles Licht über den Bäumen. Es verschwand und tauchte dann plötzlich direkt über ihnen wieder auf. Es war ein gewaltiges leuchtendes Karo. Die drei hielten das Auto an. Vicki Landrum glaubte aufgrund ihrer fundamentalistisch christlichen Einstellung, sie beobachte die Wiederkehr Christi. Das Ufo stieß in regelmäßigen Abständen Flammen aus. Die Zeugen hörten ein durchdringendes ununterbrochenes Piepsen.

Aus Angst, von der Hitze des Ufos verbrannt zu werden, stiegen die Zeugen aus dem Auto, das glühend heiß geworden war. Sie stellten sich neben das Fahrzeug und beobachteten das Ufo. Einige Minuten später sollen dann große amerikanische Armeehubschrauber erschienen sein, die das Ufo wegeskortierten. Die drei Zeugen wollen durch das Ufo starke Verbrennungen erlitten haben.[91]

Der Untersucher des Falles, John Schuessler, ging davon aus, daß die drei ein außerirdisches Raumschiff gesehen hatten. Andere Ufo-Forscher vermuteten, es hätte sich um ein geheimes Testflugzeug der Armee gehandelt. Man darf allerdings nicht vergessen, daß keine unabhängigen Zeugenaussagen vorliegen, nach denen das Ufo auch von anderen beobachtet wurde. Auch wenn die fotografisch dokumentierten Verbrennungen der Zeugen sehr eindrucksvoll sind, liegen doch keine Krankenberichte vor, die den Zustand vor der Begegnung dokumentieren. Es kann also nicht geklärt werden, ob die »Strahlenschäden« von dem Ufo stammen oder nicht. Der Fall überzeugte trotzdem mehrere zuvor skeptische Ufo-Forscher von der Realität außerirdischer Raumschiffe.

Zur gleichen Zeit soll eine fliegende Untertasse in England abgestürzt sein. Im Rendlesham Forest an der ostenglischen Küste wollen amerikanische Soldaten beobachtet haben, wie ein hellstrahlendes Objekt im Wald niederging. Zumindest eine Ufo-Forscherin, die zuvor psychologisch-soziologisch orientiert war, Jenny Randles, wurde durch den Fall wieder eine Anhängerin außerirdischer Raumschiffe. Mittlerweile steht ziemlich sicher fest, daß die Soldaten nur einen Meteor und das Licht eines Leuchtturmes beobachtet hatten. Die Augenzeugenberichte, die von einer abgestürzten Untertasse sprachen, entpuppten sich als Gerüchte und Schwindel.[92] Diese beiden Berichte hatten den Boden bereitet, der zu der positiven Aufnahme des Buches »Missing Time« (»Von UFOs entführt«, 1982) von Budd Hopkins führte. Das war die erste

Sammlung von unter Hypnose gegebenen Entführungsberichten. Von der Hill-Sichtung inspiriert, hatte Hopkins begonnen, zuerst Nahbeobachtungszeugen und dann praktisch all seine Bekannten zu hypnotisieren, um nach verdrängten Entführungen zu suchen. Die meisten berichteten tatsächlich von außerirdischen Abenteuern.

Normalerweise wären solche Behauptungen von der Ufo-Szene erst einmal kritisch analysiert worden, doch die bereits zuvor vollzogene Rückwende zur extraterrestrischen Hypothese und der damit verbundene Wunsch nach »endgültigen Beweisen« führten dazu, daß die von Hopkins gesammelten Geschichten ohne viel Einwände wortwörtlich geglaubt wurden.

Da die meisten der von Hopkins befragten Entführten angaben, die Außerirdischen hätten medizinische Tests an ihnen durchgeführt, vermutete er, daß eine fremde Zivilisation planmäßig Menschen entführt, ihnen Genmaterial entnimmt und so die Evolution des homo sapiens manipuliert – Gedanken, die direkt aus den Büchern Erich von Dänikens[93] stammen. Auch Gerüchte über angeblich in den fünfziger Jahren abgestürzte Untertassen fanden nun wieder Glauben.[94] Es wurden sogar neue Fälle gemeldet.[95]

Der Wandel in der ufologischen Meinung hatte wohl mehrere Gründe. Zuerst sicher die Enttäuschung darüber, daß immer noch keine Lösung des Rätsels gefunden worden war und dann die Tatsache, daß eine psychologische Analyse mehr Fragen aufwarf als sie zu beantworten schien. Es war sicherer, zu simplen mechanistischen Vorstellungen zurückzukehren und auf den ultimativen Beweis in Form eines abgestürzten Raumschiffes zu warten, als sich auf das komplexe Gebiet der menschlichen Wahrnehmung und Vorstellungen zu begeben.

1986 verstarb J. Allen Hynek, der Ufo-Pionier.[96] Er hatte bis zu seinem Tod erfolglos dafür gekämpft, daß die Ufologie als akademische Disziplin anerkannt werde. Sein Kampf hatte ihn dazu geführt, daß er unkritisch Sichtungen als Beweise akzeptierte und zum Schluß auch an die Realität der Entführungen, die er zuerst skeptisch betrachtet hatte, glaubte.

1987 wurden zwei Bücher über Entführungen zu Bestsellern. Das eine war Budd Hopkins' »Intruders« (»Eindringlinge«), in dem er die Geschichte der Kathie Davis erzählt, das zweite Whitley Striebers »Communion« (»Die Besucher«). Strieber, der bereits als Autor von Horrorgeschichten erfolgreich war, landete mit seinem Buch einen regelrechten Hit, der mehrere Monate auf den vordersten Plätzen der Bestsellerliste der »New York Times« stand. Entführungen wurden populär. Neben einer Verfilmung von Striebers Buch gab es einschlägige Episoden auch in den Serien »Soap« und »Denver«.

Der amerikanische Avantgardekomponist Philip Glass schrieb eine 1988 uraufgeführte Oper über das Thema: »›1000 Flugzeuge auf dem Dach‹ ist die Geschichte von M., einem scheuen Mann aus Manhattan, der sich, als er von einer Verabredung nach Hause geht, plötzlich an Bord eines außerirdischen Raumschiffes befindet. Dort nehmen Außerirdische verschiedene medizinische Tests an ihm vor, bevor sie ihn mit der Warnung, er müsse das Erlebte vollständig vergessen, wieder entlassen. M.'s Versuche, sich an das Ereignis zu erinnern und sich der Welt mitzuteilen, bilden den Kern der Oper (...) Am Ende ist M. halb verrückt geworden und hat fast den ganzen Alptraum vergessen, doch die Angst vor einer erneuten Entführung bleibt«.[97]

Unter dem Eindruck der in den achtziger Jahren auf mehrere Hundert bis vielleicht Tausend angeschwollenen Zahl der CE IV-Berichte zog sich mit Jerome Clark auch einer der Mitbegründer der psychosozialen Theorie, die Ufo-Erlebnisse geisteswissenschaftlich deuten will, in die angenehme Welt der außerirdischen Hypothese zurück.[98] So sind heute in den USA kaum noch Ufo-Forscher, die an diese Erlebnisse unvoreingenommen herangehen, übriggeblieben. Das führte dazu, daß ein relativ einfacher Schwindel zum bedeutendsten Fall der Ufo-Geschichte hochgeputscht werden konnte. Ed Walters, ein Geschäftsmann aus Gulf Breeze in Florida behauptete, er habe zwischen November 1987 und Mai 1988 über 20 Begegnungen mit fliegenden Untertassen erlebt, bei denen er über 40 Polaroidfotos der Raumschiffe aufnehmen konnte. Zweimal, im Dezember 1987 und im Mai 1988, wollte Walters sogar von den Außerirdischen entführt worden sein.

MUFON, die größte Ufo-Organisation der USA, stellte sich voll hinter den Fall und erklärte ihn für authentisch.[99] Leider hat man mittlerweile sowohl die Methode, mit der die Bilder gefälscht wurden, als auch das dabei benutzte Modell entdeckt – der Fall, der auch in einem auflagenstarken Buch besprochen wird, war ein einfacher Schwindel.[100]

3. Unheimliche Begegnungen der vierten Art

Entführungen beginnen meist damit, daß der Zeuge oder die Zeugen einen entspannten Zustand erreicht haben, in dem ihre Wahrnehmung eingeschränkt ist – z. B. nach langen Autofahrten, beim Angeln oder kurz vor dem Einschlafen im Bett. Man spricht von der sogenannten »Autobahnhypnose«,[1] bei der es zu Halluzinationen kommen kann.

Die Opfer von Entführungen befinden sich zum Zeitpunkt ihres Erlebnisses häufig in einer Krise. Barney Hill, der erste bekannte Entführte, wartete ängstlich auf die Ergebnisse einer medizinischen Untersuchung,[2] der Schriftsteller Whitley Strieber befand sich in einer Schaffenskrise,[3] eine im Januar 1976 entführte Frau fühlte sich vor ihrem Erlebnis »verlassen und einsam«.[4] Der englische Autor John Rimmer untersuchte im Zuge der Vorbereitung einer Buchpublikation zahlreiche amerikanische Entführungsopfer psychologisch und stellte dabei fest, daß sie alle unter Beziehungsproblemen litten: »Rimmer bemerkt, daß von elf Entführungsopfern acht Witwer oder Witwen waren, geschieden waren oder unter Problemen in ihrer Ehe litten. Er vermutet, daß sie das ganz besonders anfällig für Suggestion und seelisch beeinflußbar machte«.[5]

Die Zeugen haben, wie bereits gesagt, durch lange, monotone Betätigungen einen schlafähnlichen Zustand erreicht. Da bemerken sie ein Licht, das sich ihnen nähert. Zuerst gleicht es vielleicht einem Stern oder einem Flugzeug, es wird jedoch bald, wenn es näher gekommen ist, zu einer typischen fliegenden Untertasse.

»In meinen Interviews mit Zeugen taucht immer wieder ein bestimmter Satz auf: ›Ich habe noch nie zuvor in meinem

Leben so etwas gesehen.‹ Und ich habe ebenfalls festgestellt, daß Ufo-Beobachter ihr Bestmögliches tun, um ihre Erfahrung konventionell zu beschreiben und zu deuten. Sie versuchen praktisch immer – wenn nötig auch gegen die Fakten ihres Erlebnisses – eine natürliche Erklärung zu finden...Eine typische Aussage lautet so: ›Zuerst dachte ich, auf der Straße vor uns sei ein Unfall geschehen – die Lichter glichen den Blinklichtern von Polizeiautos. Dann bemerkte ich, daß die Lichter zu hoch standen, also dachte ich: vielleicht ist es ein Flugzeug in Schwierigkeiten, das mit abgestellten Motoren notlanden will, denn ich hörte kein Geräusch. Dann begriff ich, daß es kein Flugzeug war.‹«[6]

Die Worte, die die Zeugen wählen, um anderen zu erklären, wie ihr Ufo ausgesehen hat, zeugen von ihrer Hilflosigkeit angesichts der Tatsache, daß das Gesehene so unbeschreiblich fremdartig war: Einige Zeugen beschrieben ein Ufo »wie eine Gurkenscheibe«, mit einer Farbe »wie ein Verkehrsschild«. Andere Zeugen waren nicht in der Lage, die Farbe zu beschreiben, oder sie versuchten, das Leuchten der Objekte mit etwas Bekanntem zu vergleichen, waren dazu aber nicht fähig. »Es ist erstaunlich«, bemerkt Hynek,[7] »wenn man sieht, wie oft sich die Zeugen außerstande fühlen, eine sinnvolle Beschreibung ihres Erlebnisses zu geben.«

Der Entführte Strieber, immerhin ein erfolgreicher Schriftsteller, meint: »Wenn die Ereignisse wirklich fremdartig sind, dann hat der Verstand keinen Kontext, keine Terminologie, um sie begreifen zu können. Man wird innerlich still, beobachtet, ohne zu kommentieren.[8]

Das Ufo-Erlebnis unterscheidet sich für den Beobachter so sehr von Alltagserlebnissen, daß er sich anstrengen muß, wenn er es mit bekannten Empfindungen, Farben und Worten beschreiben soll. Eine ähnliche Unfähigkeit, Erlebtes in Worte zu fassen, kann man auch bei Menschen beobachten, die eine mystische Erfahrung erlebt oder halluzinogene Drogen eingenommen haben. Eine Versuchsperson, die ihren LSD-Rausch beschreiben sollte, meinte nur: »Es gibt keine Worte dafür. Ich will es versuchen, aber die Sprache reicht dafür nicht aus.«[9]

Hynek vermutet, die Sprachlosigkeit der Zeugen und die »Eskalation der möglichen Erklärungen«, mit der sie ihr Erlebnis rationalisieren wollen, sprächen gegen die Möglichkeit, bei Ufo-Erfahrungen handele es sich um reine Halluzinationen: »Dieser Prozeß von der einfachen schnellen Beschreibung und Erklärung schrittweise hin zu der Erkenntnis, daß keine Beschreibung ausreicht (die Eskalation der möglichen Erklärungen), taucht so oft auf, daß die Vorstellung, der Ufo-Beobachter habe seine Sichtung nur aus irgendeinem persönlichen unbewußten Wunsch konstruiert, für mich nicht akzeptabel ist«.[10]

Hynek zum Trotz können die meisten Ufos, gerade auch bei den Entführungsberichten, auf gewöhnliche und alltägliche Stimuli zurückgeführt werden. Die Untertasse, die Barney und Betty Hill sahen, konnte als der Planet Jupiter identifiziert werden.[11] Ein unheimliches, halbtransparentes Ufo, das einen schottischen Waldarbeiter angriff, war ebenfalls nur ein Planet.[12] Ufos, die zeitgleich mit Striebers[13] Entführung beobachtet wurden, klingen nach gewöhnlichen Flugzeugen oder wurden als Schwindel entlarvt.

Nachdem also ein solcher auslösender Stimulus, der später oft konventionell erklärt werden kann, von dem Zeugen in einem Moment geschwächter Aufmerksamkeit wahrgenommen wird, verfallen die Zeugen, wenn sie erst einmal jede natürliche Erklärung verworfen haben, dem »Oz-Faktor«: Damit beschreibt die englische Ufo-Forscherin Jenny Randles[14] das Gefühl der Zeugen, daß die Umwelt irgendwie verändert wirkt. Das Zeitgefühl der Zeugen wird unsicher, eine gewöhnlich gut befahrene Straße wirkt vereinsamt, vollkommene Stille, oft ohne Vogelstimmen, legt sich über die Landschaft; kurzum, der OZ-Faktor bedeutet einen Verlust des alltäglichen Zeit- und Raumgefühls. In diesem Zustand der zeitlichen und räumlichen Orientierungslosigkeit hat der Zeuge das Gefühl, daß bald etwas Ungewöhnliches geschehen wird: Mit einem Fuß ist er bereits im Märchenland.

Jetzt nähert sich der ursprünglich ausgemachte Stimulus dem Zeugen, wird dabei größer und größer, bis er als typische fliegende Untertasse zu erkennen ist. Das Raumschiff vom anderen Stern landet nun direkt vor oder neben dem Auto oder Haus des Zeugen. Die Landestelle liegt häufig in Kurven, bei Brücken oder Kreuzungen – Orte, die bereits im Mittelalter als Übergangspunkt zwischen unserer Welt und der Welt des Übernatürlichen galten. Hier konnte man Geister und Kobolde, Monster und Phantome sehen.[15]

Bei Opfern, deren Entführung sich in einem Haus abspielt, löst häufig ein akustischer oder optischer Reiz kurz vorm Einschlafen den Oz-Faktor aus. Solche Wahrnehmungsstörungen kennt eigentlich jeder, sie werden in der medizinischen Literatur seit langem eingehend beschrieben. Whitley Strieber,[16] ein bekannter amerikanischer Schriftsteller, der in seinem Blockhaus im Staate New York entführt wurde, lag müde in seinem Bett, als er Schritte hörte. Die Gegend war damals für ihre zahlreichen Ufo-Sichtungen bekannt. Die Schritte kamen näher, mehrere kleine Männchen erschienen, die Strieber berührten. Er schien durch das eigenartigerweise verschwundene Hausdach hindurch nach oben in den Sternenhimmel zu schweben, dort wurde er in ein Ufo geschleppt und schmerzhaften medizinischen Untersuchungen unterzogen.

Das Innere der Raumschiffe und die medizinischen Untersuchungen, die die Humanoiden dort an ihren Opfern durchführen, beschreiben Zeugen weltweit in praktisch genau den gleichen Worten. Form, Sprache und Herkunft der Ufo-Piloten sind jedoch in fast allen Entführungsberichten unterschiedlich, obwohl sich mittlerweile in den USA der Typ des embryonenhaften Außerirdischen durchgesetzt hat, vor allem durch die Bestseller Hopkins und Steven Spielbergs Film »Unheimliche Begegnungen der dritten Art«. Doch selbst hier sind große Abweichungen feststellbar. Obwohl z. B. Striebers Ufonauten im Grunde den embryonenhaften ETs entsprechen, hält er sie für eine Art Insekten – das steht im Widerspruch zu anderen Entführungsberichten, in denen die Wesen als äußerst menschenähnlich geschildert wurden. Jeder Entführungsbericht enthält zudem Erzählmotive, die offenbar in keinem anderen anzutreffen sind. Das Grundmuster ist also relativ rigide angelegt, wird aber von den individuellen Zeugen mit eigenem Material ergänzt.

Das Innere der Ufos ist rund, fugenlos und kühl bis kalt. Manchmal hält sich der Zeuge in mehr als einem Raum auf, doch alle Kammern sind hell erleuchtet, ohne daß der Zeuge eine Lichtquelle findet. Türen und andere Öffnungen sind nicht sichtbar, erscheinen aber einfach, wenn die fremden Wesen eintreten.[17] Tische, medizinische Apparate und Bildschirme scheinen im Inneren nicht befestigt zu sein, sondern organisch aus dem Hüllenmaterial herauszuwachsen. Wird von mehreren Räumen berichtet, sprengt deren Ausmaß meist den von außen beobachteten Durchmesser des angeblichen Raumschiffes. Manchmal, jedoch nur in den seltensten Fällen, werden höhlenartige Räume im Raumschiff beobachtet.

Die Zeugen müssen schmerzhafte medizinische Untersuchungen über sich ergehen lassen. Mit langen Nadeln wird in ihren Bäuchen herumgestochen, Augen werden aus den Höhlen herausgeholt, den Frauen werden Eizellen, den Männern Spermien entnommen – oft auf schmerzhafte Weise durch extrem unhandliche Geräte. Nach einigen Berichten sind Frauen von außerirdischen Männern vergewaltigt worden, in anderen Fällen werden Männer mit Ölen eingerieben und dazu gebracht, mit außerirdischen Schönheiten den Geschlechtsakt zu vollziehen. Strieber mußte es sich gefallen lassen, daß eine wurmartige Maschine mit vielen Kabeln in seinen After eingeführt wurde und in seinen Darm eindrang. Einige Frauen erklärten, sie seien von Außerirdischen (entweder künstlich oder durch Geschlechtsverkehr) geschwängert worden, Monate später seien sie dann erneut entführt worden – und die Extraterrestrier entfernten den Embryo, um ihn zu behalten.[18]

Sexuelle Inhalte angenehmer oder (fast immer) unangenehmer und schmerzhafter Natur spielen in praktisch allen Entführungsberichten eine wichtige Rolle. Smith[19] hat festgestellt, daß in brasilianischen Berichten immer erotische Abenteuer mit außerirdischen Pin-Up-Girls vorkommen. Ribera[20] erwähnt die Amerikanerin Shane Kurz, die zuerst in ihrem Zimmer von einem zeppelinartigen Raumschiff bedrängt und dann von Außerirdischen vergewaltigt worden sein soll,[21] die südafrikanische Kontaktlerin Elisabeth Klarer will sogar ein außerirdisches Kind zur Welt gebracht haben.[22] Budd Hopkins[23] untersuchte den Fall einer Frau, die entführt und geschwängert wurde, später sollen dann die Humanoiden das Kind wieder aus dem Mutterleib entfernt haben.

Die Zeugen haben nur in den wenigsten Fällen eine bewußte Erinnerung an ihr Erlebnis. Sie bemerken nur einen unerklärlichen Zeitverlust, der von wenigen Minuten über eine halbe Stunde bis zu einem Tag reichen kann. Dieser Zeitverlust wird nach der Beobachtung des Stimulus erfahren. Die Zeugen erwachen im Bett oder befinden sich plötzlich wieder im fahrenden Auto.

Der eigentliche Aufenthalt im Ufo wird den Zeugen erst unter regressiver Hypnose entlockt. Darunter versteht man die Rückführung eines hypnotisierten Menschen (Subjekt) zu einer Zeit in seiner Vergangenheit, an die er sich dann besser erinnert als im wachen Zustand. Verschiedene Autoren haben vermutet, daß die Humanoiden die Erfahrung aus dem Gedächtnis der Zeugen löschen (das allerdings so stümperhaft, daß unter Hypnose das Ganze doch wieder zum Vorschein kommt).

Bertrand Méheust[24] spricht davon, daß dieses Vergessen eine »moderne Form des religiösen Tabus sei, als posthypnotische Suggestion verkleidet, die von den Ufonauten stammt«. Dieses Tabu, das angeordnete Vergessen eines Kontaktes mit dem Übernatürlichen, entspricht dem Gebot Gottes im Alten Testament, seinen Namen weder zu schreiben noch auszusprechen, und hat sich bei uns in märchenhafter Form in der Geschichte vom Rumpelstilzchen erhalten. Die Bibel sagt sogar, daß man Gott nicht ins Angesicht sehen darf – das Göttliche darf erfahren, aber nicht in Begriffe gefaßt werden.

Dennis Stillings[25] hat bemerkt, daß praktisch alle amerikanischen Entführungsberichte von einer einzigen Quelle stammen, von dem Ufo-Forscher Budd Hopkins. Hopkins läßt regelmäßig Leute hypnotisieren, von denen er vermutet, sie seien entführt worden. Viele seiner Opfer haben nicht einmal ein Ufo gesehen, sondern nur eigenartige Ängste oder Träume erlebt. Hopkins hält solche Träume (z. B. von einer großen Eule), Ängste (z. B. vor einem bestimmten Straßenabschnitt) wie auch angenommene Zeitverluste für Schutzerinnerungen und vermutet dahinter posthypnotische Suggestionen. Hopkins läßt diese Menschen hypnotisieren, bis jetzt scheint er auch jedesmal auf eine Entführung gestoßen zu sein. Einer von Hopkins Subjekten, Steve Kilburn z. B., hatte nur Angst vor einer bestimmten Straße,[26] Virginia Horton erinnerte sich nur an einen unwirklichen Kindheitstraum, in dem ein wunderschöner Hirsch eine Rolle spielte.[27]

Typischer Bestandteil eines CE IV-Berichtes ist also nicht unbedingt immer ein imaginäres oder reales Ufo-Ereignis, viele Entführte erinnern sich weder an eine Entführung noch an eine Ufo-Sichtung. Sie sind nur aufgrund eigenartiger Erinnerungen verwirrt und produzieren dann unter Hypnose komplexe Abenteuer in fremden Raumschiffen.

Kritiker, allen voran der kalifornische Psychologe Alvin

Lawson, vermuten deshalb, daß ein Großteil der CE IV-Erfahrungen erst unter Hypnose entsteht. Er hat Studenten hypnotisiert, die angaben, noch nie ein Ufo gesehen zu haben, und erhielt Ergebnisse, die den Geschichten angeblich wirklich Entführter verblüffend ähneln.

Außer Lawsons »imaginären Entführungen« gibt es mehrere weitere Faktoren, die vermuten lassen, daß es sich bei Entführungen vor allem um halluzinatorische Erlebnisse handelt, die spontan, unter Hypnose- oder Drogeneinfluß oder bewußt kreativ entstehen können.

Als in Pascagoula im US-Staat-Mississippi zwei Angler während einer Welle von Ufo-Sichtungen im Herbst 1973 am 11. Oktober in ein Ufo gebracht und dort untersucht wurden, waren sie die einzigen, die das riesige Ufo sahen, obwohl direkt daneben eine dichtbefahrene Autobahn entlangführte. Auch ein Schleusenwärter, der die Stelle, an der die Entführung angeblich stattfand, überblicken konnte, bemerkte nichts Ungewöhnliches.[28]

Paul Devereux[29] führt ein ähnliches Beispiel aus Australien an: »Ein Beispiel ... ist der Fall der Maureen Puddy ... Sie gab an, dreimal Ufos begegnet zu sein, beim dritten Mal sah sie einen Außerirdischen und ging an Bord. Dort konnte sie beträchtliche Details erkennen. Diese Erlebnisse wühlten sie emotional beträchtlich auf, doch sie geschahen in Anwesenheit von zwei Ufo-Forschern, die selbst nichts sahen. Selbst als Maureen in dem Ufo war, befand sich ihr stofflicher Körper bei den anderen beiden im Auto.«

Wie die meisten Entführungsopfer durchlebte auch Maureen Puddy zum Zeitpunkt ihrer Erfahrung eine Krise: »Es muß wohl kaum betont werden, daß sie unter persönlichem, häuslichem Streß stand. Sie hatte zwei kleine Kinder und einen behinderten Mann, der zwei Monate nach der angeblichen Entführung starb.«

Offenbar sind solche imaginären Entführungen (die sich

nicht von den sogenannten »authentischen« unterscheiden) immer eine Reaktion auf Streß und ungewöhnliche Belastungen.

Eine weitere Schwäche der hypnotischen Rückführung liegt darin, daß Erinnerungen, die unter Hypnose wiedergegeben werden, nicht genau das reflektieren, was zu der Zeit stattfand, in der das durch die Hypnose Heraufbeschworene geschah. Die Psychologen Hall, McFeathers und Loftus[30] haben nachgewiesen, daß sich Erinnerungen unter dem Einfluß neuer Erkenntnisse und Erfahrungen allmählich verändern. Im Falle der entführten Hills, die vor ihrer Hypnosesitzung mehrere Vorträge über Ufos besuchten, könnte die Erinnerung vollkommen umgeformt worden sein: »Zusätzliche Informationen werden erworben und häufig mit der ursprünglichen Erinnerung verbunden. Nachdem sie geschaffen wurde, ist diese neue Erinnerung ebenso real für die Person wie die als Resultat wirklicher Wahrnehmungen erworbenen Erinnerungen«.

Nach der Entführung, häufig aber auch erst nach der erfolgreichen Bestätigung durch die Hypnose, durchlaufen die Zeugen einen Prozeß der kulturellen Rekonditionierung, d.h. sie ändern ihren Lebensstil, ihre Ansichten und Interessen. Strieber, der lange Zeit unfähig gewesen war zu arbeiten, und der nach seiner Entführung so labil war, daß er immer wieder in Weinkrämpfe ausbrach, faßte neue Kraft und schrieb ein Buch über seine Erlebnisse, das zum Bestseller wurde. Das Ehepaar Day aus London, das im Oktober 1974 zusammen mit seinen Kindern entführt wurde, veränderte nach dem Erlebnis sein ganzes Leben. John Day begann, Gedichte mit philosophischem Inhalt zu verfassen, die ganze Familie schränkte ihren Fleischkonsum drastisch ein und lebte noch vor Jahresende ganz vegetarisch. John und Sue Day wurden zu Abstinenzlern, John, der 60 bis 70 Zigaretten am Tag geraucht hatte, verwandelte sich in einen Nichtraucher.[31] Viele Opfer, die sich vorher einsam fühlten, werden zu Ufo-Forschern und finden so als Untersucher und Opfer doppelte Aufmerksamkeit. Eine von drei im Januar 1976 entführten Frauen trat einer Ufo-Forschungsgruppe bei und wurde von zahllosen Ufologen interviewt: »Da so viele, häufig besser ausgebildete Menschen Interesse an Frau A. und ihrer Begegnung zeigten, wurde sie selbstbewußter und in ihren gesellschaftlichen Beziehungen weniger zögerlich.«[32]

Viele Entführungsopfer sprechen davon, daß sie trotz ihrer schmerzhaften Erlebnisse und der äußerst labilen Phase nach ihrer Entführung nun »plötzlich bewußter« geworden seien.[33] Lydia Stalnaker, vorher ungläubig, ist zur inbrünstigen Christin geworden.[34] Andere Entführte glauben, paranormale Fähigkeiten, wie Telepathie oder Hellsehen, entwickelt zu haben.

Wie immer sich der Wandel im Leben der Entführten äußert, er ist nicht nur auf die Überzeugungen der Opfer beschränkt. Viele tauchen als Folge ihrer Begegnung in ein Märchenland ein, in dem viele unerklärliche Dinge möglich sind. Betty Hill, die erste Entführte, sah noch 1985 allnächtlich Ufos, teilweise sogar gelandete Raumschiffe, obwohl Ufo-Forscher feststellten, daß es sich dabei nur um Flugzeuglichter und Straßenlaternen handelte.[35] Ellicia Gruen, die bereits als Kind aus ihrem Bett entführt wurde, begegnete ebenfalls später noch häufig Ufos. Wie die Gansbergs[36] in ihrer unkritischen Studie bewundernd feststellen, »sah sie Dutzende von Ufos über ihrem Haus«. Ein Poltergeist machte sich in ihrem Haus bemerkbar. Frau Gruen begann, wie von Geisterhand geführt, Gedichte zu schreiben, ihr dreijähriger Sohn fing an, in Zungen zu reden, sie selbst machte Zukunftsvoraussagen. Mittlerweile hat sie zahlreiche Fotos von unidentifizierbaren Fußspuren in ihrem Garten und Ufos über ihrem Haus aufgenommen.

Mona Stafford (eine der drei Entführten, die von dem Psychiater Otto Billig untersucht wurden) glaubt, die Ankunft von Ufos vorhersagen zu können,[37] ebenso Carl Higdon, ein weiterer Entführter.[38] Jessica Rolfe hat seit ihrer Entführung außerkörperliche Erfahrungen erlebt und paranormale Fähigkeiten entwickelt. Diese Liste ließe sich beliebig fortsetzen, praktisch alle Entführungsopfer haben nach ihrem Erlebnis ein weites Spektrum zusätzlicher anormaler Erfahrungen gemacht oder beginnen, andere Zeugen aufzusuchen und zu befragen.

Es ist verständlich, daß die Opfer, die schon Schwierigkeiten haben, bei ihren Ehepartnern und Nachbarn Glauben zu finden, wenn sie erst einmal in das paranormale Märchenreich eingetaucht sind, noch größere Probleme haben, als normal akzeptiert zu werden.

Da der Ufo-Entführung meist eine längere Zeit der schlechten Gesundheit folgt, in der die Opfer von Alpträumen und Ängsten geplagt werden,[39] sind die Zeugen über ihr Eintauchen in das Märchenreich, jene extrageographische Region, in der Kontakte zwischen Menschen und übernatürlichen Wesen möglich sind,[40] zufrieden. Während der problematischen Zeit nach dem Erlebnis und noch anfänglich in der »Eintauchperiode« versucht das Opfer, andere von seiner Aufrichtigkeit zu überzeugen. Da das selten von Erfolg gekrönt ist, lassen sich die Entführten ganz auf ihr Leben im Märchenreich ein, unter Umständen, ohne dabei an alltäglicher Lebenstüchtigkeit einzubüßen. Viele wechseln ihren Wohnort und suchen Kontakt zu Ufo-Gruppen, wo man ihnen Gehör und Glauben schenkt. Sie schaffen sich eine neue soziale Umwelt.[41]

Viele der Zeugen, die sich an ein CE IV-Erlebnis erinnern können, lassen sich hypnotisieren, um so den Beweis für ihre Aufrichtigkeit zu erbringen. Zusätzlich wollen sie sich selbst versichern, daß sie nicht verrückt geworden sind. Strieber beschreibt eindringlich seine Probleme – er befürchtete, wahnsinnig zu werden und akzeptierte daher sofort die unter Hypnose generierten Erinnerungen.

Einige Zeugen unterziehen sich einem Lügendetektortest, um einen Beweis für ihre Lauterkeit vorweisen zu können. Charles Hickson unterzog sich einem Test,[42] ebenfalls Travis

Walton, der im November 1975 in Arizona entführt worden sein will,[43] ebenso Strieber.[44] Als der skeptische Ufo-Forscher Klass Strieber bezichtigte, er sei ein Lügner, konterte der Beschuldigte sichtlich erregt mit dem Ausdruck seines Polygraphentests.[45]

Zahlreiche Zeugen ziehen es wegen der feindlichen Haltung vieler Wissenschaftler vor zu schweigen. Andere schreiben ein Buch über ihre Erlebnisse. Sowohl Strieber[46] als auch Walton[47] und mehrere andere Entführte[48] haben diese Möglichkeit gewählt oder lassen ein Buch über ihre Erfahrung schreiben (der Erfolgsjournalist Fuller z.B. verfaßte ein Buch über die Entführung der Hills). Das ist einerseits der Versuch, sich das traumatische Erlebnis »von der Seele zu schreiben«, andererseits den Fall unverzerrt darzustellen und die Entstellung durch die Medien zu vermeiden.[49]

Nach einiger Zeit scheitern für die meisten Zeugen alle Hoffnungen, mit der alten Umwelt zurechtzukommen. Sie vergessen entweder ihre Erfahrung oder ziehen um. In ihrer neuen Umgebung berichten sie nichts von ihrem Kontakt, um nicht ein weiteres Mal mit dem Problem des Spottes und des Unverständnisses konfrontiert zu werden. Die meisten Zeugen suchen sich unter Ufo-Interessierten einen neuen Bekanntenkreis, wo sie weder ihre Erfahrung noch ihr Gefühl des Auserwähltseins verschweigen müssen.[50]

In der Gruppe der Ufo-Anhänger finden die Entführten die Anerkennung, die ihnen von der Gesellschaft versagt wurde. Man lacht sie nicht aus, sie spielen sogar eine Rolle als besondere Kontaktleute der Außerirdischen. Als Entführungen in den New Yorker Intellektuellenkreisen Mitte der achtziger Jahre »modern« waren, wurde eine Entführte »wie eine Heilige« behandelt.[51] Für viele ersetzt die Ufo-Subkultur das frühere soziale Umfeld.

Das ist für die meisten ohnehin in die Brüche gegangen: Frau Gruen ließ sich von ihrem Mann scheiden, weil er Kapital aus ihrem Erlebnis schlagen wollte.[52] Strieber beschreibt die Spannungen, die seine Entführung in der Beziehung zu seiner Frau schuf, und Geffrey Greenshaw war von der Reaktion seiner Landsleute auf sein Kontakterlebnis so enttäuscht, daß er auswanderte.[53] Trotz aller negativen Erfahrungen, trotz des schmerzhaften Entführungserlebnisses sind die meisten Opfer froh darüber, daß sie dieses Erlebnis hatten. Als Grund wird häufig der erfolgte tiefgreifende Wandel im Leben angegeben. Einsame, unglückliche Menschen haben einen neuen Sinn im Leben gefunden. Sie fühlen sich »auserwählt«, sie sind »einzigartig«. Das Selbstbewußtsein steigt, neue Aufgaben in den Ufo-Gruppen werden übernommen, manche werden sogar erfolgreiche Buchautoren, die meisten haben zumindest Gelegenheit, wiederholt in den örtlichen Fernsehtalkshows aufzutreten.

»Die meisten Entführten«, schreiben die Gansbergs,[54] »haben nun gelernt, daß es mehr im Leben gibt als die langweilige Routine des Alltags. Sie haben ein neues Verständnis für ihr Dasein gefunden, eine neue Dimension. Sie lesen mehr, denken stärker über den Sinn des Lebens nach, nutzen ihre Freizeit besser und fühlen sich erfüllter als zuvor. So wie sie es verstehen, war ihre Entführung fast eine religiöse Erfahrung, ein Aufbruch zu neuem Glauben.«

Das erinnert an die Riten der Schamanen, die sich durch Drogen in einen Schlafzustand versetzen, in dem sie das Reich der Geister besuchen. Wenn sie zurückkehren, sind sie eine Weile krank, aber kaum sind sie genesen, können sie ihre im Jenseits erworbenen Zauberkräfte im Dienste der Allgemeinheit einsetzen. Diese symbolische Wiedergeburt nach dem symbolischen Tod scheint auch das Grundmotiv der Entführungen zu sein. Das CE IV-Erlebnis, das zuerst wie eine billige Science Fiction klingt, ist wohl ein technisch vergrämtes Konversionserlebnis.

Der belgische Ufo-Forscher Méheust[55] meint genau das,

wenn er schreibt, wir lebten in »der ersten Gesellschaft, die ihr soziales Leben vollkommen ohne Bezug auf etwas Heiliges ausgerichtet hat. Und jetzt beobachten wir zum ersten Mal das Erscheinen einer heiligen Erfahrung, die völlig losgelöst von ihren traditionellen kulturellen Formen erscheint.«

Barney und Betty Hill, 1961

Der berühmteste Ufo-Fall ist wohl der in unzähligen Büchern und Magazinartikeln veröffentlichte Bericht des gemischtrassigen Ehepaars Hill. Beide spürten die Intoleranz ihrer Umgebung, Barney litt unter einer Unterleibskrankheit. Betty Hills Schwester hatte bereits Ufos gesehen – und von einem Besuch bei dieser Schwester kehrte das Paar im Jahr 1961 zurück, als es nach mehreren Stunden Fahrt durch das einsame New Hampshire nachts ein helles Objekt vor sich sah.

Zwei Stunden später kamen Barney und Betty Hill einige Meilen vom Sichtungsort entfernt wieder zu sich. Betty wurde von Alpträumen gequält, in denen sie und ihr Mann in das »Ufo« geschleppt wurden. Sie begann, Vorträge über Ufos zu halten und Bücher über das Thema zu lesen. Barney war nüchterner und zweifelte an dem Realitätsgehalt der Träume. Betty vermutete, ihre Ängste seien eine Erinnerung an die »verlorenen« zwei Stunden (da die Hills zum ersten Mal Landstraßen und nicht die Autobahn für diese Fahrt benutzten, waren die beiden Stunden gar nicht verloren – es war einfach die zusätzliche Fahrzeit). Zu den entsetzlichen Träumen kam bald die Gewißheit, daß Barney an einem bösartigen Tumor litt. Das Paar suchte seinen Hausarzt auf, der ihnen vorschlug, den bekannten Bostoner Psychiater Dr. Benjamin Simon zu konsultieren. Simon hypnotisierte Betty, um ihr das unterdrückte Trauma bewußt werden zu lassen. Unter Hypnose erzählte Betty, sie und ihr Mann seien von ETs entführt worden. Die

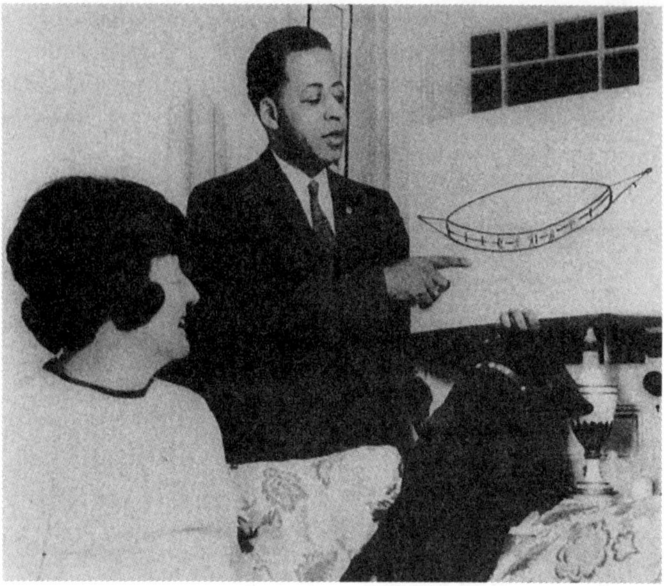

Abb. 8: Das Ehepaar Betty und Barney Hill, das im September 1961 an Bord eines Raumschiffes verschleppt und medizinischen Untersuchungen unterzogen wurde.

Außerirdischen hätten ihr mit einer langen Nadel Gewebeproben aus dem Unterleib entnommen (aufgrund einer Gebärmutteroperation konnte Frau Hill keine Kinder austragen). Barney bestätigte unter Hypnose die Angaben seiner Frau, fügte selbst allerdings keine Details hinzu.

Dr. Simon hielt die unter Hypnose erlebte Episode für eine Phantasterei Bettys, die sie Barney aufgezwungen hatte. Er hielt einen Anschlag von Rassisten auf das Ehepaar für das den Phantastereien zugrunde liegende Ereignis. Eine örtliche Ufo-Gruppe erfuhr von dem Fall, und der Profi-Journalist John Fuller beschrieb in einem Buch detailliert das Erlebnis des Paares. Durch die Hypnose wurde die Spannung von dem Paar genommen, Betty lebte ohne Alpträume weiter. Barney

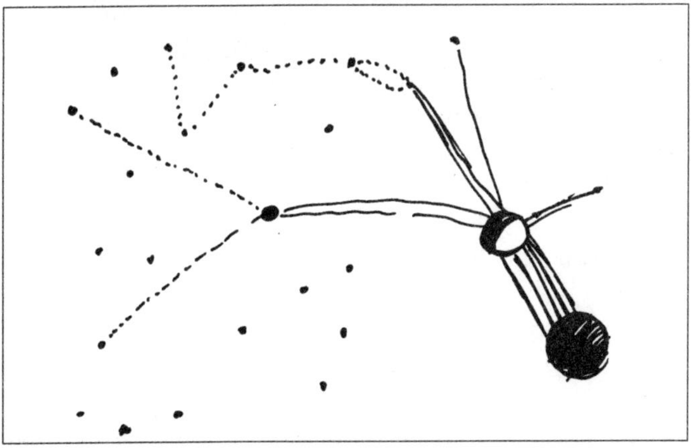

Abb. 9: Zwei Skizzen der Außerirdischen von Barney Hill und Betty Hills Zeichnung der »Sternkarte«, die ihr an Bord des Ufos gezeigt wurde.

starb 1969 an einem Gehirntumor.[56] Danach tauchte Betty ins Ufo-Märchenland ein und behielt die Außerirdischen als einzige Freunde.

Betty begann, zu Ufo-Konferenzen und Talkshows zu reisen, sie war Dauergast in Fernsehstationen und Ufo-Dokumentarfilmen. Das Erlebnis der Hills wurde zu einem Spielfilm verarbeitet. Als die ersten anderen Entführungsopfer auftauchten, nahm Betty Kontakt mit ihnen auf und beriet sie. Sie untersuchte Ufo-Sichtungen in ihrer näheren Umgebung und ist im Laufe der Zeit zu der berühmtesten Ufo-Zeugin der USA avanciert.[57]

Eine von Betty Hill unter Hypnose gezeichnete Sternkarte ist verschieden interpretiert worden, doch sie ist zu grob skizziert, um eine eindeutige Lösung zu ermöglichen.[58] Für Ufologen und für Betty Hill selbst stellen aber diese verschiedenen Interpretationen einen Beweis für deren Echtheit dar.

Noch heute sieht Betty Hill täglich Ufos durch die Nacht fliegen. Sie hat einen Hügel in ihrer Nähe entdeckt, der den Raumschiffen als Landeplatz dient. Mitglieder von Hyneks Center for UFO-Studies besuchten Betty im Jahre 1985 – die Ufos, die sie den Forschern zeigte, waren in Wirklichkeit Straßenlampen und Flugzeuge.[59]

Betty Andreasson, 1967

Die zweite bedeutende Entführung in den USA, die ebenfalls zu einem Buch verarbeitet wurde, war die von Betty Andreasson. Neben den Erlebnissen Striebers ist die Andreasson-Entführung einer der wichtigsten Hinweise auf den Sinn des ganzen Phänomens.

Betty befand sich am 25. Januar 1967 mit ihrer Familie in ihrer Wohnung, als bei einem Stromausfall alle Lichter ausgingen. Als die Lichter wieder aufbrannten, wirkte die ganze

Abb. 10: Betty Andreasson-Luca, 1990, die von Ufonauten aus ihrer Wohnung entführt wurde und im Raumschiff schmerzhaften Untersuchungen ausgesetzt war.

Familie wie erstarrt, nur Betty konnte sich frei bewegen. Vier zwergenhafte Wesen kamen wie Geister durch die verschlossene Wohnungstür. Der Führer stellte sich der Frau als Quazgaa vor und tauschte Bettys Bibel gegen ein dünneres Büchlein aus.

Betty wurde an Bord eines Raumschiffes gebracht, wo sie einer sehr schmerzhaften Untersuchung ohne sexuelle Implikationen unterzogen wurde. Sie wurde in einen luftdichten Sack gesteckt, der sich mit Flüssigkeit füllte. Sie fühlte angenehme, pulsierende Bewegungen. Dann wurde sie durch einen dunklen Tunnel in ein anderes Zimmer gebracht, wo lemurenartige Lebewesen über eine betonierte Landschaft krochen. Dann wechselten sich viele Bilder schnell ab, der Raum war nun grün erleuchtet. Zuletzt erschien ein fünf Meter hoher Vogel, der über einem Licht stand. Betty fühlte unerträgliche Hitze. Als die Hitze wieder abklang, war der Vogel verschwunden, an seiner Stelle brannte ein Feuer. Aus dessen Asche kroch ein fetter Wurm. Betty hörte eine Stimme, die ihr erklärte, sie sei für eine besondere Mission auserwählt. Die Frau hielt sie für die Stimme Gottes. Danach durfte Betty zu ihrer Familie zurückkehren, die immer noch starr im Zimmer stand. Sie war so erschöpft, daß sie gleich schlafen ging. Als sie wieder erwachte, war alles zur Normalität zurückgekehrt.

Unter Hypnose gab Betty an, bereits mehrmals entführt worden zu sein. Manchmal sprach nicht Betty, sondern ein Außerirdischer durch sie! Der Ufo-Forscher Raymond Fowler, der mehrere Bücher über diese Entführung geschrieben hat, glaubt, Betty sei von Außerirdischen für irgendeinen Auftrag programmiert worden. Dabei handelt es sich bei Bettys traumartigen Erlebnissen eindeutig um eine symbolische Wiedergeburt. Der pulsierende Sack ist der Mutterleib, der Tunnel symbolisiert die Geburt. Der von Betty realistisch nachempfundenen Geburt folgt deren symbolhafte Darstellung durch den Vogel Phönix, der verbrennt und aus der Asche neu geboren wird. Nach dieser doppelten Wiedergeburt erhält zum Schluß Betty einen göttlichen Auftrag, der ihr Leben erneuern wird – dreimal erlebt sie also in verschiedener Gestaltung das Gleiche.

Obwohl Betty Andreassons Bericht vielleicht eine der untypischsten Entführungen beschreibt, erklärt er doch die Bedeutung des CE IV- Erlebnisses besser als alle anderen Berichte. Strieber[60] las das Buch über Betty, als er selbst mit den Problemen zu kämpfen hatte, die seine eigene Entführung verursacht hatten. Er schreibt »Den eindringlichsten Augenblick bei meiner Lektüre moderner Bücher über die Besucher erlebte ich als ich ›The Andreasson Affair‹ las. Nur wenige der Berichte, die ich gelesen habe, enthalten so viele Symbole. Das war bemerkenswert. Was mich dabei am meisten beeindruckte war, daß Betty Andreasson offenbar gar nicht begriff, was diese Symbole bedeuteten. Doch es steckte viel Sinn darin.«

Pascagoula, 1973

Der Pascagoula-Zwischenfall vom Oktober 1973, der die größte Welle von Humanoidensichtungen auslöste, die die USA je erlebt hatte, ist für das Gesamtphänomen typischer, auch wenn er nur wenige Details aufzuweisen hat. Calvin Parker, 19, und sein Bekannter Charles Hickson, 42, angelten zusammen im Pascagoula River. Beide kannten sich, denn sie arbeiteten in der gleichen Werft.

Am Abend des 11. Oktober hörten sie ein eigenartiges Summen und sahen ein helles, eiförmiges Ufo, das vor ihnen schwebte. Es öffnete sich, und drei roboterartige Wesen ohne Hals, Augen oder Nase schwebten zu ihnen. Sie hatten lange Arme mit Händen wie Krabbenscheren, mit denen sie die beiden packten und an Bord trugen. Dort levitierten sie, über ihnen schwebte ein großes Auge. Nach zwanzig Minuten wurden sie zurückgebracht. Sie verständigten sofort den Sheriff, der später vor Journalisten bestätigte, die beiden »seien zu Tode erschrocken gewesen, am Rande einer Herzattacke«.[61] Auch die Lokalzeitung und die Luftwaffe wurden informiert, J. Allen Hynek reiste in den Ort, um die Zeugen zu interviewen. Zwei Wochen später wurde in dem Fluß ein unbekanntes U-Boot gesichtet. Die Zeugen wurden später hypnotisiert,

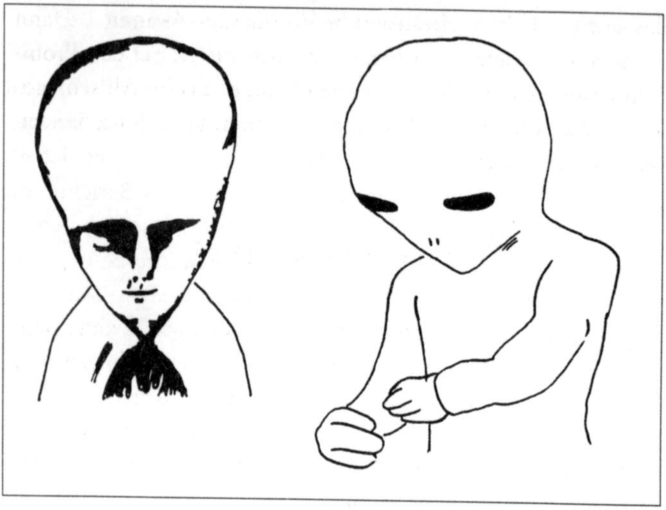

Abb. 11: Der Außerirdische nach Betty Andreasson (rechts) ähnelt dem übernatürlichen Wesen, das der englische Magier Aleister Crowley Anfang des Jahrhunderts durch Zauberformeln heraufbeschworen haben will.

doch Hickson wurde so panisch, daß die Hypnose bei ihm abgebrochen werden mußte. Die Zeugen änderten in der bewußten und hypnotischen Beschreibung mehrmals die Angaben über das Aussehen und das Verhalten der Außerirdischen sowie über die Zeit, die sie im Innern des Ufos verbracht hatten. Mehrere Personen befanden sich zur Zeit der Entführung in der Nähe des Piers, bemerkten aber nichts Ungewöhnliches. Der Skeptiker Klass spricht daher von einem Schwindel.[62]

Das Erlebnis, bei dem Ufo, Außerirdische, Zeugen und das große Auge schwerelos über dem Wasser schwebten, klingt allerdings eher wie ein Traum. Das Summen im Kopf der Zeugen mag das Summen ihres eigenen Blutes gewesen sein und auf einen außergewöhnlichen Bewußtseinszustand hindeuten. Das schwebende Auge ist ein mythologisches Gottessymbol, das auch bei drogeninduzierten Visionen vorkommt: »Dann erschien das Auge«, schreibt ein Student, der LSD eingenommen hatte, »ein großes, leuchtendes Auge, das im All schwebte. Es pulsierte und schoß Strahlen brennend süßtönenden Lichtes durch meinen Körper«.[63]

Whitley Strieber, 1985

Whitley Striebers Entführung ist bereits öfters angesprochen worden. Strieber ist ein bekannter Schriftsteller, der über okkulte und esoterische Kenntnisse verfügt. Er hat zwei Bücher über seine Erlebnisse geschrieben (1987 und 1988), die wohl zum ersten Mal das Entführungserlebnis adäquat beschreiben.

Strieber wurde am 26. Dezember 1985 aus einer Blockhütte

Abb. 12: Charles Hickson (links) unmd Calvin Parker, 1986, die von roboterartigen Wesen entführt wurden und danach deutliche Zeichen panischer Angst zeigten.

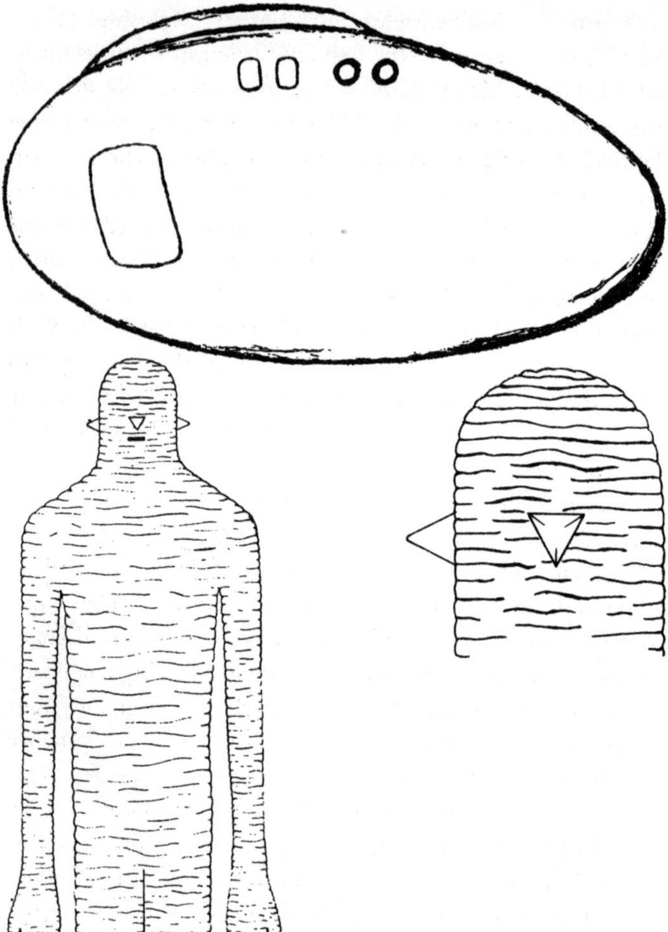

Abb. 13: Das eiförmige Raumschiff sowie Gestalt und Kopf eines der Außerirdischen, die Charles Hickson und Calvin Parker entführten.

im Staate New York entführt. Eines seiner Weihnachtsgeschenke war ein Buch gewesen, das Entführungsberichte enthielt. Kleine, bleiche Männlein mit großen embryonalen Köpfen und ein weißes, insektenartiges Weibchen, zu dem er später eine besondere geistige Beziehung entwickelte, holten ihn aus dem Bett. Er hatte eine außerkörperliche Erfahrung und kam im Raumschiff wieder zu sich. Später erwachte er wieder in seinem Bett. Strieber war dann unfähig, sich zu konzentrieren, unbedeutende Vorfälle lösten depressive Anfälle aus, das Verhältnis zu seiner Frau und seinen Kindern litt merklich. Nach und nach schien er sich an tatsächliche Aufenthalte in dem Ufo zu erinnern, dann an Entführungen, die offenbar seit seiner Kindheit etwa alle drei Jahre regelmäßig vorgefallen waren.

Nach jeder dieser Entführungen traf Strieber wichtige Entscheidungen. Seine Bücher über diese Vorfälle, »Communion« (»Die Besucher«) und »Transformation«, sagt Strieber, seien Tatsachenberichte. Allerdings ist er als Horrorautor bereits vorher erfolgreich gewesen, sein Roman »Wolfen« über einen Werwolf und »The Hunger« über eine Vampirin sind sogar verfilmt worden und handeln wie seine Entführung von bösen übernatürlichen Wesen. Das ganze Buch »Communion« hindurch betont Strieber, daß die Entführung und die Besucher für ihn real waren, wenn er auch nicht wisse, welchen Realitätsgrad sie für unbeteiligte Zuschauer haben könnten. Er versicherte immer wieder, daß es für seine Erlebnisse verschiedene Erklärungen geben könnte – darunter die, daß all seine Erlebnisse nur ein Produkt seines Gehirns seien. Das könnte ein absichernder, erzählerischer Trick sein, klingt aber aufrichtig.

Strieber vermutet in »Communion«, daß (möglicherweise) außerirdische Lebewesen in ganz enormem Ausmaß Erdenmenschen entführen, um sie genetisch zu manipulieren. Zur Zeit findet also in der Welt ein außerordentlich bedeutsames, von der Mehrheit der Menschen und Wissenschaftler ignoriertes Ereignis statt, das unser aller Leben verändern wird. Diese Veränderung habe sich ihm teils symbolisch und teils real mitgeteilt. Aber diese umwälzenden Ereignisse, die er für die ganze Welt annimmt, beziehen sich wohl nur auf Striebers eigenes Leben. Vor einigen Jahren, schreibt er, sei er sich der Gefahren der Umweltverschmutzung bewußt geworden. Er gab es auf, Horrorgeschichten zu schreiben und widmete sich fiktiven Sachbüchern über wichtige, ernste Themen. Sein Buch »Warday« beschreibt die Reise zweier Journalisten durch ein von Atombomben zerstörtes Gebiet der USA.

Dieser Wechsel von reiner Phantasie zu ernsthaftem Anliegen, der Wandel in Striebers ganzer Lebenseinstellung, wird wohl durch seine Entführung symbolisiert. »Du bist auserwählt«, vertraut ihm die insektenartige Außerirdische an und warnt ihn vor der Gefahr, die das Ozonloch für die Menschheit darstellt.

Strieber gibt zwar an, er habe sich vorher nie für Ufos interessiert, er hat sich aber sein ganzes Leben lang mit christlicher und exotischer Mystik beschäftigt. Zu Weihnachten erhielt er Jenny Randles' und Peter Warringtons Buch »Science and the UFOs« (1985) geschenkt, eines von 200 in den USA verkauften Exemplaren! Obwohl Strieber behauptet, das Buch erst nach seiner Entführung gelesen zu haben, enthält es alle Details, die er zur Konstruktion seiner eigenen Erfahrung benötigt hätte – gemischt mit den mystischen Vorstellungen, die er bereits studiert hatte.

In seinem zweiten Buch »Transformation« (1988) behauptet Strieber, er habe als erster Entführter eine Art Kommunikation mit den »Besuchern« hergestellt. Doch diese Sensation enthält das Werk nicht. Es ist eine Sammlung von Zufällen, esoterischen Spekulationen und bedeutsamen Träumen, die Strieber minutiös aufführt. Ufo-Sichtungen finden sich kaum noch darin. Das Buch ist ein interessantes Beispiel für die Denkweise eines Entführten, der bereits ins paranormale Mär-

Abb. 14: Whitley Strieber, ein Schriftsteller mit okkulten und esoterischen Kentnissen, hatte mit den Büchern über seine Entführung ungewöhnlichen Erfolg.

chenland eingetaucht ist, dort aber seine rationale Kontrolle behalten will.

Zuerst beschreibt er, wie die Fremden seinen Sohn entführen. Doch weder Striebers Sohn noch seine Frau bemerken etwas von dem nächtlichen Spektakel. Später träumt Strieber, er fliege schwerelos über eine wunderschöne goldene Stadt – das Himmlische Jerusalem der Bibel.

Strieber erlebt eine außerkörperliche Erfahrung und begreift, daß ihn das den »Besuchern« näherbringt. Immer wieder stürzen ihn seine Träume und Entführungen in depressive Stimmungen. Er leidet an hysterischer Blindheit oder zwingt sich selbst zur Schokoladen-Askese. Offenbar hat Strieber durch seine Entführung auch den Zugang zu der New-Age-Mystik gefunden. Er beschreibt seine Verwicklungen mit Steinkreisen und modernen heidnischen Kulten. Alles, was auch auf die anderen Entführten zutrifft, findet man in »Transformation«, doch aus der eigenen kritischen Distanz gesehen und bereits schriftstellerisch überarbeitet.

Strieber erklärt in »Transformation«, die Besucher seien physikalisch reale Wesen, d.h. Manifestationen von Wesen anderer Daseinsebenen in unserer Dimension. Er vermutet, es seien Kobolde oder Engel (also Elementarwesen), die in gewissem Sinne ein Produkt des kollektiven Unbewußten der Menschheit sind. Sie sprechen Gälisch, die keltische Sprache Schottlands und Irlands. Ihre Aufgabe ist es, Seelen auf dem Weg durchs Leben, nach dem Leben und in die nächste Inkarnation zu begleiten. Sie helfen uns Menschen, unsere Ängste zu erkennen und zu meistern: »Die Besucher sagten: ›Wir recyclen Seelen‹ und ›die Erde ist eine Schule‹. Und das ist sie wohl – ein Ort, an dem Seelen wachsen und sich auf ein Ziel hinentwickeln, das wir uns noch kaum vorstellen können. Ich stelle mir vor, daß das Schicksal der Seelen eine der großen Urfragen ist. Vielleicht ist der Mensch geschaffen worden, um diese Frage zu beantworten.«[64] Und: »Die Besucher konfrontierten mich mit dem Tod, mit sich selbst, sie konfrontierten mich mit meinen Ängsten und meinen Schwächen. Gleichzeitig zeigten sie mir, daß ich mehr war als nur ein Körper, und daß selbst mein Körper so außergewöhnliche Dinge wie physikalische Levitation vollbringen konnte.«[65]

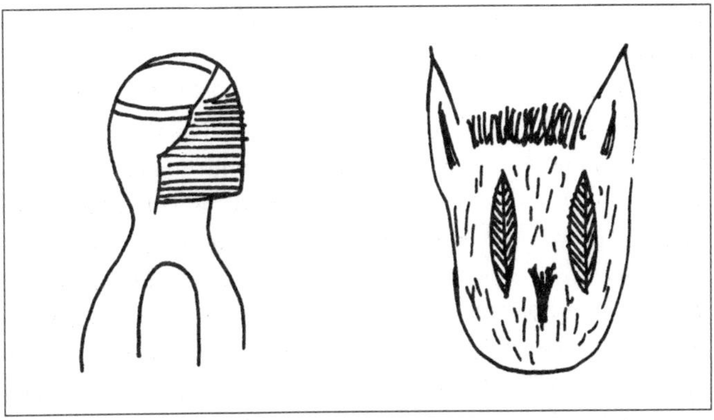

Abb. 15: Das Ehepaar John und Sue Day sah an Bord des Raumschiffes koboldartige Wesen und Maskierte, die vor dem Gesicht ein Visier trugen.

Die Besucher sind also Schutzengel, die unsere Seelen begleiten. In diesem persönlichen Glaubensbekenntnis mischt Strieber Christentum und New Age, populäre Philosophie und Mystik, um einen Interpretationsrahmen für seine befremdlichen Ereignisse zu erhalten. Wohl begreift er, daß seine Erfahrung hauptsächlich religiös zu deuten ist, doch klammert er sich an eine vage Ahnung der tatsächlichen Existenz der Besucher. Er ist intelligent genug, den Sinn seiner Erfahrung zu begreifen, aber bereits zu stark in seinem Glauben ans Märchenland, um distanziert mit dem Gelernten umzugehen.

Die Entführung der Days in Avely, 1974

John und Sue Day, ein bürgerliches Ehepaar mit drei Kindern, befanden sich am Abend des 27. Oktober 1974 mit ihren Kindern auf dem Weg nach Hause. In der Nähe von Avely bei London fuhren sie in einen solide wirkenden Nebel hinein. Als sie nach einer Ohnmacht wieder zu sich kamen, befand sich das Auto einige Kilometer von dem Nebel entfernt, mehrere Stunden waren aus ihrem Gedächtnis getilgt. In ihrem Haus bemerkten sie eigenartige Vorfälle: Das Telefon klingelte, auch wenn niemand am anderen Ende der Leitung war, sie hatten das Gefühl, ihre Wohnung werde überwacht.

Die Familie hatte bereits früher Ufos beobachtet und beschloß daher, sich hypnotisieren zu lassen. Der britische Ufo-Forscher Andrew Collins ließ die Eheleute durch die Ärzte Leonard Wilder und Bernard Finch in regressive Hypnose versetzen. Sie erinnerten sich nun, daß ihr Auto, nachdem es in den grünen Nebel gefahren war, in ein Ufo gehoben wurde. Während das Ehepaar von den Raummenschen medizinisch untersucht wurde, blieben die Kinder im Auto.

Als der Wagen in der Untertasse stand, holten die Ufonauten das Paar aus dem Auto, dann wurden sie durch eine Röhre nach oben gesaugt. Von einer Art Empore im nächsten Stockwerk des Ufos sahen sie ihr Auto in einer Art Garage stehen – und sich selbst, zumindest ihre Körper, noch immer darin!

Die Führer des Schiffes waren menschliche Gestalten mit Visieren vor dem Gesicht. Das ganze Fluggerät war von hellem Licht erfüllt. John und Sue mußten sich auf einen Arzttisch legen und wurden dort auf Befehl der maskierten Piloten von einem Kobold untersucht: einem kleinen, pelzigen Gnom mit klauenartigen Händen, Insektenaugen und Spitzohren, ganze 1,20 Meter groß. Zusätzlich zu den zwei maskierten Wesen, die um die zwei Meter maßen, war an Bord noch ein »Wächter«, der einem gewöhnlichen Menschen mit maskiertem Mund und übergroßen Augen glich. Aber sowohl der »Wächter« als auch der Kobold schienen auf die Befehle eines der beiden anderen Wesen zu hören. Die Eheleute bezeichneten ihn als »den Führer«.

Die Wesen teilten den Entführten einige Geheimnisse mit, die jene nie verraten dürften (analog zu den Botschaften bei Marienerscheinungen). Eine Information wurde ihnen unter Hypnose dann doch entlockt: Das Raumschiff kam zwar aus dem Weltraum, doch die Außerirdischen haben eine Basis im Bermuda-Dreieck.[66]

Das Bermuda-Dreieck wurde erst 1974 berühmt, vielleicht also kannten die Zeugen spezialisierte Ufo-Literatur. Daß die einzelnen Elemente dieser Erzählung von großer Bedeutung sind, wird sich noch zeigen: das Verlassen des eigenen Körpers, Durchgleiten einer Röhre und Herabblicken auf den eigenen Körper gilt gemeinhin als Nahtoderfahrung, und der pelzige Kobold verweist mehr als deutlich auf die britischen Sagen.

Selbst die Zeugen vermuteten, daß ihre »Entführung« subjektiver Natur gewesen war: »John sagte mir, er sei sich bis heute nicht sicher, ob das ›Raumschiff‹ eine solide Struktur gewesen war«.[67]

Copley Woods, 1983

Der amerikanische Künstler Budd Hopkins hatte bereits ein Buch mit den hypnotisch hervorgebrachten Abenteuern von etwa einem Dutzend Entführter veröffentlicht, als er auf einen komplexen neuen Fall traf, der seine bisherigen Thesen zu erhärten schien. Hopkins glaubt, daß Außerirdische ganz massiv das Genmaterial der Entführten verändern – zu welchem Zwecke, vermag er nicht zu sagen, doch die Absicht könnte durchaus bösartig sein. Hopkins' Bücher haben dafür gesorgt, daß sich die amerikanischen Intellektuellenkreise mit den CE IV-Erfahrungen beschäftigten, Philip Glass' Oper »1000 Airplanes on the Roof« basiert auf Hopkins' erstem Buch (1982).

In »Intruders« (Eindringlinge, 1987) erzählt Hopkins die Geschichte von Kathie Davis aus Copley Woods in Ohio. Die Frau hatte Hopkins im September 1983 geschrieben, da sie glaubte, sie sei von einem Ufo entführt worden. Hopkins ließ sie hypnotisieren und entdeckte, daß die Frau, ihre Familie und Freunde seit ihrer Kindheit immer wieder entführt worden waren. Mrs. Davis erinnerte sich, von den Entführern künstlich befruchtet worden zu sein, kurz darauf sei sie erneut entführt worden. Bei dieser Gelegenheit entnahmen die Außerirdischen den Embryo, der »halb Mensch und halb Außerirdischer« war. Bereits vorher hatte Kathie Davis geträumt, sie werde »ein weises Kind« zur Welt bringen.

Hopkins gibt an, er hätte mehrere identische Fälle entdeckt und sieht darin eine Bestätigung seiner 1982 geäußerten Theorie. Die Vorstellung einer massiven Genmanipulation durch Fremde aus dem All ist nur die neueste Variante des sexuellen Motivs, das bei Kontaktberichten so häufig anzutreffen ist: von den Wechselbälgern, die die Kobolde gegen neugeborene Menschenbabys eintauschen, über die unbefleckte Empfängnis Mariens bis zu der Entnahme von Eizellen aus dem Unterleib der Betty Hill vereinigt Kathies Erzählung alle bereits aufgetauchten Motive.

So wie die Inquisitoren des Mittelalters nach Teufelsmalen auf den Körpern der Frauen suchten, um sie der Hexerei zu überführen, so sucht Hopkins nach Operationsnarben bei den Entführten; so wie die Inquisitoren den unter Folter erzwungenen Aussagen der Frauen Wort für Wort glaubten, so schluckt Hopkins jede Entführung, die er durch Hypnose entdeckt.

Edith Fiore, 1989

Die Psychologin Edith Fiore ist ein Extrembeispiel dafür, was geschehen kann, wenn man die Aussagen der Hypnotisierten für die simple Wahrheit hält. In ihrem Buch »Encounters« (Begegnungen, 1989) erzählt sie, sie habe in ihrer Praxis entdeckt, daß alle Neurosen und Ängste auf Entführungen zurückzuführen seien. Also hypnotisiert sie ihre Patienten (oder Opfer) so lange, bis sie eine Entführung entdeckt und somit den Grund der Angst lokalisiert hat. Da nur die wenigsten eine echte Entführungserfahrung erlebt haben dürften, konstruieren sie ihre Geschichte aus dem unbewußten Material, das ihnen die Science Fiction bietet.

Dabei ist allen Entführten gemein, daß nicht ihre Körper, sondern nur ihre Seelen entführt werden – was die Außerirdischen nicht daran hindert, trotzdem Sperma und Eizellen zu entnehmen. Fast alle Entführten gaben an, sie hätten Striebers Buch gelesen.

Ein paar Beispiele aus dem Buch: Linda gibt an, sie sei paranormal veranlagt und könne durch Geisteskräfte heilen. Ihrer Intuition folgend hypnotisiert Frau Fiore die Frau und siehe da – Linda mußte unter Aufsicht riesiger Außerirdischer in einer gigantischen Fabrik arbeiten, kleine ETs manipulierten ihre Stirn und schenkten ihr ein drittes Auge. Nach dieser Operation wurde Linda in eine Kapelle geführt, in der sie zusammen mit anderen Entführten und den Außerirdischen einen Kristall anbetete. Sie wurde danach mit einem Raumschiff, das aussah, als käme es direkt aus »Star Wars«, zu einem Rundflug ins All mitgenommen.

Gloria hörte einen Vortrag über Ufos und merkt, daß das Thema sie übermäßig interessiert. Dr. Fiore vermutet eine Entführung, hypnotisiert sie und stellt fest, daß Gloria bereits als Embryo von den Außerirdischen gekidnappt wurde.

James, ein Arzt, träumt nach der Lektüre von Striebers Buch von einer eigenen Entführung. Unter Hypnose erinnert er sich an eine außerkörperliche Erfahrung, bei der er in ein Raumschiff mit einer Besatzung von Toten reist. Er wird in ein galaktisches Krankenhaus gebracht, wo er außerirdische Mediziner beraten soll. Diese infizieren Menschen mit bösartigen Viren und verlangen von James, daß er ihnen dabei hilft. Unser wackerer Entführter weigert sich übrigens, bei diesem teuflischen Plan mitzuarbeiten.

Dan hat schon 627 Entführungen erlebt. Allerdings hat er weder Erinnerungen an Entführungen, noch hat er je davon geträumt. Dr. Fiore entdeckte die erstaunliche Tatsache bei einer Routinehypnose. In einem seiner früheren Leben war Dan Pilot eines Raumzerstörers, seine Aufgabe war es, zivilisiertes Leben auf verschiedenen Planeten auszurotten. Dan erzählt farbenfroh vom fröhlichen Söldnerleben, das nur einen Nachteil hatte: Wenn Dan am Abend vor einem Gemetzel einen über den Durst getrunken hatte, mußte er seine Angriffe mit Kopfschmerzen fliegen. Die überraschende Entdeckung, daß Dan einmal ein heldenhafter außerirdischer Krieger war, verschafft ihm ein stärkeres Selbstbewußtsein. Doch Dr. Fiore sorgt sich, er könne Frau und Kind verlassen, um wieder als Raumschiffpilot zu arbeiten.

Die Entführungen in Dr. Fiores Buch sind durch Hypnose und Suggestionen erzwungen worden und stellen somit keine authentischen, spontan entstandenen Erlebnisse dar. Doch ihr Buch zeigt, wohin die Entwicklung gehen könnte: das persönliche, vom Psychiater herbeigeführte CE IV-Erlebnis als Kommunion mit den außerirdischen Göttern, als sakrales Erlebnis einer New Age-Religion.

Entführungen in Deutschland

Auch aus Deutschland sind bereits Entführungen gemeldet worden. Es handelt sich um mehr als ein Dutzend, doch die Berichte, die einigermaßen detailliert sind, kann man an einer Hand abzählen.

Zwischen 1952 und 1954 will der Hamburger Ingenieur P. in der Nähe von Billwerder auf Venusier getroffen sein, die ihn zu ihrem Planet mitnahmen. Eines Sonntags überkam ihn eine eigenartige Unruhe. Obwohl er erkältet war, verließ Anton P. sein Bett und fuhr ziellos eine halbe Stunde lang durch die Gegend. Als er instinktiv hielt, warteten da schon zwei menschliche Gestalten auf ihn, die ihn mit in eine fliegende Untertasse nahmen, die einen Durchmesser von 3,50 Metern hatte. Im Innern befanden sich Schaltbrett, Hebel und Knöpfe. Ein leichtes Vibrieren zeigte an, daß das Ufo flog. Es landete auf einem fremden Planeten mit gartenähnlicher Oberfläche. Die Häuser waren halbkugelförmig, »im Innern saßen verschiedene Personen beim Essen; in ihrem Eßgeschirr lagen merkwürdig aussehende braune Brocken in einer Sauce. Zwischen den Männern und seinen Begleitern kam es bald zu einem heftigen Wortwechsel, und schließlich gingen die drei wieder zurück zu ihrem Ufo. Nach einem kurzen Flug – Herr P. lag wieder auf dem Boden – landete man in der Nähe seines Wagens.« Am nächsten Tag litt Anton P. unter Rückenschmerzen und Blutergüssen – Andenken an eine Raumfahrt, die sicher zu den langweiligsten Erlebnissen seines Lebens gezählt haben muß.[68]

Auch der nächste deutsche Fall klingt nicht viel interessanter. An einem Tag im März und zwei Tagen im April 1959 will Horst Raps aus Lampertheim bei Mannheim mit gelandeten Raumschiffen und deren Besatzung zusammengetroffen sein:

»In der Türöffnung erschien eine große Gestalt, schlank und uns Menschen absolut ähnlich. Diese Gestalt trug eine kombinationsähnliche Kleidung, die regenbogenfarben schillerte. Zu meinem Erstaunen konnte ich diese Gestalt deutschsprachig reden hören.« Der Außerirdische redet über Liebe und Zuneigung und weist Raps an, zu einem zweiten Termin zu erscheinen. Dann, wie auch bei der dritten Begegnung, wird Raps zu einem Raumflug mitgenommen. Auch Raps' Abenteuer war ein typisches Kontaktlermärchen. Wie viele Entführte sah auch er später häufig weitere Ufos und litt unter geistiger Verwirrung.[69]

Virginia Horten wurde nach eigenen Angaben im Jahr 1959 »80 Kilometer von Frankfurt entfernt im Rheintal« von Außerirdischen gekidnappt. Hopkins, der den Fall durch Hypnose entdeckte, plaziert die Gegend im Elsaß, doch das ist geographisch nicht möglich. Virginia konnte einen Traum aus ihrer Kindheit nicht vergessen – sie hatte unter ungewöhnlichen Umständen einen wunderschönen Hirsch gesehen. Budd Hopkins vermutet dahinter eine Schutzerinnerung, die eine Entführung unterdrücken soll, und läßt die Frau von der Psychologin Dr. Clamar hypnotisieren. Virginia erinnert sich nun, daß sie nach der Sichtung des schönen Hirsches mit einer blutigen Bluse aufgewacht war. In Wirklichkeit, das ergibt die Hypnose weiter, ist sie von Außerirdischen entführt worden.

In dieser an Motiven sehr armen Entführung tritt kein Humanoide auf. Virginia hält den Kontakt mit ihren Entführern durch eine Art Gegensprechanlage, gleichzeitig werden ihr im Raum dreidimensionale Bilder gezeigt. Der Außerirdische sagte Virginia, daß er »von weither gekommen wäre, von einem fremden Gestirn, dessen Anblick mich in höchstes Erstaunen versetzen würde. Dann erklärte er mir, er hätte Arme und Beine wie Menschen, und während er das sagte, sah ich im Geiste eine Hand vor mir. Ich glaube, sie hatte sechs Finger, lange dünne Finger und sie waren fast weiß. Komisch, ich bin gar nicht erschrocken. Seine Augen waren anders als unsere. Ich glaube, sie hatten keine Lider. Arme und Beine – und überhaupt der ganze Körper – waren sehr dünn. Am auffälligsten war die Haut. Sie wirkte wie weiches, weißes Leder.« Nach dieser holographischen Vision folgte die medizinische Untersuchung.

Wie bei allen typischen Entführungen, die angeblich vor dem Fall der Hills geschehen sein sollen, wurde auch dieser Fall erst berichtet, als der Prototyp etabliert und ausführlich veröffentlicht worden war.[70]

Irgendwann in den fünfziger Jahren will auch die Hausfrau Elisabeth Weindt in einem Ufo geflogen sein. Das ist der letzte bekannte Kontaktlerfall aus Deutschland, der nicht dem Muster der amerikanischen Entführungen folgt. Frau Weindt will im Harz auf eine außerirdische Dame namens Libenia, die sie an ihre Lieblingslehrerin erinnerte, zu einem Flug zum Mond mitgenommen worden sein. »Als sie eines Tages zu ihrem Fenster hinaussah, bemerkte sie eine Dame. Man kam ins Gespräch. Die Dame stellte sich vor, sie hieß Libenia und stammte aus einem anderen Milchstraßensystem«. Zusammen gehen die beiden Damen auf eine Anhöhe im Harz, wo eine Art Wolke landet, in der sich ein gotischer Spitzbogen öffnet. Im Innern des Ufos setzt sich Frau Weindt auf einen bequemen Sessel, nun betritt »Ramon« den Raum, »von großer Hoheit und Würde«, der seine Stirn auf die Hände der Zeugin legt. Das Mobiliar des Ufos ist bernsteinfarben. »Auch ein Fernsehschirm war da. Ich mußte dreimal ausatmen, da hatte ich den Geruch von Ozon um mich. Die Wände des Raumschiffes öffneten sich und wir konnten den Mond ganz groß sehen mit seinen Kratern und den hohen Bergen. Nach einer halben Stunde war ich wieder zu Hause.«[71]

Aus diesen Erzählungen wird deutlich, daß die Entführung im Grunde nur ein grober Rahmen ist, mit dessen Hilfe die Zeugen ganz bestimmte persönliche Probleme lösen. Erfahrungen, die erst durch Hypnose zum Vorschein kommen, spontane CE IV-Erlebnisse und Träumereien wie diese Geschichte unterscheiden sich – was die Erzählungen eint, ist nur ein ähnliches Vokabular.

Im Januar 1962 will der achtzehnjährige Norbert Hoffmann bei Stendhal in der ehemaligen DDR entführt worden sein. Er bemerkte zuerst ein helles Licht und erkannte dann, daß es ein 20 Meter breites Ufo war, das 5 Meter über dem Boden schwebte. Er spürte ein Kribbeln am ganzen Körper und verlor dann das Bewußtsein. Später kam er wieder zu sich, sein Gesicht rot wie bei einem Sonnenbrand. Das Gesicht war mit Blasen bedeckt, über der Nase befand sich eine Wunde, von der heute noch eine Narbe zeugt.

Am nächsten Morgen wurde der Junge von seinem Hausarzt untersucht, der keine Erklärung für die Verletzungen fand und den Jungen in ein Krankenhaus überwies. Dort sollen ihn zwei Beamte der Staatssicherheit verhört haben. Psychologen aus Leipzig sollen ihn drei Tage lang mehrere Stunden hypnotisiert haben, dabei wurden »sieben oder acht Tonbänder« aufgenommen. Buttlar[72] schreibt, »Norbert behauptete unter Hypnose, er sei von ›fremdartigen, schlanken Menschen in weißen Overalls‹ in das fremde Flugobjekt gebracht worden. Dort hätten sie ihn auf eine Art Tisch gelegt, untersucht und Gewebeproben entnommen.« Brednich[73] gibt als Datum den Februar 1962 und als Alter 16 an, sonst gleichen sich die Geschichten. Er fügt noch an, der Junge habe nach seiner Entführung über Gott, bevorstehende Erdveränderungen und einen notwendigen Bewußtseinswandel bei den Menschen gesprochen, ebenso litt er unter mysteriösen Träumen.

Im November 1978 wollen der amerikanische Soldat Chris Owens und seine schwangere Frau Pam in der Nähe von Trier von Außerirdischen entführt worden sein. Sie fuhren mit ihrem Baby von einem Besuch bei einem Freund zurück. Diese Fahrt dauerte gewöhnlich 30 Minuten. Ihre letzte Erinnerung war ein großes, ovales Ufo, das über ihrem Auto schwebte, die nächsten 100 Minuten waren verloren.

Durch die Hypnose kam ans Licht, daß Pam aus dem Auto gestiegen war, als das Ufo über dem Wagen schwebte. Sie kam auf einem Tisch im Innern des Raumschiffes wieder zu sich.

Der Raum war fahlgelb erleuchtet. Zwei 75 Zentimeter große haarlose Wesen mit einem großen Kopf, großen tiefliegenden Augen und einer rauhen, grauen Haut führten die medizinische Untersuchung durch. Ihre Finger schienen doppelt so lang wie die eines Menschen, sie stachen Pam eine circa 8 Zentimeter lange Nadel oberhalb des Nabels in den Unterleib.

Beunruhigt fragte Pam nach ihrem kleinen Sohn Brian. »Wir passen auf«, beruhigten sie die grauen Wesen. Pam bemerkte, daß sich ihre Lippen beim Sprechen nicht bewegten und schloß daher auf telepathische Konversation. Sie verlor erneut das Bewußtsein und kam neben dem Wagen stehend wieder zu sich. Das Ufo flog davon, und die Familie konnte ihre Heimreise fortsetzen.[74]

Beim nächsten Fall handelt es sich erwiesenermaßen um einen Schwindel.

Andreas Schneider, der auf Teneriffa angeblich entführt wurde, hält Vorträge und Seminare über seine Erfahrung, die allerdings aus Berichten in verschiedenen Ufo-Büchern zusammengebastelt wurde. Der junge Mann befand sich am 18. November 1982 im Haus seiner Eltern auf Teneriffa, als er ein Ufo gesehen haben will. Beim Anblick der hell erleuchteten Untertasse verlor er das Bewußtsein. Ein Lichtstrahl zog seinen Astralkörper in das Innere des Raumschiffes, wo er mehrere kleine Männchen traf, die eigentümlich häßliche Gesichter und rauhe Elefantenhaut hatten. Zwei der Wesen hatten Instrumente in der Hand, in der Mitte des Raumes befand sich ein leuchtender Pfeiler. Die Wesen teilten dem Jungen mit, er möge nicht erschrecken, sie kamen in friedlicher Absicht vom Planeten HU-MO zur Erde. Seit dieser Zeit sah der Junge regelmäßig Ufos und hielt telepathischen Kontakt zu seinen Freunden aus dem All. Daß diese Entführung auf einem spanischen Schwindel der sechziger Jahre beruht, wurde bereits zur Genüge bewiesen.[75] Andreas Schneider verstarb im Februar 1992.

4.
Erklärungen und Theorien

Die extraterrestrische Hypothese – ETH

Die Theorie, Ufos seien außerirdische Fahrzeuge, ist die in der Öffentlichkeit am weitesten verbreitete Erklärung. Die ETH, wie sie kurz genannt wird, war die erste publizierte Theorie und ist heute noch Liebling der Presse. Im Gegensatz dazu arbeiten die meisten seriösen Forscher mit Vorstellungen, die eine rein mechanische Erklärung ablehnen und in starkem Maße soziologische und psychologische Aspekte der Sichtungen berücksichtigen.

Obwohl die ETH Anfang der achtziger Jahre außerhalb der Ufo-Sekten kaum noch von Bedeutung war, hat sie in den USA, vor allem unter Eindruck der wiederaufgelebten Gerüchte um abgestürzte Untertassen und aufgrund der Entführungen, die parapsychologischen und psychologischen Erklärungen im Laufe des Jahrzehnts erneut an Popularität überflügelt. Sie wird nun wieder von zahlreichen Ufo-Forschern vertreten. In Europa werden die amerikanischen Ufologen wegen dieser erneuten Kehrtwende von den geisteswissenschaftlich orientierten Kollegen kritisiert.[1]

Der amerikanische Ufologe Jacques Vallee[2] macht auf diese Kluft aufmerksam: »Bereits 1975 habe ich darauf hingewiesen, daß zahlreiche Entführungsberichte strukturell mit Initiationsriten identisch sind. Doch dieser grundsätzliche Befund ist bis jetzt noch nicht in das Bewußtsein der amerikanischen Ufo-Forscher vorgedrungen, die immer noch wild über die Motive der ›außerirdischen‹ Besucher spekulieren. Was also in Europa als offensichtlich erachtet wird, muß in den USA noch deutlich gesagt werden.«

Der Ursprung der ETH liegt in den vierziger Jahren. Nachdem die erste These, Ufos seien sowjetische Experimentalflugzeuge, immer unwahrscheinlicher wurde, schien nur noch eine außerirdische Herkunft der Objekte möglich. Durch Ufo-Propheten wie George Adamski erweitert und ausgeschmückt, und von den Ufo-Forschungsgruppen wie NICAP und APRO immer wieder betont, verbreitete sich die ETH schnell über die Welt. Für die ernsthaften Forscher schien es nur die Alternative zu geben, daß entweder Ufos aus dem All kamen, oder aber alle Zeugen Lügner und Geisteskranke waren. Die Popularität der Science Fiction in den USA trug sicher das Ihre zu dieser Entwicklung bei.[3]

Die Beliebtheit der ETH erhielt den ersten schweren Schlag, als in den sechziger Jahren Autoren wie John Keel und Jacques Vallee die Ufo-Sichtungen mit Sagen und esoterischen Traditionen zu vergleichen begannen. Diese nützlichen Ansätze wurden in Amerika durch verschiedene politische Ereignisse zunichte gemacht: Durch Vietnam und Watergate erlosch das Vertrauen der Bürger in ihre Regierung, und die erfolgreiche Landung auf dem Mond zeigte, daß Raumfahrt möglich war. Als daher der Condon-Bericht, das Ergebnis der offiziellen Ufo-Forschungsgruppe der Universität von Colorado, die im Auftrag der amerikanischen Regierung Sichtungen untersucht hatte, zu der Schlußfolgerung kam, Ufos könnten keine extraterrestrischen Fahrzeuge sein, lehnten die Forscher der privaten Ufo-Gruppen das als bewußte Vertuschung ab.

In Europa dagegen wurden die psychosozialen Aspekte der Ufo-Sichtung über die siebziger und achtziger Jahre zum Hauptgegenstand der theoretischen Ufo-Forschung.

War die Rolle des Außerirdischen zu Anfang der ETH noch die des glückspendenden Retters aus dem All,[4] so verwandelte sie sich nach 1973, als aufgrund von Vietnam und Watergate das Vertrauen in Autoritäten zutiefst erschüttert war, in die von teilnahmslosen Entführern. Damals entstand der Mythos

Abb. 16: Der Brite Alan Godfrey, der im November 1980 bei Todmorden/ West Yorkshire entführt wurde.

vom Bermuda-Dreieck (dessen Existenz nach Ansicht der Ufologen vom Militär geleugnet wurde). Im Dreieck, so die Sage, entführten Ufos wahllos Flugzeuge und Schiffe – ein Wandel in der Intention der »Götter«, der dann in den achtziger Jahren zu einer Bedrohung für jeden wurde: Die Außerirdischen scheinen heute durch ihre Genmanipulationen für jeden Amerikaner eine reale Gefahr zu sein.

Einige Ufologen behaupten, in Wirklichkeit werde die USA bereits von Außerirdischen regiert.[5] Hopkins vermutet, die Außerirdischen entführten Tausende von Menschen, um die gesamte Menschheit genetisch zu manipulieren und verlangt eine Untersuchung durch das Militär.[6] Wie in den fünfziger Jahren führen Ängste (vor der Atomenergie, vor der Umweltverschmutzung) zur Akzeptanz imaginärer Retter und Feinde. Da außerirdische Bösewichte vermutet werden, erhofft man sich Rettung durch das Militär, obwohl man ihm gleichzeitig die Manipulation der Daten vorwirft. Paradoxerweise wird vom Auslöser der Ängste die Rettung erwartet.

Die ETH ist oft kritisiert worden, vor allem auch von Wissenschaftlern, die Ufos an sich ad absurdum führen wollen. Da für die Öffentlichkeit das Wort Ufo synonym mit der Idee außerirdischer Raumschiffe zu sein scheint, bedeutet für Skeptiker die Widerlegung der ETH einen Beweis für die Nichtexistenz der Ufos. Der Skeptiker Klass z.B. meint, daß der Nachweis der Nichtexistenz außerirdischer Besucher gleichzeitig impliziere, daß alle CE IV-Berichte Schwindel seien.[7]

Diese populäre Gleichsetzung des Ufo-Phänomens mit außerirdischen Raumschiffen beeinflußt nicht nur die Haltung der skeptischen Wissenschaftler. Devereux[8] hat festgestellt, daß die ETH auch die Wahrnehmung der Zeugen beeinflußt – sie erwarten, Raumschiffe zu sehen und sehen diese auch. Wären die Zeugen nicht konditioniert zu glauben, ein fremdartiges Licht am Himmel müsse ein Raumschiff sein, würde so mancher Ufo-Bericht vermutlich erst gar nicht entstehen.

Die ETH ist eine ideale Möglichkeit, Ängste und Hoffnungen zu projizieren. Im Gegensatz zu den soziologisch oder psychologisch geprägten Erklärungsansätzen ist sie einfach zu verstehen, und sie überwindet das Gefühl der Isoliertheit des einzelnen und der Menschheit (»Wir sind nicht allein«, lautete der Slogan zu Steven Spielbergs Film »Unheimliche Begegnung der dritten Art«).

Die konzeptionelle Simplizität der ETH führt dazu, daß viele weiterführende Aspekte des Ufo-Phänomens ignoriert werden. So sieht z.B. der Historiker David Jacobs[9] in der Tatsache, daß Ufos immer den Vorstellungen der Zeugen entsprechen, ein bewußtes Sichanpassen der Ufos. Konsequenterweise hält er daher die Entführungen für reale Ereignisse, die keinerlei Bezug zu Folklore oder Science Fiction haben.

Tatsächlich aber sind die Behauptungen der ETH-Anhänger längst widerlegt, eine große Zahl konventioneller Erklärungen steht sowohl für Ufo-Beobachtungen wie auch für Entführungen bereit. Dazu gibt es kein einziges Erzählmotiv der CE IV, das nicht bereits durch die Science Fiction vorweggenommen worden wäre. Ebenso wie die Idee, daß alle CE IV-Berichte auf bewußtem Schwindel basieren, kann auch die ETH nur durch das Ignorieren zahlreicher Facetten des Phänomens geglaubt werden. Bob Rickard[10] schreibt: »In dem Maße, wie sich in der Ufologie die Indizien für eine subjektive Natur der Ufo-Erfahrung häufen, wächst auch die Kluft zwischen der ETH und der Theorie der Subjektivität der Erlebnisse. Wenn man aufgrund der anomalen Erfahrung reale außerirdische Entführer postulieren will, gehört schon eine gehörige Portion Glauben dazu.«

Ufos und Folklore

Im Jahr 1912 hatten zwei schottische Jungen eine eigenartige Begegnung auf der Insel Muck. Sie trafen auf »zwei winzige Jungs in grünen Kleidern«, die in Gälisch und Englisch sprachen und offensichtlich mit einem winzigen Boot zur Insel gekommen waren. »An Bord befand sich eine kleine grün gekleidete Frau und ein rattengroßer Hund. Sie lud die Jungen ein, aufs Boot zu kommen, doch diese lehnten ab. Sie gab ihnen mehrere walnußgroße Brotlaiber, die sie aßen. Nachdem sie erklärt hatten, sie müßten nun gehen, doch daß ›andere von unserer Rasse folgen würden‹, segelten die kleinen Leute davon.« Die beiden Jungen wurden von ihrer Schwester entdeckt, sie saßen auf einem Felsen und starrten aufs Meer hinaus. Die Schwester brach den Zauber und brachte die Jungen in die Realität zurück. Sie begannen zu zittern und waren sehr ängstlich.[11]

Rund 50 Jahre später begegnete ein amerikanischer Farmer ähnlichen »kleinen grünen Männchen«; doch diesmal kamen sie in einer fliegenden Untertasse. Am 18. April 1961 sah der Farmer Joe Simonton aus Eagle River, Wisconsin, wie eine silbrige Untertasse in seinem Hof landete. In dem metallischen Diskus öffnete sich eine Tür und drei dunkelhäutige Männer stiegen aus. Sie waren etwa 1,50 Meter groß und zwischen 20 und 30 Jahre alt. Sie waren glattrasiert, trugen dunkelblaue Uniformen und sagten kein Wort. »Einer von ihnen kam zu der Öffnung im Ufo und hielt eine Art Eimer in der Hand. Durch Zeichen machte er klar, daß er ihn mit Wasser gefüllt zurückhaben wollte. Simenton füllte ihn und brachte ihn zu dem Mann zurück. Einer der Männer arbeitete an einer Art Ofen. Daneben lag ein Stapel Pfannkuchen. Simonton deutete auf die Pfannkuchen, der Mann mit dem Eimer gab ihm vier davon. Da stand nun Simonton, den Mund weit offen, mit vier Pfannkuchen in der Hand, als das Objekt langsam wieder in die Luft stieg und nach Süden davonflog.«[12]

Die erste Geschichte stammt aus einer Sammlung schottischer Sagen, die zweite ist ein Ufo-Klassiker, der in zahlreichen Fallsammlungen zu finden ist.[13] Beide erzählen in fast identischen Motiven von der Begegnung zwischen Menschen und Überirdischen.

Besonders bei den Kontakten mit Ufos findet man eine große Übereinstimmung mit Sagen und Mythen. Zum Eagle-River-Fall stellt Vallee fest, daß in irischen Sagen häufig erzählt wird, daß Kobolde den Menschen Brot schenkten, das ohne Salz gebacken worden war: »Bei den Pfannkuchen von Wisconsin wurde ebenfalls kein Salz verwendet« [14]

Bei den Entführungen treten diese Übereinstimmungen geballt auf. Sie beginnen damit, daß eine unbekannte Kraft das Auto der Zeugen stoppt. Technisch orientierte Interpreten sehen darin elektromagnetische Einflüsse des Ufos. Doch seit Urzeiten sind die Fortbewegungsmittel der Menschen von übernatürlichen Erscheinungen angehalten worden. Die Bibel berichtet, daß der Engel Gottes Bileams Esel anhielt und kein gutes Zureden das Tier zum Weitergehen bewegen konnte (4 Moses 22, 21-33). John Michell[15] vergleicht die Autostop-

Fälle mit keltischen Mythen: »In Berichten über ein Zusammentreffen mit Elfen lesen wir oft, daß Reit- und Kutschpferde außerstande gewesen sein sollen, Stellen zu passieren, an denen Elfenmusik zu hören oder ein Elfentanz zu sehen war.«

Das Tabu, einen heiligen Ort zu betreten, wird so in der Ufologie zu einem technischen Effekt umgedeutet. Keltische Kobolde sind bekannt dafür, daß sie Menschen in ihre Welt entführen oder das Gedächtnis derjenigen ausradieren, die nahen Kontakt mit ihnen hatten. Häufig stehlen sie Menschenbabys und ersetzen sie durch ihre eigenen Mißgeburten, den sogenannten Wechselbälgern. Das entspricht Kathie Davies' Bericht, die Außerirdischen hätten ihren Embryo gestohlen. Kobolde wünschen sich nichts sehnlicher als die Heirat mit einer menschlichen Frau.[16]

In Schottland leben Kobolde in prähistorischen, »Elfenhügel« genannten Erdbauten. Dort spielen sie Musik; zu gewissen Zeiten im Jahr können Sterbliche die Hügel betreten und mit den Feen tanzen. Wenn sie sich aus der Umklammerung der Feen lösen und in unsere Welt zurückkehren können, müssen die Opfer oft feststellen, daß in unserer Welt Jahrzehnte vergangen sind, die den Tänzern nur wie Minuten vorgekommen waren.[17]

Ein Mann, der auf der Insel Iona von Elfen zum Mittanzen gezwungen wurde, verlor ein Jahr.[18] Ein anderer, der einen Elfenhügel im Glen Etive betrat, mußte ebenfalls mittanzen und durfte erst ein Jahr später wieder nach außen. Auch von den Shetland-Inseln werden ähnliche Geschichten erzählt.[19] Ein Mann, der aberwitzig genug war, in einen Elfenhügel einzudringen und der in dessen strahlend hell erleuchtetem runden Innenraum mit den Elfen tanzte, kehrte erst ganze hundert Jahre später zurück![20] Wer sich mit den Feen gut stellte, der wurde allerdings auch belohnt – ein Mann aus Dornoch wurde von den Kobolden regelmäßig zu Rundflügen eingeladen.[21] Nach Begegnungen mit Feen erhielten die Zeugen manchmal übernatürliche Kräfte.[22]

Bis zu den kleinsten Einzelheiten (H. Evans[23] betont die genauen Übereinstimmungen zwischen Entführungsfällen und dem »Calendrier des Bergers« aus dem 15. Jahrhundert, in dem verschiedene Details der Hill-Entführung vorweggenommen werden) stimmen also die modernen Berichte mit den mittelalterlichen Geschichten über Begegnungen mit Kobolden und Dämonen überein. Strieber,[24] der zahlreiche unangenehme medizinische Untersuchungen durch »insektenartige Außerirdische« über sich ergehen lassen mußte, darunter das Einführen einer Nadel in sein Gehirn, vergleicht seine Erlebnisse mit den sexuellen Verführungen der Menschen des Mittelalters, die von den dämonischen Succubi und Incubi zum Beischlaf gezwungen wurden. Diese Dämonen erschleichen sich unter angenommener Form schöner Frauen oder Männer Geschlechtsverkehr.

Ihre Stimmen sind sehr hoch (wie die von Striebers Besuchern), wenn sie mit ihren Verführungskünsten nicht ans Ziel kommen, wenden sie Gewalt an.[25]

Die Ähnlichkeiten zwischen den sexuellen Motiven der CE IV-Berichte und der sogenannten »Teufelsbuhlschaft« sind bestechend. Hexen wurden gewöhnlich der Teufelsbuhlschaft, des Verkehrs mit dem Teufel, bezichtigt, und einige Aussagen der beschuldigten Frauen enthalten genaue Angaben über den Vollzug des Aktes, die mit den Berichten Entführter genau übereinstimmen. Besonders die Teilnahmslosigkeit des Teufels und sein kaltes, fast metallisches Geschlechtsteil tauchen bei beiden auf. Auch Hexen fliegen, wie die Entführungsopfer, durch die Luft, und die Inquisitoren suchten den Körper der Verdächtigten nach Teufelsmalen ab, wie die modernen Ufologen nach Narben der Operationen suchen, beide mit Erfolg.[26]

Diese Parallelen findet man nicht nur in der europäischen Sagenwelt, sie sind universell. So glauben die Iban auf Borneo, daß die Seele eines Menschen, sein Semengat, den Körper während des Schlafes verlassen könne. »Dann nähern sich die Geister der Verstorbenen seinem Semengat und heben es in ein fliegendes Boot und nehmen es mit zu einem Ort im Himmel. Dort trifft es auf andere Geister, die ihn in den Gebrauch magischer Mittel initiieren, die den Körper vor den Schwertern der Feinde bewahren werden.«[27]

In manchen dieser Mythen wird die Seele symbolisch zerstückelt und von den Geistern neu zusammengesetzt, um die symbolische Wiedergeburt des entrückten Schamanen bildhaft auszudrücken. Diese Mythen sind, wie die Entführung der Days, eine Reise des Astralkörpers in das Reich der Geister. Sowohl in den Mythen der Naturvölker wie in den Entführungen erfolgt die Begegnung in einer einsamen Gegend, der Zeuge ist müde. Die Zeugen werden in die Luft gehoben und mit einem Fahrzeug in das Land der Geister, Ahnen oder Außerirdischen gebracht. Wenn sie zurückkehren, haben sie komplizierte initiatorische Erfahrungen hinter sich, die häufig mit sexuellen oder medizinischen Motiven erzählt werden.

Diese Erlebnisse ändern das Leben der Wahrnehmer, sie werden zu Propheten. Menschen, die sich in der Nähe der Zeugen befinden, nehmen an der Erfahrung nicht teil.[28] Auch Marienerscheinungen und die Entführungen, bei denen unabhängige Beobachter zugegen waren, folgen diesem Muster: Nur der Seher selbst, nicht die anderen, nehmen die Jungfrau wahr.[29]

Bauer und Dümotz[30] sehen diese verschiedenen Mythen als Varianten des gleichen Stoffes an: »Der Held, die Heldin...erhält beim Aufenthalt ›in den fremden Räumen‹ dieser ›anderen Intelligenzen‹ eine Fülle von zumeist recht sinnvollen Anregungen und Hilfen für den Alltag: die berühmten Schätze, die der Märchenheld aus dem Berg mitbringt, die ›geheimen‹ Botschaften, die eine Marienerscheinung Hirtenkindern mitteilt und die Prophezeiung der Ufonauten lassen sich auf eine recht einfache Weise als ein Anzapfen mehr oder minder kreativer Quellen des eigenen ›Unbewußten‹ erklären.«

Parapsychologische Erklärungen

Auch zwischen zahlreichen übernatürlichen Erscheinungen und Erfahrungen und den Entführungen besteht eine Vielzahl von Gemeinsamkeiten. Außerkörperliche und Nahtoderfahrungen, Poltergeister und Marienerscheinungen enthalten alle Elemente, die zeigen, daß sie eine Variante des Entführungsmotivs sind. Nahtoderlebnisse und außerkörperliche Erfahrungen unterscheiden sich einfach dadurch, daß die ersten in Krisenzeiten und unfreiwillig, die letzteren vorbereitet durch Meditation erfolgen. Beim außerkörperlichen Bewußtseinszustand »hat der Erlebnisträger das Gefühl, seinen Körper verlassen zu haben und sich selbst von außen zu sehen. Solche Erfahrungen werden manchmal von Menschen behauptet, die vor einer Operation standen, dem klinischen Tod nahe waren oder sich in einer anderen existentiell entscheidenden Situation befanden; daneben stehen Berichte von Leuten, die diese Erfahrung aus einer ganz alltäglichen Situation machten.«[31]

Die erste Aufzeichnung über eine solche Erfahrung stammt aus dem 16. Jahrhundert, sie werden zumindest seit 1953, als der amerikanische Soziologe Hornell Norris Hart ein Institut zu ihrer Untersuchung gründete, von Wissenschaftlern erforscht.[32]

Nahtoderlebnisse waren der Öffentlichkeit, außer durch private Erzählungen, kaum bekannt, bis sie 1975 Raymond Moody in dem populärwissenschaftlichen Bestseller »Life after Life« beschrieb. Obwohl Moody mit weiteren Bänden an seinen Erstlingserfolg anknüpfen konnte,[33] wurden erst zu Beginn der achtziger Jahre seriöse Werke zu der Thematik veröffentlicht.[34] Zwischen 1977 und 1980 erschienen jedoch zahlreiche teils sensationelle Nahtoderlebnisse auch in Deutschland in Zeitungen und Zeitschriften und machten das Motiv so bekannt, daß es wie selbstverständlich in Romanen wie etwa Kurt Vonneguts[35] Werk »Galapagos« verwendet wird. Diese Popularität könnte auch dazu beigetragen haben, daß es um 1980 plötzlich zu einer Explosion bei der Zahl der Entführungsberichte kam.

Bei Nahtoderlebnissen »erzählten viele, sie seien durch einen langen, dunklen Tunnel gegangen und dann plötzlich an eine Grenze geraten ... Die meisten Befragten wollen längst verstorbenen Verwandten oder Freunden begegnet sein. Religiöse Menschen sagten, sie hätten eine Lichtgestalt gesehen, andere erblickten ein dreidimensionales Panorama«.[36] Gewöhnlich kann der Wahmehmer sich selbst von oben sehen, häufig werden grelle oder fluoreszierende Lichtquellen erwähnt.

Die Parallelen zum CE IV-Erlebnis sind deutlich: Sowohl Strieber als auch die Fischer von Pascagoula schwebten zu ihrem Ufo. Betty Andreasson mußte durch eine enge Röhre schlüpfen, praktisch alle Entführten sahen im Raumschiff dreidimensionale »Hologramme«. Diese Darstellungen vermitteln Wissen über das Reich der Toten bzw. das der Außerirdischen:

Virginia Horten sah das Bild eines Extraterrestriers, die Hills eine Sternkarte, Betty Andreasson mythologische Wesen. Hopkins[37] hat solche »holographischen Bilder« bei allen Entführungen vorgefunden.

Durch eine Analyse von etwa 100 Nahtoderlebnissen, die die amerikanische Forscherin L. Davis[38] durchführte, konnte belegt werden, daß es sich bei Entführungen und Nahtoderlebnissen offenbar um eine identische Erfahrung handelt, die nur in jeweils verschiedener Terminologie reproduziert wird. Allerdings sind die Nutzen für den Wahrnehmer bei Nahtoderlebnissen größer als bei CE IVs. Offenbar ist der psychologische Eindruck des »Beweises« für ein Leben nach dem Tode viel stärker als das Science-Fiction-Abenteuer einer Entführung.

Wie die Entführung scheint auch das Nahtoderlebnis kulturell konditioniert zu sein. Christen sehen eine leuchtende Figur, Atheisten nur ein Licht. Wer an ein Leben nach dem Tod glaubt, trifft auf verstorbene Familienmitglieder. Die soziologische Implikation ist bemerkenswert: Das Entführungserlebnis könnte eine entmystifizierte, verwissenschaftlichte Variante der grundsätzlich sehr stark religiös gefärbten Nahtoderfahrung sein.

Entführte klagen oft darüber, daß Poltergeister, also spontane Psychokinese, ihr Haus heimsuchen. Je nach Standpunkt der Untersucher bieten sich hier verschiedene Hypothesen an: Entführung wie Poltergeist könnten auf Betrug zurückgehen, eine Entführung könnte latent vorhandene Psychokinesefähigkeit beim Zeugen auslösen, oder die Ufos selbst könnten die Phänomene auslösen.[39]

Keel[40] hat Poltergeistberichte und Ufo-Berichte aus der Zeit von 1842 bis 1886 zusammengetragen und dabei festgestellt, daß sich ihr Vorkommen in den gleichen Jahren häuft bzw. abnimmt, so, als stünde eine einzige Quelle hinter beiden Erscheinungen. Inwieweit diese Statistiken jedoch wissenschaftlich signifikant sind, kann noch nicht entschieden werden.

Es wurde bereits darauf hingewiesen, daß viele Entführte nach ihrer Begegnung glauben, paranormale Fähigkeiten erworben zu haben. Dieser Glaube führt sicher dazu, daß alltägliche Vorkommnisse im Haus paranormal interpretiert werden. So erhalten die Entführten zusätzliche Belege für die Realität der eben von ihnen entdeckten anderen Welt. Auch der berühmte israelische Trickkünstler Uri Geller will seine »paranormalen« Fähigkeiten während eines Aufenthaltes an Bord eines Ufos erlernt haben.[41]

Daß Marienerscheinungen sehr große Ähnlichkeit mit Kontakten mit Außerirdischen haben, liegt auf der Hand. Sie beginnen oft mit der Beobachtung einer diffusen Wolke oder einer Feuerkugel, aus der sich die eigentliche Marienfigur formt. Maria, die bei jeder Erscheinung anders beschrieben wird (mal als Erwachsene, dann wieder als Mädchen oder Indianerin), spricht mit dem Seher, ohne daß die Umstehenden etwas anderes beobachten können als die Trance der Visionäre.[42] John Keel[43] hat wiederholt behauptet, daß Marienerscheinungen im Grunde Ufo-Berichte seien und interpretiert die berühmte tanzende Sonne über Fatima als typische »fliegende Untertasse«. McClure,[44] der Erscheinungen am bisher eingehendsten und objektivsten erforscht hat, verneint diese einfache Gleichsetzung.

Natürlich sind Marienerscheinungen keine Landungen von Außerirdischen, doch die Ähnlichkeit der Motive und Symbole bei beiden ist offensichtlich. Einige Seherkinder wollen sogar von Maria auf eine Reise in den Himmel mitgenommen worden sein, zur gleichen Zeit waren sie auf dem Erdboden unauffindbar, Feuerkugeln wurden gesichtet. Das soll sich im jugoslawischen Medjugorje ereignet haben, der bisher längsten und detailliertesten Episode von Erscheinungen.[45] Ein indisches Kind, das nach Angaben des amerikanischen Massenblattes »Weekly World News« von außerirdischen Wesen entführt worden war, glaubt, die Fremden seien die Jungfrau Maria und Engel gewesen.

Gilbert Cornu hat, wie Keel, Marienerscheinungen und Ufo-Berichte statistisch untersucht und festgestellt, daß sie sich in den gleichen Jahren häufen. So hat das Rekordjahr 1954, als die bisher größte Zahl von Direktkontakten mit Ufonauten berichtet wurde, auch die höchste Zahl von Erscheinungen zu verzeichnen.[46]

Viele fortianischen Autoren haben daraus gefolgert, daß Ufo-Kontakte und paranormale Erlebnisse aus der gleichen Quelle stammen. Clark und Coleman[47] denken, »daß Märchen, religiöse Visionen und Ufo-Berichte den gleichen Ursprung haben. Was immer dieser Ursprung sein mag, sein

Signal wird durch das menschliche Bewußtsein und die Wahrnehmung gefiltert und so in eine Form gebracht, die gewissen Archetypen entspricht. Daher sind diese Erlebnisse sowohl fremdartig wie vertraut. Fremdartig, weil sie außer- und überirdisch erscheinen, vertraut, weil wir sie in einem gewissen Sinne selbst geschaffen haben.«

Psychologische Aspekte

Der erste Psychologe von Rang, der sich mit Ufos beschäftigte, war Carl Gustav Jung. Schon bevor er 1958 sein Buch »Ein moderner Mythus« veröffentlichte, äußerte er sich in Briefen und Interviews über seine Ansichten.[48] Seiner Meinung nach gab es ein objektives Ufo-Phänomen, das möglicherweise auf Naturerscheinungen wie Kugelblitze und Irrlichter zurückzuführen war. Um dieses Kernphänomen herum sei ein »moderner Mythus« entstanden, der dem Ufo Bedeutung gebe, und diesen Mythos wollte Jung psychoanalytisch untersuchen. Grundsätzlich seien die Kontaktberichte religiöser Natur, das Ufo ein Mandalasymbol, ein Symbol der Ganzheit.[49]

Jung hielt den Vergleich von Ufos mit paranormalen Erscheinungen, von denen er überzeugt war, für wenig hilfreich. Seiner Meinung nach wurde Amerika am meisten von Ufos heimgesucht, weil das Land am stärksten von der Krise des kalten Krieges betroffen war: »Die Erscheinung und der Einfluß des ›McCarthyism‹ zeigt die tiefe, ängstliche Beunruhigung des amerikanischen Publikums. Man wird daher in Amerika die meisten Zeichen am Himmel sehen«.[50] Obwohl sich Jung vorwiegend aus den Büchern von ETH-Anhängern informierte, enthält sein Buch zum Ufo-Thema nur wenige Sichtungsberichte, sondern eher Träume verschiedener Bekannter, die Motive und Bildinhalte der Sichtungen aufgreifen.

Der Ufo-Forscher Louis Schoenherr[51] hat beobachtet, daß fast alle Ufo-Nahbeobachtungen auf den Zeugen bezogene

Details enthalten. So erinnerte ein Ufonaut, der aus einer gelandeten Untertasse stieg, den Beobachter an einen Freund; ein Ufonaut sprach mit einem Techniker über technische Dinge; ein Bild, das in einem Ufo hing, zeigt die Nachbarin des Beobachters etc. Betty Hill, die an der Gebärmutter operiert worden war, wurde mit einer Nadel in den Unterleib gestochen, ihrem Mann wurde Sperma entnommen. »Solche Phantasien könnten auf den Wunsch nach Kindern hinweisen.«[52] Strieber hatte vor seiner Entführung Horrorromane geschrieben, und die Außerirdischen gingen mit ihm besonders herzlos um. Die Inhalte des Ufo-Kontaktes sind also von den Ängsten und Erwartungen der Zeugen geprägt.

Es wurden verschiedene Versuche unternommen, Ufo-Erlebnisse mit konventionellen psychologischen Erkenntnissen zu erklären. Der britische Ufo-Forscher Stuart Campbell verglich Nahbeobachtungen mit verschiedenen Formen epileptischer Anfälle. Bei einem schottischen Fall hatte ein Zeuge ein leuchtendes Objekt gesehen, aus dem zwei mit Spitzen besetzte kleinere Kugeln kamen, die ihn angriffen. Er verlor das Bewußtsein; als er wieder zu sich kam, waren seine Hosen zerrissen, sein Hund lief ängstlich um ihn herum. Campbell[53] vermutet, der Zeuge habe einen hellen Planeten fehlgedeutet. Das habe zu einem epileptischen Anfall geführt. Die Verletzungen könnten von dem Hund verursacht worden sein, der seinem hilflosen Herrchen helfen wollte.

Der Psychiater Otto Billig[54] vergleicht Entführungen mit hypnagogischen Zuständen. In dieser Verfassung erscheint die Umwelt plötzlich verändert, fremdartig. Die Wahrnehmung ist so verzerrt, daß Größen und Entfernungen nicht mehr geschätzt werden können. Objekte ändern unvermittelt ihre Größe, häufig scheinen sie auf den Beobachter zuzurasen, werden ungeheuer groß und drohen den Zeugen zu verschlingen. Der Orientierungssinn geht verloren, beobachtete Gegenstände verhalten sich entsprechend der unbewußten Ängste und Bedürfnisse des Zeugen. Der Träumer (denn diese Zustände stellen sich fast ausschließlich bei ermüdeten Menschen ein) ist zuerst verwirrt, durchlebt gelegentlich traumatische Angstzustände und verspürt Ekel. Mund und Gesicht werden trocken und heiß, manchmal werden Stigmata beobachtet. Zum Ekel kommen manchmal unangenehme sexuelle Phantasien.

Hypnagogische Zustände entsprechen also in Aufbau und Inhalt den CE IV-Erfahrungen. Ein auslösender Impuls während einer Müdigkeitsphase führt zu einer komplexen Halluzination mit Gefühlen des Ekels und des sexuellen Mißbrauchs. Daß diese Motive in der Entführungserfahrung jedoch stärker konkretisiert sind als in dem eben beschriebenen medizinischen Idealtypus, ist offensichtlich.

Da viele Entführungen erst durch die Anwendung regressiver Hypnose entdeckt werden, haben Psychologen darauf hingewiesen, daß die Hypnose selbst Auslöser der Erlebnisse sein könnte. Entgegen den Beteuerungen der Verfechter einer objektiven Realität der Entführungen stimmt es nicht, daß Subjekte unter Hypnose nicht lügen können – zwar berichten sie nie wissentlich die Unwahrheit, doch können Wunschträume und Angstvorstellungen unter Hypnose als real erlebt werden. Ebenso kennt man das Phänomen, daß die hypnotisierten Subjekte ihrem Befrager die Antwort geben, von der sie glauben, daß er sie erwarte.[55]

Von der Annahme ausgehend, daß die CE IV-Erfahrung erst in der Hypnose geschaffen wird, hat der kalifornische Psychologe Alvin Lawson Subjekte ohne Ufo-Sichtungen hypnotisiert, um zu sehen, ob durch den Einsatz gezielter Fragen eine Entführung simuliert werden kann. Die erzielten Erzählungen waren praktisch von den »authentischen« nicht zu unterscheiden.[56] Nur einen einzigen Aspekt der Entführungen konnte Lawson nicht reproduzieren: die fast panische Angst vieler Entführter vor den medizinischen Experimenten an Bord.[57]

Die Anwendung der Hypnose und die Behauptung der Verfechter dieser Technik, was unter Hypnose berichtet werde, sei immer die Wahrheit, ist von den Gegnern der ETH immer wieder kritisiert worden: »Die Faszination der Hypnose und ihre Nutzung in der Verbrechensaufklärung liegt darin..., daß die meisten ihrer Verfechter nicht wissen, daß die unter Hypnose erinnerten Dinge nicht unbedingt dem tatsächlichen Geschehen entsprechen müssen... Lawrence Kolb, Psychiatrie-Professor an der Columbia-Universität, erläuterte: ›Die Hauptschwierigkeit besteht darin, daß man nicht auseinanderhalten kann, was Wahrheit und was Phantasie ist.‹ Und Ulrich Neisser, Psychologie-Professor in Cornell, ging noch weiter: ›Hypnose erweitert das Gedächtnis nicht, sie verändert es‹, meint er. [58]

Die oben zitierten Aussagen stammen von amerikanischen Psychologen, die die Verhörmethoden amerikanischer Polizisten bei der Verbrechensbekämpfung kritisierten. Martin Orne, Direktor des Instituts für Experimentelle Psychiatrie am Pennsylvania-Krankenhaus, führte mehrere Fälle von Personen auf, die unschuldig verurteilt wurden, weil Aussagen unter Hypnose als Beweis gewertet wurden. Der Fehler beruhe darin, daß man das menschliche Gehirn mit einem Tonband gleichsetze. Häufig berichte ein Subjekt Dinge, die es sich wünscht oder die es fürchtet.[59] Der Arzt, der die Hills hypnotisierte, vermutete, bei ihrer Erzählung handele es sich nur um einen Alptraum. Hypnose kann also Entführungsberichte nicht nur hervorrufen, sondern ihnen auch eine falsche Aura der Authentizität geben. [60]

Evans vermutet, Entführungen seien »keine Ufo-Beobachtungen im eigentlichen Sinn, sondern persönliche psychologische Erlebnisse des Zeugen, der das Drumherum eines Ufo-Vorfalles benutzte, weil es zufällig einen passenden Ausdruck für das Problem bot, mit dem er sich gerade herumschlug.« Eine Entführung wäre demnach eine Methode, Streß und Probleme symbolhaft zu bewältigen.

Abb. 17: Zeichnung von Elaine Thomas, die ihre Untersuchung an Bord eines Raumschiffes zeigt. Sie wurde am 6. Januar 1976 zusammen mit Louise Smith und Mona Stafford in Kentucky entführt.

Soziologische Aspekte

Am Beispiel der Entführung der Hills kann gezeigt werden, wie stark die Umwelt das Ufo-Erlebnis beeinflußt.

Barney und Betty Hill waren ein gemischtrassiges Ehepaar. Zur Führung einer solchen konventionswidrigen Ehe gehörten damals wie heute Mut. 1961 formierten sich die Schwarzen in der Bürgerrechtsbewegung, die Sozialarbeiterin Betty Hill und ihr Mann unterstützten Martin Luther Kings Kampf für die Gleichberechtigung.

In den fünfziger Jahren liefen zahllose erfolgreiche Science Fiction-Filme in den Kinos. Wie Spencer[61] bemerkt, hatte damals das Kino einen anderen Stellenwert als heute: Man ging hin wie zu einem Treffen mit Freunden, oft ohne zu wissen, welcher Film gerade lief. Gleichzeitig eroberte sich das Fernsehen einen festen Platz in den Heimen der Amerikaner. Eine der erfolgreichsten Serien war die Science Fiction-Reihe »Twilight Zone«. Die Hills müssen diese Filme gesehen haben, denn sie spielten während der Hypnose darauf an. Im wachen Zustand bestritten sie, die Serie zu kennen.

Spencer weist darauf hin, daß nur vier Monate vor der Entführung Alan Shepherd als erster Amerikaner am 5. Mai 1961 die Erdumlaufbahn verließ und auf einer ballistischen Bahn in den Weltraum flog. Shepherd stammte aus Derry, New Hampshire – der Heimat der Hills! Obwohl beide angaben, seit dem Start des Sputnik 1957 nicht mehr miteinander über Weltraumfahrt gesprochen zu haben, ist das nicht sehr wahrscheinlich.

Barney Hill litt an einem Tumor, und während der verhängnisvollen Nachtfahrt unterhielt sich das Paar über die Befunde einer Röntgenuntersuchung, auf die Barney wartete. Dieser persönliche Streß, unterstützt durch einen gewöhnlichen Stimulus wie den Jupiter, hat wohl die Entführungsvision ausgelöst, die nachweislich Motive aus damals im Fernsehen gezeigten Science Fiction-Filmen enthielt. Barney wollte seiner Frau ursprünglich nicht glauben, da nur sie Erinnerungen an eine Entführung und Alpträume hatte. Als das Paar den Ufo-Forscher Fuller traf, der sie ernstnahm und hypnotisieren ließ – erst dann bestätigte Barney Bettys Version der Nacht.

Entführungen finden häufig während sogenannter Ufo-Wellen, hohen Konzentrationen von Sichtungen in einem geringen örtlichen und zeitlichen Raum, statt. Diese sind sicherlich ein weiterer konditionierender Faktor. Der Soziologe Ron Westrum von der Eastern Michigan University hat dieses Phänomen untersucht. »Nach einer eingehenden Analyse der Materie«, schreibt er, »sowohl von Ufo- wie auch Seeschlangen-Wellen, folgere ich, daß nationale Wellen von der Presse erzeugt werden ... Es gibt bei der Presse eine Art ›Imitationsfaktor‹, durch den festgelegt wird, was gerade ›interessant‹ ist ... Der Raum, den die Medien einer bestimmten Anomalie einräumen, reflektiert in keinster Weise das tatsächliche Vorkommen des Phänomens. Wenn eine Anomalie gerade ›interessant‹ ist, wird jeder Unsinn veröffentlicht, bis sich die Mode ausgetobt hat, dann: Aus! Nichts mehr wird gedruckt« [62]

Diese Wellen, von denen Keel noch 1970 schreiben konnte, sie seien noch nie von Soziologen untersucht worden, sind mittlerweile Gegenstand mehrerer soziologischer Aufsätze geworden.[63] Solche Wellen pflegen besonders dann aufzutreten, wenn sich ein Land in einer Krise befindet, offenbar ist dann der Wunsch nach »Hilfe von oben« besonders stark.[64]

Der britische Journalist Robert Rickard[65] zeigt die Dynamik einer solchen Welle am Beispiel einer Epidemie von Marienerscheinungen in der Republik Irland auf.

Nach einer auslösenden Beobachtung (am 14.2.1985 sahen mehr als 30 Kinder, wie sich eine Gipsmadonna bei Asdee, Co. Cork, bewegte) wurden 40 weitere Wunder dieser Art gemeldet. Während sich der Klerus einer Meinung enthielt und nur allgemein auf den Wert der Anbetung hinwies,[66] meinte der Psychologe Dr. Kirakowski von der Universität Cork, die Mirakel seien auf optische Täuschungen zurückzuführen.

Über den Sommer breitete sich die Welle aus, zahlreiche Iren glaubten, sie hätten winkende Madonnen oder Christi Gesicht auf ihren Fernsehschirmen gesehen, als eine Sendung über die Ereignisse ausgestrahlt wurde. Eine Überprüfung der Videobänder ergab keinen Hinweis. Am 5.9. erschien der Teufel in Mitchellstown, Co. Cork, und erzeugte eine Panik unter Jugendlichen. In anderen Gegenden Irlands zerstörten Jugendliche eine Marienstatue und gaben an, den Befehl dazu vom Teufel erhalten zu haben.

Diese Welle religiöser Erscheinungen folgte der Dynamik der Ufo-Wellen: Eine aufsehenerregende Vision führte zu weiteren Berichten, die dabei immer variantenreicher wurden. Bevölkerung und Presse wurden für das Thema sensibilisiert, Witzbolde, Skeptiker und Gläubige verkündeten ihre Meinung.

Dr. Anthony Clare, Professor für Psychiatrie am St. Bartholomew's Hospital in London, bestätigte, daß es sich bei den Bewegungen der Statuen um optische Täuschungen handelte. »Daß so viele Leute so viel Bedeutung in diese banalen Erscheinungen hineinlesen«, meinte er, »zeigt, daß sie einfach Bestätigung ihrer religiösen Überzeugung brauchen.« Die Wundergläubigen stießen auf den Widerstand des örtlichen Klerus und der irischen Bischöfe, die der These von den optischen Täuschungen zustimmten und die Leute aufforderten, lieber in den Kirchen zu beten als zu den Statuen zu pilgern. Doch die traditionelle Volksfrömmigkeit siegte über die nüchterne Einstellung der Bischöfe.

Rickard weist darauf hin, daß die irischen Gläubigen Bestätigung nötig hatten, denn das ganze Land war wegen der Debatte um die Legalisierung von Scheidung und Verhütungsmitteln gespalten. Während der irische Premierminister Fitzgerald für die Legalisierung kämpfte, stand die Kirche in strikter Opposition. In Kerry, wo die Visionen begannen, hatte kurz vor Ausbruch der Welle ein unverheiratetes Mädchen sich und ihr Baby getötet. Die Iren fanden Erlösung von ihrer Krise in einer Welle von Wundern, die an Massenhysterie grenzte.

Das bedeutet, daß sich kollektive Spannungen in sozial konditionierten Visionen äußern und lösen können. Da die gesellschaftliche Akzeptanz der CE IV-Erfahrung in den USA immer größer wird, könnte sich die nächste große Krise in Amerika durch eine Entführungswelle äußern, so wie sie sich im traditionell katholischen Irland in einer Welle von Marienwundern manifestierte. Durch Filme wie Steven Spielbergs »Unheimliche Begegnung der dritten Art«, Bestseller wie Striebers »Die Besucher« (1987) und »Transformation« (1988), durch Ed Walters »UFOs« und die Verwendung des Motivs in Fernsehserien wie »Der Denver Clan« ist das Grundmuster einer Entführung mittlerweile Millionen von Amerikanern vertraut.

Alles Schwindel! Die Ansicht der Skeptiker

Es ist sehr wahrscheinlich, daß sich unter den bis heute gemeldeten mehreren hundert Entführungen auch Schwindel befinden. Eine Gruppe von Forschern jedoch, das CSICOP (»Committee for the Scientific Investigation of Claims of the Paranormal«, Gesellschaft zur wissenschaftlichen Untersuchung paranormaler Behauptungen), allen voran der Elektroingenieur Philip J. Klass, behauptet, daß grundsätzlich alle Entführungsberichte erfunden oder von den Ufologen den Zeugen eingeredet worden sind. Als Motiv gilt Klass Geltungssucht und Geldgier. Das Problem des CSICOP ist, daß es mit einer vorgefaßten Meinung an die zu untersuchende Materie herangeht. Das hat Gründungsmitglieder wie den Soziologen Marcello Truzzi dazu bewogen, der Gruppe den Rücken zu kehren. Truzzi wirft dem CSICOP Datenmanipulation und sogar Fälschungen vor, damit ein gewünschtes skeptisches Ergebnis zustande kommt.

Klass weist gerne auf Unterschiede in verschiedenen Versionen der Entführungsberichte hin und geht dann von zwei Alternativen aus: Entweder die Opfer wurden tatsächlich von einem außerirdischen Raumschiff entführt, oder aber sie lügen. Anfang der 90er Jahre spielten psychologische Überlegungen dabei keine große Rolle.

Im Falle der Entführung von Pascagoula hat Klass darauf hingewiesen, daß niemand außer den Anglern das Ufo gesehen hat, obwohl viele potentielle Zeugen in der Nähe des Landeortes waren. Eines der Opfer, Hickson, machte unterschiedliche Angaben über den Durchmesser des Raumschiffes, die zwischen zwei und neun Metern schwankten. Die verschiedenen Berichte enthielten unterschiedliche Zeitangaben, die um zwei Stunden differierten. Hickson gab an, sein Auge sei im Ufo verletzt worden, enthüllte das aber erst einen Monat später in

Abb. 18: Travis Walton unterzog sich nach einer mehrtägigen Entführung einem Lügentest: beim ersten fiel er durch, den zweiten bestand er.

einem Interview mit Hynek. Zudem machte er widersprüchliche Aussagen über das Aussehen der Außerirdischen. Einmal beschrieb er sie mit, einmal ohne Augen. In einer Version seines Berichtes ist von ihrer summenden Sprache die Rede, in einer anderen von ihrer Stummheit. Klass fand heraus, daß Hickson ein Jahr vor seiner Entführung wegen geschäftlicher Unkorrektheiten entlassen worden war. Der Lügendetektortest, dem er sich unterzogen hatte, war von Laien durchgeführt worden, die sich an dem Gerät nicht auskannten, und konnte daher nicht als Beweis für eine Entführung gewertet werden.

Daher folgert Klass, daß Hickson gelogen hat. Er ignoriert jedoch dessen panische Angst nach der Entführung und die Parallelen zu Mythen und außergewöhnlichen Bewußtseinszuständen, die die Entführung kennzeichnen.

Im Falle von Travis Walton, der am 5.11.1975 verschwand und mehrere Tage lang unauffindbar blieb, sind sich viele Ufo-Forscher mit Klass einig. Es handelt sich wohl um einen Schwindel, möglicherweise, um aus der Geschichte Profit zu ziehen. Der Fall war der aufsehenerregendste des Jahres 1975 und sorgte weltweit für Schlagzeilen. Klass bezieht sich hauptsächlich auf einen Lügendetektortest, den Walton nicht bestand und ignoriert einen zweiten wenige Tage später, bei dem Walton nicht durchfiel. Nach Sachs[67] weist Waltons Bericht jedoch so viele Unstimmigkeiten auf, daß man Klass zustimmen muß.

Mehrere französische und südamerikanische Entführungen sind erwiesenermaßen Schwindel, die auf bereits vorher veröffentlichten Geschichten beruhen. In gleicher Weise hat ja auch Andreas Schneider eine spanische Ufo-Legende benutzt, um seine eigene Entführung zu erfinden. Solche Fälle weisen oft sehr viele atypische Motive auf, die eher in der Science Fiction als in der Mythologie anzutreffen sind. Häufig versuchen Schwindler, ihre Geschichten schnell zu vermarkten oder spielen Zeitungen gegeneinander aus, um den Preis in die Höhe zu jagen.[68] Oft werden auch, wie im Fall Adamski oder Ed Walters, gefälschte Fotos als angebliche Beweise vorgebracht. Wenn CE IV-Erlebnisse allerdings unbewußte Fiktionen sind, sei es in Gestalt besonders lebhafter Träume oder als Halluzinationen, dürfte es sehr schwer sein, jeweils die Grenze zwischen »authentischen« und »geschwindelten« Entführungen zu ziehen.

Klass glaubt, daß Ufo-Forscher und Parapsychologen mit ihren Untersuchungen anomaler Phänomene den Aberglauben des Mittelalters neu beleben. Er fürchtet ein neues antirationalistisches Zeitalter, in dem der Irrationalismus über die Wissenschaft triumphiert. Allein die Tatsache, daß sich Wissenschaftler objektiv mit der Frage, ob Entführungen real sind oder nicht, beschäftigen, veranlaßt ihn zu der Klage, »unnötige Ängste würden der Öffentlichkeit aufgezwungen«.[69] Wenn Klass auch zuzustimmen ist, wenn er Hopkins Hypnosemethoden ablehnt, so argumentiert er sicherlich viel zu einfach, wenn er Strieber einen Lügner nennt und damit dessen Erlebnisse vom Tisch wischt.[70]

Das CSICOP wurde Ende 1976 von dem Behaviouristen Skinner und dem Philosophieprofessor Paul Kurtz, beide Vertreter einer extrem reduktionistischen Weltanschauung, in den USA gegründet. Man sieht seine Aufgabe darin, jede Art von Pseudowissenschaft zu bekämpfen. »Wir müssen der Hydra den Kopf abschlagen«, ereifert sich Kurtz gegenüber dem »Spiegel«.[71] Was jedoch Wissenschaft und was Pseudowissenschaft ist, bestimmt das CSICOP selbst. Pech, daß gerade Skinner, der geistige Mentor der Gruppe, selbst in die Pseudowissenschaft abgeglitten ist.

John Wheeler, der Physiker der Gruppe, sieht ebenfalls eine Gefahr darin, daß sich anerkannte Wissenschaftler mit der Parapsychologie beschäftigen: »Jetzt ist es Zeit für jeden, der an die Regeln der Vernunft glaubt, seine Stimme gegen diese pathologische Wissenschaft und ihre Vertreter zu erheben.«[72]

Die Haltung des CSICOP ist ebenso unwissenschaftlich wie ihre Weigerung, anomale Daten objektiv zu untersuchen. Eine generelle These wie die, daß alle Entführungen geschwindelt sind, kann den vielfachen Faktoren, die zu einem solchen Erlebnis beitragen, nicht Rechnung tragen und muß daher nicht ernstgenommen werden. Ende der 90er Jahre vertrat CSICOP jedoch – wie viele Ufo-Forscher – die psychosoziale These.

Earth Mysteries: Ufos, Menhire und Schamanen

Die Earth Mysteries-Theorie ist der Versuch, Wissenschaft und Esoterik, Ratio und Intuition in Einklang zu bringen. Unter Earth Mysteries versteht man die Vorstellung, daß die Erde als lebendiger Körper manipuliert werden kann, damit eine Art paranormaler Kontakt zwischen ihr und den Menschen hergestellt werden kann.

Die britischen Vertreter dieser Theorie, Paul Devereux, John Michell und Nigel Pennick, gehen davon aus, daß die Erde ein lebender Organismus ist und eine noch unbekannte Form der Energie besitzt, sogenannte Erdstrahlen, die nur mit Wünschelruten festgestellt werden können. Diese Strahlung soll über Verwerfungslinien besonders stark sein. Das Wissen darüber soll heute verloren, dem Menschen der Steinzeit aber noch vertraut gewesen sein. Die Bündelung der Erdkräfte wurde erreicht, indem man durch geomantische Praktiken die Erdstrahlen durch Menhire und Dolmen, also Großsteinbauten, kanalisierte. Gerade Linien aus Menhiren nennt man Leys. Sie sollen einen doppelten Zweck erfüllen: Erstens bündeln sie die Erdenergie und machen so das Land fruchtbar (der Inhalt der Gralslegende). Zweitens führen sie bei Sensitiven, die sich auf ihnen aufhalten, zu außergewöhnlichen Bewußtseinszuständen und religiösen Visionen. So nutzten die Schamanen im Einklang mit der Erde die Naturkräfte. Diese geomantische Praxis soll durch Geheimbünde, etwa die Tempelritter und die Dombauhütten, bis in unsere Zeit überliefert worden sein. Daher stehen auch die gewaltigen romanischen und gotischen Dome auf Leys.[73]

Der Entdecker der Leys war der Geschäftsmann Alfred Watkins. Im Sommer 1921 besuchte er das Dorf Blackwardine in Hereford, England. Als er seine Route auf einer Karte betrachtete, bemerkte er, daß mehrere Römerlager und Ringwälle der Gegend auf einer geraden Linie lagen. Bald entdeckte er, daß Menhire, Steinkreise und Dolmen, Ringwälle und Kirchen in England häufig auf gerade Linien fielen. Trug man diese Geraden auf einer Karte ein, erhielt man ein dichtes Spinnennetz, das Watkins für frühgeschichtliche Handelswege hielt. Andere Versionen der Entdeckung der Leys weiten die tatsächlichen Ereignisse legendenartig aus. Watkins soll demnach die Leys seiner Heimat in einer Vision gesehen haben, wie sie sich glühend über die Landschaft zogen.[74]

Watkins veröffentlichte mehrere Bücher über seine Entdekkung, die jedoch von den Wissenschaftlern bespöttelt wurden. Es bildete sich ein »Old Straight Track Club« (Club der alten, geraden Wege), der Watkins' Ideen propagierte, unter dessen Mitgliedern einige waren, die die Leys esoterisch deuteten.[75]

1958 veröffentlichte der französische Ufo-Forscher Aime Michel ein Buch, in dem er behauptete, daß alle Ufo-Sichtungen eines Tages, auf eine Karte eingezeichnet, auf eine gerade Linie fielen. Obwohl diese These bald widerlegt war, griff der britische Luftwaffenpilot Tony Wedd die Idee 1961 in einem Buch auf, das unter dem Titel »Himmelswege und Landzeichen« behauptete, die von Michel Ortothenien genannten Flugrouten der Ufos seien mit Watkins' Leys identisch. So verknüpfte er die Rätsel der menschlichen Frühgeschichte mit dem Mysterium der Ufos.[76] Erst acht Jahre später sollte Erich von Däniken mit einer ähnlich willkürlichen und weitaus simpleren Verknüpfung von Urzeit und Science Fiction zu Weltruhm kommen.

Zur Zeit der esoterischen Jugendbewegung gegen Ende der sechziger Jahre erschienen weitere Bücher über Ufos und Leys, vor allem von John Michell, der Konzepte der Geomantie, das Ufo als visionäres Symbol à la Jung und die Verheißung eines goldenen Zeitalters durch eine Wiederherstellung des Ley-Systems mischte und damit einen großen Einfluß auf die Jugendbewegung ausübte. Rockmusiker wie Steve Hillage widmeten Michell ihre Platten.

Wie Webbs Interpretation in den sechziger Jahren in der Erwartung der Mondlandung technisch geprägt war und die Leys in den siebziger Jahren esoterisch gedeutet wurden, ist die Deutung in den achtziger Jahren vor allem ökologisch ausgerichtet. Devereux[77] meint, daß die Erdenergien, die durch die Leys angezapft werden, sich als Feuerball manifestieren können. Diese Lichter entstünden durch Reibung des Gesteins an Verwerfungslinien. Dort, wo die Priester der Megalithkultur solche Lichter beobachteten, hätten sie Menhire und Steinkreise errichtet, um diese Erscheinungen künstlich zu erzeugen und so kontrolliert schamanistische Astralreisen hervorzurufen. In dieser Weise sei es zu einer Kommunikation zwischen den Menschen und ihrem Planeten gekommen – eine perfekte Symbiose, durch »sakrale Technologie« erreicht. Wer heute solchen Erdstrahlen zu nahe komme, könne Visionen von Ungeheuern und Ufos erleben dabei bringt der Beobachter durch Psychokinese die »Erdlichter« in die von ihm erwartete Form.[78]

Devereux gibt zu, daß der Anstoß zu seiner Theorie philosophischer, nicht wissenschaftlicher Natur war. »Die Theorie von den Erdlichtern erklärt wohl nicht alle Ufo-Sichtungen, dennoch glaube ich, daß es wichtig ist, die Ufos mit der Erde in Verbindung zu bringen – denn dieser Planet ist wichtiger für uns als irgendein anderer.«[79]

Die Earth Mysteries-Theorie hat in Großbritannien zwei nicht immer deutlich unterscheidbare Schulen hervorgebracht. John Michell ist der Hauptvertreter esoterischer Ideen, die das Goldene Zeitalter, Geomantie und neues Heidentum verbinden. Die zweite Schule vertritt zwar die gleiche Ideologie, will sie aber wissenschaftlich untermauern. Hauptvertreter ist Paul Devereux. Er will mystische Erfahrungen wissenschaftlich erklären und doch im Gebiet der Esoterik bleiben. So mißt er mit einem Geigerzähler die radioaktive Strahlung an Steinkreisen, um zu belegen, daß durch eine neue »Geomantie fürs nächste Jahrtausend« eine ökologisch gesündere Gesellschaft entstehen könnte. Er interpretiert transzendente Zustände, darunter auch CE IVs, als »psychische (d.h. außerkörperliche und Nahtoderfahrungen, Poltergeister und Elementargeister) oder mystische (d.h. archetypische und visionäre) Erlebnisse, die dadurch ausgelöst werden, daß der Wahrnehmer geophysikalischen Kräften wie natürlicher Strahlung oder magnetischen und gravitationellen Anomalien ausgesetzt ist. Diese Felder beeinflussen die Hirnaktivität und ermöglichen so sensitiven Personen mystische und paranormale Erfahrungen.«[80]

So vereint Devereux' Theorie all seine persönlichen Anliegen: ökologisches Gleichgewicht, die Leys, Ufos und Selbsterfahrung in einem persönlichen Glaubenssystem.

Michael Persinger, der Begründer der vergleichbaren amerikanischen »Theorie des tektonischen Stresses«, ist Professor für Psychologie an der Laurentian University in Sudbury, Ontario. Seine Einstellung ist pragmatischer als die des Briten. Er vertraut auf Computer und Statistiken, und obwohl sich seine Vorstellungen dem »wissenschaftlichen Modell« von Devereux annähern (Erdlichter lösen durch Strahlung Visionen aus), findet sich in ihnen kein Mystizismus.

Persinger wurde durch die Werke Forts inspiriert. Er hat durch Computerstudien, deren Wissenschaftlichkeit allerdings von anderen Forschern bestritten wird,[81] festgestellt, daß fortianische Phänomene zeitlich geballt um kleinere lokale Erdbebenherde gruppiert sind. Auch er geht davon aus, daß die meisten Anomalien über Verwerfungslinien stattfinden und von geotektonischen Kräften erzeugt werden.

Ausgehend von der Entdeckung, daß Erdbeben kugelblitzartige Leuchtphänomene erzeugen können, die von Zeugen oft für Ufos gehalten werden, hat Persinger nach und nach andere von der Wissenschaft abgelehnte Phänomene, so Telepathie, Fischregen, Poltergeister und Ungeheuer, in sein System integriert. Die tektonischen Spannungen erzeugen Energien, die das Gehirn eines Beobachters beeinflussen und dort Visionen auslösen. Für Großbritannien konnte Persinger eine auffällige Korrespondenz zwischen Erdbeben und den von Fort gesammelten Anomalien feststellen.[82] Nun versucht er, sämtliche psychologische und soziologische Prozesse durch seine Theorie zu erklären.

Das verwundert nicht, ist sie doch eine behaviouristisch-reduktionistische Theorie, die einen simplen Zusammenhang zwischen Reiz und Reaktion annimmt: »Anfänglich zogen wir irgendwo eine Grenze, heute tun wir das nicht mehr. Tatsächlich arbeiten wir zur Zeit an dem sogenannten ›Katastrophenarchiv‹. Es besteht aus allen Ereignissen, die sich seit 1970 zugetragen haben, z. B. Flugzeugabstürze, Amokläufer, Revolutionen, etc.«[83]

Bei seiner Arbeit versucht Persinger, trotz des außergewöhnlichen Themas nie die Grenzen der etablierten Wissenschaft zu verlassen. Er weist darauf hin, daß seine Theorie noch weit davon entfernt ist, als bewiesenes wissenschaftliches Paradigma betrachtet zu werden. Er arbeitet hauptsächlich in akademischen Kreisen, hat ein konventionelles Buch über Sekten geschrieben und veröffentlicht seine Arbeiten in angesehenen wissenschaftlichen Zeitschriften.

In Großbritannien hat Devereux weder Platz in wissenschaftlichen Zeitschriften erhalten, noch die Unterstützung der Ufo-Forscher, denen die Erdlicht-Theorie zu stark mit Esoterik und New Age verknüpft ist. In den letzten Jahren hat Devereux versucht, seine Kritiker zufriedenzustellen, indem er nachprüfbare Messungen und Statistiken vorgelegt hat. Er will so die verlangte Respektabilität erreichen, ohne die esoterischen Inhalte aufzugeben. In Amerika hält sich Persinger an die Spielregeln und hat sich damit eine gewisse Anerkennung erfochten. Wie die Entführungen selbst sind auch die Gedanken der Earth Mysteries-Theorie literarisch verwertet worden. Umberto Ecos Roman »Das Pendel des Foucault« beruht auf Gedanken, die Michell publiziert hat.[84]

Fortianische Deutungen

Der amerikanische Exzentriker Charles Hoy Fort ist die bedeutendste Persönlichkeit in der Geschichte der Ufo-Forschung. Er ist der Erfinder aller heute noch vertretenen Theorien, von der ETH über die Earth Mysteries bis hin zu differenzierten soziologischen Vorstellungen über die Natur der Wellen. Am 6.8.1874 in Albany im Staate New York geboren, wuchs Fort unter dem tyrannischen Regiment seines Vaters, der einen kleinen Laden besaß, auf. Liebevoll zu seinen Brüdern und rebellisch seinem Vater gegenüber erwarb sich Fort schon in jungen Jahren einen tiefsitzenden Haß gegen jede Autorität. Mit 18 verließ er sein Elternhaus und schlug sich eher schlecht als recht mit Gelegenheitsjournalismus und Kurzgeschichten durch.

Fort verbrachte sein Leben (er starb am 3.5.1932 in New York) damit, in Bibliotheken in New York und London in alten wissenschaftlichen Zeitschriften nach »verdammten Tatsachen« zu suchen – »Mit verdammt meine ich ausgeschlossen. Ich präsentiere eine Prozession von Tatsachen, die die Wissenschaft ignoriert.«[85]

Fort glaubte an keine der über 10000 Meldungen über Ufos, Seeschlangen, Geister und Froschregen, die er gesammelt hatte. Er benutzte das Material nur, um seine wissenschaftssoziologische Position zu untermauern: Die etablierte Wissenschaft ist eine autoritäre Institution, die nach jeweils herrschender Mode festlegt, was Realität und was Unwahrheit ist. Was die Wissenschaft anerkennt, nennt Fort die »Dominante«, was verworfen wird, das »Verdammte«. Die Grenzen sind dabei fließend – die Wissenschaft von heute ist der Aberglaube von morgen, und umgekehrt. Er nimmt so Gedanken vorweg, die erst viel später, z.B. von Thomas Kuhn in seiner Theorie von Paradigmenwechsel, genauer beschrieben worden sind.

Dadurch, daß jedes Wissen nur durch das Ignorieren der Gegenargumente erworben werden kann, ist die Wissenschaft nach Fort unfähig, überhaupt positive Aussagen über unsere Welt zu machen – der Versuch, den Kosmos zu verstehen, ist per se lächerlich, weil unmöglich. Also nimmt Fort die Naturwissenschaftler recht selten ernst in ihrem Anspruch, das Universum zu enträtseln.

Fort behauptet, daß die Wissenschaftler unbequeme »Verdammte«, die der »Dominanten« widersprechen, einfach übersehen – man erfindet schon Erklärungen, um unbequeme Tatsachen verschwinden zu lassen. Da das Universum eine Ganzheit ist, in dem jedes Einzelteil mit allen anderen Einzelteilen übergangslos verschmilzt (wie es zwischen den Farben rot und gelb unendlich viele Zwischentöne gibt), ist es sinnlos, etwas von etwas anderem getrennt zu betrachten – jede Trennung zwischen Wirklichkeit und Traum ist unmöglich.

Da es keine Möglichkeit gibt, irgend etwas jemals mit absoluter Sicherheit festzustellen, ist alle Wissenschaft nur eine Modefrage: »Glaubt an Gott – an Nichts – an Einstein –

eine reine Modefrage – Mode ändert sich oft, um populär zu bleiben, paßt sie sich an. Eine neu angezogene Version der Hexerei wird vielleicht einmal das sein, an das man zu glauben hat. Kommet alle zu mir, und vielleicht mache ich Euch schick. Es ist sehr einfach, Vorstellungen, die heute als verstaubt gelten, zu modernisieren und sie wieder in Mode zu bringen. Ich sehe nichts, weder in der Religion, in der Wissenschaft, noch der Philosophie, das mehr wäre als ein modisches Kleidungsstück, das eine Zeitlang schick ist«.[86]

Fort war Skeptiker. Da man nichts wissen könne und jede Erkenntnis nur eine Frage der Mode sei, gebe es auch keine Tatsachen: »Ich biete alles in meinen Büchern als reine Fiktion an. Das heißt, falls es Fiktionen gibt. Dieses Buch ist eine Fiktion wie die Bücher von Charles Dickens und Conan Doyle, wie Newtons ›Principia‹, Darwins ›Ursprung der Arten‹, die Genesis, Gullivers Reisen, alle mathematischen Theoreme und jede ›Geschichte der Vereinigten Staaten‹. Es gibt einen Mythos in Bibliotheken, der mich sehr irritiert: die Trennung zwischen Romanen und Sachbüchern.«[87]

Diese Trennung muß sinnlos sein, da in einer Einheit alles mit allem verknüpft ist: »Wenn eine Flasche Ketchup von der Feuerleiter eines Mietshauses in Harlem fällt, wird das bemerkt, nicht nur von den indignierten Nachbarn einen Stock tiefer, sondern – wenn auch unendlich gering – universell; vielleicht beeinflußt das den Preis für Schlafanzüge in Jersey City; die Laune einer Schwiegermutter in Grönland; die Nachfrage nach geriebenem Horn von Nashörnern als Heilmittel gegen Rheumatismus in China – vielleicht – weil alle Dinge miteinander verknüpft sind – fortlaufend – alles ist eins.«[88]

Nur so sind Forts Äußerungen zum Ufo-Problem verständlich. Von ihm stammt die Idee, Leuchterscheinungen am Himmel könnten außerirdische Besucher sein, mysteriöse Artefakte der Urzeit könnten von Bewohnern fremder Planeten hier vergessen worden sein, schließlich äußerte er sogar, die Menschheit sei im Besitz fremder Wesen, die uns wie Kühe züchteten – die Grundlage des Glaubens an Entführungen war damit gelegt. Forts Anhängerschaft war in den zwanziger Jahren in den USA enorm. Bedeutende Schriftsteller, wie Theodore Dreisser und Ben Hecht, traten einer »Fortianischen Gesellschaft« bei.[89]

Fort hat auf zahlreiche Aspekte anomaler Phänomene hingewiesen, die soziologisch relevant sind: so den Zusammenhang zwischen Beobachtung und Weltbild des Zeugen, die Art, wie die Wissenschaft und die Öffentlichkeit mit Anomalien umgehen, und Beobachtungen darüber, wie in der Wissenschaft neue Erkenntnisse die alten ablösen.

Fort hatte seine eigenen Vorstellungen, warum es nach dem Ersten Weltkrieg zu Wellen von Ufo-Sichtungen kam. 1921 schreibt er in seinem Buch »New Lands«: »Nachwehen des Krieges: Forderungen nach Reparationen, unruhige und überfüllte Völker, Revolutionen gegen Beschränkungen, unerträgliche Restriktionen gegen Emigration. Der junge Mann wird nicht mehr gedrängt und hat auch wenig Lust, nach Westen zu ziehen. Er wird, er muß die Verlockung anderer Dimensionen hören. Es gibt viele Leute, die, obwohl sie nie dort gewesen sind, die Überzeugung vertreten, beide Pole der Erde seien erforscht. Es gibt zu viele Damen, die Luxusreisen ins ›dunkelste Afrika‹ unternehmen. Die Eskimos von Disco in Grönland haben eine eigene Zeitung. Wenn es keinen Ausweg gibt, muß es zur Explosion kommen«[90] – Sichtungen von Besuchern aus unerforschten Gebieten.

Der Journalist John A. Keel war der erste, der in den sechziger Jahren Forts Philosophie auf das immer komplexere Ufo-Phänomen anwandte. Nach Fort waren Besucher von anderswo schon zu Urzeiten zur Erde gekommen, die Menschheit war in ihrem Besitz. Da es nach Forts Vorstellung keine Grenzen zwischen Wahrheit und Phantasie gab, forderte Keel,[91] daß eine Untersuchung des Ufo-Phänomens alle Aspekte berücksichtigen müsse, »sowohl die Schwindel, als auch die zahlreichen heute als authentisch geltenden Fälle. Die Daten müssen quantitativ betrachtet werden, gleich, wie schwierig das auch sein mag.«

Keel faßte drei Hauptthesen Forts zusammen: die Idee der »ungezähmten Talente« (Menschen mit paranormalen Fähigkeiten), die »Teleportation« (eine Naturkraft, die Materie im Universum verteilt) und die »Besucher aus dem All«.

Keel glaubt, daß es in »anderen Dimensionen« Elementargeister gibt, die in unsere Welt eindringen können. Auf das Erscheinen dieser »Ultraterrestrier« gründen sich unsere Religionen und Philosophien – sie waren seit Urbeginn der Zeit anwesend und manipulieren die Welt nach ihrem Willen. Ihre wahre Natur sind die Lichtkugeln am Himmel, alle Nahbeobachtungen, also auch die Entführungen, sind von ihnen veranstaltete Theaterstücke, die uns Menschen verwirren und programmieren sollen. Um uns zu beeinflussen, tauchten die Ultraterrestrier in der Antike als Götter auf, im Mittelalter als Kobolde und Dämonen, später als irdische Wissenschaftler und heute als Menschen von der Venus. Der Sinn dieses Programmierungsprozesses ist unbekannt, wird von Keel aber negativ gesehen. Wie einige Entführungsfanatiker glaubt er, die Ultraterrestrier seien auf unser Blut angewiesen, um leben zu können. Die Ultraterrestrier kontrollieren uns und sichern sich die Kooperation der Menschen durch das Schaffen von Religionen, seien das nun die Mormonenkirche, das Christentum oder die Ufo-Sekten um George Adamski. Dennoch sollen die Ultraterrestrier keine vom Beobachter unabhängige Kraft sein: »Im gewissen Sinne sind wir die Intelligenz, die das Phänomen kontrolliert«. [92]

Ähnlich wie Keel denkt auch Jacques Vallee, daß die Ufos von einer Intelligenz kontrolliert werden, die die Menschheit durch Religionen programmiert. Beide Autoren haben interessante Analysen einzelner Aspekte des Ufo-Phänomens vorgelegt und sich vor allem auch dem Ufo-Mythos ähnlichen Glaubensvorstellungen früherer Zeiten gewidmet. Die dabei erzielten Erkenntnisse, die die gleichen Mechanismen bei verschiedenen Arten der Folklore und bei der heutigen Ufo-Legende offenlegen, werden allerdings dadurch geschmälert, daß obskure und oftmals beängstigende Szenarien von blutsaugenden Kobolden entworfen werden, ohne daß deren Existenz in irgendeiner Weise bewiesen würde.

Unter den von Keel und Vallee beeinflußten jüngeren Autoren haben vor allem Jerome Clark und Loren Coleman mit ihrer Vision der zeugenorientierten, »humanistischen Ufologie« großen Einfluß auf die europäischen Autoren gehabt, die heute Sichtungen durch geisteswissenschaftliche Vorstellungen erklären wollen. Clark und Coleman veröffentlichten 1975 das Buch »The Unidentified«, in dem sie erklären, weder Ungeheuer noch Untertassen seien naturwissenschaftlich zu erklären. Der einzige Weg zu ihrem Verständnis liege in einer Analyse der Sichtungen nach der Traumdeutung C. G. Jungs: »Außerirdische Raumschiffe könnten gar nicht so oft zur Erde kommen, wie sie gesehen werden ... Ebensowenig kann es so viele unbekannte große Tiere geben, die durch die Landschaft und die Straßen unserer Städte tollen, ohne wissenschaftlich erforscht und klassifiziert zu sein. Vor allem hätten sie uns physikalische Beweise ihrer Existenz hinterlassen müssen, nicht nur vage Indizien wie bisher. Es gibt immer gerade genug Anzeichen dafür, daß die berichteten Ereignisse keine Halluzinationen waren, aber nie genug für den Beweis ihrer Existenz.«[93] Beide folgern daraus: »Ufos und Ungeheuer werden durch einen einzigen paranormalen Mechanismus ausgelöst«.

Coleman ist bis heute der fortianischen Betrachtungsweise treu geblieben, wenn er auch jetzt argumentiert, daß Monster tatsächlich existieren. Er lehrt Soziologie an der University of Maine und hat zwei weitere Bücher über fortianische Ereig-

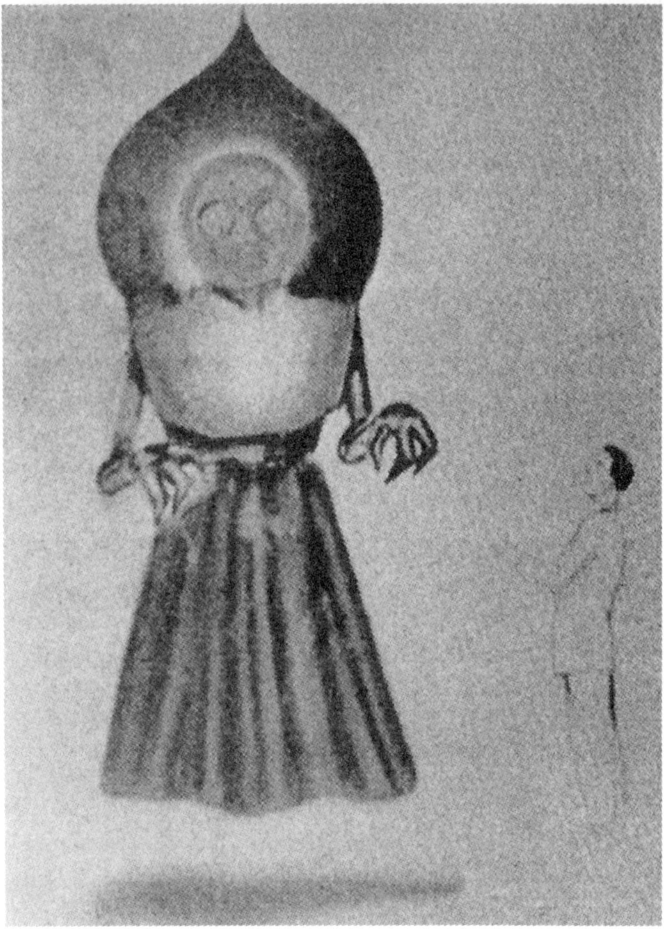

Abb. 19: Außerirdisches Wesen, das am 12. September 1952 bei Flatwoods/Westvirginia aus einem Raumschiff stieg und von Kathleen May und sieben weiteren Zeugen beobachtet wurde.

nisse in den USA veröffentlicht. Clark dagegen ist immer mehr von der paranormalen Theorie abgekommen, beschäftigt sich als Herausgeber des »International UFO Reporter« hauptsächlich mit Ufos und glaubt nun an deren außerirdische Herkunft. Sein Sinneswandel scheint vor allem durch ein allzu wörtliches Hinnehmen der Entführungsberichte und Gerüchte über abgestürzte Untertassen gekommen zu sein.

CE IV und Science Fiction

Man kann sowohl das Ufo-Phänomen als auch die Science Fiction (SF) als kreativen Ausdruck des wissenschaftlich-technischen Zeitgeschmacks betrachten. Ufo-Erscheinungen haben die SF-Schreiber beeinflußt. In gleicher Weise haben aber auch die Vorstellungen der Science Fiction den Ufo-Mythos verändert.

Die Welle von Sichtungen eines geheimnisvollen Luftschiffes in den USA in den Jahren 1896 und 1897 wurde von dem französischen Autor Jules Verne bereits 1886 in seinem Roman »Robur-le-Conquerant« (»Robur der Eroberer«) vorweggenommen. Zahlreiche heutige Entführungen enthalten Elemente aus dem Roman »Slaughterhouse Five« (»Schlachthof 5«) des amerikanischen Schriftstellers Kurt Vonnegut, der 1969 veröffentlicht wurde. Die schönen Venusier Adamskis stammen aus dem gegen Ende des 19. Jahrhunderts in Deutschland veröffentlichten Roman »Auf zwei Planeten« des Autors Kurd Laßwitz.

Falls Ufo-Berichte wirklich unbewußte Fiktionen der Beobachter sind, dann ist verständlich, warum Erzählinhalte von Literatur, Folklore und »Tatsachenberichten« identisch sind. Wie das Ufo-Märchen aus der Koboldfolklore entstanden ist, so kommt die SF aus der Tradition der »gothic novel«, des Schauerromans. Bei beiden hat die wissenschaftliche und technologische Terminologie die paranormale und mythologische abgelöst. Whitley Strieber, selbst Autor von SF-Romanen und Entführungsopfer, führt zwei Beispiele an, in denen Romane spätere Ufo-Sichtungen vorweggenommen haben.

In dem Drama »Twilight Bar«, das Arthur Koestler 1933 schrieb, fliegt ein riesenhafter Meteor über eine Stadt. Das pfeifende Objekt führt zu einem totalen Stromausfall – eine apokalyptische Warnung an die Welt. Man erkennt den Versuch, Kriegsängste und Himmelszeichen miteinander zu verbinden, wie es die alten Kometenflugblätter der frühen Neuzeit taten.[94]

Beim großen New Yorker Stromausfall von 1965 sah der Schauspieler Stuart Whitman ein pfeifendes Ufo vor seinem Fenster im zwölften Stock eines Hochhauses und erhielt die telepathische Botschaft, der Stromausfall sei »eine Warnung für die Welt«.[95]

In einem SF-Roman von 1950, »The Flying Saucer« (»Die fliegende Untertasse«) von Bernard Newman, bringt ein Ufo einen Automotor zum Stillstand. Erst danach tauchten in den Ufo-Journalen Berichte über Ufos auf, die Automotoren abschalteten.[96] Naturwissenschaftlich orientierte Ufologen schließen aus solchen Episoden, elektromagnetische Energien aus dem fremden Raumschiff hätten den Motor abgewürgt, eine Deutung, die angesichts der langen Tradition stehenbleibender Fahrzeuge vor übernatürlichen Besuchern und der Vorwegnahme des konkreten Falles in der Literatur unwahrscheinlich ist. Strieber[97] klammert sich an einen Strohhalm und vermutet, »Besucher« hätten den Romanautoren das nötige Wissen vermittelt.

Auch Hilary Evans[98] gibt Beispiele von vollkommen identischen Berichten über das Auftauchen und Manövrieren lautloser Ufos aus Literatur und »Wirklichkeit«: »Die Ähnlichkeit zwischen den Passagen ist auffällig, obwohl die zweite eine argentinische Ufo-Beobachtung aus den 70er Jahren beschreibt, während die erste ein Auszug aus einer englischen

Abenteuergeschichte von 1911 ist. Eine oder zwei solcher Parallelitäten könnte man dem Zufall zuschreiben, aber der belgische Autor Bertrand Méheust hat ein ganzes Buch mit ihnen gefüllt«. Evans führt weitere Beispiele an, darunter die Illustration einer SF-Geschichte aus dem Jahre 1897, die eine moderne Untertasse zeigt.[99]

Die erste große amerikanische Welle von Luftschiff-Beobachtungen, die im November 1896 begann und die viele Aspekte des Ufo-Phänomens (wie Landungen, Tierverstümmelungen und Kontakte) vorwegnahm, wurde von Jules Verne bereits ein Jahrzehnt zuvor beschrieben. Tatsächlich findet man in Vernes Büchern viele Elemente der Entführungen, von den unglaublichen Flugmaschinen und U-Booten bis zu der Tatsache, daß bei Verne die Helden immer wieder von dem verrückten Wissenschaftler, der die Geräte konstruiert hat, entführt werden. Der spanische Ufo-Forscher Luis R. Gonzáles[100] bemerkt dazu:

»Tatsächlich gleichen die Romane Vernes dem, was das Luftschiff 1897 über den USA getan haben soll. Von diesem Datum an finden wir in der Science Fiction bereits all die Charakteristiken, die später das Ufo-Phänomen definieren sollten: fliegende Untertassen, stehenbleibende Autos, elektromagnetische Effekte etc.«

SF-Romane waren zu Anfang des Jahrhunderts vor allem schnell geschriebenes und billig verkauftes Lesefutter. Evans[101] erklärt, daß bereits damals alle Elemente der Entführungen in SF-Romanen vorausgesehen worden waren: »Die europäischen SF-Schreiber der zwanziger Jahre beschrieben imaginäre Situationen, die den angeblich echten Entführungen der siebziger Jahre so genau ähneln, daß ein Zufall vollkommen ausgeschlossen werden kann. Méheusts Buch ist voll von solchen Parallelen, ein Beispiel ist ein französischer SF-Roman, dessen Held in einem kleinen, von einem grünen diffusen Licht erleuchteten Raum zu sich kommt. Das Licht hat keine Quelle, sondern scheint von dem Material des Schiffes selbst zu stammen, Türen und Fenster sind nicht sichtbar, doch sie erscheinen, wenn sie gebraucht werden. Vergleichen Sie das mit dem Bericht des Entführten Higdon, der in einem kleinen Raum zu sich kam, der hell erleuchtet war, obwohl der Zeuge keine Lichtquelle bemerkte, oder mit dem Bericht von Diaz, der kein Licht sehen konnte, aber das Gefühl hatte, die Wände seien durchsichtig; wie der Held der SF-Geschichte befand er sich in einem winzigen Raum ohne Möbel«.

Im Jahre 1969, als bereits einige Entführungen bekannt waren, veröffentlichte Kurt Vonnegut seinen Roman »Schlachthof 5«, der von der Zerstörung Dresdens im Zweiten Weltkrieg handelt. Der Held des 1972 verfilmten Romans ist ein Niemand, Billy Pilgrim, der immer wieder Ufos sieht und von ihnen entführt wird. Er wird auf den Heimatplaneten der Außerirdischen, Tralfamadore, gebracht und dort in einem Zoo ausgestellt. Damit es ihm dort nicht zu langweilig wird, schenken ihm die Außerirdischen eine Gespielin, einen Sexfilmstar, den Pilgrim seit langem bewunderte. Pilgrim schreibt Leserbriefe an die Zeitungen, in denen er von seinen Weltraumabenteuern berichtet und wird schließlich ermordet, als er einen Vortrag über seine Erlebnisse hält.

Vonneguts Geschichte ist das Psychogramm eines Kontaktlers. Pilgrim muß die Zerstörung Dresdens miterleben und wird diesen Schrecken nie mehr los. Er macht Karriere, erleidet aber beim Tode seiner Frau einen Nervenzusammenbruch. Erst dann kommen die Ufos und entführen Pilgrim in eine Traumwelt, entmündigt aber glücklich kann er dort seinen Lebensabend verbringen. Die Philosophie, die ihm die Außerirdischen vermitteln (»Merk Dir die guten Stunden im Leben und vergiß die schlechten«), hilft ihm, das Grauen in seinem Leben zu ignorieren.

»Billys Lösung der Probleme der modernen Welt«, schreibt der Literaturwissenschaftler Stanley Schatt,[102] »ist es, einen

Himmel zu erfinden, den er aus dem Material des 20. Jahrhunderts errichtet. Dort hat die Gute Technik über die Böse Technik gesiegt. Seine Heilige Schrift ist die Science Fiction, die letzte gute Utopie des Menschen«.

Vonneguts Gesellschaftssatire benutzt das populäre Thema der fliegenden Untertassen und die Form der SF, um philosophische Probleme zu analysieren. Vonnegut hätte ebensogut erklären können, er sei Billy Pilgrim (Dichter und Hauptperson scheinen in dem Buch schicksalhaft miteinander verbunden), um so seiner Geschichte den Hauch der Authentizität zu geben. Er hat das nicht getan, aber es gibt Anzeichen dafür, daß einige Kontaktler und Entführte so vorgegangen sind, um ihre hausbackene Weltanschauung unter die Leute zu bringen.

Der berühmte amerikanische Kontaktler George Adamski ist das beste Beispiel dafür. Er will 1952 auf Venusier mit langen blonden Haaren getroffen sein, die ihn vor der Atombombe warnten und auf Raumflüge mitnahmen. Wie der Journalist Frank Edwards herausfand, hatte Adamski seine Begegnungen zuerst in Romanform verfaßt und dafür keinen Verleger gefunden. Nach dem Aufkommen der Ufos überarbeitete er sein Manuskript und ließ es als Sachbuch drucken. Es wurde um einen Teil ergänzt, den der Okkultist Leslie schrieb und der – ganz wie Däniken 20 Jahre später – Sagen und Mythen als antike Reportagen von Ufo-Landungen deutete. Adamski behauptete nun, er sei am 20.11.1952 in der kalifornischen Wüste auf einen schönen Venusier getroffen, der ihm zu verstehen gab, die Union der Planetarier sei über die Erfindung der Atombombe höchst besorgt. Seinen SF-Roman hatte er bereits 1949 unter dem Titel »An Imaginary Trip to the Moon, Venus and Mars« (»Eine fiktive Reise zum Mond, Mars und der Venus«) zum Copyright angemeldet.[103]

Auch Whitley Strieber[104] hat man unterstellt, sein »Tatsachenbericht« sei nur eine clevere Form der Verpackung. Strieber habe ein ihm wichtiges Thema verbreiten wollen und dazu, wie schon früher, die Form eines fiktiven Sachbuchs gewählt.[105] Auf jeden Fall stellt Striebers Entführung die folgerichtige Weiterentwicklung seiner Romanthemen dar und muß daher als sehr persönliches Dokument gesehen werden.

Andere Beiträge zur SF, allen voran Steven Spielbergs Film »Unheimliche Begegnung der dritten Art« müssen auf so viele Menschen eingewirkt haben, die dadurch die nötigen Bildmotive zur Fabrikation eines Entführungserlebnisses in ihrem Unterbewußtsein gespeichert haben, daß nicht auszuschließen ist, daß ein Großteil der Entführten, die ab 1980 entdeckt wurden, nur Szenen aus diesem Film reproduziert hat.

Ufos als Religionsersatz: Die Sekten

Zu dem Gebiet der Ufo-Sekten liegen mehr soziologische Einzeluntersuchungen vor als zu irgendeinem anderen Aspekt des Phänomens. Bereits 1956 haben die Soziologen Festinger, Riecken und Schachter eingehend eine Kontaktlersekte untersucht. Diese Gruppe hatte sich 1954 um das Medium »Marian Keech« (Pseudonym) in Lansing, Michigan, gebildet. Frau Keech war ein automatisches Schreibmedium, das Mitteilungen von »kosmischen Wächtern« erhielt.

Festinger, Riecken, Schachter und mehrere Beobachter traten der Sekte bei oder besuchten ihre Treffen, um den Prozeß, den eine auf eine nicht eintretende Prophezeiung fixierte Gruppe durchläuft, zu untersuchen.

Marian Keech war eine Hausfrau mit beträchtlicher okkulter Erfahrung und esoterischen Interessen, sie war Anhängerin der Scientology-Kirche, der von dem SF-Autoren Hubbard gegründeten Sekte. Als sie mit automatischem Schreiben (bei dem das Bewußtsein des Mediums ausgeschaltet wird und das Schreibgerät sich wie von selbst über das Blatt bewegt) zu experimentieren begann, erhielt sie Nachrichten von Sananda vom Planeten Clarion, dem wiedergeborenen Christus. Er unterrichtete sie über eine bevorstehende Flutkatastrophe am 21.12.1954, bei der ein großer Teil der USA vernichtet werden sollte. Nur eine kleine Gruppe könnte von den Ufos gerettet werden, darunter Mrs. Keech. Die Prophetin begann nicht, für ihre Weltanschauung zu missionieren. Sandana hatte ihr mitgeteilt, die Auserwählten würden sich automatisch bei ihr einfinden.

Frau Keech berichtete davon auf einem Vortrag vor einem Ufo-Club und bei ihren Freunden von der Scientology-Kirche. Unter diesem ebenfalls okkult vorbelasteten Publikum rekrutierte sie ihre ersten Anhänger, darunter den Universitätsprofessoren Dr. Ch. A. Laughead, der zudem Sympathisant der faschistischen Partei der USA war. Er übernahm zusammen mit seiner Frau die Werbung für die Sekte und gab seine Stelle bei der Michigan State University auf. Er interessierte mehrere seiner Schüler für die Prophezeiung, und so kam, ohne aufdringliche Werbung, eine kleine Gruppe neugieriger und gläubiger Personen zusammen, die sich regelmäßig bei Frau Keech oder Herrn Laughead trafen. Außer einer Presseerklärung, die die kommende Flut in vagen Worten erwähnte, wurden keine Statements abgegeben, denn »die Jungs von oben«, wie die Gruppe die Außerirdischen nannte, rieten zur Vorsicht.

H. Taylor Buckner, ein amerikanischer Soziologe, der ebenfalls Ufo-Kulte untersuchte, beschrieb die Welt der »okkulten Suchenden«, aus denen Frau Keech ihre Anhänger rekrutiert hatte, so: »Die soziale Umgebung des Okkultsuchers ist sehr ungewöhnlich. Der Sucher bewegt sich in einer Welt, die von Astralgeistern, kosmischen Wahrheiten, Astrologen, Mysterienschulen, versunkenen Kontinenten, magischer Heilung, menschlichen ›Auras‹, ›der Wiederkehr Christi‹, der Telepathie und Vibrationen bevölkert ist...Die Sucher kennen sich untereinander, denn sie sehen sich regelmäßig auf den Treffen, die sie besuchen. Es gibt eine Art okkulter Umwelt, die all die verschiedenen Philosophien und die Menschen, die rastlos von einer zur anderen wandern, enthält. Eine neue Philosophie kann sich gleich ein großes Publikum sichern, einfach dadurch, daß sie unter den Suchern verbreiten läßt, daß es sie gibt«.[106]

Diese »Sucher« sind der gleiche Menschenschlag, der auch obskuren christlichen Sekten beitritt.[107] Die Glaubenssysteme dieser okkulten und fundamentalistischen Sekten[108] enthalten häufig die gleichen esoterischen Bestandteile in verschiedener Gewichtung. Bei der Gruppe um Marian Keech waren das untergegangene Kontinente, fliegende Untertassen, Raumfahrer zu Urzeiten der Menschheit, der immerwährende Kampf zwischen Gut und Böse, die Wiedergeburtslehre, Scientology und die Wiederkunft Christi. Selbst einer der in Ufologenkreisen so gefürchteten teufelartigen Männer-in-Schwarz besuchte die Gruppe.

Das Glaubenssystem der Sekte wurde erst allmählich erstellt, vor allem durch die zahllosen automatischen Botschaften. Dr. Laughead, der sehr um »Beweise« bemüht war, ging zu den Seancen anderer Medien, um unabhängige Bestätigungen zu erhalten. Die Aussagen des Mediums Ella Lowell waren notgedrungen vage und widersprachen manchmal Offenbarungen der Gruppe, wurden aber in das System integriert. Später wurde Frau Lowell selbst Mitglied der Sekte. Ein anderes Mitglied der Gruppe, die unsichere und leicht neurotische Bertha Blatsky, begann plötzlich, mit der Stimme des »Schöpfers« zu sprechen und verschiedene Aussagen aus den automatischen Sitzungen zu bestreiten oder zu modifizieren. Die Botschaften konnten dennoch in das System integriert werden. Schließlich, nach einem internen Ränkespiel, ordnete sich Bertha Blatsky wieder Frau Keech unter, und beide Medien bestätigten sich gegenseitig – die erste Zerreißprobe war überstanden.

Bemerkenswert, daß auch bei dieser Sekte, wie bei den CE IVs, Wiedergeburtssymbolik eine große Rolle spielte: Einmal wurde Frau Keechs skeptischer Gatte für tot erklärt und symbolisch wiedererweckt. Bertha Blatsky war der Überzeugung, sie werde einen neuen Christus zur Welt bringen, und vollzog sogar eine symbolische Geburt mit gespielten Wehen. Schließlich bedeutete auch die Rettung der Gruppe durch die Ufos eine Art Wiedergeburt.

Je näher der Tag der Katastrophe kam, desto aufgeregter und konfuser wurde die Gruppe. Aufkommende Skepsis wurde sofort erstickt. Man kapselte sich von der Umwelt ab und weigerte sich, mit der Presse zu sprechen. Teile der automatischen Botschaften wurden vernichtet, andere versiegelt und versteckt. Trotz der Demonstration unbedingten Glaubens gab es unbewußte Zweifel, die Sucht nach Bestätigung war groß. Hatte sich die Suche nach Beweisen bisher auf okkulte Kreise, Medien und die Konsultation von Ufo-Büchern beschränkt, so fand man sie nun in allem, was sich kurz vor der angeblichen Landung ereignete.

Als z. B. ein Kind anrief und scherzte, es stamme vom Planeten Clarion, glaubte die Gruppe endlich direkten Kontakt zu denen »da oben« zu haben. Ähnliches geschah, als mehrere Kinder mit der Behauptung, sie seien Außerirdische, die Gruppe besuchten – auch ihnen wurde geglaubt. »Frau Keechs Begeisterung über diese Beweise wurde nur von ihrer Bereitschaft an sie zu glauben, überflügelt«, bemerkt Festinger.[109]

Ein neuer Beobachter, der von den Soziologen in die Gruppe eingeschleust wurde, galt gleich als auserwählt. Einige glaubten sogar, er sei ein Außerirdischer. Zuerst fragte man ihn nach Befehlen, dann wurden sie von ihm verlangt. Je länger die Untertassen auf sich warten ließen, desto stärker mußte der Zweifel unterdrückt werden, und desto größer wurde die Notwendigkeit, neue Befehle von »oben« zu erhalten.

In den letzten vier Tagen vor dem Weltuntergangsdatum erhielt die Gruppe zweimal die Aufforderung, sich im Hof zu versammeln, weil bald ein Ufo landen würde, um sie abzuholen. Festinger beschreibt die Szenen, die auf diese Ankündigung folgten: Fast überglücklich, mit Tränen in den Augen, rissen sich die wartenden Gruppenmitglieder alles Metall vom Körper (es war mitgeteilt worden, Metall könne in der Untertasse gefährlich werden) und gingen dann in den Hof, wo sie mehrere Stunden lang vergeblich im Schnee auf die Landung der Sternenbrüder warteten. Die Enttäuschung darüber war sehr groß, wurde aber durch eine Rationalisierung besänftigt: Die Wächter hätten die Gruppe nur getestet, um ihnen Routine beim Besteigen des Raumschiffes zu ermöglichen – es mußte ja zum entscheidenden Zeitpunkt alles sehr schnell gehen. Diese automatisch durchgegebene Erklärung erfüllte die Gruppe mit Glück und Freude.

Als ein zweiter Termin am folgenden Tag ebenfalls nicht eingehalten wurde, kam erneut Zweifel auf – doch auch hier konnte wieder »rationalisiert« werden: Der zweite Fehlalarm sei ein Test für die Festigkeit des Glaubens gewesen, wie die Versuchung Christi oder Hiobs. So bestätigten die Enttäuschungen den Glauben der Gruppe, statt ihn zu erschüttern. Einige Sektenmitglieder hatten ohnehin in der Erwartung des nahen Weltuntergangs ihr irdisches Gut veräußert oder waren, wie Dr. Laughead, aus ihrem Beruf entlassen worden. Für sie gab es kein Zurück mehr. Dr. Laughead war sogar für die Enttäuschung dankbar. »Nachdem er das durchgestanden hatte, konnte ihn nichts mehr ängstigen«.[110]

Die entscheidende, wenn auch nicht letzte Enttäuschung kam am 21. Dezember, als weder der Weltuntergang eingetreten noch die Ufos gelandet waren. Doch auch trotz dieses offensichtlichen Nichteintretens der Prophezeiung fand die Gruppe eine Erklärung, die sie zufriedenstellte: Da sich eine Gruppe gläubiger Menschen in der Stadt versammelt hatte, war die Katastrophe verschoben worden. Während die versammelte Gruppe diese Erklärung dankbar schluckte, zweifelten die Gruppenmitglieder, die den Weltuntergang isoliert in ihren Wohnungen erwartet hatten und denen daher die Unterstützung der Gruppe fehlte. Sie verließen die Sekte ernüchtert.

Die weiterhin gläubigen Mitglieder der Sekte erhielten durch die Erklärung eine Bestätigung ihrer Elitefunktion – sie hatten die Welt gerettet, und dennoch konnte der Untergang jederzeit eintreten. Sie schlossen daher, sie trügen eine besondere Verantwortung und begannen erst jetzt zu missionieren. Die Gruppe hatte sogar den Mut, als eine neue Mitteilung durchgegeben wurde (man solle vor das Haus gehen und Weihnachtslieder singen, dann werde ein Ufo landen und sie mitnehmen), diese Vorhersage öffentlich bekanntzumachen. Eine neugierige Menge von 200 Personen versammelte sich, doch kein Ufo kam. Später erklärten die Gläubigen, sie hätten mitten in der Menschenmenge einen Raumfahrer in einem weißen Anzug mit ernsten Augen gesehen – auch das galt als Bestätigung.

Obwohl es die Gruppe vorher abgelehnt hatte, mit Presse, Rundfunk und Fernsehen zu sprechen, verständigte man nun die Medien, überließ ihnen Tonbänder und vervielfältigte die automatischen Botschaften. Obwohl man beschlossen hatte, nur die Zeitungen zu informieren, die fair oder positiv über die Sekte berichtet hatten, informierte man alle. Ein Journalist, der sich über die Gruppe lustig gemacht hatte und der nur einige Tage zuvor zurückgewiesen worden war, wurde nun wärmstens empfangen und bewirtet, man widmete ihm mehrere Stunden Zeit. Auch wurde nun jede kleine Meldung über Erdbeben und Katastrophen als Beleg für den Fast-Weltuntergang des Vortages gewertet. Als ein weiterer Beobachter eingeschleust wurde, nahm die Gruppe sofort an, er sei einer der Wächter. Was immer er sagte, häufig in dem Bestreben, neutral zu bleiben und die Vorstellungen der Gruppe nicht zu beeinflussen, wurde als Bestätigung betrachtet: »Die Gruppe belegte seine Besuche mit der von ihr gewünschten Bedeutung«.[111]

Festinger, Schachter und Riecken folgerten aus ihrer Erfahrung, daß fünf Faktoren vorhanden sein müssen, damit eine Gruppe eine erfolgreiche Uminterpretation der falschen Prophezeiung vornehmen kann:

1. Sie muß überzeugt sein.
2. Sie muß sich dieser Überzeugung gegenüber verpflichtet fühlen.
3. Diese Überzeugung muß unwiderlegbarer Widerlegung gegenüber veränderbar sein.
4. Diese unwiderlegbare Widerlegung muß eintreffen.
5. Nach der Widerlegung muß sich die Gruppe gegenseitig unterstützen.[112]

Ein Vergleich mit der Situation der Entführten drängt sich auf. Obwohl sie in den seltensten Fällen Sekten gründen, haben sie dennoch häufig das Gefühl des Auserwähltseins. Die Suche nach Bestätigung, die den Entführten in die Hände der Hypnotiseure oder in eine Ufo-Gruppe treibt, entspricht der gegenseitigen Bestätigung, die sich die Gruppe nach dem nichterfolgten Weltuntergang gab. Und schließlich suchen auch Entführte stets nach »unabhängigen« Beweisen für ihr Erlebnis und setzen dabei die Schranken ebenso niedrig wie die Sekten.

Die Opfer versuchen zuerst, mit beeideten Aussagen und Lügendetektortests ihre Aufrichtigkeit zu belegen, dann nehmen sie Kontakt zu anderen Entführten auf. Und wie die Gruppe um Marian Keech in ihren Besuchern die Wächter erkannte, so beginnen die Entführten, in alltäglichen Ereignissen Ufos oder Poltergeister zu vermuten. Das ist für sie ein zusätzlicher Beweis für die Realität des Paranormalen. Die Entführten beginnen, Ufo-Sichtungen oder Bigfoot-Berichte zu untersuchen, nur um sich zu bestätigen, daß die offizielle Wissenschaft irrt.

Viele Entführte bilden gemeinsame Therapiegruppen, um über ihre Erlebnisse zu reden und sich die Gruppenunterstützung zu sichern. Viele werten als Beweis für die Realität ihrer Entführung, wenn ein »unbeteiligter« Ufo-Forscher an ihre Entführung glaubt (selbst der oftmals zynische John Keel[113] wurde von einem Kontaktler davon überzeugt, daß eine Katastrophe bevorstehe, und flüchtete mit einem Wasservorrat ins Gebirge!). Doch die Ufo-Forscher brauchen ja selbst noch die Berechtigung für ihre Forschung und werten die Berichte der Entführten als solche.

Analog zu den Ergebnissen Festingers, Rieckens und Schachters kann man folgern, daß ein Entführungsopfer nicht nur einen unerschütterlichen Glauben an die Realität seiner Erfahrung braucht, sondern auch die Unterstützung durch Ufo-Forscher und andere Entführte, um weiterhin den Glauben an seine Kontakte aufrechtzuerhalten.

Anders als die Kontaktler, die auf engelartige Wesen treffen und ihre Erfahrung von Anfang an in religiöser Terminologie interpretieren, sammelten die Entführten, die von teilnahmslosen Raumfahrern verschleppt worden sind, keine Jünger um sich, sondern suchen nach einer rationalen Erklärung. Sie akzeptierten so nur allzu bereitwillig, was ihnen Ufo-Forscher als Interpretation ihrer Erfahrung vermitteln.

Ufo-Sekten folgen dem Muster, das schon bei auf Erscheinungen basierenden christlichen Sekten, etwa den Mormonen, festgestellt worden ist: Ein Prophet erhält von einer Erscheinung eine Botschaft und sammelt daraufhin Jünger um sich, die ihm auch gegen den Spott der Umwelt beistehen. Da die Vorhersagen des Propheten nicht eintreffen, werden sie uminterpretiert oder so ausgelegt, daß das Glaubenssystem überleben kann. Nach dem Tode des Gurus übernimmt einer der ursprünglichen Jünger die Leitung der Gruppe und institutionalisiert sie als Kirche.[114]

5.
Die Bedeutung der CE IV-Erfahrung

Die Bedeutung des Ufo-Phänomens

Fortianische Phänomene haben die Eigenschaft, daß sie nur beobachtet, aber nie belegt werden können. Viele Erscheinungen können wie Träume interpretiert werden und geben auf diese Weise Auskunft über die Menschen, die sie sehen und die Gesellschaft, in der sie gesehen werden. Viele fortianische Phänomene sind komplementär – dem Menschen im Urzustand (Yeti) wird der Mensch der Zukunft (Ufonaut) gegenübergestellt, dem harmlosen Seeungeheuer (Nessie) das bösartige (der Krake). Während der Schneemensch das einfache Leben in der Natur symbolisiert, sind die immer wieder gemeldeten »entlaufenen Pumas« gefährlich und aggressiv – sie repräsentieren die feindlichen Aspekte der Wildnis.

All das sind uralte Symbole. C. G. Jung[1] nennt sie Mythologeme, »spezifische Inhalte und bildmäßige Zusammenhänge..., die sich in übereinstimmender Form nicht nur in allen Zeiten und Zonen, sondern auch in den individuellen Träumen, Phantasien, Visionen und Wahnideen finden«.

Die Motive werden zeitgebunden interpretiert, bei diesen Deutungen ist eine Tendenz vom Abstrakten/Spirituellen hin zum Konkreten/Dinglichen feststellbar. Die Initiationserlebnisse der Schamanen werden heute als konkrete Raumfahrten erlebt, die Elementargeister von Erde und Wasser wurden zu semi-realen Reisen, und Drachen und werden heute als »unentdeckte Tierarten« gedeutet.[2]

Otto Billig[3] weist darauf hin, daß Kreise und Spiralen bereits seit der Jungsteinzeit ein Zeichen des Göttlichen waren und daß Ufo-Sichtungen heute analog dazu als Kontakte mit einer höheren Macht aufgefaßt werden. Versteht man das Ufo als symbolischen Mittler zwischen Irdischem und Überirdischem, dann werden die einzelnen Bestandteile des Ufo-Mythos deutbar. So tauchen seit den fünfziger Jahren immer wieder »Männer in Schwarz« auf, Menschen mit asiatischen Gesichtszügen in schwarzen Anzügen, die Ufo-Zeugen angeblich besuchen und bedrohen, um Beweise für die Existenz der Untertassen zu vernichten. Keiner dieser MIBs (vom Englischen »Men-In-Black«) konnte je dingfest gemacht werden.[4] Der Volkskundler Peter M. Rojcewicz[5] hat nachgewiesen, daß die modernen Begegnungen mit den MIBs den Erzählmustern der historischen Teufelskontakte folgen. So übernehmen sie als moderne Inkarnation des Bösen die Aufgabe, Beweise für die Existenz des Ufos, der modernen, technologischen Version des Mandalas, des göttlichen Auges, zu vernichten.

Ein weiteres dualistisches Paar ist der Schneemensch und der Ufonaut. Sie symbolisieren den primitiven und den zukünftigen Menschen. Janet und Colin Bord[6] haben auf zahlreiche Berichte aus den USA hingewiesen, bei denen Bigfoot, der amerikanische Yeti, im Zusammenhang mit einer fliegenden Untertasse beobachtet worden sein soll. Paul Lester, Soziologe an der Universität Birmingham, interpretiert das so: »Auf diese Weise wird der außerirdische Besucher, dessen Intelligenz weit über der der Menschheit steht und der daher im Vergleich zu ihr ›posthistorisch‹ ist, mit einem Wesen in Verbindung gebracht, das verglichen mit der heutigen Menschheit prähistorisch ist.«[7] Die Lokalisierung drückt die Funktion der Erscheinungen aus: der Yeti in abgelegenen, unzugänglichen Regionen der Erde, der Ufonaut im allgegenwärtigen, lichtschnellen Raumschiff. In Berichten, in denen Yetis mit Raumschiffen in Verbindung gebracht werden, und in den Kontaktberichten, in denen tierartige Extraterrestrier auftauchen (etwa der »Kobold« bei der Day-Entführung), wird dieser Gegensatz wieder aufgehoben; Vergangenheit,

Gegenwart und Zukunft finden auf kleinstem Raum gleichzeitig statt – ein weiteres traumartiges Element.

Für Clark und Coleman[8] drücken die gemeldeten Venusier und Humanoiden unsere zwiespältige Haltung der modernen Technologie gegenüber aus: »Die Ufo-Piloten, von denen wir durch zahlreiche Berichte erfuhren, waren ein seltsamer Haufen. Obwohl selbst im Besitz fortschrittlichster Technologie, warnten sie die Kontaktler stets davor, daß die Technologie ein zweischneidiges Schwert sei, das wir völlig falsch benutzten. Einige Ufonauten, besonders die zwitterhaften Venusier, schienen gleichermaßen Priester/Philosophen wie Wissenschaftler zu sein. Ein Kontaktler meinte: ›Für mich ist ihre Religion und ihre Wissenschaft eins‹«.

Das waren die Wesen, die die Menschheit vor der Atombombe warnten. Auch Strieber wurde vor dem Ozonloch gewarnt. Doch im allgemeinen verhalten sich die Entführer ebenso teilnahmslos ihren Opfern gegenüber wie die Kobolde vor Hunderten von Jahren. »Andere Ufo-Besatzungen waren nicht so wohlwollend. Obwohl sie wie ihre freundlicheren Brüder über eine Art ›überlegener Technologie‹ verfügten, waren sie immer noch primitive Wilde, grotesk, destruktiv und dumm. Andere wirkten wie Maschinen, seelen- und gefühllos, den Menschen, mit denen sie zu tun hatten, schienen sie gleichgültig gegenüberzustehen«.[9]

An Bord der Ufos treffen die Entführten häufig auf Exemplare verschiedener Gattungen. Ein englischer Entführter traf auf einen bärtigen Propheten und metallische Zwerge.[10] Die Days begegneten in ihrem Ufo Kobolden und Übermenschen. Strieber wurde von unpersönlichen, insektenartigen Wesen entführt. Er vergleicht ihre Zivilisation mit einem Bienenstock und vermutet, die Ufonauten seien vor allem an dem für sie gefährlichen Phänomen der Individualität interessiert[11] – es sind die Massenmenschen der Zukunft.

Hinter diesen Vorstellungen stehen die Entfremdungsängste

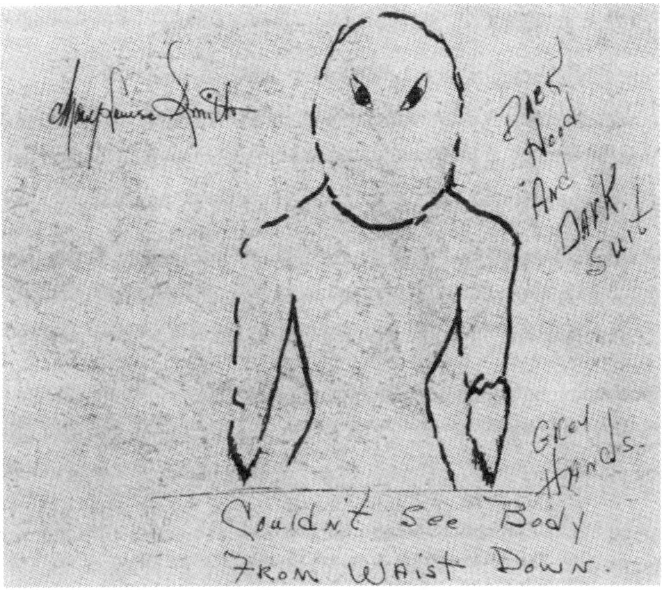

Abb. 20: Louise Smith zeichnete eines der Wesen, das sie während ihrer Entführung im Jahr 1976 sah. Das Wesen war dunkel gekleidet, hatte graue Hände, sein unterer Teil war nicht zu sehen.

des modernen Menschen. Clark und Coleman[12] deuten die Venusier als Repräsentanten der positiven Aspekte der Technologie, die bösen Außerirdischen als Symbol der entmenschlichenden Aspekte des Fortschrittes: »Einerseits erkannte die Menschheit, daß ein gewaltiges Abenteuer – die Konfrontation mit dem Kosmos – auf sie wartete und daß diese Konfrontation durch die Entwicklung einer unglaublich komplizierten Technologie ermöglicht worden war. Aber diese konnte genausogut auch zur Aufstellung einer furchtbaren Ordnung führen, eines Regimes, in dem Menschen ihre gewalttätigsten Phantasien in einem bisher noch nie gekannten Maße ausleben konnten. Die Technologie könnte jede menschliche Regung zerstören und die Menschen zu Maschinen reduzieren, deren einzige Aufgabe es ist, andere Maschinen zu bedienen. Automaten, die ihre Fähigkeit zur Kommunikation mit ihren Mitmenschen verloren hätten.«

Dieser Deutungsansatz läßt verstehen, warum in den letzten Jahren Sichtungen des Bigfoot in den USA zugenommen haben: Er verkörpert den »edlen Wilden«, die Flucht vor der bedrohlichen Technologie.[13] Doch die Rückkehr zur Natur ist nicht einfach, der moderne Mensch kann dort ohne die Segnungen der Zivilisation nicht überleben. Und so nehmen mit den Berichten über Bigfoot auch die Sichtungen riesiger schwarzer Raubkatzen in aller Welt zu. Diese »Pumas« sind fast immer aggressiv, greifen Haustiere an und töten sie aus reiner Mordgier. Brodu [14] stellt fest, daß Pumas in Europa vor allem in der Nähe populärer Ferienorte gesehen werden – dort, wo der Stadtmensch mit der Natur konfrontiert wird. Schon Lévi-Strauss[15] hat bemerkt, daß »Monster« immer an der Grenze zwischen Zivilisation und Wildnis erscheinen.

Die Analyse der Geschichte der Seeschlangenbeobachtungen verdeutlicht diese Interpretation. Im 19. Jahrhundert galt die Seeschlange als »die große Unbekannte«. Sie lebte alleine im großen Ozean und verkörperte die Gefahren des Meeres.[16] Im 20. Jahrhundert tauchte sie dann in dem Binnensee Loch Ness auf, war domestiziert worden, erhielt einen Spitznamen, eben Nessie.[17] Ab etwa 1930 wurden weltweit verstärkt Seeungeheuer beobachtet, doch nicht mehr mitten im Meer wie zuvor, sondern in Buchten, Fjorden und Häfen. Auch diese Ungeheuer erhielten Spitznamen. Einer Seeschlange, »Caddy« aus British Columbia, Kanada, wurde sogar das Weibchen »Amy« angedichtet, obwohl das nie gesehen worden war. Lester spricht davon, daß diese harmlosen Drachen »eine Einstellung zur Natur verkörpern, wie sie Walt Disney populär gemacht hat«. Der Schrecken wird verniedlicht.

In den siebziger Jahren ging die Zahl der Beobachtungen im

Loch Ness zurück, Sichtungen von Meeresungeheuern in Küstenorten nahmen gleichzeitig zu. Noch sind sie domestiziert, tragen Spitznamen (»Barmy« in Barmouth, Wales, »Morgawr« in Cornwall, »Chessie« in der amerikanischen Chesapeake Bay), doch ihr Verhalten ist bedrohlicher geworden, sie kriechen an Land und tauchen in Verbindung mit Ufos und menschlichen Monstren auf.[18] Die domestizierte Seeschlange wird zunehmend unkontrollierbarer. Das bedeutet natürlich keinen Wandel im Verhalten bekannter bzw. unbekannter Tierarten, sondern reflektiert den Wandel, dem sich unser Naturbild unterzogen hat.[19]

In diesem Panorama fortianischer Erscheinungen nimmt das CE IV-Erlebnis eine zentrale Rolle ein. Es ist eine zutiefst persönliche Erfahrung, zu deren Deutung Elemente des Ufo-Mythos verwendet werden. Die CE IV-Erfahrung bedient sich der Motive des Ufo-Glaubens.

Das CE IV-Erlebnis als religiöse Erfahrung

Otto Billig[20] sieht in der Zunahme der Kontaktberichte und der sich darum herum formenden Kulte Anzeichen für eine gesellschaftliche Krise: »Die psychologischen Mechanismen, die zu diesen Begegnungen führen, reichen weit über die engen Manifestationen der fliegenden Untertassen hinaus. Sie zeigen, wie alle derartigen Kulte, das Verlangen der Menschen nach starken externen Kräften, die ihn durch das unüberschaubare moderne Leben führen. Politische und religiöse Kulte, die ein tausendjähriges Friedensreich verheißen, liefern bei Aufgabe von Gedanken- und Handelsfreiheit Erlösung. Das Ungewöhnliche, auch wenn es schrecklich ist, findet in Zeiten der Krise rascher Akzeptanz als das Offensichtliche, das Rationale.«

Die Ufologie, der Mythos von den Sternenbrüdern, der als

Interpretation vorerst ungeklärter Himmelserscheinungen zur Zeit des kalten Krieges entstand, ist der Bezugsrahmen für die religiöse Entführungserfahrung. Die Ufologie »mausert sich schon sehr früh zur Science Fiction-Religion, die antritt, die alten Religionen, vor allem das Christentum, im Geiste des Raumfahrt-Zeitalters zu ›reformieren‹«[21]

Bertrand Méheust, Philosophieprofessor im französischen Troyes, der vor allem den Zusammenhang zwischen Science Fiction, Folklore und Ufologie untersucht hat, spricht davon, daß es sich bei dem CE IV-Erlebnis um die »Resemantisierung« eines religiös-mystischen Erlebnisses handelt, bei dem der Mensch Kontakt zu jenseitigen bzw. übernatürlichen Wesen herstellt.[22] Das eigentliche Kontakterlebnis ist seit Urzeiten unverändert, wird aber mit dem jeweils modernen Vokabular beschrieben.

Viele Zeugen interpretieren ihre Begegnung halb religiös, halb technologisch. Devereux[23] berichtet von einer Lichterscheinung, die er aufgrund seiner katholischen Erziehung als Christus wahrnahm, eine Entführte verglich sich und den Spott, dem sie ausgesetzt war, mit der Versuchung Hiobs,[24] eine Ufo-Zeugin berichtete dem Forscher Schuessler,[25] sie habe ihr Ufo zuerst für die Wiederkehr Christi gehalten.

Auf die Ähnlichkeit zwischen Sagen, mystischen Erfahrungen, Erscheinungen und Ufos ist bereits mehrfach eingegangen worden. Méheust geht sogar so weit, daß er jedem Motiv der Initiationsmythen ein vergleichbares der CE IV-Erfahrung gegenüberstellt. Dem Ufo entspricht der Feuerball, der auf den Seher herabschwebt. Der Aufenthalt im Raumschiff entspricht dem Eingeschlossensein in einer Höhle bei den Initiationsriten. Die medizinische Untersuchung im Ufo entspricht der rituellen schamanistischen Operation, der Raumflug zu anderen Planeten der Astralreise und Nahtoderfahrung. Die Stigmata der Heiligen[26] finden ihre Entsprechung nicht nur in den Hexenmalen, sondern auch in den Narben der Entführten.

Strieber deutete seine dreieckige Operationsnarbe selbst als Symbol einer mystischen Triade.[27] Der okkulten Macht, die der Schamane nach seiner Initiationsreise im Astralleib besitzt, entsprechen die von den Entführten nach ihrer Begegnung erworbenen Psi-Kräfte.[28]

Auch die soziale Rolle, die der Entführte in der Ufo-Welt einnimmt, läßt sich mit der des Sehers oder Schamanen vergleichen. Entführungsopfer sind von den Außerirdischen auserwählt und werden oft das ganze Leben hindurch immer wieder kontaktiert. Sie geben ihre Botschaft an die Welt weiter, finden Anerkennung jedoch nur unter denen, die ohnehin schon an die Sternenbrüder glauben. Während sie bei den Ufo-Gläubigen zu Prestigepersonen aufsteigen, werden sie von der Außenwelt verspottet. Der Entführte beharrt auf seiner Aufrichtigkeit, der Glaube an seine Ehrlichkeit stärkt und bindet die Gruppe der Gläubigen.

So gleicht die Funktion des Entführten der des Schamanen oder Seherkindes. Er vermittelt zwischen Überirdischem und Irdischem. Er zieht Bewunderung auf sich und erträgt stoisch den Spott der Ungläubigen. Doch während hinter dem Schamanen die ganze Gemeinschaft und hinter dem Seherkind die gesamte Konfession steht, findet der Entführte einzig bei den Ufo-Fanatikern Gehör, die selbst nur eine Randgruppe der Gesellschaft darstellen. Das scheint sich allmählich zu ändern, denn eine New Yorker Entführte berichtet, sie werde in Intellektuellenkreisen wegen ihrer Erfahrung wie eine Heilige behandelt.[29]

So fehlt dem Entführten vor allem die Unterstützung seiner Mitmenschen – ein Problem, das der Seher nicht kennt. Es scheint, daß nur Seher in sehr puritanisch-protestantischer Umgebung unter einer ähnlichen Intoleranz leiden müssen, wie der Fall des Lynchmordes an dem Gründer der Mormonenkirche, Joseph Smith, zeigt.[30]

Die Entführung ist nur eine von vielen visionären Erfahrungen, allerdings ist sie auch die in ihrer Interpretation eingeschränkteste Form. Da die Opfer glauben, von realen Raumschiffbesatzungen untersucht worden zu sein, erschließt sich ihnen die tiefere Bedeutung ihres Erlebnisses nicht. Zudem können Skeptiker die Realität der Erfahrung einfach mit der Forderung nach materiellen Beweisen vom Tisch wischen. Marienerscheinungen wurden nie eindimensional physikalisch interpretiert, kaum ein Wissenschaftler würde es wagen, die Seher mit Spott und Ironie abzukanzeln. Weil unsere Gesellschaft verlernt hat, religiös-visionäre Erfahrungen in ihr Weltbild zu integrieren, muß es zwangsläufig zu Konflikten zwischen dem Entführten und seiner Alltagsumgebung kommen.

Diese strenge Abweisung liegt wohl in der simplizistischen Interpretation des Erlebten als reales Ereignis begründet. Kein Physiker muß nachweisen, daß eine leiblich in den Himmel aufgenommene Mutter Gottes nicht auf einer Wolke zur Erde schweben kann, um auf die subjektive Natur dieser Erfahrung aufmerksam zu machen.

Ähnlich liegt der Fall bei Nahtoderlebnissen und außerkörperlichen Erfahrungen. Obwohl auch sie häufig stark interpretiert berichtet werden (im Sinne der jeweiligen Religion des Wahrnehmers), bestreitet kaum jemand ihre subjektive Natur oder den Nutzen ihrer wissenschaftlichen Erforschung. Die Medizinerin Susan Blackmore,[31] die Nahtoderfahrungen untersucht hat, denkt, daß sie konventionell medizinisch erklärt werden können. Was aber wirklich von Bedeutung sei, sei die psychologische Wirkung der Erfahrung, es handle sich um »lebensverwandelnde und wichtige Halluzinationen«. Der Vergleich mit den einschneidenden Erlebnissen der Entführten liegt auf der Hand.

Die Vielzahl der religiösen Erfahrungen hat der amerikanische Philosoph William James (1842-1910) in seinem wichtigsten Werk, »The Variety of Religious Experience« (»Die Vielfalt religiöser Erfahrungen«, 1929), besprochen. Konversionserlebnisse werden nach James[32] häufig von Leuchterscheinungen begleitet, die entsprechend der Konfession des Wahrnehmers interpretiert werden.

Neben dieser konkret erlebten transzendenten Erfahrung hat der Post-Freudianer Abraham Maslow das Konzept der »peak experience«, der Grenzerfahrung, in die Diskussion gebracht. Es handelt sich dabei um eine vage Form des religiösen Empfindens, »Momente großer Ergriffenheit, Augenblicke des intensivsten Glückes, sogar Benommenheit und Ekstase«.[33] Maslow[34] schreibt: »Offensichtlich ist die akute mystische oder Grenzerfahrung eine ungeheure Intensivierung aller Erfahrungen, in denen es einen Ich-Verlust oder eine Ich-Transzendenz gibt«. Er plädiert dafür, »diese Erfahrung von jedem theologischen oder übernatürlichen« Bezug zu lösen und dann wissenschaftlich zu untersuchen. Was jedoch bei Nahtoderfahrungen und »akuten mystischen Erfahrungen« möglich ist, scheint bei den CE IV-Erlebnissen unmöglich.

Die Grenzerfahrung, diese sekundenlange Einsicht in Sinn und Ordnung des Lebens, hat Maslow vor allem bei gesunden, tüchtigen Menschen vorgefunden. Er hält sie für wichtig und heilsam und versucht, Methoden zu entwickeln, durch die Grenzerfahrungen nach Wunsch erlebt werden können.

Der britische Biologe Hardy[35] zitiert eine Umfrage, nach der 62 Prozent der befragten Briten bereits Grenzerfahrungen erlebt hatten, davon drückten sich 41 Prozent in traditionell-religiöser Terminologie aus. Es handle sich um eine abstrakte Erfahrung, »weit entfernt vom Klischee der Vision à la ›Saulus auf dem Weg nach Damaskus‹«. Aber eben dieses spontane, bildhafte transzendente Erlebnis der Entführung läßt sich nicht so einfach mit wissenschaftlicher Terminologie beschreiben und bleibt daher weiterhin tabuisiert.

Religiöse Erfahrungen in der säkularisierten Welt

Wir leben in einer säkularisierten, entmythologisierten Gesellschaft. Sakrale und magische Handlungen sind bis zur Unkenntlichkeit trivialisiert worden. Jung spricht daher auch vom »Heiligen in der Verkleidung«.[36] Die westliche Gesellschaft ist die erste Zivilisation, die ohne Bezug auf ein zentrales Heiliges geschaffen wurde.

Der Soziologe Peter L. Berger[37] meint dazu: »Wahrscheinlich zum ersten Mal in der Geschichte sind die religiösen Legitimierungen der Welt nicht mehr plausibel – und das nicht nur für eine Handvoll Intellektueller, sondern für große Teile der gesamten Gesellschaft. Das hat nicht nur die Institutionen, sondern auch das persönliche Leben jedes einzelnen in eine Krise gestürzt. In anderen Worten: Es stellt sich das Problem des ›Sinn und Zweckes‹ der Alltagsroutine.« Die Notwendigkeit der Sinnfindung äußert sich spontan in den Entführungsberichten. Jung[38] spricht davon, daß die Ufo-»Epidemie in einem kompensatorischen Gegensatz zu unserer naturwissenschaftlichen Weltanschauung steht«.

In einer säkularisierten, industrialisierten Gesellschaft muß die visionäre Erfahrung im Gewand der technischen Sage auftreten (Entführung durch Außerirdische), so wie sie im Mittelalter im ländlichen Gewand der Koboldbegegnung erlebt wurde und in der von Religionskriegen erschütterten frühen Neuzeit als teuflische Anfechtung von Hexen.[39] Das bedeutet, daß diese Erfahrung jeweils in der Terminologie der betreffenden Zeit berichtet und dem herrschenden Weltbild angeglichen wurde.[40]

In seinem Aufsatz »UFO Abductions as Religious Folklore« (Ufo-Entführungen als religiöse Sage, 1987) erklärte Méheust, warum Ufo-Entführungen so umstritten sind. Das liege daran, daß sie spontan, nicht wie früher nach langem Initiationstraining, erlebt werden und daher nicht richtig verarbeitet werden können. Daher sei der Ufo-Zeuge unfähig, die fremde Welt, die sich vor ihm auftut, zu erschließen und zu seinem Vorteil zu nutzen. Dazu kommt, daß die Gesellschaft den Wahmehmer auf seinem Weg nicht mehr länger unterstütze: »Die Entführung durch Ufos wird heute nicht mehr als religiöse Erfahrung begriffen und als solche autorisiert, sie wird nur als Mythos des Raumfahrtzeitalters toleriert. Nur Verrückte nehmen sie ernst. Sie ist zu einer illegitimen Erfahrung geworden«.

In der modernen Gesellschaft ist das erlebbare Heilige so weit vom Alltäglichen entfernt, daß sowohl das Opfer der Entführung wie auch seine Umwelt offenbar nur eine platte technologische Interpretation des Erlebten verstehen können (es drängt sich der Vergleich zu Dänikens Methode der Mytheninterpretation als Reportagen über vergessene Technologie auf). Niemand hilft dem Zeugen, seine Erlebnisse zu verstehen. Das verbissene Festhalten der Ufo-Gläubigen am außerirdischen Experiment als Erklärung macht es den Kritikern und Spöttern einfach, das Erlebte als irrelevant zu ignorieren. Peter Berger[41] spricht von »der Unfähigkeit des modernen Menschen, mythologisch zu denken«. Der plötzliche Einbruch der fremden Welt der Visionen in die entmythologisierte Welt läßt Zeugen und Gesellschaft hilflos zurück.

Diese Hilflosigkeit ist bei Marienerscheinungen kaum festzustellen. Das Seherkind steht im Mittelpunkt des Interesses, wird (manchmal) von erwachsenen Autoritätspersonen ernstgenommen und in seiner Mittlerrolle bestärkt. Die Erscheinungen kehren in regelmäßigen Abständen zurück, die zusammenströmende Menge der Gläubigen gibt dem Seher Kraft und Sicherheit. Er lernt, mit seiner Erfahrung umzugehen. Viele Seherkinder hatten am Anfang ihres Kontaktes nur ein geringes Interesse an Religion, erhielten aber durch ihre Kontakte einen festen Platz in der religiösen Gemeinschaft, ein hoher Prozentsatz trat später in ein Kloster ein oder übernahm geistliche Aufgaben.[42]

Diese Art der Bestätigung und langsamen Initiation, wie auch das feste Weltbild, vor dessen Hintergrund die Erfahrung mit Gewinn interpretiert werden kann, fehlen dem Entführten. Seine gewohnte Welt geht in Trümmer, ohne daß sich ihm eine vergleichbar wichtige neue erschließt. Daher ist die Konversion der Entführten, auch wenn sie einen tief greifenden Einschnitt in ihrem Leben darstellt, für die Opfer selten von dauerndem Wert. In ihrer Unfähigkeit, mit der Entführung zurechtzukommen, wenden sie sich an Randgruppen, die aus gleichfalls orientierungslosen Menschen bestehen.

In gewissem Sinne ist die Entführungsdebatte mit den Diskussionen um die Legitimität halluzinogener Drogen in den sechziger Jahren vergleichbar. Damals wie heute ging die Debatte zwischen jubelnden, unkritischen Verfechtern und rechthaberischen Ablehnern an dem Thema, dem Einbruch irrationaler Erfahrungen in die wohlgeordnete, rationale Welt, vorbei; damals wie heute kann weder von einer sachlichen Diskussion noch von sachlichen Argumenten die Rede sein. Die pauschale Abqualifizierung aller CE IV-Berichte als Märchen, Lügen und Halluzinationen geistig labiler Menschen zeugt von der gleichen Hilflosigkeit wie die Verteufelung halluzinogener Drogen und ein generelles Forschungsverbot.[43]

Die Suche nach transzendenter Erfahrung sieht Peter Berger[44] als Resultat der Säkularisierung: »Der heutige Mensch ist sehr allein in der Welt, das ist eine Folge des Verschwindens und Verneinens religiöser Erfahrungen... Die Geschichte der Säkularisierung ist die Geschichte des Ersetzens und Wiederauftauchens heiliger Symbole... Das Heilige hat von übernatürlichen auf profane Bezugspunkte gewechselt... Aber es gab auch immer gewaltsame Revolten gegen die Säkularität der modernen Welt«.

Jung war ähnlicher Ansicht. Für ihn stellte die Ankunft der

»fliegenden Untertassen« eine Rückkehr verdrängter Symbole des kollektiven Unbewußten in das Leben des modernen Westens dar.[45] Der Autor Sergius Golowin[46] nennt die Außerirdischen die »Götter der Atomzeit«.

Méheust[47] spricht davon, daß sich die Grenzen des Heiligen ständig verschieben. So könne heute die medizinische Untersuchung an Bord einer fliegenden Untertasse die Funktion des heiligen Handauflegens oder der Verstümmelung vor der Wiedergeburt des Schamanen übernehmen. »Es ist interessant zu sehen«, schreibt Berger,[48] »wie diese Remythologisierungen sich den Anschein der ›Wissenschaftlichkeit‹ geben.«

Berichte über Ufo-Kontakte sind Märchen, durch die der Entführte mit der Gesellschaft kommuniziert. Doch während Kinder Märchen intuitiv begreifen und die wichtigen darin verschlüsselten Informationen verwerten können, stellen Ufo-Geschichten für unsere Gesellschaft einen Fremdkörper dar. Mit der Physik wird man das Problem, warum solche Berichte so sprunghaft auftauchen, nicht lösen können; und es ist nur zu verständlich, daß die Naturwissenschaft nach der erfolgreichen Verdrängung des Mythos aus ihrer Domäne so aggressiv auf diesen Einbruch des Irrationalen in ihre exakte, geregelte Welt reagiert.

Daß aber der starke Wunsch nach einer Überwindung dieser säkularisierten, entmythologisierten Welt besteht, das zeigen nicht nur die Ufo-Sichtungen, sondern auch der erneute Ausbruch des Okkultismus, die Erfolge des New Age, die Bestseller sensationalistischer Autoren und der Eifer, mit dem an diese neue Kulte geglaubt wird, weil schließlich etwas geglaubt werden muß.

Teil II

Von den Göttern weiß ich nichts, doch ich denke, daß der Fluß ein starker brauner Gott ist – trübsinnig, ungezähmt, störrisch und in Maßen geduldig, ist er zuerst Grenze ... und zuletzt nur noch eine Herausforderung an Brückenbauer. Sobald dieses Problem gelöst ist, wird der braune Gott von den Stadtbewohnern vergessen.

T S. Eliot: The Dry Salvages, 1

Die Tür zum Wunderland

Von seinen Zeitgenossen wurde der Mathematikdozent Charles Lutwidge Dodgson (1832-1898) aus Oxford als linkischer, wenig redegewandter Sonderling geschildert, der in der Anwesenheit von Erwachsenen zu stottern begann. Dodgsons Entdeckung, die wie so viele bedeutende Erkenntnisse intuitiv war, fand am 4. Juli 1862 statt. Er hütete Alice Liddell, die kleine Tochter eines Bekannten, denn er hatte keine Schwierigkeiten, mit Kindern zu sprechen. Klein Alice wollte eine Geschichte hören, und der Mathematiker begann, frei aus sich heraus zu fabulieren: von einem kleinen süßen Mädchen namens Alice, das eines Tages mit seiner Schwester einen Ausflug zu einem Bach machte.

»Alice wurde sehr müde, weil sie neben ihrer Schwester sitzen mußte und nichts zu tun hatte: Ein- oder zweimal hatte sie kurz in das Buch ihrer Schwester geblickt, doch es waren weder Bilder noch Gespräche darin. Sie überlegte sich daher, ob es die Mühe wert war, aufzustehen und Gänseblümchen zu pflücken (sie dachte nach, so gut es eben ging, denn der heiße Tag machte sie sehr schläfrig und dumm), da huschte plötzlich ein weißes Karnickel mit rosa Augen an ihr vorbei.

Das war nicht bemerkenswert, und Alice fand es auch nicht ungewöhnlich, daß das Karnickel ›Oh Gott, oh Gott, ich komme zu spät!‹ sagte (später, als sie über all das nachdachte, kam sie zu dem Schluß, daß sie hätte verwundert sein müssen, doch zu der Zeit erschien alles ganz natürlich), aber als das Karnickel doch tatsächlich eine Uhr aus der Jackentasche zog, auf sie blickte und dann weiterhastete, stand Alice auf, denn ihr wurde klar, daß sie nie zuvor ein Karnickel mit einer Jackentasche gesehen hatte... Vor Neugier entbrannt lief sie dem Karnickel nach, gerade noch rechtzeitig, um es in einem großen Loch unter einer Hecke verschwinden zu sehen. Und im gleichen Moment sprang ihm Alice nach.«[1]

Was Dodgson unter seinem Künstlernamen Lewis Carroll später in dem Buch *Alice im Wunderland* veröffentlichte, war der Schlüssel zu den unerklärlichen Ereignissen und Wahrnehmungen, die Menschen schon seit Jahrtausenden berichten: Es genügt, sich für einige Sekunden in schläfrigem Zustand von der Alltagsrealität ablenken zu lassen, sei es durch eine fliegende Untertasse, einen Drachen, einen Schneemenschen, einen Regen von Fröschen oder einen Hasen mit Taschenuhr, und schon betritt man das Wunderland, das ganz dicht bei unserer Alltagsgeographie, aber in einem nichtalltäglichen Wahrnehmungszustand liegt. Wie Alice bei ihrer Tour durch das unterirdische Land feststellen konnte, sind dort die Möglichkeiten und Fähigkeiten des Erlebens weitaus weniger begrenzt als im Alltag, und jede Argumentation um deren Realitätswert ist müßig und für die Bewohner des Wunderlandes lächerlich. »Ich habe heute schon sieben unmögliche Dinge geglaubt«, sagt einer der Bewohner zu Alice, »und das war alles noch vor dem Frühstück!«

Wie Alice auch erfährt, können im Wunderland Gefahren lauern, die die realen bei weitem übertreffen, aber da dort nichts so funktioniert wie »hier«, sind auch andere Lösungen möglich – jedenfalls sind für uns Irdische die Gesetze dort undurchschaubar, unlogisch, sie drehen und wenden sich gegen uns, und doch können wir aussteigen, wenn es zu brenzlig wird: Alice erwacht und hat keinen Beweis für ihre spannenden Abenteuer, von ihrer Erinnerung abgesehen.

Carroll, der Entdecker des Wunderlandes um uns, kümmerte sich nicht sehr um Erklärungen; heute forschen Psychologen, wie unser Gehirn arbeitet, wenn wir die Tür durchschreiten, Soziologen analysieren die gesellschaftlichen Umstände, die das Ein- und Austreten erschweren oder erleichtern, und Folkloreforscher[2] untersuchen, wo die Wesen, denen wir begegnen können, und die Situationen, die zu meistern sind, ihre Wurzeln in der Mythologie der Völker haben.

Der Amerikaner Charles Hoy Fort[3] (1874–1932) war der erste Eroberer dieses Wunderlandes; er sammelte die Berichte des Zusammentreffens irdischer Landsleute mit den Kreaturen und Regionen der Anderen Welt und beschrieb ihre Pseudo-Geographie und imaginäre Fauna und Flora.[4]

Fort sammelte mehrere 10000 Zeitungs- und Magazinschnipsel über Begegnungen von Menschen mit Seeungeheuern, Drachen, fliegenden Maschinen, pelzigen Männern, lebenden Dinosauriern, umherwandernden Sternen, über Menschen, die spurlos verschwanden, von eigenartigen Geräuschen am Himmel, über den Regen von Fischen, Kröten, Blut, Schwefel und großen Eisbrocken, von den Fußabdrücken seltsamer Wesen im Schnee Englands und von Meteoriten bei Erdbeben. All diese Erscheinungen und viele mehr, die zwar erlebt, aber niemals schlüssig bewiesen werden können, sind heute zur Ehre ihres Sammlers als »fortianische Phänomene« bekannt.

Forts Entdeckung: Menschen, und insbesondere Naturwissenschaftler, haben die merkwürdige Eigenschaft, die Existenz eines Wunderlandes, das eine Berechtigung neben der alltäglichen Konsensrealität hat, nicht etwa zu bestreiten, sondern zu faktualisieren – sprich: Erklärungen für das Unerklärliche zu finden, um es, in Kategorien sortiert, in einem Wust von Terminologie verschwinden zu lassen. Dabei ist es nicht wichtig, daß eine Erklärung gefunden wird – zu behaupten, ein Ding oder das Wesen des Wunderlandes sei für die Wissenschaft kein Mysterium mehr, wird die gleiche Wirkung tun. Am Himmel knallt es auf ungewöhnliche Weise. Die Zeitung befragt »Experten«. Experten sagen, es sei der Überschallknall eines neuen amerikanischen Flugzeugtyps. Fort führt mehrere

Dutzend Knalle aus Pakistan an, die sich im 19. Jahrhundert ereigneten, als es noch keine Jets gab. Die Erklärung, die das Phänomen wegerklären sollte, greift nicht.

Menschen sehen in einem See ein Monstrum mit langem Hals und grünem Leib. Vielleicht ein überlebender Dinosaurier, mutmaßt ein Zoologe. Aber das gleiche Ungeheuer, 400 Jahre vorher geschildert, wurde als Wassermann mit menschlicher Gestalt beschrieben – das kann kein Dinosaurier gewesen sein.

Das Wunderland ist vage, von tausend Menschen auf tausendfach verschiedene Art und Weise gedeutet, und jede Erklärung, sagt Fort, konventionalisiert das Erlebte und engt die Variationsbreite des Erlebbaren bedenklich ein. Die Kreaturen des Wunderlandes sind erlebbar, sie sind sogar erklärbar, nur eben immer in der beschränkten Weltsicht der jeweiligen Erklärer, die zu verschiedenen Zeiten und in verschiedenen Kulturen stets widersprüchliche Weltmodelle nutzten, die sie erweiterten oder in die sie das Unintegrierbare hineinpreßten.

Carroll, der erkannte, wie einfach es ist, das Wunderland zu betreten, und Fort, der uns deutlich macht, daß das Wunderland erlebbar, aber nie beweisbar sein wird, weil die faktualisierten Ereignisse eben nicht mehr Bestandteil des Wunderlandes sind: Beide stehen Pate bei der nun folgenden Besichtigung der »Anderen Welt« Mitteleuropas.

Eine Flut von Büchern über »die größten ungelösten Geheimnisse« der Welt überschwemmt den Markt, und bei den meisten dieser Werke handelt es sich um hastig und lieblos zusammengestellte Bände, die voneinander kopieren und selten mehr bieten als die stets gleiche Anzahl von Ufo-Geschichten, Yeti-Berichten und Nessie-Beobachtungen. Selbst die deutschen Originalveröffentlichungen zu diesem Thema ignorieren das hiesige Material und beschränken sich auf das sensationalisierte Herunterbeten amerikanischer Zeitungsberichte, die – natürlich – alle authentisch sind und beweisen, daß Urmenschen und Dinosaurier überlebt haben und wir von Außerirdischen aus dem Weltraum besucht werden. Mit der Ausnahme von Janet und Colin Bords *Geheimnisse des 20. Jahrhunderts,*[5] das auch auf deutsche, österreichische und Schweizer Berichte eingeht, ist das deutschsprachige Mitteleuropa ein weißer Fleck auf der Landkarte des Unbekannten.

Dieser zweite Teil will Abhilfe schaffen und sich ganz auf diese Region beschränken, wenn auch kleine Exkurse und Anmerkungen zu anderen Teilen der Welt hin und wieder notwendig sind. Dabei sollen keine endgültigen Antworten gegeben, es soll nichts bewiesen werden – was ja auch nicht getan werden kann, es sei denn, man lullt mit angeblichen Zitaten von angeblichen wissenschaftlichen Experten ein, die »einwandfrei belegt haben«, daß hinter dem Spukfall X die selige Großmutter Y steckte.

Die in diesem Buch favorisierte Deutung ist die fortianische, bei der zwar akzeptiert wird, daß Phänomene erlebbar sind, aber die sofort eine große Skepsis aufkommen läßt, wenn jemand von »Erklärungen« spricht; besonders dann, wenn auf exotische Weise die Alltagswelt mit dem Wunderland gekreuzt werden soll. Spricht ein etablierter Wissenschaftler davon, daß Drachen nichts anderes seien als optische Täuschungen, lächelt der Fortianer; erklärt der Esoteriker, es handle sich um Monstren aus Parallelwelten, lacht er laut auf. Festgestellt werden kann nur, daß Drachen gesehen werden, daß das, was an Erscheinungen berichtet wird, immer den Erwartungen der Zeit und der Kultur des Zeugen entspricht – »der herrschenden Mode« in Forts Worten. Wenn man sich mit Berichten von Phänomenen beschäftigt – die Erscheinungen selbst sind ja nicht zugänglich –, kann eine deutliche Tradition verfolgt werden, die zeigt, wie etwa Drachen sich über die Jahrtausende hinweg verändert haben: von bösen Naturgeistern über brutale Drachenbestien zu überlebenden Dinosauriern und heute zu übergroßen Fischen. All diesen Drachen sind gleiche

Eigenschaften gemein, sie sind für Zeugen und Erklärer im jeweiligen Gewand glaubhaft; und sie sind weder zu fangen, noch zu fotografieren.

Fast alles Material über seltsame Lebewesen, unbekannte Naturerscheinungen und Indizien für das Vorhandensein einer paranormalen Welt stammt aus meinem Archiv, auch wenn ich den Hinweis auf einige Fälle Kollegen verdanke. Einige dieser Kollegen geben Zeitschriften heraus, in denen ich Artikel zu den hier vorgestellten Phänomenen veröffentlicht habe, andere, die teilweise weitaus mehr Erfahrung mit paranormalen Phänomenen haben, hatten die Geduld und die Zeit, meine Thesen mit mir zu diskutieren oder mich mit anderen Kollegen bekannt zu machen. All ihnen soll herzlich gedankt werden. Es sind vor allem (in alphabetischer Reihenfolge): Janet und Colin Bord aus Wales, Mark Chorvinsky aus Maryland, Paul Devereux aus Cornwall, Josef Garcia aus Offenburg, die Mitglieder der *International Fortean Organization* aus Virginia, Hans-Werner Peiniger von der *Gesellschaft zur Erforschung des Ufo-Phänomens* in Lüdenscheid, Bob Rickard aus London, Herausgeber der *Fortean Times* und einer der besten Erforscher des Wunderlandes, Werner Walter aus Mannheim vom *Centralen Erforschungsnetz außergewöhnlicher Phänomene,* und Bob Warth von der *Society for the Investigation of the Unexplained* in New Jersey. Wer Appetit auf außergewöhnliche Erscheinungen und ihre Deutungen abseits der von Sensationsautoren breitgetretenen Wege hat, kann in den von ihnen herausgegebenen Zeitschriften (siehe Anhang) Neues finden.

1.
Unentdeckte Lebewesen

Seejungfrauen und Wassermänner

Vom Mummelsee, einem Karsee im Nordschwarzwald an der Hornisgrinde, wußte Hans Jakob Christoffel von Grimmelshausen in seinem 1669 veröffentlichten *Simplicissimus* »allerhand seltsame Historien« zu berichten. »Wunderbarliche Spectra von Erd- und Wassermännlein« sollen aus dem See gestiegen sein und mit Menschen gesprochen haben, man munkelte von dinosaurierartigen Drachen, die in der Tiefe des grundlosen Sees hausen sollten. »Einer erzehlte daß auff ein Zeit, da etliche Hirten ihr Vieh bey dem See gehütet, ein brauner Stier herauß gestiegen, welcher sich zu dem andern Rindvieh gesellet, dem aber gleich ein kleines Männlein nachgefolget, ihn wieder zurück in den See zu treiben, er hätte aber nicht pariren wollen, biß ihm das Männlein gewünscht hätte, es solte ihm aller Menschen Leiden ankommen, wenn er nicht wieder zurück kehre! Auff welche Wort er und das Männlein sich wieder in den See begeben hätten. Ein anderer sagte, es sey auff ein Zeit, als der See überfrohren gewesen, ein Baursmann mit seine Ochsen und etlichen Plöchern, darauß man Tihln schneidet, über den See gefahren ohn einigen Schaden, als ihm aber sein Hund nachgekommen, seye das Eiß mit ihm gebrochen und der arme Hund allein hinunder gefallen, und nicht mehr gesehen worden. Noch ein anderer behauptete bey grosser Warheit, es seye ein Schütz auff der Spur deß Wilds bey dem See vorüber gegangen, der hätte auff demselben ein Wassermännlein sitzen sehen, das einen gantzen Schos voll gemüntzte Goldsorten gehabt, und gleichsam damit gespielt hätte; und als er nach demselbigen Feur geben wollen, hätte sich das Männlein geduckt, und diese

Stimme hören lassen: Wenn du mich gebetten, deiner Armuth zu hülff zu kommen, so wolte ich dich und die deinige reich genug gemacht haben.«[1]

Schon der Name des Mummelsees stammt von der Vorstellung, daß dort ein Wasserungeheuer wohnt – »Muhmen« werden die Nixen im Nibelungenlied genannt. Der Mummelsee ist ein Gewässer, in dem Wasserkobolde leben.

Die von Grimmelshausen gesammelten Geschichten sind nicht die einzigen Berichte über Kobolde, Nixen und Wassermenschen im See. Die Schwarzwälder Volkssage berichtet von dem Seefräulein, das zu spät von einem Tanz zurückkehrte und von ihrem gestrengen Vater gerichtet wurde – an die Oberfläche wallendes Blut zeugte von dem Verbrechen.

Die Wasserwesen galten als hilfsbereit, halfen gerne den Menschen gegen einen geringen Lohn in Form von Nahrung; aber als die Bauern ihre Helfer einmal vergaßen, kamen die Kobolde nicht wieder.

In einer anderen Erzählung wurde eine Hebamme von einem der Seebewohner mit in die Tiefe genommen. Das Wesen trug ein Rattenfell, und eine Treppe aus Alabaster führte zum Seegrund; dort half die Amme der Frau des Wassergeistes bei der Entbindung. Als Lohn erhielt sie ein Bündel Stroh, das sich an Land in Gold verwandelte. Selbst ein Monster, ähnlich dem schottischen Nessie, soll es dort gegeben haben; das Untier, das wie ein Dinosaurier gezeichnet wurde, konnte verjagt werden, indem man »heilige Sachen« ins Wasser warf.

Der See selbst soll unheimlich sein, grundlos: Wenn man Steine hineinwirft, wird ein Unwetter folgen, Boote werden von einer geheimnisvollen Kraft unter Wasser gezogen – der Mummelsee als Vorläufer des Bermudadreiecks?[2]

Verschiedene Eigenarten der Wassermänner, die in diesen Märchen angesprochen werden, wiederholen sich, ein wenig gewandelt, bis heute: Diese Wesen mischen sich gerne unter die Menschen, sie tanzen, sie »entführen« Menschen, verfügen über magische Kräfte und sind zur Hilfe bereit, benötigen aber selbst, vor allem wenn ihre Frauen gebären, menschliche Hilfe. All das sind Elemente, die in den Sagen und Augenzeugenberichten, die von Wassergeistern erzählen, immer wiederkehren. 1973 wurde die Amerikanerin Betty Andreasson-Luca in Ashburnham, Massachusetts, USA, von fremdartigen Wesen entführt, die von ihr verlangten, sie solle einer Frau bei der Niederkunft helfen. Diesmal waren die Wesen keine Nixen, sondern Außerirdische, und der Autor, der den Vorfall beschreibt, fabuliert lustig drauf los und vermutet, Fremde aus dem All würden die Menschheit genetisch manipulieren.[3] Vor einigen Jahrhunderten brauchten Nixen menschliche Hebammen, heute sind es Außerirdische, die uns für diese Dienste in Anspruch nehmen.

Bevor wir aber zu glauben anfangen, daß Weltraumwesen eine Kolonie unter Schwarzwaldgewässern angelegt haben, sollten die außerirdische Interpretation dieser Erfahrungen angezweifelt und die Schritte verfolgt werden, die von der Nixe zum Weltraummenschen führen. Die mittelalterliche Sage geht davon aus, daß Kobolde, also auch Wassergeister, nur problemlos für Nachkommenschaft sorgen können, wenn sie sich einer menschlichen Leihmutter bedienen. Werden ihre eigenen Koboldfrauen schwanger, dann verläuft die Geburt äußerst schmerzvoll und kann nur von einer irdischen Hebamme betreut werden. Selbst wenn die Geburt gut überstanden ist, bleibt das Koboldkind so häßlich und dumm, daß es die Mütter sehr gerne gegen irdische Babys eintauschen – die Koboldkinder sind »Wechselbälger«.

Im slowenischen Laibach erzählt man sich, daß am ersten Sonntag im Juli 1547 Tanz im Dorfe war, und der Wassermann, der im Fluß Laibach wohnte, hatte Lust, bei dem bunten Treiben mitzutun. Als plötzlich ein sehr schöner Mann vor Ursula Schäferin erschien und sie zum Tanzen aufforderte, da war ihr der Mann mit der »weichen und kalten Hand« zwar unheimlich, doch drehte sie sich mit ihm zur Musik, bis er sie mit sich in den Fluß zog.[4]

Man kann in einer solchen Sage den erhobenen Zeigefinger der Mutter spüren, die ihre Tochter warnt, sich nicht vorschnell mit Fremden einzulassen, doch ist hinter der Angst vor Vergewaltigung auch die Anziehung deutlich, die von dem schönen Unbekannten ausgeht. Heute fürchten sich Amerikanerinnen davor, von Außerirdischen eingefangen und geschwängert zu werden.[5]

In der Beichte erzählte eine Amme ihrem Pfarrer in Breulieb bei Saalfeld im Jahre 1630, was ihr die Mutter einer Hebamme unter vier Augen anvertraut hatte: Eines Tages klopfte ein Mann an der Tür und bat sie um ihre Hilfe. Es war schon dunkel, doch der Mann verband ihr die Augen und führte sie zu einem See. Dort schlug er mit einer Rute aufs Wasser. Dann ging es »immer tiefer herunter«, bis die beiden in einer Stube ankamen. Die Hebamme half dort der Frau des Wassermannes, ihr Kind zu gebären. Es war eine menschliche Frau, die der feuchte Kerl entführt und geschwängert hatte, doch offensichtlich war er mit dem Ergebnis seines »genetischen Experimentes« nicht einverstanden, denn am dritten Tag fraß er sein eigenes Kind auf.[6]

Die alten überlieferten Geschichten haben moderne Varianten: Viele Menschen glauben heute, Ufos seien Raumschiffe Außerirdischer, seien Lebenszeichen aus anderen, kalten Welten. Wie kann man sich diesen Geschichten nähern? Die Seejungfrauen und Meermänner der Sagen und Märchen haben viele Wurzeln: Sie sind die Geister des Wassers, wie Erdmännlein und Zwerge die Geister der Erde und Sylphen die Geister der Luft sind; diese Kobolde selbst sind – möglicherweise – verzerrte und vom Christentum zum Aberglauben degradierte heidnische Götter; sie entsprechen aber auch der Vorstellung, nach der eine Welt unter Wasser oder über den Wolken als

Spiegelbild der irdischen existiert: mit Seepferden, Seehunden, See-Elefanten, Seesternen und Seemönchen, See-Engeln, Seebischöfen und Meermenschen.

Solche rein gedanklichen Konzepte können zwar den Weg in den Glauben der Völker und in ihre Folklore finden, besonders wenn sie, wie die kidnappenden und vergewaltigenden Naturgeister, bestimmte Urängste ansprechen, doch sind viele der Sagen datiert, örtlich bestimmt und somit zumindest quasidokumentarisch. Gewöhnliche verwilderte Menschen, die sich an ein Leben beim Wasser gewöhnt hatten, könnten der Ursprung einiger dokumentierter Sichtungen von Meermenschen und Seejungfrauen sein.

1403 soll nach einem Sturm eine Seejungfrau durch einen Riß im Deich bei der westfriesischen Stadt Edam an Land gespült worden sein, die von den freundlichen Bewohnern der Stadt adoptiert, bekleidet und bekehrt wurde. Als fromme Katholikin lernte sie spinnen und lebte ein durchaus menschliches Leben. Der holländische Calvinist Valentijn, der Berichte über Seejungfrauen in den holländischen Kolonien sammelte, mißbilligte zwar die Konversion zum Katholizismus, fügte aber hinzu, daß das »in keiner Weise gegen die Echtheit der Geschichte spreche«.

Der englische Gelehrte John Swan überliefert dieselbe Begebenheit in seinem Werk *Speculum Mundi* 1635: »Als die Seejungfrau nicht mehr ins Meer zurückfand, weil der gebrochene Deich sofort wieder verstopft worden war, entdeckten sie einige Frauen und ihre Dienerinnen, die auf den Wiesen dort ihre Kühe melken wollten. Erst fürchteten sie sich sehr; aber als sie sie dann mehrmals beobachtet hatten, entschlossen sie sich, sie mit nach Hause zu nehmen. Einmal im Hause, ließ sich die Seejungfrau ankleiden und lebte von Brot, Milch und Fleisch. Immer wieder versuchte sie, sich heimlich ins Meer zurückzustehlen, aber da sie sorgsam bewacht wurde, gelang es ihr nie. So lernte sie schließlich zu spinnen und andere weibliche Arbeiten zu verrichten. Zu Anfang mußte man sie vor allem von dem Seemoos reinigen, das sie überall bedeckte. Eines Tages wurde sie aus Edam fortgebracht und dann in Harlem gefangengehalten. Dort gehorchte sie ihrer Herrin aufs Wort und kniete auch, wie man sie lehrte, vor dem Kreuz nieder. Aber sie sprach niemals und führte ihr stummes Leben, wie einige sagen, 15 Jahre lang; dann starb sie.« Sie wurde auf dem Friedhof christlich begraben.[7]

Ähnlich mag der Fall bei dem Wassermann vom ungarischen Königssee gelegen haben, den Heinrich von Kleist (1777-1811) in den *Berliner Abendblättern* im Jahre 1811 berichtete. Die Geschichte hatte er aus diversen naturwissenschaftlichen Büchern der Zeit entnommen und unter Verwendung von Zeitungsberichten überarbeitet.

»In der Wiener Zeitung vom 30. Juli 1803«, schreibt Kleist, »wird erzählt, daß die Fischereipächter des Königssees in Ungarn mehrmals schon, bei ihrem Geschäft, eine Art nackten, wie sie sagten, vierfüßigen Geschöpfs bemerkt hatten, ohne daß sie unterscheiden konnten, von welcher Gattung es sei, indem es schnell, sobald jemand sich zeigte, vom Ufer ins Wasser lief und verschwand. Die Fischer lauerten endlich so lange, bis sie das vermeintliche Thier, im Frühling des Jahrs 1776, mit ihren ausgesetzten Netzen fiengen. Als sie nun desselben habhaft waren, sahen sie mit Erstaunen, daß es ein Mensch war. Sie schafften ihn sogleich nach Capuvar zu dem fürstlichen Verwalter. Dieser machte eine Anzeige davon an die fürstliche Direction, von welcher der Befehl ergieng, den Wassermann gut zu verwahren und ihn einem Trabanten zur Aufsicht zu übergeben. Derselbe mochte damals etwa 17 Jahr alt sein, seine Bildung war kräftig und wohlgestaltet, bloß die Hände und Füße waren krumm, weil er kroch; zwischen den Zehen und Fingern befand sich ein zartes, entenartiges Häutchen, er konnte, wie jedes Wasserthier, schwimmen, und der größte Theil des Körpers war mit Schuppen bedeckt.

Man lehrte ihn gehen, und gab ihm anfangs nur rohe Fische und Krebse zur Nahrung, die er mit dem größten Appetit verzehrte: auch füllte man einen großen Bottig mit Wasser an, in dem er sich mit großen Freudenbezeugungen badete. Die Kleider waren ihm öfters zur Last und er warf sie weg, bis er sich nach und nach daran gewöhnte. An gekochte, grüne Mehl- und Fleischspeisen hat man ihn nie recht gewöhnen können, denn sein Magen vertrug sie nicht; er lernte auch reden, und sprach schon viele Worte aus, arbeitete fleißig, war gehorsam und zahm. Allein nach einer Zeit von drei Vierteljahren, wo man ihn nicht mehr so streng beobachtete, gieng er aus dem Schlosse über die Brücke, sah den mit Wasser angefüllten Schloßgraben, sprang mit seinen Kleidern hinein und verschwand. Man traf sogleich alle Anstalten, um ihn wieder zu fangen, allein alles Nachsuchen war vergebens, und ob man ihn schon nach der Zeit, besonders nach dem Bau des Kanals durch den Königssee, im Jahre 1803, wieder gesehen hat, so hat man seiner doch nie wieder habhaft werden können.«

Kleist bemerkt, der Vorfall werfe »Licht über manche, bisher für fabelhaft gehaltene, See-Erscheinungen, die man Sirenen nannte.«[8]

Die vielen hundert dokumentarisch belegten Begegnungen mit Seemenschen (die auch heute noch gemeldet werden) können allerdings so simpel und realistisch nicht gedeutet werden. Vor allem wenn ganz deutlich fischartige Unterleibe gesehen wurden, kann ein »Wilder« kaum die Erklärung sein.

Die Nixe, die sich vom 15. bis zum 17. Oktober 1615 in der Lahn bei Marburg aufhielt und für das erste Tierschutzgesetz der deutschen Geschichte sorgte, kann – zumindest in naturalistischen Begriffen – nicht erklärt werden. Die schlangenartige Gestalt, deren Körper dünn und »vom Wasser gebildet« war, zeigte bei ihrer Bewegung »Empfindung«. Drohte Gefahr, sank der vielfarbige Körper in die Tiefe. »Sie bedeute nichts Böses, sagte man damals, und schade niemand; drum möge man sie ungestört auf ihre Weise ihr Wesen treiben lassen; wer sie beunruhige, werde dafür büßen müssen.«[9]

Dunklere Töne schlägt Johann Justus Winkelmann in seiner 1697 in Bremen erschienenen *Beschreibung der Fürstentümer Hessen und Hersfeld* an. Sein Bericht erinnert daran, daß Nixen früher das Symbol für destruktive Wasserkräfte waren – die Ertrunkenen, so glaubte man, seien von bösen Wassergeistern ersäuft und gefressen worden. Das mag auf die heidnische Vorstellung zurückgehen, einen Fluß als Gott zu betrachten, der wie alle Götter für seine Leistungen (das Bewässern der Felder) Opfer verlangt. Wurden diese nicht gebracht, bediente er sich selbst, zog Vieh und Menschen zu sich auf den Grund des Wassers.

»Was sich im Jahr 1615 zu Marburg bei St. Elisabethen-Kirche«, schreibt Winkelmann zum Abschluß seiner Version der Sage, »in der Löhn für ein Wundertier hat sehen lassen, das besieh in Olaus Worms ›Monumenta Danica‹. Auch weiß man aus langer Erfahrung, daß die Löhn gemeiniglich alle Jahr jemanden zu sich raffet«. Heute sind unsere Flüsse, Bäche und Seen nicht nur durch die Verschmutzung für Wundertiere aller Art unbewohnbar geworden: Mit dem wissenden Lächeln des aufgeklärten Menschen halten wir für Märchen, was unsere Vorfahren über Nixen in unseren Flüssen erzählten. Für unsere Vorfahren waren die Seen andere Welten, wo auch die Seelen der Ungeborenen lebten und unter deren trügerischer Oberfläche Drachen, Monstren, Hexen und Wassermänner wohnen konnten. Heute übernimmt der Weltraum die Rolle des großen mysteriösen Ortes, aus dem unerklärliche Phänomene sich bis zu uns ausbreiten können. Die Science Fiction-Autoren und Ufo-Zeugen besiedeln ihn mit einer großen Zahl grotesker und menschenähnlicher Lebewesen, und viele der modernen Begegnungen mit Weltraumpiloten sind nichts anderes als technologisch verbrämte Sagen: Die moderne Sage von der Entführung und Schwängerung durch Außerirdische enthält alle Elemente der alten Geschichten von Wassermännern; die Nixen und Meermänner kehren in fliegenden Untertassen zu uns zurück, weil sie unter Wasser nicht mehr wohnen können – um zu überleben, paßt sich die Sage den veränderten Umweltbedingungen an.

Im Juli 1984 beobachteten mehrere Personen ein seifenblasenartiges Ufo, das über einem Getreidefeld bei Nördling schwebte. Frau Josepha R. und ihre Tochter Marianne bemerkten das Objekt zuerst in einiger Entfernung. Es wies eine Art Tentakel auf und wirkte wie ein Schwan. »Als ich es zuerst sah«, erklärte eine der Zeuginnen, »schaute das Objekt wie eine Kugel aus, mit irgend etwas obendrauf, welches sich langsam herumdrehte wie der Nacken eines Schwans.« Die Form des Objektes veränderte sich konstant. Als das Ding, das zuerst gegen 10.30 Uhr aufgetaucht war, gegen Mittag immer noch zu sehen war, rief Frau R. ihren Mann und beide fuhren mit dem Traktor an das seltsame Objekt heran. Aus circa 350 Metern Entfernung erkannten sie eine silbrige Kugel mit einem Durchmesser von etwa zwei Metern. Während Herr R. ängstlich den Ort verließ, beobachtete Frau R. das Ufo, das 60 bis 100 Meter entfernt an ihr vorbeizog. Als sie dem Objekt am nächsten war, öffnete sich im oberen Teil eine Blende, hinter der »zwei fremde Kreaturen« sichtbar wurden. Die Wesen sahen wie Fische aus, hatten jedoch eine aufrechte Gestalt und führten »wackelnde Bewegungen« mit Armen und Köpfen aus.

»Sie waren definitiv fischartige Wesen,« gab Frau R. zu Protokoll, »und sie handelten wie Eskimos, die versuchen, einander einen ›Nasenkuß‹ zu geben«. Nach ungefähr 30 Sekunden schloß sich die Blende wieder. Auf der Kugel konnte die Zeugin Schriftzeichen erkennen, in roter und grüner Farbe. Dann verschwand das Objekt in Richtung Nördling. Niemand sonst im Dorf oder in der Umgebung hatte etwas Eigenartiges bemerkt, aber für das Ufo selbst gibt es drei Zeugen: das Ehepaar R. und eine seiner Töchter. Die beiden Mensch-Fische hat jedoch nur Frau R. beobachtet.[10]

Man kann das Objekt, wie es die deutsche Ufo-Forschungsgruppe CENAP (Centrales Erforschungsnetz außergewöhnlicher Himmelsphänomene) getan hat, als Ballon identifizieren, denn auch die Hauptzeugin spricht von einem »ballonartigen« Ufo. Doch was ist mit den Fischwesen?

In Volkssagen vermischt sich häufig das Motiv der Schwanen- und der Seejungfrau, und auch die Sirenen waren ursprünglich nur Frauen mit Schwanenflügeln. Beide Motive, nun verknüpft mit der modernen Sage vom Ufo, in einem komplexen Beobachtungsbericht zu finden, verblüfft und fordert die Phantasie heraus. Selbst wenn der »Auslöser« der Ufo-Sichtung ein Ballon war, muß doch die Zeugin selbst das Erlebnis bei der Wiedergabe ausgefeilt und verändert haben – und das nicht im negativen Sinne; die eigene Erfahrung in eine bekannte Erzählung einzuarbeiten, liegt auch vielen traditionellen Sagen zugrunde.

Frau R. ist nicht die einzige Zeugin, die in Mitteleuropa »Wassermänner« in Raumschiffen erblickt hat. Im Mai 1976 war Dominique Menuge spät nachts mit dem Auto in Nordwestfrankreich unterwegs. Als er zwischen 21 und 21.30 Uhr an einer Straßenkreuzung zwischen Matton und L'Etang du Banel ankam, sah er plötzlich im Licht seiner Scheinwerfer 50 »kleine Froschmenschen«, die sich auf einem Feld neben der Straße befanden. Sie standen aufrecht und bewegungslos neben einem Bach. Einige sahen Menuge an, andere konnte er im Profil erkennen. Sie waren grün und trugen keine Kleidung. Ihre langen Arme hingen bis zu den mutmaßlichen Knien herunter. Sie hatten Schwimmhäute zwischen den Fingern und Entenfüße, ihre Beine jedoch wirkten normal. Sie schienen eine Maske oder einen Helm zu tragen, unter denen nur gewaltige Augen hervorlugten, die einen Durchmesser von rund zehn Zentimetern hatten. Die Durchschnittsgröße betrug

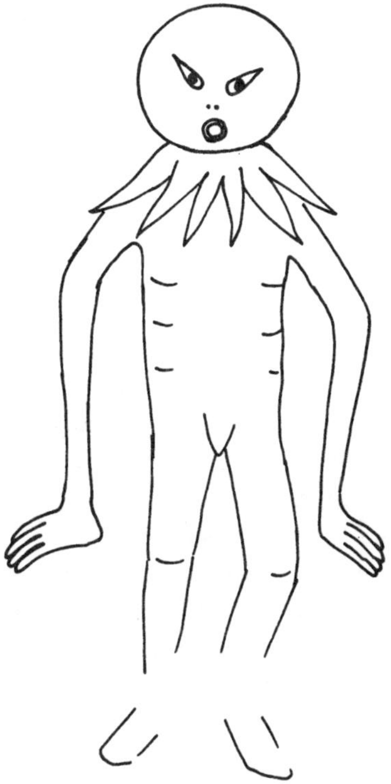

Abb. 1: So sollen die beiden Wesen ausgesehen haben, die bei Langenargen am Bodensee gesichtet wurden.

1,15 Meter. Daher wirkten sie nicht schlank, eher aufgeschwemmt; sie standen unbetroffen beisammen, schienen den Zeugen zu ignorieren. Weder trugen sie etwas, noch reagierten sie auf ihre plötzliche Entdeckung. Der Zeuge vermutete zuerst ein Ufo in der Nähe, konnte aber nichts erkennen außer der Horde Wassermänner, die im Dunklen ungerührt am Straßenrand verharrten.

Geschockt stieß Menuge mit dem Wagen zurück, dabei beobachtete er ein weiteres Männchen am anderen Straßenrand. Das Wesen befand sich nur ein paar Meter entfernt, regungslos wie seine Artgenossen. Menuge fuhr zu seinem Bruder, dem er sich anvertraute. Über Umwege gelangte die Geschichte zu dem französischen Ufo-Forscher M. Spingler, der den Fall untersuchte.[11] Zusammen mit der Polizei stellte er fest, daß die Gruppe von Männchen keine Spuren hinterlassen hatte und daß die Scheinwerfer des Autos von dort, wo es gestanden haben sollte, kaum die Gegend ausreichend beleuchtet hätten.

Bevor man beginnt, einen Zusammenhang mit Ufos zu suchen – wie das der Herausgeber der englischen *Flying Saucer Review* tut –, sollte man zuerst einen möglichen Schwindel ausschalten. Es ist erstaunlich, wie oft das Motiv des Wassermanns im Ufo auftaucht, obwohl andere Typen von angeblichen Außerirdischen weitaus bekannter sind.

Fast identische Wesen von der Art, die so zahlreich in Frankreich beschrieben worden waren, sah Lothar Schäfler am 24. Februar 1977 in Langenargen am Bodensee. Schäfler war mit mehreren Freunden gegen zwei Uhr nachts unterwegs, als die Gruppe von »gleißend-hellen Lichtern« erschreckt wurde, die über sie hinwegjagten. Dieser Teil der Beobachtung ist bestätigt: In jenem Moment verglühte ein Meteor über Deutschland, und das helle Licht wurde von den Zeugen als Ufo gedeutet. Gegen 2.30 Uhr glaubten die Männer, das Ufo sei zurückgekehrt, denn es schien ganz nieder über der Gaststätte zu stehen, in der sie sich aufhielten. Die Zeugen sahen mehrere Objekte, deren Entfernung sie auf 150 und deren Höhe über dem Boden sie auf 50 bis 60 Meter schätzten. Diese anderen Ufos könnten helle Sterne gewesen sein, die die Zeugen nach ihrer ersten Verwechslung bei ihrer Suche nach dem Ufo tief am Horizont sahen. Als die Lichter verlöschten, ging Lothar Schäfler alleine nach Hause. Plötzlich schien es ihm, als sei eines der Ufos erneut zurückgekommen. Er bekam es mit der Angst zu tun, hörte dann »einen kurzen Pfiff«, und

»wie aus dem Nichts gezaubert standen zwei fremdartige Wesen dicht hinter ihm«. Sie waren zwischen 1,10 und 1,30 Meter hoch, hatten einen menschenähnlichen Körper und auffallend lange Arme, die bis zu den Knien herunterhingen. Ihre Finger wirkten verkrampft, die Haut war hell. Ihr Kopf erschien kahl und völlig rund. Die Augen waren schlitzartig und schräg nach oben gestellt. Ihr Mund wirkte wie eine vollkommen runde Öffnung. Sie hatten zudem eine Halskrause mit sechs oder sieben hellgrünen »Sternenzacken« – wie ein Harlekin und wie Kermit, der Frosch aus der Muppets-Show.

»Ich hab' die Leut' angeschaut, und die haben mich angeschaut«, erinnerte sich Schäfler, »und dann hab' ich einfach durchgedreht.« Er sprang gegen eine Glashaustür, um den Wesen zu entkommen, und verletzte sich dabei. Als die Hausbewohner und die Polizei erschienen, waren die Froschmännlein bereits verschwunden.

Unter Hypnose fügte Schäfler noch einige Details hinzu:

»Die zwei Wesen haben etwas geschwankt. Ich hab' das Gefühl gehabt, daß sie zwei oder drei Zentimeter über dem Boden geschwebt sind. Ich sehe keine Ohren. Der Kopf ist für die Körpergröße relativ groß. Der runde Mund macht Bewegungen, wie wenn ein Fisch nach Luft schnappt, so ungefähr. Da ist eine kleine Nase. Ich sehe Löcher, aber ganz klein. Die Augen sind Schlitzaugen, und in der Mitte sind sie doch groß.« Die Augen hatten Pupillen, die Schäfler durchdringend anstarrten. Wie in den vorangegangenen Fällen sprachen die Wassermänner nicht mit dem Zeugen. »Die Hände haben Finger. Aber es ist nicht so wie bei uns. Das sind Finger wie Flossen, die sind zusammen und ganz kurz, aber ganz lange Arme. Keine Fingernägel. Es sind vier Finger.«

Wie immer, wenn ein Zeuge ein Ufo und dessen vermeintliche Piloten gesehen haben will, wurde auch hier versucht, unter Hypnose eine erfolgte »Entführung« aufzudecken. »Wo kommen Sie hin? Kommen Sie näher an das Flugobjekt ran?

Was ist los? Raus damit!«, insistiert der Hypnotiseur, bis auch der Zeuge, wie in all diesen Fällen, das Gefühl hat, an der Entführung könnte etwas Wahres sein.

»Waren Sie in dem Flugobjekt drin?«

»Nein, das glaube ich nicht...«

»Haben Sie das Gefühl, da drin gewesen zu sein?«

»Ich war weg vom Boden, das Gefühl habe ich gehabt.«

»Sie waren weg vom Boden, wo waren Sie?«

»Weg vom Boden, ich weiß nicht...«

Meermänner entführten einstmals unsere Vorfahren. Sie tun es noch heute, doch jetzt kommen sie nicht im Rattenfell, sondern in fliegenden Untertassen. In amerikanischen Fällen glaubten Frauen, von Außerirdischen entführt und geschwängert worden zu sein, andere waren als irdische Hebammen im Raumschiff. Die Motive und die Inhalte haben sich nicht geändert, allein das Vokabular der Berichte ist zeitgemäß, so daß die Begegnungen glaubhaft bleiben.[12]

Feuerdrachen

Viele ungewöhnliche meteorologische Phänomene, die heutige Augenzeugen als Ufos und fliegende Untertassen bezeichnen würden, schilderten die Menschen des Mittelalters und der frühen Neuzeit in ihren Chroniken und Flugschriften als fliegende Drachen. Wie Ufo-Erscheinungen sind auch Sichtungen von Feuerdrachen ein multikausales Phänomen, das heißt, die als Feuerdrachen gedeuteten Erscheinungen konnten vielfältige Ursachen haben, wurden aber unter einem Begriff beschrieben.

Eine kolorierte Flugschrift aus dem Jahre 1543 zeigt einen klassischen Drachen mit fledermausähnlichen Flügeln und reptilienartigem Körper, der mit seinem Feuerhauch am 4. Mai ein Haferfeld bei Baden versengte.[1] Der Drache, so die sensationelle zeitgenössische Darstellung, sei ein Symbol des

Abb. 2: Der Drache verliert den Luzerner »Drachenstein«. Illustration aus der »Beschreibung des berühmten Lucerner oder Vierwaldstätter Sees« von Leopold Cysat, 1611.

Bösen, der Tyrannei, und dort, wo das Untier gelandet sei, befände sich für alle sichtbar ein verbrannter Fleck auf dem Acker. Es ist aus dem zeitlichen Abstand von viereinhalb Jahrhunderten schwer zu beurteilen, was damals in dem kleinen badischen Dörfchen geschehen ist, aber ein Kugelblitz, der Fall eines Meteoriten oder ein Blitzeinschlag sind denkbare Erklärungen für das beschriebene Phänomen.

Der Schweizer Geschichtsschreiber Leopold Cysat, Neffe von Renward Cysat, berichtete in seiner 1611 erschienenen *Beschreibung des berühmten Lucerner oder Vierwaldstätter Sees* von einem Rechtsstreit, der 1509 in Luzern ausgetragen wurde. Zwei Bürger stritten sich um die Besitzrechte an einem »Drachenstein«, den ein fliegender Drache, den Cysat in einem Stich als langhalsiges, feuerspeiendes Monstrum mit Vogelschwingen, Löwentatzen und Krokodilschwanz abbildet, über der Stadt fallengelassen habe. Der Aberglaube, daß sich im Kopf von Drachen und Schlangen besondere Steine oder Kristalle befänden, die Ruhm, Reichtum und Glück versprachen, war sicherlich der Grund dafür, daß die beiden vor Gericht zogen. Was aber war der Drachenstein? Ein Kristall, der entsprechend dem Aberglauben gedeutet wurde, um seinen Wert zu steigern? Oder vielleicht ein echter Meteor, dessen Feuerschweif von Zeugen beobachtet und für einen Drachen gehalten wurde? Wie so oft bei diesen jahrhundertealten Geschichten ist eine eindeutige Erklärung unmöglich. Wir wissen: Man fand Steine am Boden und hielt sie für Absonderungen von fliegenden, feuerspeienden Ungeheuern.[2]

Der Glaube an diese Unwesen hielt sich erstaunlich lange. Als die Gelehrten der Renaissance begannen, die Natur zu beobachten und ihre Beobachtungen zu ordnen, tauchten in den naturkundlichen Büchern nicht nur genaue Steckbriefe von Höhlen- und Wasserdrachen, von riesigen Eidechsen und fledermausflügelbewehrten Flugdrachen auf, auch der Feuerdrache war darin beschrieben.

Einer der großen frühen Naturwissenschaftler war der Jesuitenpater Athanasius Kircher (1602-1680). In seinem 1664 erschienenen Werk *Mundus Subterraneus* – »Die unterirdische Welt« – sammelte er zahlreiche Augenzeugenberichte und stellte, ganz wie die Zoologen von heute, die Ungeheuersichtungen untersuchen, fest, daß es mehrere Arten von Drachen alleine in der Schweiz in der Umgebung von Luzern gab. Eine besonders berüchtigte Drachenbrutstätte war der Berg Pilatus.

Christoph Scherer, ein Schweizer Kantonsvorsteher, beobachtete 1619 offenbar einen Meteor, den er seinem Freund Kircher meldete. Seine Beschreibung gibt genau wieder, was am Himmel zu sehen war – allerdings mit dem Vokabular eines Menschen, der fest an Drachen glaubt: »Ich war auf dem Balkon geblieben, um die vollkommene Klarheit des Firmaments zu betrachten. Ich sah einen feurigen Drachen aus einer Höhle des Pilatusberges aufsteigen und nach Flüelen auf der anderen Seite des Vierwaldstätter Sees fliegen. Er war von enormer Größe, sein Schwanz war riesig, und er trug den Hals ausgestreckt... Während er flog, gab er unzählige Funken von sich... Zuerst dachte ich, ich würde einen Meteor sehen, aber ich betrachtete ihn genauer und seine Flugweise überzeugte mich, daß ich einen wahrhaftigen Drachen sah.«[3]

Heutige Anhänger des Glaubens an fliegende Untertassen aus dem Weltraum haben sich dieser Sichtung angenommen, und sie erklärten, daß der Zeuge damals in Wirklichkeit ein Raumschiff aus dem All gesehen hätte.

Mit der Verbreitung der Naturwissenschaften in der Neuzeit wurden allmählich die Naturerscheinungen, die man zuvor für Drachen gehalten hatte, zu Wasserhosen, Wirbelwinden, Kugelblitzen, Meteoren, Meteoriten und Nordlichtern. Der Glaube an fliegende Feuerdrachen verschwand im 18. Jahrhundert weitgehend. Man sprach nun vom »Meteor«, wobei dieses Wort noch in der ursprünglichen Bedeutung gedacht war, die sich in dem Begriff »Meteorologie« erhalten hat. Meteore waren alle Phänomene innerhalb der Atmosphäre, also Regen, Blitze, Hagel und Schnee. Die zur Erde fallenden Stein- und Eisenbrocken, die der Begriff Meteor heute bezeichnet, hielt man entweder für irdische, vom Blitz getroffene Steine oder für Konglomerationen aus Dünsten der Luft, die, zu schwer geworden, auf die Erde herabfielen. So deutete es noch Goethe (1749-1832), und erst der deutsche Forscher Chladni (1756-1827) konnte zu Beginn des 19. Jahrhunderts nachweisen, daß Meteore tatsächlich aus dem Weltraum stammten.

In einem 1810 in Weimar verfaßten Gedicht beschreibt Goethe seine Meteoritenthese:

Durchsichtig erscheint die Luft so rein
Und trägt im Busen Stahl und Stein.
Entzündet werden sie sich begegnen;
Da wirds Metall und Steine regnen.

Denn was das Feuer lebendig erfaßt,
Bleibt nicht immer Urform und Erdenlast.
Verflüchtigt wird es und unsichtbar,
Eilt hinaus, wo erst sein Anfang war.

Und so kommt wieder zur Erde herab,
Dem die Erde den Ursprung gab.[4]

So wußten sich bereits unsere Vorfahren im Besitz der wissenschaftlichen Erkenntnis, die dem Aberglauben ihrer Vorfahren so weit überlegen war! Fast gönnerhaft beschreibt der Verfasser des ersten großen deutschen Lexikons, des von 1732 bis 1754 in 64 Bänden erschienenen *Großen vollständigen Universallexicons aller Wissenschaften und Künste,* Johann Heinrich Zedler (1706-1763), was man in der Aufklärung über fliegende Drachen zu wissen glaubte, und vergleicht mit den Irrlehren der Vergangenheit: »Drache, der fliegende Drache, Draco volans ist ein feuriges Lufft-Zeichen in der Gestalt eines Drachens, welches wie andere dergleichen feurige Meteora erzeuget wird. Alle diese entstehen von denen Ausduenstungen von verschiedener Art, welche, nachdem sie leicht verbrennlich sind, sich jaehling entzuenden und einen Blitz formiren, woferne aber nicht genug verbrennliche Materie zu einer jaehlingen Deflagration vorhanden, sondern noch andere Duenste concurrieren, so die Deflagration aufhalten, so entstehet dadurch eine langsam brennende oder vielmehr leuchtende Materie, deren Schein wir in der Lufft wahrnehmen. Gleichwie nun dergleichen Daempffe eine ungefehre Figur in der Lufft zusammen formiren, so entstehen auch verschiedene Erscheinungen von dergleichen Meteoris, als Stern-Schnuppen, springende Ziegen, fliegende Drachen und so ferner, als welchen man dergleichen Namen um deßwillen beygeleget, weil sie nach der Einbildung derer Menschen die Figur von dergleichen Sachen gehabt haben sollen. Der gemeine Mann haelt ihn aus Aberglauben vor einen dienstbaren Geist derer Zauberer, der ihnen allerhand Vorrath zutragen soll.« [5]

Wenn jetzt fliegende Drachen gesehen wurden, galten sie als erstaunliches Naturphänomen. Der Name blieb, doch die Berichte wurden sachlicher, und nur noch kleine Details verraten, daß die Erklärung dieser Erscheinung einmal eine ganz andere gewesen war.

Ein Meteor, der im 17. Jahrhundert in der Pfalz beobachtet wurde, wird in einer Mixtur aus Erinnerung an den Aberglauben und Stolz auf die neuen Kenntnisse im lutherischen Kirchenbuch der Gemeinde Rhodt unter Rietburg festgehalten: »Den 5. Decembris (Anno 1682) nach mittag um 3 Uhr hat es einen sehr hellen Blitz getohn und ist dabei ein sehr langer feueriger Strohm gesehen worden, der gegen das gebürg gezogen, hat einen rauch hinderlassen, der sich in etwan wie ein schlang gekrümmet, gegen den Rhein gefahren und bald verschwunden. Darauf hat es wiewohl weiters zu donnern angefangen, doch nur einmahl. Diesen Strohm hat man auch zu Worms und viel anderen ohrten gesehen, und in dem Westerrich solls sehr hart gedonnert haben. Die es von anfang gesehen, sagten, es sei gantz rund wie eine grose Kugel gewäsen und einsmahls lohsgegangen, drauf der Strohm erschienen.« [6]

Da das Gebirge westlich, der Rhein aber östlich von Rhodt liegt, muß der Meteor tatsächlich »eine Schlangenlinie« geflogen sein. Wahrscheinlicher ist allerdings, daß es sich bei diesem eigentümlichen Flugmanöver um einen Beobachtungsfehler handelt. Wie bereits Zedler in seinem *Universal-Lexicon* feststellte, glaubte nur noch der »einfache Mann« an Feuerdrachen. Alte Bücher und Chroniken überliefern uns die Meinung der gebildeten Oberschicht, die Sagen und Legenden dagegen häufig die Ängste und Vorstellungen der einfachen Leute.

Noch um 1840 soll ein Bursche aus Sesterbach bei Leienkaul im Rheinland auf einen Feuerdrachen getroffen sein. Die Folgen, die diese tragische Begegnung hatte, erinnern an die moderne Folklore um angebliche Strahlenschäden nach nahen Begegnungen mit fliegenden Untertassen und zeigen erneut, wie diese modernen Berichte im Grunde nur die Motive und Vorstellungen der alten Sagen übernehmen und neu interpretieren, damit sie in einer technischen Umwelt glaubhaft werden.

»Ein Bursche mit Namen Weiß«, schreibt der große deutsche Folkloreforscher Paul Zaunert 1924, »war einmal auf dem Heimwege und hatte bereits die Jorschheck, eine Höhe dort, erreicht, es war im Dunkelwerden, da kam ein feuriges Ungetüm durch die Luft heran. Ausweichen konnte er nicht mehr, ein brennender Schmerz fuhr ihm durch die Glieder, der Drache hat ihm schreckliche Brandwunden beigebracht, dagegen war kein Kraut gewachsen, und er mußte sterben.« [7]

Das erinnert an die hypothetischen Erdlichter, die der britische Ufo-Forscher Paul Devereux entdeckt haben will: Kugeln aus Energie, die über Verwerfungszonen entstehen und die das Gehirn des Zeugen so beeinflussen können, daß dieser Halluzinationen erlebt (eine These, die sicher viele der fremdartigeren Ufo-Sichtungen erklären könnte). Kommt man dem Feuerball zu nahe, muß man an Verbrennungen sterben, vermutet Devereux, und er führt als Beleg den Glauben einiger Eingeborenenstämme an, die diese »Erdlichter« »Seelenfresser« nennen. Falls Devereux recht hat, dann könnte es sich bei dem zitierten Bericht um ein tatsächliches Ereignis und nicht um eine Sage handeln.

Der letzte deutsche Bericht ist fiktiv, basiert möglicherweise aber auf »echten« britischen Beobachtungen. Die esoterische Zeitschrift *Occult Review* veröffentlichte im Dezember 1917 einen Beitrag, der berichtete, immer wieder seien britische Piloten in ihren Doppeldeckern in großer Höhe auf drachenartige Lebewesen gestoßen. Ein Pilot habe im Ersten Weltkrieg »ein eigentümlich gefärbtes Drachentier gesehen, das offensichtlich in der Luft schwebte und sich ihm äußerst rapide näherte«. Im April 1918 tischte die *Occult Review* eine weitere Geschichte auf: Bereits 1909 sei ein französischer Luftfahrer mit seiner fliegenden Kiste auf einen »fast durchscheinenden, wolkenartigen Drachen« gestoßen. Das Vieh sei »grün und sehr groß« gewesen.

Diese Geschichten erinnern an die Fiktionen des Sherlock Holmes-Erfinders Sir Arthur Conan Doyle, der bereits im November 1913 in einer Kurzgeschichte in der populären Zeitschrift *The Strand* solche Begegnungen geschildert hatte – möglicherweise angeregt durch eine frühe Fliegerfolklore, die Halluzinationen unter Atemnot in der großen Höhe mythisch ausschmückte, um damit Bekannte zu erstaunen. In Doyles Erzählung wird der Absturz eines Flugzeuges untersucht. Der Held entdeckt dabei, daß mehrere Piloten in den Höhen des Himmels auf schreckliche Ungeheuer gestoßen sind – eines dieser Ungeheuer muß auch am Tode des Fliegers schuld gewesen sein. Interessanterweise gibt Doyles Held drei Gebiete in Europa an, in denen das Fliegen gefährlich sei, weil dort Drachen hausen: 30 000 Fuß über Pau-Biarritz in Frankreich, über Wiltshire in England und – über Homburg und Wiesbaden in Deutschland! Die Lokalisierungen mögen erdacht sein oder auf alten Zeitungsberichten beruhen. »Ob diese Erzählungen nun fiktiv sind oder nicht,« stellt Nigel Watson[8] in seiner Analyse der modernen Drachenbeobachtungen fest, »sie zeigen, daß die Menschen zu Beginn des 20. Jahrhunderts den Himmel noch für ein feindliches Element hielten, einen Ort, an dem es Monster geben konnte«. Ganz, so möchte man hinzufügen, wie ihre Vorfahren im Mittelalter und wie wir heute, die wir das All mit fremdartigen Gestalten bevölkern.

Seedrachen und Wasserschlangen

Der griechische Schriftsteller Pausanias war weit gereist, hatte Griechenland, Rom, Syrien, Palästina und Ägypten besucht, aber als er zwischen 160 und 180 n. Chr. seine

Beschreibung Griechenlands verfaßte, da dankte er den Göttern für die Friedfertigkeit des heimischen Tierlebens: »In den griechischen Flüssen«, notiert er im 4. Buch seines Werkes, »gibt es keine dieser mörderischen Fische, die den Indus und den Nil, aber auch den Rhein, die Donau, den Euphrat und den Phasis verseuchen. Tatsächlich findet man in diesen Flüssen Ungeheuer, die lüstern sind auf Menschenfleisch und die größer und schwärzer sind als der Wels im Mäanderfluß, obwohl sie eine vergleichbare Form haben. Vor diesen Ungeheuern muß man sich in Griechenland nicht in acht nehmen.«[1]

Seeungeheuer in Donau und Rhein? Was sich unwahrscheinlich anhört, war einst sehr gefürchtet. Die Seeschlange der Donau machte noch 1750 Schlagzeilen. Vor rund 240 Jahren meldete das britische The *Gentlemen's Magazine* einen »außergewöhnlichen Unfall«. Am 22. Juli 1750 hatte sich ein Mann in den Kopf gesetzt, in der Donau bei Linz in Oberösterreich zum tiefsten Punkt zu tauchen. »Als er nach einiger Zeit nicht wieder hochkam, warfen seine Kameraden ihre Netze nach ihm aus. Nach vielen vergeblichen Versuchen brachten sie letztlich doch seinen Körper nach oben, von dem ein Arm und ein Bein sich in einem verrotteten Baumstamm gefangen hatten. Als sie daran gingen, den Körper aus den Maschen zu lösen, um ihn ins Boot zu legen, erblickten ihre Augen eine Schlange von gewaltigen Ausmaßen, die sich an seine linke Brust geheftet hatte. Sie erschraken darüber so sehr, daß sie aufschrien; da ließ das Ungeheuer von seiner Beute und warf sich, nachdem es sie in furchterregender Weise angezischt hatte, in den Fluß zurück.«[2]

Nessie in Österreich? Es sind viele naturalistische Erklärungen denkbar: Es könnte sich um einen großen Flußaal gehandelt haben, ein Neunauge oder um eine optische Täuschung, bei der eine schleimige Baumwurzel mit einem Ungeheuer verwechselt wurde. Der Ursprung der Flußungeheuer geht auf die alten heidnischen Flußgötter zurück, die jährlich ein Opfer

Abb. 3: Darstellung eines Seeteufels in einem Holzschnitt um 1580.

forderten – oder es sich holten, indem sie jemanden ertränkten. Man schrieb die Ertrunkenen im Volksbrauch lange einem unbekannten Seeungeheuer zu – vielleicht auch in diesem Falle.

Häufig wurden große Störe für ungeheuere Wesen gehalten. Im Mai 1936 herrschte Panik im Dorfe Körschiak bei Philipopel in Bulgarien. Im Maritzfluß war ein Seeungeheuer gesichtet worden. Wild peitschte es mit seiner Schwanzflosse das Wasser zu Schaum, und eine Gruppe tapferer Männer aus dem Dorf bewaffnete sich mit Messern und Stöcken, um das Monstrum zu beseitigen. Von einer Seite stürzten sich die Männer in den Fluß, von der anderen kamen die Fischer in ihren Nachen. »Nach einer halben Stunde war es den vereinten Kräften der Männer gelungen, das wild um sich schlagende Seeungeheuer in einem Netz an Land zu ziehen. Hier machte man die erstaunliche Feststellung, daß es sich um einen riesigen Stör handelte, der eine Länge von fast drei Metern und ein Gewicht von 100 Kilogramm aufwies.«[2]

In der Donau haben sich Ungeheuer vielfältiger Art verborgen, und auch der Rhein ist nicht immer so friedlich gewesen wie heute. Neben Sagen, die von Drachen im Rhein bei Rheingönheim in der Nähe von Ludwigshafen und bei Worms berichten, ist ein Vorfall interessant, der sich im September 1688 ereignet haben soll: »Ein wunderliches Wasser-Thier«, berichtet ein Kölner Chronist, »ist den Rhein hinauffkommen anno 1688 im September, von mir und vielen hundert Menschen gesehen worden, die Stadt Coellen und Kurfürst. Residenz Bonn mit großem Gebrüll und Bautzen passiert biss Strassbourg und Basel zu hinauff gegen den Strohm so stark und geschwind als ein Pferd lauffen können.« Wenig später sichtet und beschreibt ein Bonner Augenzeuge die »Meerkuh«: »Die Erscheinung eines so seltsamen Wunderthiers, die auf dem Wasser entstandenen Ungestüme, deren Wellen, das Geräusch zweyer aus seiner Stirne hervorquellenden Wassergüssen, so auf dem Rheinfluß bemerkt wurden, zog schier die gantze Stadt auf das Rheinufer, um dieses Unthier sehen zu mögen. Der auf dem Bollwerk stehende Schildwacht that zwaren verschiedene Schüsse auf selbiges, aber vergebens, das Wasser-Thier setzte seinen Weg den Strohm hinaus unerschrocken fort.«[4]

Auch in Basel wurde das Untier bemerkt: »Mitte des November 1688 liesse sich im Rhein zu jedermanns Verwunderung und Entsetzen ein erschreckliches Meerwunder sehen. Es war an Grösse und Farbe einem schwarzen Pferd gleich, mit langen Ohren und einem breiten Schweif, den es ganz aufrecht in der Luft truge, und hatte darbey einen gar grossen Kopf; etliche hielten es für ein Meer-Pferd, andere aber für ein Monstrum oder Meer-Wunder, welches alles das Unglück, welches die Pfaltz und Rhein-Länder betroffen, vermutlich angedeutet. Es ging in der größten Geschwindigkeit den Rhein hinauf an Bonn, Cölln, Coblenz, Bacharach, Bingen...und bis nach Basel, und erschreckte mit seiner ungewöhnlichen Gestalt und Grösse alle Einwohner, sonderlich mit seinem gewaltigen Brausen, und ob man wohl verschiedene Schüss nach ihm gethan, hat es doch selbige so wenig geachtet, als wenn man ein paar Bohnen nach ihm geworffen hätte.«[5] Vielleicht hat es sich um einen Wal gehandelt, der, wie sein Nachfahre im Mai und Juni 1966, den Rhein entlang geschwommen ist. Doch das Wasserungeheuer, selbst wenn es ein uns heute bekanntes Tier war, bedeutete damals mehr als ein Kuriosum; wie der Zeuge vermerkt, könnte es die Zerstörung der Pfalz durch die Franzosen angekündigt haben, so wie andere Monstren den Tod für den bedeuten, der sie sieht.

Die Mosel, die in den Rhein mündet, beherbergte ein bedrohliches Wesen, das es zu besänftigen galt. Bis 1769 feierte man am 23. April, dem Tag des heiligen Georgs, in Metz das Fest des Drachen Graouilli, der als Modell durch die Straße getragen wurde. Jeder Bäcker mußte dem vorbeiziehenden Drachenmodell ein Brötchen an die Zunge spießen – ein ritualisiertes, unblutiges Opfer für den Drachen, der nach der Ansicht der Menschen in der Mosel lebte.[6] Solche Drachenmodelle gibt es überall in Europa, die bekanntesten sind »Snap«, der Drache von Norwich, »Tarasque«, das Ungeheuer von Tarascon in Frankreich, und der feuerspeiende Drache von Furth im Wald in Deutschland. Bei Mehring ist die Mosel besonders trügerisch:

»Die Fischer fürchten diese Stelle, weil es da nicht geheuer ist und der Nachen wie von unsichtbarer Hand in die Tiefe gezogen wird. Hier hat die Mosel schon manches Opfer gefordert. Und riesenhafte Schlangen hat man zur Nachtzeit gesehen, die schwammen im Wasser und verstrickten sich im Fischernetz.«[7]

Ungeheuer in Seen

In der Renaissance verschwand allmählich der Glaube an Monster als Omen und Gotteszeichen, der in den Beschreibungen des Rheindrachens noch deutlich war. Drachen wurden als gewöhnliche Bestandteile der Tierwelt gesehen, die man wie andere Tiere auch klassifizieren konnte. War der Kampf mit dem Drachen im Mittelalter noch die heroische Tat eines feudalen Helden oder ein Attribut eines Heiligen, so konnte die Bezwingung des Ungeheuers, seine Unterordnung unter ein wissenschaftliches System, nun auch die Leistung eines Zoologen sein. Andererseits bewirkte die Demystifizierung der Drachenvorstellung, daß der zum gewöhnlichen Tier degradierte Lindwurm noch weiter »rationalisiert« wurde – zum übergroßen Fisch: Aus dem bösen Omen wurde ein Forschungsobjekt.

Das war ein langsamer Prozeß, der gegen Ende des Mittelalters einsetzte und erst im 19. Jahrhundert ein Ende fand – um gleich von einer neuen Entwicklung abgelöst zu werden: der Umdeutung der kuriosen Riesenfische zu überlebenden Sauriern als Argument entweder für oder gegen die Darwinsche Deszendenztheorie.

Als Sebastian Münster (1488-1552) 1544 die Maare der Eifel beschrieb, gab er auch einen Überblick über die vielen Sagen, die sich um diese eigentümlichen Seen ranken und große Ähnlichkeit mit den Erzählungen vom Mummelsee im Schwarzwald haben. Vom Laacher See und Ulmener Maar sagt Münster, sie seien »nahmhaftige Seen« und »sehr tief«. Sie »haben keinen Zufluß, aber viele Ausflüß und sind sehr fischreich. Im Maar zu Ulme ist ein Fisch, wie den viele gesehen haben, auf 30 Schuh lang, und ein anderer auf 12 Schuh lang; die haben Hechtsgestalt. Und so sie sich sehen lassen, stirbt gewißlich ein Ganerb des Hauses Uelmen, es sei Mann oder Frau; ist oft bewährt und erfunden.« Der Aberglaube, das Auftauchen eines Seeungeheuers bedeute den Tod eines Königs oder Mitgliedes einer Familie, ist auch aus Schottland bekannt, wo das Erscheinen des Monsters von Loch Morar den Tod eines MacDonnell anzeigt. Hier sind wir wieder auf der Spur eines frühen Totemismus, der einen Clan mit einem Totemtier in Zusammenhang bringt. Münster schreibt, daß die Maare untereinander in Verbindung stehen und führt an, man habe einmal einem Hecht im Laacher See eine Schelle angehängt, die dann im Ulmener Maar gefunden wurde. Auch dieses Motiv ist von anderen Seen her bekannt: So sollen Bodensee und Vettersee in Schweden in Verbindung stehen, ebenso Loch Ness und die Nordsee. Wenn nun all die Erzählungen von unterirdischen Gängen und von Familienmonstern nichts weiter sind als europaweit verbreitete Sagenmotive, dann muß erwogen werden, daß es sich auch bei den modernen Seedrachen in Schottland, Irland und Skandinavien nur um durch Sichtungen konkretisierte Folklore handelt.[8]

Eigentümliche Himmelsgeräusche, die manchmal über Seen wahrgenommen werden, sind als Stimmen von Seeungeheuern gedeutet worden. Die Volkssage hat dazu die Erklärung geschaffen, ein Monster lebe auf dem Boden der betreffenden Seen. Wie ein Tatsachenbericht liest sich diese Sage in Zedlers Lexikon: »Es ist in dem Crakauischen Striche eine sehr grosse See, welche man deßwegen, daß die bösen Geister allda gewohnet, und das Wasser unsicher gemacht, nicht zum Fischfange gebrauchen können. Als aber im Jahr 1578 dieselbe im Winter zugefrohren, haben einige umliegende Nachbarn, mit Zuziehung etlicher Geistlichen, welche Fahnen, Creutze und andere Heiligthümer, damit den bösen Geistern Widerstand zu thun, und sie zu verteiben gemeynet, mit sich getragen, in derselben See zu fischen sich versammelt. Da sie aber das Netz ausgeworffen, haben sie im ersten Zug drey kleine Fischlein bekommen, im anderen aber das Netz aufgewickelt erhalten, und im dritten endlich ein greuliches Monstrum und Ungeheuer mit einem Ziegenkopffe gefangen, dessen Augen wie Feuer gebrannt und gefunckelt. Als sie drüber alle erschrocken und davon gelauffen, ist das Gespenste unter das Eys gefahren, die gantze See durchlaufen, und ein greuliches Lermen und Gethöne auf dem Wasser von sich gegeben.«[9] Eine Sage, die ein Naturphänomen erklärt und gleichzeitig, weil zeitgemäß, zum Teufelswerk degradiert.

Abb. 4: Der Schwarzwälder Mummelsee mit zwei getöteten Drachen. Kupferstich aus dem 1664 erschienenen Werk »Mundus Subterraneus« von Athanasius Kircher.

Während diese Geschichten nicht beweisen, daß Ungeheuer existieren (wollte man hier deuten, käme ein großer Wels als Erklärung in Frage), zeigen sie doch, daß man in Seen immer Wesen vermutete, die man erst von Göttern zu Teufeln erniedrigte, um sie dann – als große Fische – zu naturalisieren, bis man sie letztendlich als überlebende Dinosaurier betrachtete. Heute sieht man keine Nessies mehr in deutschen Seen, aber wenn es stimmt, daß Ungeheuer die Grenze zwischen Zivilisation und Natur, zwischen Bekanntem und Bedrohlichem markieren, müßten sie ja in die Randgebiete Europas verdrängt worden sein – eben nach Schottland, Irland, Island und Norwegen.

Früher lebten diese neuzeitlichen Dinosaurier auch bei uns – ein Drache, der den Belchensee im Elsaß bewohnte und der große Fluten verursacht haben soll, wurde 1304 getötet.[10] Zwei große Drachen, die im Mummelsee im Schwarzwald hausten, wurden im 16. Jahrhundert erschlagen und in Kupfer gestochen – das Bild zeigt zwei erbärmliche Dinosaurier, die mit dem Bauch nach oben wie aufgeblasene Luftmatratzen treiben.[11]

Der verbreitete Glaube an in früheren Zeiten besiegte Seemonster führte dazu, daß überall in Europa Drachenrelikte ge- und erfunden wurden. Fossile Knochen galten als Drachenreste, in vielen Kirchen wurden Lanzen ausgestellt, die von einem Duell mit einem Lindwurm stammten – und manchmal wurden die Beweisstücke erst im nachhinein geschaffen.

Ein Beispiel unter vielen ist das Ungeheuer vom Kaiserslauterner Kaiserswoog. Die Chronik berichtet: »Am 6. November 1497 wurde ein gar merkwürdiger, aber auch kostbarer Fang gemacht. Man erbeutete einen Hecht, der 19 Schuh lang war und 360 Pfund wog. Um den Hals trug der Fisch einen kupfernen und vergoldeten Ring aus kleinen Kettchen mit eingesetzten Buchstaben. Kurfürst Philip in Heidelberg freute sich gewiß, als man ihm das Prachtexemplar überbrachte. Der Ring wanderte in die kurfürstliche Schatzkammer, wo lange Zeit zu lesen stand: ›Dieses ist die Form des Ringes oder Kettleins, so der Hecht an seinem Halse 267 Jahre getragen hatte.‹« Und wie lautete die Inschrift? Sie war in griechischer Sprache abgefaßt und wurde ins Deutsche von Bischof Johannes von Worms übertragen: »Ich bin der Fisch, so am ersten unter allen in den See getan worden durch des Kaisers Friedrich des Anderen Händ den 5. Weimonat im Jahre 1230.« Das vollkommene Skelett des Riesenhechtes, der, wie schon die Ungeheuerhechte in den Eifelmaaren, mit einem Herrscherhaus verknüpft war, soll bis ins 19. Jahrhundert in der Mannheimer Jesuitenkirche aufbewahrt worden sein. Dort soll es »ein berühmter deutscher Anatom untersucht haben, der feststellte, daß es aus den Skeletten mehrerer Hechte zusammengebastelt worden war.[12] Sechs Meter lange Hechte in Maaren und Teichen, die im Wasser treibenden Baumstämmen ähneln, werden zu Monstern, wie sie heute in Loch Ness gesichtet werden.

Die Schweizer Drachenplage

Wenn es je eine europäische Region gab, die unter einer wahrhaftigen Drachenplage zu leiden hatte, dann ist das die Deutschschweiz gewesen. Profitiert die Tourismusindustrie heute in Schottland und Irland von den dort ansässigen Drachen, so zeigten sich die Schweizer Exemplare der frühen Neuzeit stets sehr destruktiv – und außer den Wasserdrachen gab es noch den Tatzelwurm.

Verschiedene Luzerner Bürger sollen nach den Aufzeichnungen der Petermann Etterlin-Chroniken und der Schriften Diebold Schillings 1468 einen Drachen gesehen haben, der aus dem Vierwaldstätter See kam und die Reuss hinunterschwamm. »Ein großer Drachenwurm schwamm in die anschwellende Reuss und unter der Brücke durch. Niemand konnte seine Länge oder Größe bestimmen.«[13] Die Erzählung geht vielleicht auf eine außergewöhnliche Überschwemmung der Reuss zurück, denn Darstellungen des 15. Jahrhunderts zeigen, wie die Reussbrücke mit Holzpalisaden gegen weitere Fluten abgeschirmt wurde: Die dem Fluß innewohnenden Zerstörungskräfte bedrohten die Stadt.

Ein ähnlicher Vorfall – vielleicht auch derselbe – ist am 26. Mai 1499 in Etterlins Chronik vermerkt; in Schradins Reimchronik vom Schwabenkrieg wird das Ereignis, das auch Grimmelshausen im *Ewigwährenden Kalender* aufführt, mit folgenden Knittelversen überliefert:

»vff den xxj tag meyen ist beschechen
zu Lutzern, hat man ein seltsam ding gesehen,
ein wurm, sin hals ward geacht zwei klaffter lang,
sich vß dem sew durch die Rüßbrügk schwang.
sin houpt mit breiten oren, gestalt eins kalb,

vnd die grosse des libß allenthalb
ouch einem kalb ze glichen vnd ze schetzen,
daby hab ich die welt horen schwetzen,
des wurms lengy sy xj klaffter gewesen.«[14]

Das sind, bei einem Klafter zwischen 1,7 und 2,5 Metern, immerhin um die 20 Meter! 1480 war eine große Schlange in der Aare aufgetaucht, in die die Reuss mündet. Renward Cysat (1545-1614), der Luzerner Chronist, der uns zahlreiche Meldungen über Drachen, Seegeister und Kobolde überliefert hat, berichtet, daß »eine große Flut im Lande war. Die Leute sahen eine große Schlange mit vier Füßen, die aus der Aare stieg und den Berg herabkam, von Zoffingen nach Ryckern.«[15] Auch bei den deutschen Alpenseen nahm man an, ein monströser Fisch oder Drache auf ihrem Grund könnte Flutkatastrophen verursachen, und im katholischen Luzern, das mitten im calvinistischen Umland lag, glaubte man noch viel später, daß vom Satan verführte Hexen und Zauberer mit magischen Riten die Seen über der Stadt überquellen ließen, um Luzern zu schaden. Diese Zauberer ritten zu ihren Zusammenkünften auf fliegenden Drachen.

1566 wurde wieder ein Wasserdrache in der Reuss gesehen. Renward Cysats Aufzeichnungen bringen erneut das Erscheinen des Drachen mit einer Überflutung Luzerns in Zusammenhang: »1566, nach einem Sommer mit nie zuvor erlebten großen Überschwemmungen, wurde wieder eine große Schlange in der Reuss bei Bremgarten gesehen. Nachts verließ sie den Fluß, betrat die Alpenhänge und riß Kälber in Stücke.«[16] Bremgarten liegt zwischen dem Vierwaldstätter See und der Mündung der Reuss in die Aare, und so verbindet dieser Bericht die zuvor isolierten Sichtungen in beiden Flüssen. Jacob Huber, der die Schlange sah, hielt sie zuerst für einen riesigen Lachs und warf seine Harpune nach ihr, ohne sie jedoch zu verletzen. Das verärgerte Ungeheuer stürzte sich aus dem Fluß auf Huber: Er sprang, nun selbst erschrocken, aus dem Boot und rannte nach Hause – dort starb er sechs Wochen später. Hier sind die Kräfte des Höllendrachen wirksam, vergleichbar den heutigen Begegnungen mit fliegenden Untertassen, die »Strahlenschäden« verursachen.

Drachen konnten nicht nur Fluten erzeugen und aus Seen in Flüsse und wieder zurück wandern, häufig legten sie auch kurze Strecken über Land zurück, um Kälber, Schafe oder Menschen zu fressen. Noch heute wird von gelegentlichen Landgängen des Ungeheuers von Loch Ness berichtet. Das Monster vom Rotsee, über das Renward Cysat berichtet, war ebenfalls amphibisch: »Im Jahre 1599 entdeckte man die Anwesenheit einer äußerst langen Schlange im Rotsee, denn sie hinterließ dort Spuren. Sie führte in der Gegend zu großem Erschrecken, ich selbst befragte glaubwürdige Zeugen mit folgendem Ergebnis:

Man sah sie um einen Fels im See geringelt, und eine weitere Schlange sprang ins Wasser. Andere folgten ihren Spuren bis zum Hofe Vogelsang, und ihre Spuren waren so breit wie die eines Wagens. Die Spuren waren spiralförmig, wie von einer sich ringelnden Schlange, und vollkommen schleimig. Die Spuren führten zum See und endeten dort, daraus folgerten wir, daß sich die Schlange in den See stürzte. Einige Zeit hatte die Schlange in einer dunklen Höhle am Seeufer verbracht, dort entdeckten die Leute die Reste von Fischen, die sie verschlungen hatte.«[17]

Wie stark der Einfluß solcher Volkserzählungen auf die kollektive Wahrnehmung ist, zeigt eine Pressemeldung von 1991, in der die gleiche Volkssage in Sibirien angesiedelt ist: In der Nähe von Scharipowo erschien in einem See ein Ungeheuer, das einem treibenden Baumstamm glich, alle Frösche und Fische in dem Gewässer verschlang und an Land Spuren »wie ein Schlitten« hinterließ.[8] Das heißt: Noch heute werden vage Wahrnehmungen in die von der Tradition festgelegte Form gebracht.

Diebold Schilling berichtet von einem weiteren Monstrum im Schweizer Zoogsee (Zuger See) am 29. Juli 1509, »zur Zeit des Papstes Julius und des Kaisers Maximilian. Ein großer Fisch tauchte bei Axt (Arth) auf, der seit uralten Zeiten anzeigte, wenn immer etwas wichtiges wie ein Krieg, ein Tod oder Schaden fürs Leben bevorstand. Viele Leute verglichen seine Form mit der eines Karpfens, aber er hatte die Größe eines Bootes mit Eichenplanken. Er taucht nur vor wichtigen und vielsagenden Ereignissen auf.«[19]

Diese »Tatsachenberichte«, die den heutigen Berichten vom Ungeheuer von Loch Ness entsprechen, lassen erkennen, wie der Seegeist im Wasserdrachen Gestalt annimmt. Er kann den Feudalherrscher bedrohen und wird, als heidnischer Gott, von der Kirche verteufelt; gleichzeitig aber ergreift die aufkeimende Wissenschaft Besitz von ihm, indem sie das mythische Bild dem bereits erforschten anpaßt und den Seegeist mit »einem Karpfen« oder »einem Hecht« vergleicht.

Ein Beispiel für den Wandel der Glaubensvorstellungen kennt man vom Seelisberger See in Uri in der Schweiz, der seit dem Mittelalter als Wohnung böser Geister und später von Seemonstren galt. Das Ungeheuer dort heißt Elbst, ein Wort, das vom althochdeutschen Albiz, der Schwan, stammt. »Der Elbst«, berichtet das *Handwörterbuch des deutschen Aberglaubens,* »erscheint als moosbewachsener Baumstamm (als ›Sargholz‹) oder als treibende Insel auf der Seeoberfläche und zieht Unvorsichtige in die Tiefe; bei Mondschein liegt er als Schlange rings um den See, steigt auch in Gestalt eines Drachens bzw. einer Schlange mit Krallen nachts an Land und würgt das Vieh, zeigt sich auch ... als Fisch, verfolgt Neckende in Gestalt eines Feuerrades.«[20] Renward Cysat ist der erste Berichterstatter, der auf die Schweizer Nessie eingeht. »Zwei Stunden von Uri entfernt«, schreibt er, »befindet sich ein Bergsee, in dem jüngst 1585 bei gutem Wetter zwei Gespenster von verschiedener Gestalt gesehen wurden, die müßig herumschwammen. Sie verwandelten sich, das eine in einen treibenden Baumstamm, das andere in einen Heuhaufen. Als sich die Zeugen näherten, verschwanden beide Objekte. Die Einwohner glaubten, es handele sich um böse Vorzeichen.«[21]

Nessie wird noch immer als treibender Baumstamm beobachtet, doch in letzter Zeit hat die Zahl der überlebenden Dinosaurier, die sich in schwimmende Heuhaufen verwandeln, beträchtlich abgenommen. Doch zu dieser Zeit war der Elbst noch längst nicht zum richtigen Seedrachen geworden, er blieb noch in seiner alten Form als Seegeist erhalten. Renward Cysats Neffe Leopold, der 1611 ebenfalls über den Elbst berichtete, denkt wie sein Onkel noch an einen Dämon im Wasser; er vergleicht ihn mit der biblischen Geschichte der Schweineherde, in die Jesus am See Genezareth die Dämonen eines Besessenen treibt und die sich darauf selbst ersäuft: »Mehrere Jahre lang hat man in diesem See rare und wundersame Dinge beobachtet, nämlich haben Leute durch das klare Wasser auf dem Grunde des Sees eine Herde Schweine gesehen, die sich im Augenblick umformten und sich von innen nach außen stülpten wie Kälber, denen man die Haut abzieht.«

Aus diesen Dämonen, die sich in guter biblischer Gesellschaft befanden – war doch Pilatus in den gleichnamigen Berg bei Luzern, der von Drachen bewohnt wurde, verbannt worden –, machten die Folkloreforscher des 19. Jahrhunderts, von Darwin und dem Aufschwung der Naturwissenschaften beflügelt, veritable unbekannte Tiere. Die biblischen Dämonen werden so zu einer Metapher, zu einem reinen »es sah aus wie...«.

1853 berichtete ein Zeuge, er habe den Elbst gesehen, der nun plötzlich, in der Tradition der Naturforscher der Renaissance, nur noch »ein großer Fisch« war, der »einer roten Sau glich«. Die Geisterwelt wird entmythologisiert und konkretisiert, aus dem Mythos, der Fluten für die einfachen Leute verständlich macht, ist eine Quasi-Tatsache geworden: Der Dämon wurde zu einer unbekannten Lebensform reduziert, die von der Wissenschaft entdeckt und klassifiziert werden muß. Diese Metamorphose ist 1854 abgeschlossen, als der Folklorist C. Kohlrusch plötzlich »ein Ungeheuer« im Seelisberger See beschreibt. Seine Worte wurden vom *Handwörterbuch des deutschen Aberglaubens* größtenteils paraphrasiert. Jetzt sind in der volkskundlichen Form – wie in der modernen Kryptozoologie, der Wissenschaft von den Ungeheuern – »schwimmende Insel« und »treibender Baumstamm« Vergleiche, die die Zeugen wählen, um den über das Wasser ragenden Rücken eines vorsintflutlichen Ungeheuers zu beschreiben; im Vordergrund stehen nicht mehr die Tricks, die ein alter dämonischer Drache wählte, um Menschen zu täuschen, damit er sie besser packen und verschlingen konnte. Doch die Flutdrachen der Volkssage sind bei Kohlrusch in die Erzählung integriert: Am Ufer des Seelisberger Sees, sagt er, fände man die Kadaver von Kälbern, was offenbar beweise, daß der Seedrache sein Heim verließe, um unter den Haustieren zu räubern.[22]

Seeschlangen wurden durch das Werk des holländischen Zoologen Dr. Antoon Cornelis Oudemans (1858-1943) zu Anfang des 20. Jahrhunderts respektabel, Biologen schrieben gelehrte Abhandlungen über Seeschlangen, ihre Arten und Unterarten und ihre möglichen Beziehungen zu den Drachen der Sagen. Als Josef Müller 1926 am Seelisberger See weilte, um Berichte über den Elbst zu sammeln, fand er fünf Augenzeugenberichte aus der Zeit von 1914 bis 1926, die alle die nun traditionell gewordene Seeschlange in der Form eines überlebenden Dinosauriers beschrieben.[23]

Das letzte Schweizer Seeungeheuer im Vierwaldstätter See erschien 1976. Der Fernsehmoderator Kurt Felix ließ ein Nessie-Modell anfertigen und ferngesteuert im Urner See, einem Arm des Vierwaldstätter Sees, schwimmen. 1976 konnte man nicht mehr an Seegespenster glauben, aber auch längst nicht mehr an unentdeckte Saurier in Alpenseen – die neue Inkarnation des Wasserdrachens mußte daher als Scherz auftauchen. Felix hatte das 15 Meter lange »Ungeheuer« bereits zwei Wochen auf dem See schwimmen lassen, doch es kam keine Reaktion der Touristen, die offenbar zu verschämt waren, ein Ungeheuer zu melden, obwohl sie es gesehen hatten. Felix beauftragte zwei Mitarbeiter, als harmlose Urlauber getarnt, den Plastikdrachen bei seinem nächsten geplanten Auftauchen am 25. August 1976 zu fotografieren. Kaum taten sie es, machte »Urnie«, wie das Vieh in Anlehnung an seine bekanntere schottische Schwester getauft wurde, Schlagzeilen in dem Schweizer Massenblatt *Blick*. Danach wollten 40 Personen vom Seeort Brunnen auch ein 15 Meter langes, drachen- oder nessieähnliches Monster gesehen haben, das mit lautem Brüllen mehrmals auf- und wieder untergetaucht war. Das alles wurde genau berichtet, seltsamerweise haben die meisten Zeugen keinen Verdacht geschöpft, als das Wesen recht untierisch wie eine Sirene brüllte.

Felix erklärte sein Modell im Fernseh-Studio: »In Wirklichkeit ist das Ganze zehn Meter lang, eine Tonne schwer. Sie sehen da diesen beweglichen Hals. Wir haben es unter Wasser durch den Vierwaldstätter See gezogen, vor die Ufer von Brunnen, und zwar an einem ganz langen, 300 Meter langen Seil, und wir konnten das dann im entsprechenden Augenblick anhand dieser Schwimmflügel und mit diesen Lufttanks, die hier unten befestigt sind, auftauchen lassen.«

Kaum war bekannt, daß es sich bei dem Seedrachen um einen Scherz gehandelt hatte, schienen mehrere Leute blamiert, die zwischen dem ersten Auftauchen »Urnies« bis zu seiner Enttarnung berichtet hatten, sie wären dem Ungeheuer schon vor August begegnet. Der Motorboot-Weltmeister Josef Ulrich erklärte, er sei bereits im Herbst 1975 einem gleichartigen Monster in der Nähe von Islefen begegnet, zwei deutsche Taucher wollten im Frühjahr 1976 im Urner See einem Saurier begegnet sein, hätten damals aber geschwiegen, um sich nicht lächerlich zu machen.[24]

Der Ursprung der mittelalterlichen und der modernen Wasserungeheuer wird deutlich: Vielfach sind sie nur dunkle Schatten, Schemen und Wellen, die auf der Seeoberfläche erscheinen. Weiß man, daß der See von einem Monster bewohnt wird, wie im Falle des Loch Ness, oder erfährt man, daß in einem Gewässer plötzlich ein Saurier erschienen ist, kann man diese schemenhaften Erfahrungen mit einem bestimmten Namen belegen. Auch können Zeugen frühere nebulöse Erfahrungen, die, wie im Falle »Urnie«, über ein Jahr zurückliegen mögen, durch neue Informationen »uminterpretieren« und ihnen somit eine Gestalt geben. Gleichermaßen sahen unsere Vorfahren Drachen nach katastrophalen Überschwemmungen; man wußte allgemein, daß Drachen Fluten verursachen, und so sah man sie in den Wassermassen, so daß das Unvorhergesehene konkretisiert und damit begreifbar wurde.

Die Alpenseen

Die Sagen, die sich um die tiefen deutschen und österreichischen Alpenseen, aber auch um den Bodensee ranken, unterscheiden sich wenig von denen der Schweiz, jedoch wurden die Sagen hier, wo es keine Chronisten gab, nicht in ihrer faktualisierten, quasi-realen Form überliefert, sondern als legendäre Märchen. Wir erfahren vom 200 Meter tiefen bayerischen Walchensee, daß auf seinem Grunde ein Riesenwels hause, der, wenn er »in Zorn gerät, mit einem Hieb seines mächtigen Schwanzes den See über die Ufer drängt und das Land vor den Bergen in eine Sintflut stürzt«.[25]

Das Bedürfnis, einen unheimlichen See mit Ungeheuern zu bevölkern, hatten keineswegs nur unsere angeblich um soviel abergläubischeren Ahnen. Als im Juni 1983 im österreichischen Toplitzsee, der wegen seiner modernen Sagen um ver-

Abb. 5: Die Seeschlange vom Bodensee bei einem Landausflug nach Konstanz, Holzschnitt aus dem Jahr 1590.

senktes Nazi-Gold bekannt ist, eine Expedition einen mehrere Zentimeter langen unbekannten Wurm entdeckte, machte die Sensationspresse daraus ein »sieben Meter langes Ungeheuer«.[26]

Nichts anderes war wohl im Jahre 1590 passiert. Die Rolle der heutigen Sensationspresse übernahmen damals billig produzierte und mit grobem Holzstich und gereimtem Text versehene Flugschriften, die, wenn sie nicht von Unkeuschheiten, Kriegen, Kometen und religiöser Unruhe sowie grauenhaften Verbrechen berichteten, ganz gerne mirakulöse Darstellungen von Himmelserscheinungen und Ungeheuern aller Art verbreiteten. Ein 1590 in Augsburg gedrucktes Flugblatt zeigt eine meterlange Schlange mit Vogelkopf und Pfauenfedern über der Stirn, die in einem Sumpf in der Nähe des Bodensees aufgetaucht sein soll. Mit ihrem Schwanzende steckt die Schlange noch in einem Erdloch, und aus Vogelaugen mustert sie zwei gut angezogene Bürger, die sie mehr neugierig als erschrocken betrachten.[27]

Ein weiteres Flugblatt, das 1727 in Augsburg gedruckt wurde, zeigt eine phantasievolle Darstellung eines Seeungeheuers, das von »400 Bauern und ihren 20 Hunden« getötet wurde.

Das abgebildete Monster entspricht aber weder einem bekannten, noch einem mutmaßlichen Bewohner des Bodensees, es ist zusammengesetzt aus ikonographischen Klischees der damaligen Zeit. Neben zwei mächtigen beschuppten Fischschwänzen, die am Ende Augen haben, steht es hinten auf Enten- und vorne auf Pferdebeinen, der Kopf ist der eines Schweines mit den Hauern eines Walrosses, dazu hat es einen menschlichen Bart.[28] Der Darstellung liegt offenbar ein Seeungeheuer zugrunde, das der schwedische Bischof Olaus Magnus (1490-1557) bereits 1555 abgebildet hatte: eine Mischung aus Schwein und Fisch, mit großen Stoßzähnen und Augen über den ganzen Körper verteilt. Olaus' Monster symbolisierte die Gefahren der Reformation, war er doch selbst als Katholik von den schwedischen Protestanten aus seiner skandinavischen Heimat vertrieben worden und mußte im Exil in Rom leben. Daß die Darstellung des Monsters geborgt und nicht authentisch ist, findet man auf alten Flugschriften häufig; es gibt mehrere Blätter, die von verschiedenen Walstrandungen berichten, aber stets Variationen des gleichen Holzschnittes benutzen. Das Monster, das bei Friedrichshafen aus dem Wasser gekommen sein soll, ist allerdings – es wäre auch zu schön gewesen! – kein Bodenseemonster, sondern wurde beim dänischen Frederikshavn gesichtet. Doch die geographische Nähe des Bodensees zu Augsburg sowie die Tatsache, daß es am Bodensee ebenfalls ein Friedrichshafen gibt, hat mich vor Jahren zu der Idee geführt, hier sei von einem erneuten Auftauchen eines Monsters im »Schwäbischen Meer« die Rede. Das Beispiel zeigt, wie schnell falsche Verknüpfungen entstehen können.

Es bleiben drei Möglichkeiten für dieses Auftreten des Seemonsters: ein Schwindel auf Kosten der leichtgläubigen Menge, die das Blatt schließlich kaufen sollte, ein tatsächliches Ereignis, das mit Klischees illustriert wurde (und daher nach 250 Jahren nicht mehr gedeutet werden kann), oder eine sym-

Abb. 6: Dieses Seeungeheuer soll 1727 bei Friedrichshafen gesehen worden sein.

bolische Darstellung, die das angebliche Ungeheuer ein letztes Mal in der Tradition der Omen für Krieg, Seuche oder Fall eines Herrschers zeigt.

Doch noch im 20. Jahrhundert werden Monster gesichtet.

Vielleicht ist Max Pertl dem Traum aller Ungeheuerforscher zu nahe gekommen, als er im Juni 1991 im Chiemsee ums Leben kam. Pertl war mit einem Boot am 22. Juni um 19 Uhr im Hafen Unterhochstätt losgezogen, um nach Aalen zu angeln. Man entdeckte später sein Boot leer auf dem See treibend, und am Tag darauf bargen Taucher Pertls Leiche aus 20 Metern Tiefe. Ein Sprecher der Polizei Traunstein: »Die Angel war verbogen, der Haken abgerissen. Der Fisch muß so groß und schwer gewesen sein, daß er den Mann über Bord zog.«

Da ist es wieder, das Ungeheuer, das die Menschen ertränkt. Doch was in der Schweiz noch ein Riesenfisch und im Walchensee ein großer Wels oder Waller war, ist nun nicht mehr von mythischen, sondern nur noch von enormen Ausmaßen. Gegenüber der deutschen Zeitung *Bild* erklärte der Verhaltensforscher Vitus B. Dröscher, das »Urvieh vom Chiemsee« sei ein drei Meter langer Riesenwels gewesen. »Manchmal gelingt es einem Wels irgendwo im Verborgenen, sich zu einem alten Urvieh, zu einem Ungeheuer zu entwickeln – um dann mit voller Kraft zuzuschlagen.«[29]

Für den Riesenwels, der den Angler in die Tiefe zog und das lange fällige 1:1 im Spiel Fische gegen Angler erzielte, gibt es – wenn überhaupt – ebensowenig Beweise wie für den von bösen Zauberern heraufbeschworenen Seegeist, der Überschwemmungen auslöst; doch beide sind – jeweils zu ihrer Zeit – glaubhaft gewesen.

»Moby Dick« und andere moderne Wunder

Die Welsgeschichte vom Chiemsee hatte 1979 einen Vorgänger. Im Zwischenahner Meer bei Oldenburg hatten zwei Wasserpolizisten am 26. April einen großen schleimigen Höcker von dreieinhalb Metern Länge beobachtet, der übers Wasser ragte. Verschiedene Sichtungen folgten, und das Tier, »Deutschlands Nessie«, wurde mit dem Scherznamen »Moby Dick« weltweit berühmt – sogar in Bangkok widmeten ihm die Zeitungen Schlagzeilen. Wie auch das nie gesehene Monstrum des Chiemsees wurde »Moby Dick« von der Presse und den Behörden als Riesenwels identifiziert. Als eine Boulevardzeitung eine Prämie auf den Kopf des Ungeheuers aussetzte, waren die Seeufer mit Anglern überfüllt, die das Geld kassieren wollten. Natürlich galt jede verlorene Schnur, jeder gekrümmte Haken als Werk des Riesenwelses, man begann sogar davon zu reden, das Vieh habe Hunde und Enten gefressen. So wie früher der Drache Ursache jeder Katastrophe am

See war, so war auch der Wels an allen Schäden schuld; Beweise brauchte niemand, denn ein Wels von mindestens vier Metern Länge in einem norddeutschen See ist genauso unwahrscheinlich wie ein Dinosaurier. Beamte hatten ihn gesehen, es war eine gute, spannende Geschichte. Das reichte. Als die Zeitungen nach einiger Zeit das Interesse verloren, zogen auch die Scharen der Angler wieder fort – mit leeren Händen. Der Riesenwels wurde weder gefangen noch erneut gesichtet.[30]

Nicht alle modernen Ungeheuersichtungen sind nur folkloristisch. Im August 1983 meldete ein Anrufer der Frankfurter Polizei eine Riesenschlange, die sich im Main herumtreibe. Die Polizei rückte aus und fing eine zwei Meter lange Schlange, die zur Identifikation ins Senckenberg-Museum gebracht wurde. Es wird sich wohl um ein Haustier gehandelt haben, das von seinem Besitzer ausgesetzt wurde.[31]

Hin und wieder gibt es faszinierende kleine, unbestätigte Berichte, die aufregend klingen, aber bei näherem Hinsehen zumeist konventionell erklärt werden können. Zum Beispiel hieß es in einer kurzen Meldung vom Juni 1991, daß im sächsischen Thümmlitzsee bei Grimma zwei Angler »ein etwa 60 Zentimeter langes, wie eine Katze fauchendes Tier« gefangen haben. Es fresse nur rohes Fleisch und werde von Experten des Leipziger Zoos untersucht.[32] Doch das Gros der Seeungeheuerberichte Mitteleuropas folgt dem deutlich gewordenen Muster, das aus anonymen See- und Flußgöttern im Laufe der Christianisierung böse Wassergeister machte, aus denen sich mit Hilfe der Wissenschaft erst biologisch reale Drachen und dann Riesenfische entwickelten.

Die letztere Form haben viele der europäischen Wassermonster noch heute, falls sie nicht nach schottischem Vorbild in überlebende Dinosaurier umgeformt worden sind. Wandelt sich auch das Aussehen und die biologische Zuordnung der Tiere, so gelten sie dennoch – wie vordem – als unkontrollierbare Wasserbestien, die für den Tod von Tieren und Menschen verantwortlich sind, bis sie von einem Heiligen oder auch nur einem Angler erschlagen werden.

Riesenkatzen und Geisterhunde

In den 60er Jahren hatte die Bäuerin Anna Wimschneider in Bayern ein eigenartiges Erlebnis. Es war Vorfrühling, und sie kam in einer mondhellen Nacht von einer Totenwache nach Hause. »Da hörte ich plötzlich ein Geräusch, als wenn im hohen Laub etwas auf mich zukäme. Es kam von der Scheune hinten, den Stall entlang, rasch näher. Da schaute ich genau hin, was es sei, aber es war nichts, nur das Geräusch war nun schon ganz nahe bei mir, und auf einmal stand ein ganz großes Tier vor mir, so groß, daß es mir fast an die Brust reichte. Ganz unwillkürlich hob ich die Arme, damit ich es nicht berührte. Das Tier war etwa eineinhalb Meter lang und hatte einen Rücken, der gewiß 40 Zentimeter breit war. In der Mitte des Rückens war ein vier bis fünf Zentimeter breiter Streifen, da waren keine Haare. Mit einem lauten röchligen ›Wrau‹ tat das Tier, als wenn es etwas mit dem Maul anpacken würde. Ich stand bewegungslos da. Da war nun wieder dieses Geräusch, als wenn im tiefen, trockenen Laub etwas liefe, aber nun entfernte es sich, und das Tier vor mir war im Augenblick verschwunden ... Da standen mir die Haare zu Berg, und ich erschrak ganz furchtbar.« Just zu der Zeit soll in der Nähe ein Mann gestorben sein.[1]

Dieses Erlebnis mag im ersten Moment nur bizarr klingen, aber es steht in einer Tradition, die aus der Antike stammt. Sie ist in den meisten Gegenden Deutschlands ausgestorben, offenbar aber in verschiedenen ländlichen Regionen noch lebendig: die Vorstellung, in schwarzen Hunden und Katzen könnten sich die Geister Verstorbener verkörpern. Dieser Glaube mag aus uralten Zeiten stammen, als einzelne Famili-

Abb. 7: Der »Werwolf« von Gévaudan, Frankreich, verbreitete im 18. Jahrhundert Angst und Schrecken. Darstellung aus dem Jahr 1765.

en noch ein Totem-Tier hatten, und er findet sich noch bis in die frühe Neuzeit in der Überzeugung, Hexen hielten sich schwarze Katzen als Verkörperung des Teufels. Auch im *Faust* Goethes erscheint Mephisto zuerst als schwarzer Pudel.

Im Jahre 856 soll während eines heftigen Gewitters »ein riesiger Hund« in einer Trierer Kirche erschienen sein. 867 soll ein ähnlicher Geisterhund in Sachsen aufgetaucht sein.[2] Im 13. Jahrhundert lehrte »ein großes schwarzes Tier« die Bewohner der Region um Darmstadt das Fürchten. Es soll viele Leute getötet haben, bis sich der Baron von Frankenstein ein Herz faßte und das bösartige Vieh erschlug. Bei dem Kampf erlitt er eine Wunde, an deren Folgen er starb.[3]

Häufig vermischt sich das Motiv des Geisterhundes mit dem des marodierenden Werwolfes. Werwölfe waren Menschen, die sich durch magische Formeln oder Teufelsbündnisse in Wölfe verwandeln konnten. In dieser Form konnten sie ihre Gier nach Menschenfleisch und -blut stillen. Ebenfalls in Südhessen, bei Eschenbach, soll 1685 ein wolfartiges Tier mehrere Kinder gerissen haben. Die aufgebrachten Bürger trieben es in einen Brunnen und erschlugen es mit Keulen und Heugabeln. Während einige Chronisten berichteten, es habe sich bei diesem Tier um einen gewöhnlichen Wolf gehandelt, behaupten andere Quellen, es sei ein Werwolf gewesen.[4]

In einem Speyerer Kloster soll es im Jahre 1651 gespukt haben. Zeugen hörten seltsame Geräusche, ein Summen und Brausen, das so beängstigend war, daß sich die Militärkommandantur schließlich entschloß, Nachforschungen anzustellen. Ein im Kloster wachender Soldat hörte das Brausen, und als er genauer nach der Ursache forschte, sah er in der Küche »ein schwarzes Kalb mit einem langen Schwanz, und dieses Kalb verursachte die eigentümlichen Geräusche«.[5] Besonders schwarze Tiere, Katzen und Hunde, wurden als übernatürliche Wesen betrachtet. Zu dieser Angst trugen sicher auch die bis zur Neuzeit noch in unseren Wäldern heimischen Wölfe, Luchse, Wildkatzen und Bären bei. Doch selbst als diese Tiere Mitte des 19. Jahrhunderts in Deutschland ausgestorben waren, lebten die schwarzen Ungeheuer weiter. So berichtete die Belfaster Zeitung *Irish Daily Telegraph* im Februar 1934: »Ein bisher unidentifiziertes Raubtier wildert unter den Hirschen und Rehen in den Wäldern entlang der Lahn. Nach einem Bericht aus Berlin handelt es sich um ein unlösbares Rätsel. Hin und wieder findet man junge Hirsche, denen der Kopf abgerissen wurde, mit tiefen Klauenwunden in der Flanke. Der letzte derartige Fund wurde bei Ober-Mörlen gemacht. Zwei Wochen zuvor hatte man einen kopflosen Hirsch, der offensichtlich von einem wilden Tier gerissen worden war, bei Driedorf gefunden. Die ersten Fälle wurden im letzten Frühjahr und Sommer entdeckt, ihre Zahl nahm gegen den Herbst zu. Trotz der Bemühungen vieler Förster und Jäger konnten bisher noch keine Spuren von dem wildernden Untier gefunden werden. Die Art der Wunden läßt auf einen Luchs schließen, aber seit mehr als 100 Jahren gibt es in Deutschland keine Luchse mehr. Es gibt auch keinerlei Hinweise, daß irgendwo ein Luchs aus einem Zoo ausgebrochen ist. Die Angelegenheit ist daher immer noch ein großes Rätsel.«[6]

1948 soll ein Wolf der Schuldige gewesen sein. Er überquerte die Elbe bei Gartow und wurde als »der Würger von Lichtenmoor« berühmt. Innerhalb kürzester Zeit soll der Wolf 52 Rinder und 100 Schafe gerissen haben – manchmal zwei in einer Nacht, über 50 Kilometer voneinander entfernt! So etwas bringt natürlich kein normaler Wolf fertig: Solche Mordgier entspricht eher der des Werwolfs der Sage. Nach dem Kriege herrschte in ganz Deutschland Fleischknappheit, jede Schlachtung mußte genehmigt werden. Heutige Vermutungen gehen dahin, daß so manches Rind und Schaf, das auf den Mittagstisch wanderte, den Behörden gegenüber als Wolfsopfer deklariert wurde. Wölfe sind keine grausamen und bösartigen Bestien, wie sie in den Sagen dargestellt werden, und es ist unmöglich, daß ein einzelner Wolf den sagenhaften Hunger des »Würgers« entwickelt hatte.[7] Doch der Schock saß tief. Der »Würger von Lichtenmoor« wurde zu einem Mythos der Nachkriegszeit. Noch im Oktober 1954 wollen die Forstangestellten von Frielingen und Frankenfeld im Lichtenmoor bei Neustadt in der Nähe Hannovers einen Wolf gesichtet haben. Innerhalb weniger Tage – so zeitgenössische Zeitungsberichte – soll das Tier zwölf Rinder und Schafe zur Strecke gebracht haben. Und man sprach in den Dörfern wieder vom »Würger«.[8]

Im Jahre 1962 beobachteten aufgeregte Bürger in der südenglischen Grafschaft Surrey einen Puma. Der Surrey-Puma ersetzte einen Sommer lang das »Ungeheuer von Loch Ness«. Nie riß das Raubtier auch nur ein einziges Schaf, selten hinterließ es Spuren, und es gibt auch nur ein oder zwei verwackelte Fotos von ihm. Heute ist der Surrey-Puma eine der populärsten Legenden Großbritanniens, nur die Kreise im Getreide, Ufos und Nessie sind beliebter. Von der Nordspitze

Schottlands bis zur Südspitze Cornwalls: Überall werden alljährlich Panther und Pumas geortet, ab und zu auch ein Schafskadaver. Das mögen wildernde Hunde und Katzen gewesen sein, doch die gerissenen Tiere werden stets den Pumas angelastet. In den 70er Jahren kam dieser Surrey-Puma auf den Kontinent, zuerst nach Spanien, später nach Frankreich – wo sich der Sagenforscher Michel Meurger mit ihm befaßte – und schließlich in die Bundesrepublik.

1977 tötete ein Tier, das abwechselnd als Puma, schwarzer Panther oder Wolf bezeichnet wurde, angeblich Hunderte von Schafen in den Vogesen. Bauern und Jäger organisierten regelrechte Treibjagden, doch selbst als im Winter Schnee fiel, hinterließ das Tier niemals Fußabdrücke. Die Bauern von Epinal sprachen von dem »Blutinstinkt« des Tieres, das seine Opfer töte, aber nicht fresse, sondern nur ihr Blut trinke. Ein Tankwart wollte das »Vogesenungeheuer« gesehen haben, er beschrieb zwei große pechschwarze Katzen, die schnell im Gehölz verschwanden, als sie ihn bemerkten. Danach berichteten die deutschen Zeitungen, die regen Anteil nahmen, das Rätsel sei endlich gelöst: Das Monster sei »ein entlaufenes Panther-Pärchen« gewesen. Doch wie die geisterhaften Vorläufer der heutigen Pumas konnten diese Tiere nie gefangen werden.[9]

Nachdem das »Vogesenungeheuer« vor allem in Süddeutschland die Zeitungsspalten gefüllt hatte, dauerte es nicht mehr lange, bis auch aus der Bundesrepublik die ersten Sichtungen von Pumas gemeldet wurden.

Manche unserer Mitbürger halten es für chic, sich exotische Raubtiere ins Haus zu holen. Die Angst, daß ein solches Tier ausreißen und den Wald unsicher machen könnte, ist verständlich. Hinzu kommen die zaghaften Versuche der Tierschützer, in heimischen Wäldern Luchse und Wölfe neu anzusiedeln. Leider werden viele dieser Tiere bald das Opfer übereifriger Jäger (weshalb die Aktionen immer häufiger geheimgehalten werden). Die Landwirte reagieren meist ablehnend, denn sie befürchten, die Wölfe und Luchse könnten ihre Schafe und Kälber töten. Obwohl das fast nie geschieht, tragen solche Ängste dazu bei, aus einem gewöhnlichen streunenden Hund ein gefährliches Raubtier zu machen. Doch all diese Faktoren können nicht die gesamte Zahl der Puma-Sichtungen in Deutschland erklären.

Eine kurze Übersicht über angeblich »entlaufene«, tatsächlich aber nie vermißte und gefangene Pumas in Deutschland zeigt deutlich, daß diese Phänomene Jahr für Jahr immer wieder in den gleichen Gegenden gehäuft auftreten. Jeder schlagzeilenverdächtige Fall hat in der Regel mehrere Nachfolger.

- Im Sommer 1982 sahen zahlreiche Zeugen einen Puma in Schleswig-Holstein. Ein gewisser Uwe Sander behauptete, das Tier habe ihn angegriffen. Die von ihm vorgezeigten Fellhaare stammten aber von einem Hasen. Einer der Pumas war in Wirklichkeit ein alter Müllsack, ein anderer ein gemaltes Bild. In einer Nacht wurden Pumas mehrere Dutzend Kilometer voneinander entfernt von verläßlichen Zeugen gesichtet.[10] Die Polizei ging zuerst von einem ausgebrochenen Tier aus, da bereits Meldungen aus dem Süden Dänemarks vorlagen. Später wurde dann vermutet, es habe sich nur um einen Schwindel gehandelt. Das Gerücht hielt sich mehrere Monate lang, die deutschen Tageszeitungen berichteten ausführlich. Diesmal blieb es der *Frankfurter Allgemeinen Zeitung* überlassen, den unvermeidlichen Vergleich mit dem »schottischen Loch Ness« zu ziehen.
- Im Juli 1983 tauchte ein Puma bei Hannover und Soest auf. Die Polizei fing einen wildernden Schäferhund ein und hielt ihn für den Schuldigen, doch sein Besitzer konnte nachweisen, daß das Tier erst Tage zuvor ausgerissen war. Angeblich wurden dieses Mal auch Fußabdrücke des Pumas gefunden. Gefangen wurde er nicht.[11]

- Im August 1983 warnte die Polizei vor einem Puma im Merzig-Wadern-Kreis im Saarland. Er wurde mehrmals in den Wäldern gesehen, die Polizei ging davon aus, daß es sich um ein aus einem Zoo, einer Menagerie oder einer privaten Haltung entlaufenes Tier handelte. Fangen konnte man es dennoch nicht, und Fußspuren hinterließ es ebenfalls nicht.[12]
- Am 16. April 1985 warnte die Polizei vor einem »Eisbären«, den verschiedene Zeugen im Forst bei Gelnhausen beobachtet hatten. Auf der Suche nach dem »Bären« fingen die Beamten »einen großen weißen sibirischen Wolfshund« und schlossen daraus, das sei der »Eisbär« gewesen.[3]
- Im Juni 1985 tauchte ein Puma wieder bei Hannover auf. Ein Jogger hatte bei Delligsen in Niedersachsen eine »Löwin« beobachtet. Polizisten durchkämmten das Gebiet und überflogen es mit einem Hubschrauber. Angeblich wurden Fußspuren entdeckt – das Tier selbst blieb unauffindbar. Zwei Tage später kamen erneut Berichte aus der gleichen Gegend. Ein Autofahrer wollte die Löwin 15 Kilometer vom ursprünglichen Sichtungsort entfernt gesehen haben. Ein Polizeisprecher gab an, es seien noch weitere Beobachtungen gemeldet worden. Ein Tierarzt, der die vorher entdeckten Spuren untersucht hatte, meinte, sie stammten ohne Zweifel von einer Großkatze. Ein Zooexperte untersuchte dieselben Abdrücke und kam zu dem Schluß, es handle sich ohne Zweifel um Hundepfoten. Und wieder verschwindet die Riesenkatze, ohne sich fangen zu lassen.[14]
- Im April 1988 warnte die Polizei in Saarlouis die Einwohner vor »einem entlaufenen jungen Puma«, der im Gebiet der Gemeinden Ernsdorf und Schwalbach gesehen worden sei: »Trotz der Suche von Polizei und Jägern konnte das Tier nicht gefangen werden.«[15]
- Im Sommer und Herbst 1989 konzentrierten sich die Sichtungen auf ein größeres Gebiet in Süddeutschland. Im

August erklärten verschiedene Zeugen, sie hätten einen schwarzen Panther im Grenzgebiet von Bayern und Hessen beobachtet. Ende Oktober sichtete man das Tier bei Heubach im Darmstadt-Dieburg-Kreis. Nun hat ein Puma, wie alle Raubtiere, ein festumgrenztes Revier. Auch ein entlaufener Puma würde sich bald ein Gebiet abstecken und es gegen Eindringlinge verteidigen. Allein die Sichtungen des Herbstes 1989 kamen von einem Gebiet, das als Revier viel zu groß für einen »normalen« Puma gewesen wäre. Und ein Puma muß sich ernähren, er hinterläßt Kadaver der getöteten Tiere, er hinterläßt Exkremente, er plündert Mülltonnen und wird – falls er wirklich existiert – wahrscheinlicherweise irgendwann einmal fotografiert. All dies geschah, wie in den anderen Fällen von »Phantom-Pumas«, auch dieses Mal nicht.

Die Polizei warnte in den Zeitungen und über lokale Rundfunksender die Bevölkerung im Odenwald. Die Beamten erklärten, glaubwürdige Zeugen hätten das Raubtier im Gehölz fauchen hören, und baten die Bürger entlang der Bergstraße um erhöhte Vorsicht. Solcherart amtlich legimitiert, konnte sich die Angst vor dem schwarzen Panther ausbreiten.

Am 1. und 2. November entstand Panther-Panik in den Dörfern Fürth und Steinbach im Kreis Bergstraße. Verschiedene Zeugen wollten das Tier gesehen haben. Eine Frau gab an, es habe mitten in einer Schafherde gestanden. Bei Winterkasten gab es einen weiteren Augenzeugen. Er erklärte gegenüber der Polizei, sein Hund sei nervös geworden, er selbst habe »Tiergeräusche« gehört. Ein anderer Mann wurde in der Lokalzeitung zitiert, er werde in den nächsten Tagen nicht in den Wald gehen. In Winkel, einem Vorort von Lindenfels, sah jemand den Panther durch seinen Vorgarten spazieren. Später sollen dort Pantherspuren gefunden worden sein. Da offizielle Erklärungen der Polizei diese Spuren nicht erwähnen, ist anzunehmen, daß sich ein großer schwarzer

Hund verewigt hat.[16] Die Lokalzeitungen brachten mehrere Artikel mit immer neuen Sichtungsmeldungen. Die überregionalen Zeitungen, die sich damals hauptsächlich mit den Ereignissen in der DDR beschäftigten, verpaßten diese Sichtung. Sie erreichte daher nicht die Beachtung, die der »Puma« von 1982 erhalten hatte.

Doch auch im Herbst 1989 wurde kein Panther in den zoologischen Gärten und Tierparks vermißt. Hirsche, Hasen und Schafe landeten nicht im Magen einer hungrigen Raubkatze. Es wurden keine glaubhaften Spuren des Panthers gefunden, es gab keine Fotos, keine Videos. Nach einiger Zeit zogen auch die Polizisten den Schluß, daß nicht alles, was »zuverlässige Zeugen« sehen, Realität sein müsse. Gegenüber der Nachrichtenagentur dpa wurde erklärt: »Wenn man so nachbohrt, stellt man fest: So richtig gesehen hat ihn bisher noch keiner.« Der Sprecher des Darmstädter Polizeipräsidiums nahm an, der Panther sei wohl eine Ente.

Könnte es sich aber nicht doch um einen entlaufenen Puma oder Panther gehandelt haben? Es reißen tatsächlich hin und wieder Großkatzen aus Gehegen und zoologischen Gärten aus, und es mag vorkommen, daß sich jemand einen Löwen als Haustier hält und seiner überdrüssig wird. Doch in der Regel werden solche »realen« Pumas und Panther schnell entdeckt, von Tierfängern oder der Polizei gestellt und getötet oder eingefangen. Einige Beispiele sollen das illustrieren:

- Als im Mai 1971 ein Löwe aus einem Transportfahrzeug in der Nähe Recklinghausens entsprang, wurde er bereits einige Stunden später erschossen.[17]
- Im Januar 1974 entkamen zwei Wölfe aus einem Zirkus. Noch am gleichen Tag wurden sie bei Oldenburg getötet.[18]
- Ein im Juli 1975 aus dem Hannoveraner Zoo ausgebrochener Löwe wurde wenige Stunden später eingefangen.[19] Eine im Juli 1975 beim Neusiedler See in Österreich entlaufene Löwin wurde ebenfalls Stunden später wieder geschnappt,[20]

während ein bei Saalfelden, Osterreich, entlaufener Puma zwei Tage nach seinem Ausbruch erschossen wurde.[21]

Es handelt sich bei wochenlang umhergeisternden Tieren kaum um entlaufene, reale Wesen. Hatte die Polizei also recht, wenn sie von einer Ente sprach? – Nicht ganz. Denn die Gerüchte sind Spiegel unserer Ängste und leben von ihnen. Der Wald ist dunkel und feindlich, der Städter weiß längst nicht mehr, welche Tiere im Gehölz knurren und fauchen. Wird eine Puma-Sichtung erst einmal durch den Aufwand, den die Polizei um das angeblich entlaufene Tier betreibt, offiziell bestätigt, kann jeder in einem Schatten, einer Bewegung im Dunkeln eine Raubkatze sehen.

Da sich die Sichtungen auf engumgrenzte Gebiete (etwa Holstein, die Gegend um Hannover, das Saarland und den Kreis Darmstadt) beschränken, in denen teilweise schon seit Jahrhunderten große schwarze Hunde und Katzen gefürchtet werden, mögen lokale Vorstellungen mit im Spiele sein.

Irgendwo da draußen, im dunklen Wald, packt manchen die Angst vor der Begegnung mit einer Natur, die noch nicht vollkommen unterworfen erscheint, vor einer Wildnis, in der viele ohne Maschinen und die sonstigen Errungenschaften der Zivilisation nicht mehr überleben könnten – und hin und wieder faucht diese feindliche Natur aus dem Gebüsch, wie sie schon vor 500 Jahren unsere Vorfahren bedroht hat. Wo sie Werwölfe und Geisterkatzen sahen, sehen wir heute exotische Raubkatzen, ein Stück der in Zoos gebändigten Natur, das uns wieder entglitten ist.

Drachen in Bergen und Wäldern

Im Jahre 1598 tauchte ein Drache im Grenzgebiet zwischen Schlesien und der Lausitz auf. Die Gegend dort ist gebirgig und mit Buschwerk und Unterholz bedeckt. Ein mehrere Fuß langes Ungeheuer wurde mehrmals beobachtet – es hatte einen grünlich-gelben Eidechsenkörper und einen Katzenkopf. Leute, die in den Wäldern Pilze und Beeren sammelten, flohen vor der Kreatur. Als zwei Mädchen verschwanden, gab man dem Drachen die Schuld. Erlegt oder gefangen wurde das Untier nie.[1] In der Nähe Breslaus (heute Wrozlaw) in Polen wurden auch später noch ähnliche Monstren gesehen.

»Im Grentzischen wohnet ein Wildniß-Bereiter«, schreibt Zedler in seinem Lexikon, »Zander genannt, in dessen Hause es sich im Jahr 1713 den 26. Jul. zugetragen, daß eine Jungfer und Verwandtin im Hause begriffen gewesen, aus der Stube ins Vorhaus zu gehen, aber plötzlich, als heftig erschrocken, mit aengstlichem Geschrey, als erblicke sie etwas grausames und ungeheures, wieder zurueck gesprungen, wodurch der Wald-Foerster selbst veranlasset worden, die Ursache solcher Veränderungen zu vernehmen. Kaum aber hatte er den ersten Blick und Schritt ins Vorhaus gethan, als über die Schwelle zur Haus-Thüre hinein, eine ungemein abscheulich grosse Schlange mit dem Kopfe herein raget, und mit aufgesperrtem Rachen ihm entgegen zischet. So ungewöhnlich der Anblick, so gefährlich erschien der Verzug, und so nöthig auch ein geschwinder Entschluß, dem ungebetenen Gaste zeitig die weitere Visite zu legen; gestalt er denn auch sofort einen zur Hand stehenden halben Mond erwischete, und dem über die Schwelle ragenden Halse der Schlange einen gewaltigen Hieb also gluecklich versetzte, daß der abgesonderte Kopf im Hause zu liegen kam; der Schlange Leib aber ausser demselben mit vielem Winden, Krümmen, Aufsteigen, Niederwerffen, wieder Aufsteilen, langwierige Bewegung gemacht, endlich sich ausgestrecket, und inzwischen soviel Blut gestürtzet, als wäre daselbst ein Rind geschlachtet worden ... sie ist noch mit dem Kopffe zusammengesetzet fleißig gemessen, und die Länge befunden worden 10 3/64 Rigische Ellen, oder nach rheinländischem Maaß 17. Fuß, 4 Zoll.«[2] Das sind immerhin fast sechs Meter.

Zedler, der große Lexikograph der deutschen Aufklärung, fügt an, dies seien die Fakten, es gäbe jedoch noch Ausschmückungen der Geschichte, nach denen vor dem Auftauchen der Schlange zwei fremdländische Männer beim Förster nach Arbeit gefragt hätten, die ihnen verwehrt worden sei. Nachdem das Monstrum verbrannt worden war, tauchten zwei häßliche Frauen auf, die fragten, ob man ihr weißes Pferd gesehen hätte. Die Volkssage impliziert hier Zigeuner mit magischen Kräften, die aus Rache ein Pferd in ein Ungeheuer verwandeln, oder zwei Hexen, die nach ihrem Familiar, ihrem tierartigen Hilfsgeist, suchen.

Zedler nennt noch eine weitere Geschichte, die ebenfalls folkloristisch ausgeschmückt ist: »Im Jahr 1713 lebte noch im Muischazehmischen Pastorat ein uraltes Weib, so vielfältig in allem Ernst betheuret: Es hätte, als in ihrer Jugend sie des Viehes gehütet, unter dem Viehe sich öfters eine grosse Schlange sehen lassen, und die Hüter also erschrecket, daß sie die Flucht ergriffen. Einsten aber hätte ein behertzter Junge wieder einen Muth gefasset, und die Schlange erschlagen. Kaum wäre dies geschehen, als ein benachbartes Weib in flügenden Haaren, mit großem Geschrey und Wehklagen, hinzu gelauffen, und sich hefftig beschwehret: daß die Hüter ihre Mutter umgebracht. Ohne Zweifel wird diese Schlange ihre Peenu-Mate gewesen seyn, nemlich ihre Milch-Mutter, die ihr Milch zugebracht. Wie dergleichen von einer erschlagenen Kröten, so die Bäuerin mit dem Geschrey beklaget: Wai manna peenu-mate, manna peenu-mate! Ach, meine Milch-Mutter, meine Milch-Mutter.«[3]

Hier taucht der Drache wieder als Begleiter und Ernährer einer Hexe auf, da man früher glaubte, Hexen hätten Dämonen in Schlangenform als Gehilfen, die die Kühe der rechtschaffenen Dorfbewohner molken. Zedler selbst sichert sich seinen Lesern gegenüber ab, schließlich vertritt er die Aufklärung, auch wenn er sich für den alten Volksglauben interessiert: »In dem Horizont derjenigen, die mit Beckero, Webstero und Thomasio, die höllischen Zauber-Künste simpliciter läugnen, möchte dieses erzehlte kein Quartier finden, vielmehr als etwas auslachens würdiges abgewiesen werden.«

Aus den folkloristischen Sagen ergeben sich einige Charakteristika der deutschen Drachensagen, die als Augenzeugenberichte und nicht als mythologisch-erklärende Erzählungen abgefaßt sind: Drachen sind große reptilartige Wesen von ein bis sechs Metern Länge, die entweder in Schlangen- oder Echsenform auftreten, wobei letztere häufig einen Katzenkopf haben und erstere »so groß wie ein Wiesbaum« sind; sie sind selten als kurioses Tier, sondern stets als Omen oder Teufels- und Hexenwerkzeug verstanden worden, und es gibt eine Tendenz in den Berichten, die gesichteten Monstrositäten rational zu begründen, etwa als entlaufene Exoten, die ihren Besitzern entsprungen sind. Dabei sind wieder verschiedene Entwicklungstendenzen sichtbar, die aus dem Drachen – der ungebändigten, feindlichen Natur – zuerst eine wissenschaftlich glaubhafte Form machen (z.B. eine entlaufene Riesenschlange), um sie dann schließlich der Lächerlichkeit preiszugeben – weil man sich auch vor 200 Jahren nicht mehr so recht vorstellen konnte, daß es in Deutschland und Umgebung noch unentdeckte Riesentiere gab. Allein in den Alpen hielt sich der Glaube an ein meterlanges, salamanderartiges Geschöpf bis in die 30er Jahre, und das Tier wird noch heute gesehen.

Die Annalen des Klosters Corvey berichten von einem veritablen Drachen des Mittelalters; die folgende Version der Geschichte stammt aus einem Lexikon der ersten Hälfte des 19. Jahrhunderts: »Noch im J(ahre) 1029 stak im Koetherberge (an der Weser) eine große Schlange, von der man sagte, daß sie einen Hund, Laemmer und Kaelber verschlungen habe. Sie ward von Bauern nur vermittels Rauches, welchen angezuendetes Birkenholz und in die Flamme geworfenes Schuhpech gaben, vertrieben.«[4] Hier haben die Mönche des Klosters – vielleicht – eine örtliche heidnische Legende mit der biblischen Geschichte des Daniel gepaart, der einen babylonischen Drachen mit heißen Pechkuchen zur Strecke bringt.

Als Heinrich von Kleist 1810 eine ähnliche Geschichte, diesmal aus Österreich, in seinen *Berliner Abendblättern* berichtete, verglich er die kaum veränderte Erzählung mit damals bekannten Presse-Enten, um sich von vornherein von solchen Phantasien zu distanzieren – offenbar war unter seinen gebildeten Lesern keiner bereit zu akzeptieren, daß in der Nähe Wiens Drachen hausten: »Österreichische Blätter erzählen, daß in Dürrenstein bei Krems, in einem finsteren Kerker, eine 12 Ellen lange Schlange gefangen wurde, nachdem sie vorher einen Mann und ein Kalb gefressen hatte. Diese Geschichte ist wahrscheinlich ein Seitenstück zu den fabelhaften Menschenfresser-Ratten in Torgau.«[5]

Nicht jeder war so skeptisch. Als um 1890 bei Olpe im Sauerland erneut eine große Schlange gesichtet wurde, taten sich die Bauern der Umgebung zusammen, um das Monster zu erledigen, da sie, von den Sagen gewarnt, um ihr Vieh fürchteten:

»Eine riesige Schlange, viele Meter lang, und dick wie ein Ofenrohr, sah ein Bauer bei Olpe, sie verschwand plötzlich, als er näher lief, und doch war nirgends eine Öffnung in der Erde. Viele Leute haben sie dort außerdem gesehen, Jäger schossen danach, ohne sie zu treffen, aber seit dem Tag blieb sie weg; zuleide getan hat sie niemand was.«[6]

Solche Akzeptanz der »Schlange, so groß wie ein Wiesbaum«, ist heute selten – mit Ausnahme des Tatzelwurms. Selbst der inzwischen verstorbene, leichtgläubige Autor Peter Kolosimo (1922-1984), der als Verfasser grenzwissenschaftlicher Bücher bekannt wurde, kann sich ein leichtes Lächeln nicht verkneifen, als er einen der letzten mitteleuropäischen Drachenberichte zitiert, nach dem zu Anfang des Zweiten Weltkrieges, als überall in Europa Ungeheuer gesichtet wurden, ein Drache in der Eisgrotte von Schellenberg auftauchte:

»Ein echtes grünes Monster, aber ohne Tentakel, dafür zum Ausgleich mit einem hübschen Drachenkopf versehen, bot die Eisgrotte von Schellenberg.«[7] Im Gegensatz zu der großen Schlange, die über Generationen hinweg konventionalisiert und geglaubt werden konnte, lebte der Drache mit Krokodilkörper, Säugetierkopf und ledrigen Fledermausflügeln gleich von Anfang an eine fast ausschließlich mythologische Existenz; er diente dazu, um etwa Landrechte adliger Familien zu begründen – die dort vormals ein Untier erlegt hatten –, oder Fluten, Blitzschlag und andere Naturkatastrophen legendenhaft zu überliefern. Nur in der Renaissance suchte man nach einer realen Entsprechung für diese Drachenspezies.

Der Drache von Geldern ist sicherlich eine Legende, die schon bei ihrer Entstehung in ferner Vergangenheit angesiedelt wurde. Die Stadtchronik überliefert die Gründung Gelderns mit folgenden Worten: »Im Jahr 878, als Carolus Kaiser war, gab es bei Köln einen großen weiten Platz, in der Herrschaft von Pont, und auf diesem Platz war ein großes giftiges Tier, das dem Land viel Böses tat und viele Menschen verschlang, und viele Leute flohen voller Schrecken und Angst aus dem Land. Es hatte feurige Augen, die man bei Nacht deutlich sehen konnte. Manchmal hörte man das Tier Gelre, Gelre rufen, und es fügte auch dem Herrn von Pont viel Schaden zu. Dieser hatte zwei Söhne, herrliche Männer namens Wichardus und Lupoldus, die überwanden bei Nacht das gräßliche Biest mit Gottes Hilfe. Darüber war das Volk hocherfreut, es wählte die beiden Brüder zu ihren Prinzen und Vögten, und ihre Burg nannten sie Gelder, an dem Platz, wo das Tier erschlagen worden war.«[8]

Der Kampf mit dem Drachen, der einem Urahn zugeschrieben wurde, rechtfertigte die Landbesitzansprüche. Manchmal sind jedoch Gefechte mit Drachen die symbolische Version eines tatsächlichen Kampfes, etwa mit feindlichen Heerscharen, oder bei Heiligen gegen heidnische Priester.

Abb. 8: Darstellung zweier Drachen in »Mundus Subterraneus« von Athanasius Kircher, Amsterdamer Ausgabe von 1678.

Deutschlands ältestes Volksschauspiel, das seit 500 Jahren aufgeführt wird, geht wahrscheinlich auf eine reale Begebenheit zurück. Der »Drachenstich« von Furth im Wald wird jedes Jahr vom zweiten bis zum dritten Sonntag im August gespielt. Der zehn Meter lange Drache, der in dem Schauspiel auftritt, ist elektronisch und mechanisch ausgerüstet, er spuckt Feuer und flattert mit den Flügeln. Udo der Ritter tritt gegen das Ungetüm an und erlegt es schließlich mit einer Lanze. Solche Drachenkämpfe und Umzüge mit Drachen gibt es in fast allen europäischen Ländern, der Further Drachenstich soll auf einen realen Drachenkampf im August 1431 zurückgehen. Historiker vermuten, daß das Volksfest an den Feldzug gegen die Hussiten erinnert.[9]

Der Renaissancegelehrte Ullisse Aldrovandi (1522-1605) berichtet in seinem naturkundlichen Buch über Drachen und Schlangen, ein beschupptes, eidechsenartiges Monster mit kleinem Kopf, langem Hals und Schlangenschwanz sei 1572 in Bonn von einem Bauern erschlagen worden. Dieser Drache war klein, zwei Ellen lang, und hatte nur zwei Beine. Der Holzstich, den Aldrovandi seinem Bericht beigefügt hat, zeigt eine Art Miniaturbrontosaurier, dem man die Hinterbeine abgeschnitten hat – ein biologisch unmögliches Geschöpf. Vermutlich ist der große Gelehrte auf eine Fälschung hereingefallen: einen künstlichen Drachen, der aus getrockneten einheimischen und exotischen Eidechsen und Resten von Rochen zusammengebastelt und für viel Geld verkauft wurde.[10]

Der Bonner Drache macht deutlich, wie in der frühen Neuzeit die Drachenmythen an die Vorstellungen des Publikums angepaßt wurden. Bei Conrad Gesner (1516-1565), einem frühen Schweizer Naturwissenschaftler, hat das vorher flügellose Vieh plötzlich zwei Fledermausschwingen, und in Athanasius Kirchers Version werden die fehlenden Hinterbeine ergänzt, so daß der ursprünglich flügellose und bipede Bonner Drache innerhalb eines Jahrhunderts zu einer Art Pferdekrokodil mit Flügeln geworden ist.

Gesner berichtet in seinem epochalen Werk *Historia animalium* (1551-58) von einem weiteren geflügelten Drachen, der

1543 in der Steiermark erschienen sein soll. Er besaß nicht nur Echsenfüße, sondern Fledermausflügel, und wenn er zubiß, war die vergiftete Wunde nicht mehr zu heilen.«[11]

Weniger gefährlich, eher handzahm und zutraulich waren die beiden geflügelten Drachen, denen ein Schweizer Küfer Anno 1420 in der Nähe Luzerns begegnete. Wie viele andere Drachenberichte verdanken wir auch diesen dem Jesuitenpater Athanasius Kircher, der systematisch seine Landsleute nach Sichtungen befragte und die Ergebnisse in seinem Buch *Mundus Subterraneus* niederschrieb, einem Werk, in dem er die These aufstellt, die ganze Erde sei von einem unterirdischen Höhlengeflecht durchzogen, in dem nicht nur Zwerge, sondern auch Drachen lebten. Der Wohnort der Drachen wird in eine entfernte und kaum zugängliche Welt verlegt, so daß deren Seltenheit auch für ein skeptisches Publikum glaubhaft ist.

1420 fiel ein Küfer aus Luzern am Pilatusberg in einen tiefen Schacht und verlor beim Aufschlag das Bewußtsein. Als er wieder zu sich kam, entdeckte er, daß er sich in einer Grotte befand, in der zwei geflügelte Drachen lebten, die die beiden Ausgänge bewachten. Sie taten ihm nichts, ließen ihn aber auch nicht aus ihrem düsteren Gefängnis entkommen. Obwohl der Vorfall sich über die kalten Monate erstreckte, befanden sich die Echsen nicht in Winterstarre, doch war ihr Stoffwechsel ohne Zweifel herabgesetzt: Der Mann beobachtete, daß sich die Ungeheuer nur vom Tau auf den Felswänden ernährten, den sie mit ihren Zungen vom Stein leckten. Er tat es ihnen gleich und konnte so überleben. Nach mehreren Monaten bemerkte er, wie sich die Drachen streckten und reckten und ihre ledrigen Flügel öffneten und schlossen, und er folgerte daraus, daß sie sich auf den Frühlingsausflug vorbereiteten. In den Alpen verkörperten die Drachen früher die unberechenbaren meteorologischen Mächte; man glaubte, die Sturzbäche zur Schneeschmelze würden von Drachen verur-

Abb. 9: Der Küfer von Luzern hält sich am Schwanz des Drachen fest. Darstellung aus »Mundus Subterraneus« von Athanasius Kircher, Amsterdamer Ausgabe von 1678.

sacht, und es hieß bei plötzlich auftretenden Wassermassen: »Ein Drache ist ausgefahren.«

Offenbar geht Kirchers Konkretisierung von diesem Naturmythos aus, der nun durch typische Renaissancedrachen illustriert wird. Ein Drache war bereits aus dem Berg in die frische Luft geflogen, und der Küfer nutzte seine Chance, band sich mit seinem Gürtel am Schwanz des zweiten fest und kam so wieder an die oberirdische Welt. Doch durch seinen langen Aufenthalt – er soll die Zeit vom 6. November 1420 bis zum 10. April 1421 in seinem unterirdischen Gefängnis verbracht haben – an den Tau der Felsen gewöhnt, starb der arme Mann nach allem, was er durchgemacht hatte, kurz nach seiner Rettung daran, daß er die schwere Nahrung der oberirdischen Welt nicht mehr vertrug.

Der Küfer hatte über seine Rettung nicht den Schöpfer vergessen und vermachte seine Ersparnisse der Kirche. Zur Erinnerung hing in der Luzerner Kirche St. Leodegaris noch lange Zeit ein großformatiges Ölbild der wundersamen

Geschehnisse. Dort sah es Kircher, und ein Kupferstich in seinem Werk reproduziert das Gemälde. Darauf ist ein Panoramabild des Vierwaldstätter Sees und der Stadt Luzern zu erkennen, die vom wild zerklüfteten Pilatus überragt wird. Eine geringelte Schlange, etwa mannsgroß und mit zwei Vogelflügeln, segelt über dem Berg, dahinter der zweite Drachen mit vier Tatzen und Fledermausschwingen und dem armen Küfer, der sich mit einer Hand verzweifelt am Schwanz festhält. Ganz oben auf dem Berg ist der Pilatussee zu erkennen, in den der Sage nach der Dämon Pilatus, der Jesus zum Tode verurteilte, bis in alle Ewigkeit verbannt wurde, um für seine Sünden zu büßen. Eine wahrhaft wilde, höllische Gegend.[12]

Die relativ harmlosen Drachen des Pilatus sind nicht nur »verwissenschaftlichte« Versionen alter Bergmythen, sie sind auch, wie die Drachen der germanischen Sagen, Hüter der Unterwelt. Wie moderne Biologen, die sich für Ungeheuer interessieren, aus den urgewaltigen Seegeistern überlebende Dinosaurier oder Urwale machen, so verwandelte Kircher, im Zeitalter der Konsolidierung der Zoologie, das wenig konkrete und dinghafte Naturmonster zu einem biologischen Wesen, das bedrohlich, aber auch kurios war, und, wie alle Wesen, vom Menschen zu seinen eigenen Zwecken gebraucht werden konnte. Die Drachen, die die Unterwelt bewachen, in der sie an den Wurzeln der Weltesche nagen und so das Ende des Universums herbeiführen, wurden im Laufe der Christianisierung im Volksbrauch zu bösartigen Gesellen, die unerreichbare Schätze bewachen mußten. Da niemand genau wußte, wie ein wirklicher Drache aussah, vermischte sich das Motiv des Echsenungeheuers in den Sagen mit anderen, ursprünglich damit nicht verbundenen Erzählungen der germanischen Sagenwelt. Die Schlangenjungfrau, das Ungeheuer mit weiblichem Oberkörper, das im Wasser als Seejungfrau erscheint, findet sich immer wieder als traditionelle Schatzhüterin.

Im Jahre 1520 soll ein Mann namens Leonard in eine unterirdische Grotte bei Augst in der Nähe Basels eingedrungen sein. Er kam weiter als alle anderen vor ihm, bis er schließlich in der Mitte des Berges ein Fürstenschloß fand. Dort war »eine gar schöne Jungfrau mit menschlichem Leibe bis zum Nabel, die trug auf dem Kopf eine Krone von Gold, unten vom Nabel an war sie aber eine greuliche Schlange.« Ihrem Wunsch, sie dreimal zu küssen, um sie zu erlösen, entsprach der Mann aber nicht – er fürchtete sich zu sehr.[13]

Wie viele andere Legenden hat auch diese überlebt: Im Juli 1973 soll ein ähnliches Wesen bei Aceuche in der spanischen Provinz Cáceres gesehen worden sein. Einige Frauen, die die »monströse Schlange« beobachteten, erklärten, sie hätte nicht nur einen gewaltigen Reptilkörper gehabt, sondern auch »den Kopf eines Kleinkindes mit einer langen Mähne«.[14]

Der Tatzelwurm

Der Tatzelwurm ist der am besten dokumentierte Drache Europas. Über ihn sind zahlreiche Artikel in wissenschaftlichen Zeitschriften erschienen, eine Liste mit etwa 50 Beobachtungen wurde veröffentlicht.[15] Zusätzlich gibt es mindestens noch einmal die gleiche Zahl an Beobachtungen in verschiedenen Alpenmagazinen und den Werken der modernen Ungeheuerforscher, der Kryptozoologen.

Conrad Gesner macht in seinem *Schlangenbuch* die Alpen als Hauptverbreitungsgebiet der Lindwürmer aus. Drachen haben, schreibt er, »auch in unserem Alpengebirg gewohnet. Denn wiewol die Alpen mit sättem Schnee befeuchtiget werden/haben sie doch an vilen orten jre Felsen und höhlen gegen mittag / der Sonnen gantz entgegen gekehrt. Da der Tracken wohnung mehrteils in den hölen der felsen so gegen der Sonnen hitz ligen / daran sie sich offt erwermen.«[16]

Neben dem Zoologen Johann Jakob Scheuchzer waren immer wieder Naturforscher von der Existenz des Tatzelwurms überzeugt.[17] 1814 schrieb der Berner Naturforscher Samuel Studer: »Von Unterseen weg bis auf die Grimsel und bis gegen Gadmen hin herrscht der beynahe allgemeine Glaube, dass zuweilen nach einer schwülen Hitze, und wenn sich das Wetter bald zu ändern droht, sich eine Art von Schlange mit einem fast runden Kopf, ungefähr wie ein Katzenkopf, und mit kurzen Füssen sehen lasse, welche die Einwohner, denen eine Schlange überhaupt ein Wurm, und ein kurzer dicker Fuss ein Stollen heißt, daher auch ›Stollenwürmer‹ heissen.« Studer war der Ansicht, der Drache existiere wirklich, und setzte durch die *Naturforschende Gesellschaft Bern* eine Belohnung von drei Louis d'Or »für den ersten lebendigen oder todten, grossen oder kleinen, wahren Stollenwurm« aus. Ohne Erfolg.[18]

Studer befindet sich in guter Gesellschaft mit bekannten Biologen wie Ingo Krumbiegel oder dem Magazin *Kosmos,* das in den 30er Jahren eine Umfrage zum Tatzelwurmproblem startete. 1934 suchte sogar eine Expedition nach dem Tier, doch bis auf ein gefälschtes Foto konnten auch sie keine Beweise vorlegen.

Auch wenn der Tatzelwurm heute aus den Schlagzeilen verschwunden ist, wird er dennoch gesichtet. 1950 sahen verschiedene Leute einen Drachen im Jura,[19] Anfang der 80er Jahre sammelte François Muller aus Lausanne Beobachtungen aus Südtirol, wo, so vermutet er, das Wesen sein letztes Rückzugsgebiet habe, 1948 und 1968 wurde das Tier in den französischen Alpen gesehen,[20] und um 1984 tauchte eines bei Aosta auf.[21] Mehrfache Hinweise gab es 1963 bei Udine.

Der Tatzelwurm wird als reptil- oder salamanderartiges Geschöpf von 30 Zentimetern bis einem Meter Länge geschildert, mit einem, zwei oder sechs Pfotenpaaren, und manchmal auch ohne Beine; er ist mal geschuppt, mal behaart, das Gesicht ähnelt dem einer Schlange, in den meisten Fällen allerdings dem eines Säugetieres. Der Katzenkopf wird etwa in

Abb. 10: Der Tatzelwurm, der Jean Tinner im Jahre 1711 begegnet sein soll. Illustratiion aus dem »Itinera per Helvetia« von Johann Jakob Scheuzer, 1723.

einem Drittel der Sichtungen erwähnt. Hier verrät sich schon, daß der Tatzelwurm viel mit der alten Drachentradition zu tun hat, daß scheinbar naturalistische Details wie der Katzenkopf im Grunde Sagenmotive sind und daß das von Studer beobachtete Verhalten kurz vor Wetterwechseln eher auf die alten Naturmythen denn auf das wirkliche Verhalten eines biologisch realen Lebewesens zurückgeht.

Zwei sehr frühe Drachensichtungen hat der Schweizer Naturforscher Johann Jakob Wagner (1641-1695) aufgezeichnet; ihn zitiert Johann Jakob Scheuchzer in seiner *Naturgeschichte der Schweiz,* die, reich mit Stichen bebildert, 1723 veröffentlicht wurde. Obwohl Scheuchzer keine Bedenken hatte, ein von ihm entdecktes fossiles Riesensalamanderskelett zu einem in der Sintflut ertrunkenen Urmenschen zu machen, sind seine Drachenschilderungen erstaunlich nüchtern. So soll im April 1711 ein gewisser Jean Tinner bei Hauwelen beim Frumsemberg auf eine riesige Schlange getroffen sein, die ihren Kopf hoch über dem zu einer Spirale geringelten Körper getragen habe. »Die Farbe war gemischt grau und schwarz. Ihre Länge betrug mindestens zwei Meter, ihr Kopf glich dem einer Katze ... Er verwundete sie mit einem Musketenschuß und erlegte sie schließlich mit der Hilfe seines Vaters Thomas Tinner. Er gab noch an, daß, bevor die Schlange erlegt worden war, die Bauern der Umgebung sich beklagt hätten, ihre Kühe gäben keine Milch mehr, so als seien sie schon gemolken worden; niemand wußte, was die Ursache war, jedenfalls war das Übel mit dem Tod der Schlange vorüber.«[22]

Natürlich könnten Vater und Sohn eine aus einer Menagerie entglittene exotische Schlange getötet haben, doch die traditionellen Sagenmotive sind auch hier wieder anzutreffen: Drachen mit Katzenkopf und Schlangen, die Kühe melken. Auf Scheuchzers Stich ist die Schlange genau abgebildet, der Kopf jedoch ähnelt dem eines Affen.

Andreas Roduner aus Altsax will 1660 auf dem Wangsberg einem Drachen begegnet sein, der sich von Scheuchzers erstem Exemplar unterschied. »Er war von furchterregender Größe, und stellte sich, sobald er Roduner bemerkte, auf seine Hinterfüße und war in dieser Lage so groß wie ein Mensch. Sein Körper war mit rauhen Schuppen bedeckt. Er hatte vier Füße, einen Kamm auf dem Rücken, Ohren, einen sehr langen Schwanz und das Antlitz einer Katze. Sein Bauch war zwischen den Füßen voller Falten und mit starrem Haar wie ein Wildschwein bedeckt. Die beiden Reisenden konnten sich in

Sicherheit bringen.«[23] Das klingt schon eher nach einem Tatzelwurm. Scheuchzer fügt noch eine dritte alpine Drachensorte hinzu: eine dinosaurierartige Bestie mit zwei Beinen.

Noch heute werden in Italien und Spanien regelmäßig Rieseneidechsen mit Säugetierköpfen, Schuppen und borstigem Fell gesehen. Der Mini-Saurier, der im Juli 1981 bei Cosenza in Italien auftauchte, war vierfüßig und eidechsenförmig, bis auf den kastenartigen Kopf und das »lange Fell«. Das Tier soll in einem Weinberg gesichtet worden sein.[24] Auch die französischen Sagen vom »Dard« beschreiben eine Art Tatzelwurm.[25]

Nicht immer verliefen Begegnungen zwischen Menschen und Tatzelwürmern glimpflich. Das »Springwurmmarterl« aus Unken bei Loser zeigt Hans Fuchs, der 1779 »von Springwürmern verfolget« sein Leben lassen mußte – vielleicht durch einen Herzschlag. Auf dem Marterl sind zwei große Eidechsen mit glatter Haut und vier Beinen mit jeweils drei Zehen abgebildet, die eher riesigen Salamandern als Drachen gleichen. Ihre Größe mag etwa zwei Meter betragen, und eines der beiden abgebildeten Exemplare wirkt fett und wohlgenährt.[26]

Manchmal war auch das Monstrum das Opfer. Ein Südtiroler Bauer berichtete 1932 dem *Kosmos:* »Mein Vater sammelte wie gewöhnlich im Anger Laubstreu und breitete sie zum Trocknen daheim auf der Tenne aus. Dabei merkte er, daß etwas Schweres zu Boden fiel, und es kam ein Wurm zum Vorschein. Dieser war schon im Winterschlaf, da es schon Spätherbst war. Man konnte ihn mit beiden Händen noch umspannen. Der Kopf war katzenartig, eigentlicher Schwanz war keiner, das Hinterteil war wie abgehackt. Die Haut war gleich der eines Engerlings, nur schmutzigweiß, sonst aber auch so nackt. Von Füßen hat man nichts gesehen. Als er sich dann in der Wärme zu rühren begann, haben sie ihn mit einem Stock erschlagen, wobei eine Menge grüner Flüssigkeit aus dem Maul geronnen sei, das sie als Gift aufbewahrten und verwendeten.«[27]

In einem anderen Fall soll das Gerippe eines verendeten Tatzelwurms gefunden worden sein. Zwei Zeugen waren im oberen Murtal unterwegs, als sie »ein etwa 1 1/2 Meter langes Skelett eines eidechsenartigen Tieres, das aber nur Vorderbeine hatte, in noch zusammenhängendem Zustande« fanden.

30 Jahre vorher hatte ein Bauer auf der Suche nach verirrten Schafen in der Gegend einen Bergstutz, wie das Tier dort genannt wird, gesehen. Er will ihm bis auf zehn Meter nahegekommen sein. Das Tier war mindestens einen Meter lang, »der Kopf wie ungefähr der einer Katze, nur weitmaulig, Farbe wie bei einer Kröte oder Eidechse, unbehaart, aber größere Schuppen oder Platten und ganz sicher keine Hinterfüße«. Das Tier pfiff ähnlich wie ein Murmeltier – auch das wird einstimmig überall in den Alpen berichtet – und wollte den Bauern angreifen, der das Weite suchte. 1926 sah ein Hirtenbube dort, wo das Skelett entdeckt worden war, ein zwei Meter langes Ungeheuer. Der Zwölfjährige weigerte sich den ganzen Sommer lang, noch einmal zu dem Ort zu gehen – so erschrocken war er.[28]

Trotz mehrerer Drachentötungen und einem toten Wurm gibt es keine Überreste des Monsters in einem Museum, die Augenzeugenberichte sind alles, was vorliegt.

Im Gegensatz zu den Drachen des Murtales ist der gewöhnliche Stoll-, Tatzel- oder Haselwurm, der auch Bergstutz und Stork genannt wird, nur 60 bis 80 Zentimeter lang. Der kleinste Tatzelwurm wurde Ende April 1929 von dem Lehrer F.R. im österreichischen Steyrtal beobachtet. Der Zeuge schickte einen Brief an eine Tageszeitung, in der er sein Erlebnis sehr anschaulich schilderte: Ihm wurde erzählt, »daß in der Tempelmauer (eine Felsformation; d. A.) am Landsberg der Zugang zu einer Eishöhle sein soll«, und er »wollte dieser Behauptung auf den Grund gehen. Gut ausgerüstet machte ich mich an einem Frühlingsmorgen auf den Weg und erreichte schließlich nach kurzer Kletterei den Gipfel. Da sah ich plötzlich im vermoderten, feuchten Laub ein schlangenähnliches Tier liegen. Seine Haut war beinahe weiß, nicht mit Schuppen bedeckt, sondern glatt, der Kopf flachgedrückt, und an der Brust waren zwei Fußstummel sichtbar. Freudig erregt, aber auch von einem gewissen Angstgefühle befangen, wollte ich nach dem Tiere greifen, aber ich kam zu spät. Flink wie eine Eidechse verschwand es in einem großen Loch. Ich war bestimmt nicht von der Phantasie beeinflußt und beobachtete mit klaren Augen. Mein Tatzelwurm hatte auch keine mächtigen Tatzen, sondern nur Fußstummeln; er war auch nur 40 bis 45 Zentimeter lang. Es dürfte sich um eine selten vorkommende Molchart handeln. Am ehesten glich er einer dicken Blindschleiche.«[29]

Dackelgroß war der Tatzelwurm, den der Königliche Förster Santner 1886 bei Ruhpolding sah: »Als ich auf einem Baumstrunk im Walde stehend auf einen Rehbock blattete, kroch unter dem Strunke ein Tier hervor, das nach etwa einer Minute im ganz naheliegenden Walddickicht verschwand. Es hatte eine graue Farbe, ohne Haare, einen kurzen breiten Kopf und kurzen Schwanz und die Größe eines Zwergdackels. Es war sehr nieder gestellt und verschwand in schnellster Bewegung in kürzester Zeit.«[30]

In einigen Gegenden der Alpen heißt das Tier Springwurm, weil es, nach einer kurzen Warnung durch schrille Pfiffe, Menschen und Tiere in großen, meterweiten Sprüngen anfallen soll. Auch das klingt nach Märchen, doch es gibt Augenzeugen, die es selbst erlebt haben wollen. Im Sommer 1921 wollten der Hotelpförtner J. B. und sein Jagdkamerad auf einer Alp bei Rauris wildern gehen: »Mit gutem Wind stiegen sie in der Nähe der Pochhartscharte (2238 m) bergan, als sie auf weitere Entfernung eine Gemse pfeifen hörten, was den Wilderer, eben wegen des guten Gegenwindes, sehr verwunderte. Doch bald stellte er fest, daß es keine Gams, sondern ein anderes Tier sein müsse, das so eigenartig pfiff, und sie stiegen dem Schall nach. Nach einiger Zeit gewahrten sie auf einem Felsblock ein Tier, das sie mit ›erschreckend scharfem, hypnotisierendem Blick‹ anstarrte. Des Wilderers Stutzen flog an die Backe, der Schuß krachte, in diesem Augenblick aber schnellte das Tier in einem mächtigen Bogen von etwa drei Metern Höhe und acht Metern Länge gegen die beiden. Nach des Schützen Meinung war es etwa 60 bis 80 Zentimeter lang und gut armdick, Kopf wie der einer Katze, faustgroß, ohne sichtbare Halsverjüngung gleichmäßig in den dicken, walzenförmigen Körper übergehend. Der Schwanz ebenfalls dick und ziemlich unvermittelt spitz zugehend. Bestimmt waren am Tier nur zwei sehr kurze, seitwärts gerichtete Vorderbeine sichtbar, die sich besonders beim Sprung deutlich vom Körper abhoben. Die Farbe des Tieres war grau.«[31]

Diese Aggressivität des Tatzelwurmes steht in eigenartigem Gegensatz zu den scheuen Tieren der anderen Berichte, wird aber von vielen Zeugen bestätigt. Josef Grill aus Berchtesgaden will etwa 1840, damals zwölfjährig, mit einem Kameraden auf einen »Bergstutzen« getroffen sein. Das Tier sah anders aus als alle Tiere, die dem Jungen bisher bekannt waren. Es sonnte sich auf einer Alp auf einem Geröllhaufen. »Es war fast mannesarmlang, gut mannsarmdick, in eine plötzlich abfallende, stumpfe Spitze endigend, von rötlicher Farbe und im Sonnenlichte flimmernd, wie wenn's mit ›lauter kleinen Sterndln‹ besäet wäre. Der Kopf war breit und gedrückt. Füße konnte er jedoch keine bemerken, d.h. er erinnert sich nicht mehr, welche gesehen zu haben. Die beiden Buben warfen nun mit Steinen nach dem Tier, worauf es sich ›pfeilg'rad‹ aufrichtete – hiebei bemerkten sie, daß es einen dunkelgelben Bauch hatte – und ihnen, die sich zur Flucht gewendet hatten, in ›zweiklafterlangen Sprüngen‹ nachsetzte.«[32]

Michel Brandner schrieb 1894 nieder, was er Ende August 1867 bei Blinbach erlebt hatte. Seine einfache Sprache und Orthographie zeigen, daß er noch nicht allzuviel Kontakt mit der modernen Welt außerhalb der Alpen hatte: »In einem Lichteren Platz da Sah ich etwas bewegen ungefer 12-16 Schrite vor mir, ich Bücke mich das ich durch die Ladschen hinaus sehe, da sah ich das Thier aufgebeimd, gerade so das die Vorderpratzen über den Scuden, oder Albenrosen Stauden herauf schauen es war nur ein Momend das ich das Thier sah, das Thier warf sich nach Vorwerz gegen mich, dann hab ich die Flucht ergriffen, und bin gelaufen was ich nur stark war über und unter Latschen über Stein und Geröll bis ich die Treiber Kette wieder erreicht habe, dann bin ich zum Jäger Rettenbacher gegangen und hab's ihm gesagt dann hat er mich gefragt wie das Thier ausgesehen hat, ich Sah das Thier in gebäumter Ställung nur ein Paar Sekunden, die Vorderpratzen Gleichen genau einen Salamander nur fileicht 20mal Vergrößert, der Kopf ist nicht Breid sondern eine Lange gespitzte nach Aufwertz geträte Schnauze, die Käle ist Gelblich und sonst habe ich nichts Sehen können, weil mir das Liebste war die Flucht, weil ich dem Thier ganz wehrlos gegenüber Stand.«[33]

Einfacher als mit diesen simplen Worten kann der Einbruch des archaischen Monsters in die Alltagswelt nicht beschrieben werden. Neben gelben, weißen und roten Würmern begegnen die Zeugen auch solchen mit vier und solchen mit zwei Beinen. Neben den bösartigen muß es aber auch relativ träge oder dumme oder friedliche gegeben haben. In Tirol, wo man das Tier Murbl nannte, berichtete der Totengräber Fleckinger aus St. Nikolaus, der selbst um 1850 auf der Atzleralpe einen Murbl gesehen hatte, daß »die Murbl in früheren Zeiten erschossen wurden und das Fett davon gut zu gebrauchen war«.[34] Diese Alltäglichkeit, die noch das Benutzen des Wurmgiftes durch andere Tatzelwurmschlächter an reinem Pragmatismus übertrifft, ordnet den aggressiven Drachen der wirtschaftlichen Nutzung durch den Menschen zu. Wenn aber die Viecher so alltäglich waren, daß man ihr Fett kochte – warum gibt es dann bis heute keine Zeugnisse von ihnen? Und warum wußte niemand so recht, wie sie aussahen?

Aussiedler des 18. Jahrhunderts aus der Steiermark sahen »in den südlichen Ausläufern der Transsylvanischen Alpen, besonders im gebirgigen Banat«, in ihrer neuen Heimat also, Tatzelwürmer – ein Dutzend Beobachtungen bis zum Ende des 19. Jahrhunderts wurden gesammelt. Der Haselwurm wird kaum im Gepäck der Siedler mitgereist sein, es sei denn, sie mochten auf sein Fett nicht verzichten – es war die Sage, die aus dem Alpenraum mitgenommen wurde. Wenn nun nach einigen 100 Jahren auch von Rumänen, Serben und Zigeunern – sie nannten das Tier Smuch, die Steirer Heuwurm – Sichtungen gemeldet wurden, dann könnte es sich beim ursprünglichen Alpenungeheuer ebenso nur um eine Sage handeln.[35] Obwohl immer wieder von toten Tatzelwürmern berichtet wird – ein Jäger in Puchenstuben in Niederösterreich soll etwa 1850 einen »an einem Baume in Fetzen geschossen haben« –, fehlt nach wie vor ein Beweis, denn der besagte Jäger hat »die Stücke leider nicht aufgehoben«.[36] Als ein Lindwurm 1870 ein Mädchen und zwei Metzger im Stubaital erschreckte, zog eine Gruppe Bewaffneter aus, um das Ungetüm zu erlegen – doch was den Zeugen vergönnt war, blieb den Jägern vorenthalten: Sie konnten das Tier nicht auftreiben.[37]

Der Stubaier Lindwurm soll drei Köpfe gehabt haben – da kann es nicht verwundern, wenn ein Tatzelwurm gesehen wird, der statt der üblichen zwei oder vier Beine mehrere Beinpaare hat. Diese Kreatur wurde von einem Bergmann und Landwirt im Sommer 1881 bei Mitterndorf im Salzkammergut in 900 bis 1000 Metern Höhe gesichtet: »Plötzlich bemerkte ich auf einem kleinen Felsen, der kaum 1/2 Meter, in gleicher Höhe wie mein Kopf, von mir entfernt war, im Weidegras zusammengerollt, ein graues Tier liegen... (Da) rollte sich das Tier, das mich ebenfalls gewahrte, auf und kroch langsam in eine kleine dicht danebenliegende Höhle.

Mein Kamerad rief: ›Flieh, ein Birgstutzen!‹ Ich hätte aber gar nicht fliehen können, weil neben mir eine kleine Felswand abfiel und hinter mir der Kamerad den Weg versperrte. Das Tier hätte mir damals ganz leicht an den Hals springen können, so nahe war ich der fußbreiten Felsenstelle, wo es lag. Mein Kamerad erzählte unser Erlebnis dem Förster, der mir dann sagte, daß ich mir 150 Gulden verdienen könnte, wenn ich ihn lebend und 100 Gulden, wenn ich ihn tot bringe. Ich machte mir eine Holzgabel und hielt, bei schönem Wetter acht Tage hindurch, zeitweise oberhalb der Höhle Vorpaß, doch ohne Erfolg. Dann kamen wir an eine andere Arbeitsstelle.« Der »Bergstutzen« war etwa 60 Zentimeter lang, dick wie ein Unterarm mit gleichmäßig starkem Körper und einem stumpfen, abgestutzten Schwanzende. Die Haut soll einfarbig grau gewesen sein wie bei einer Ringelnatter. »Vorne war deutlich ein kurzes kräftiges Beinpaar von etwa 2 1/2 Zentimetern, etwa wie bei einem Dachshund sichtbar, hinten hatte der Bergstutzen zwei bis drei Beinpaare.«[38] Vielleicht hätte ein Foto die Konfusion um das Aussehen des Tatzelwurms mildern können, doch die einzige bisher vorgelegte Aufnahme, angeblich Ende 1934 bei Meiringen in der Schweiz von einem Herrn Balkin aufgenommen, zeigt eine Porzellanfigur, die mit groben Schuppen, Augen und Nasenlöchern bemalt ist. Abgedruckt wurde der »Beweis« 1935 in der *Berliner Illustrierten Zeitung;* sie schickte damals, um Deutschland einen Abglanz von Loch Ness zu verschaffen, eine Expedition für eine Exklusivberichterstattung in mehrere Alpengegenden. Wie immer blieb auch diese Expedition erfolglos.

Im Sommer 1963 soll ein Tatzelwurm mehrere Male in der Nähe von Udine in Oberitalien erschienen sein – in Gestalt einer vier Meter langen Schlange mit einem Kopf von der Größe eines Kinderkopfes und einem telegrafenstangengroßen Körper. Die Schlange lebte in einem Erdloch und wurde von einer kleineren Pilotschlange begleitet. Bevor sie erschien, ertönte ein charakteristischer hoher Pfiff. Antonio Toffoli, der in die Rolle des Drachentöters schlüpfen wollte, wurde von dem plötzlich auftauchenden Monster so erschreckt, daß er um sein Leben lief. Mit diesem wirklich gigantischen Monster verabschiedete sich der Tatzelwurm, von gelegentlichen jüngeren Ausflügen abgesehen, vorerst aus den Medien.[39]

Die multikausale Geburt des Tatzelwurms

Aus den etwa 80 Augenzeugenberichten, die bisher gesammelt wurden, geht eindeutig hervor, daß der Tatzelwurm zwischen 45 Zentimetern und vier Metern groß ist, mit einem Durchschnitt bei 60 bis 80 Zentimetern; seine Haut ist warzig, schuppig, glatt, pelzig, borstig oder mit Knochenplatten bedeckt. Sein Kopf gleicht dem eines Molches, eines Salamanders, einer Eidechse, einer Katze oder einer Schlange. Der Tatzelwurm hat nur zwei, manchmal vier, zuweilen acht Beine. Die Farbe ist weiß, grau, gelblich, gelbschwarz gefleckt wie ein Salamander, braun, grün oder rot. Auf dem Rücken befindet sich eine Art Kamm, einige Borsten oder auch keine Protuberanz. Entweder greift er die Augenzeugen sofort an und springt aus mehreren Metern Entfernung auf sie zu, oder aber er verschwindet sofort im Laub und versteckt sich; er ist scheu und aggressiv zugleich, er pfeift und ist stumm, sein Biß ist hochgiftig, aber sein Fett ist im Hause gut zu gebrauchen.

Es ist nicht einfach, diese zahlreichen, sich widersprechenden Angaben in Einklang zu bringen; es ist praktisch unmöglich, ein Phantombild eines Wesens zu erstellen, das zwar eindeutig ein Wirbeltier ist, aber trotzdem drei Paar Hinterfüße hat. Der erste Naturforscher, der nach den klassischen Gelehrten Cysat, Kircher und Scheuchzer Tatzelwurmberichte sammelte, der österreichische Biologe Dr. Jacob Nicolussi, identifizierte den Tatzelwurm – wohl hauptsächlich wegen seiner angeblichen Giftigkeit – als europäische Variante des mexikanischen Gilamonsters und nannte ihn optimistisch *Heloderma europaeum,* »europäisches Krustentier«, weil er sich sicher war, daß früher oder später ein Tatzelwurm gefangen würde. Vor Jahren schien mir das sogar möglich, und ich schlug in einem Magazinbeitrag vor, den Tatzelwurm als europäischen Vertreter der Riesensalamander zu identifizieren. Das molchartige Aussehen, die häufigen Vergleiche mit Salamandern, das generelle Aussehen: Alles stimmte mit dem japanischen Riesensalamander überein. Problematisch ist nur, daß Riesensalamander träge Tiere sind, die niemals aggressiv Leute anspringen könnten. Und obwohl die Salamandertheorie das statistische Mittel aus den Tatzelwurmberichten ergibt, trifft sie keinen einzelnen Bericht genau.[40]

Klaus Gross schlug 1983 in einem Leserbrief an die Zeitschrift *Kosmos* vor, es handle sich bei dem Tatzelwurm möglicherweise um die italienische Perleidechse *Lucertola ocellata,* die in Ligurien heimisch sei und eine Länge von 90 Zentimetern erreichen könne. »Wanderer, die das Glück haben, diesem Tier zu begegnen, sind oft von der Größe erschreckt und berichten dann in den Lokalzeitungen von der Begegnung mit einem ›Drachen‹ oder ›Saurier‹.« Vielleicht habe es früher in den Alpen ebenfalls Perleidechsen gegeben, die die Leute für Ungeheuer hielten.[41] Jedoch: Die von Tatzelwürmern gemeldeten Größen können sich kaum auf eine Eidechsenart beziehen, denn bei den meisten Sichtungen wird ein kaum sichtbarer Schwanz erwähnt – und der lange, schlanke Schwanz macht mindestens die Häfte der 90 Zentimeter langen Perleidechse aus.

Das Phänomen dürfte nicht eine biologische, sondern eine kulturelle Erklärung finden. Früher bevölkerte man Berge, Wälder, Höhlen und Wildnisse mit Ungeheuern, die, so der Soziologe Claude Lévi-Strauss, »die Grenze zwischen Zivilisation und Wildnis« hüteten. In den Alpen hielt sich diese Vorstellung, wie Cysats und Scheuchzers Berichte zeigen, noch länger als im übrigen Mitteleuropa: Einerseits verschlossen sich die steilen Gipfel erfolgreicher als andere Gegenden der Erforschung, andererseits fanden die Alpenbewohner häufig große Knochen in den Höhlen. Die Fossilien von Höhlenbären schufen und nährten den Mythos vom mächtigen Wetterdrachen, der Sturzbäche und Wetterumschwünge verursacht.

Das Zusammentreffen bestimmter Faktoren schuf die Voraussetzungen zur Entstehung der modernen Tatzelwurmsaga. Traf jemand im 19. und frühen 20. Jahrhundert auf ein Tier, das er – weil die Sichtung nur von kurzer Dauer oder das Tier durch Laub und Bäume teilweise verdeckt oder durch Krankheit entstellt war – nicht identifizieren konnte, deutete er es als Tatzelwurm. Schlangen, Blindschleichen, Wiesel, Marder, Salamander als gelb-schwarz gefleckte Tiere, Molche, Fischotter und Murmeltiere können sich dahinter verborgen haben; die Vielfalt in der Beschreibung des Tatzelwurms hat hierin ihre Ursache. In die tatsächlichen Beobachtungen mischte sich mythologisches Material – etwa der Katzenkopf, der giftige Biß, das Anspringen, der große schlangenförmige Leib. Vielleicht sah ein Zeuge den Kopf des Tieres nur ungenau, aber schließlich wußte jedes Kind, daß der Drache einen Katzenkopf hat. Die eigene Beobachtung wurde dem mythologischen Muster angepaßt, das Erlebte mit der bekannten Sage assimiliert.

Ein ähnlicher Prozeß findet statt, wenn Menschen einen auseinanderbrechenden Meteoren sehen und ihn als Ufo mit erleuchteten Fenstern beschreiben: Die Beobachtung wird mit der Klischeevorstellung von der fliegenden Untertasse verbunden, damit die Geschichte in Worte gefaßt werden kann. So werden auch dunkle Schatten auf der Oberfläche des Loch Ness, die vom Wind erzeugt worden sind, zu »Höckern« eines Dinosauriers weil jeder Schottlandtourist weiß, daß Nessie Höcker hat. Der Tatzelwurm ist ein kulturelles Monster, ein Drache der Fauna des Geistes.

2.
Unbekannte Welten

Kobolde und Riesen

Die Brüder des Klosters Prüm in der Eifel staunten im Jahre 1138 nicht schlecht, als sie nach der Ursache eines Rumpelns im Keller suchten: Dort stand ein kleines Männlein mit dunkler Haut und grimmigem Aussehen. Gervase von Tilbury, ein Geschichtsschreiber des englischen Mittelalters, der die Geschichte aufgezeichnet hat, berichtet, daß die Mönche der Abtei Prüm sich beherzt auf das Männlein stürzten und es festhielten. Sie stellten fest, daß es aus einem Erdtunnel gekommen war, der aus unbekannter Tiefe in den Keller führte. Offenbar litt das Männlein unter seiner Gefangenschaft: »Er saß einfach nur mit gekreuzten Beinen da«, berichtet Gervase, »starrte vor sich hin und weigerte sich zu essen.« Der Gefangene wurde den Mönchen mit der Zeit unheimlich, und so ernannte der Bischof einen Exorzisten, der heilige Worte sprach und den Kobold zurück in seinen Tunnel trieb.[1]

Will man den mittelalterlichen Chroniken glauben, dann lebten unsere Vorfahren nicht alleine: Eine ältere, magisch und technisch versierte Rasse, die aus Elfen, Feen und Kobolden bestand, teilte das Land mit ihnen. Man trieb Handel, tauschte Dolmetscher aus, doch richtig Zutrauen zu den kleinen Wesen faßten die Menschen nie – vielleicht, weil diese Wesen Menschen mit ihrer Musik becircen und verhexen konnten und weil sie Jungfrauen entführten, die sie schwängerten. In den Märchen ist noch etwas von der Mischung aus Respekt und Angst zu spüren, die man »den kleinen Leuten« entgegenbrachte: etwa dem Rumpelstilzchen, das zwar aus Heu Gold spinnen kann, dafür aber die Jungfrau zum Lohn haben will.

Kobolde waren, wenn sie gerecht entlohnt wurden, sehr hilfreich, wenn auch unberechenbar und häufig hinterhältig. Wer mit ihnen Umgang hatte, mußte sich an komplizierte und zumeist unlogische Regeln halten. Wurde nur das kleinste Tabu verletzt, zogen sich die Helfer zurück, wie die Kölner Heinzelmännchen, oder sie rächten sich bitter, indem sie Vieh und Kinder des Menschen, der ihnen Leid zugefügt hatte, mit Seuchen schlugen oder erdrosselten. Unsere Vorfahren hatten vor den Kobolden Respekt und kannten viele der Regeln – zum Beispiel nie einen Koboldhügel zu betreten, in dem Musik spielt, Geschenke von Kobolden gut aufzuheben und nie zu versuchen, einen Kobold zu betrügen.

Wie alltäglich der Kontakt mit Kobolden war, den heutige Historiker aus den Geschichtsbüchern gestrichen haben wie vor kurzem noch den Hexenwahn, belegen Beispiele aus dem 17. Jahrhundert. Im Februar 1685 zeigte ein weißgekleidetes Männlein, das offenbar gutgesinnt war, einem Mädchen eine Stelle, an der ein Silberschatz vergraben lag.[2] Das ist ein Merkmal der »kleinen Leute«: Sie können die Zukunft vorhersagen und wissen, wo Schätze verborgen sind. Daher kam die Vorstellung, Zwerge arbeiteten in Bergwerken, das Mineral Kobalt erhielt den Namen wegen seiner Farbe, die die Bergarbeiter an die blauen Anzüge der Zwerge erinnerte. 1635 traf der ungehobelte Hans Krepel bei Saalfeld in Österreich auf ein »Moosfräulein«, das ihn um Hilfe bat. Er lachte sie aus und wurde kurz danach schwer krank; als er tat, was die Zwergin von ihm verlangte, wurde er wieder geheilt.[3]

Gewitzter verhielt sich Kurfürst Johann Georg I, als er am 18. August 1644 bei Chemnitz eine Koboldin von einer Elle Höhe fing. Sie hatte ein menschliches Gesicht und glatte Hände und Füße, obwohl der restliche Körper sehr rauh war. Sie weissagte dem Kurfürsten kommenden Frieden, und er ließ sie laufen. 25 Jahre später wurde am gleichen Ort erneut ein Zwerg gesehen.[4]

1664 begegnete ein Hirtenjunge einem Erdmännlein bei Dresden. Der Kobold zog ins Haus eines Nachbarn ein und fiel unangenehm auf, weil er das Heim als Poltergeist gehörig in Unordnung brachte.[5] Es scheint damals nicht ungewöhnlich für die Menschen gewesen zu sein, sich einen Kobold in der Stadt vorzustellen. 1665 kam ein Kobold aus dem Keller eines Hauses in Lützen gerannt, kniete sich auf der Straße nieder und betete, nachdem er einen Eimer mit Wasser ausgeschüttet hatte. Dann verschwand er, wie der Prümer Zwerg, wieder in seinem Tunnel. Kurz darauf brannte die Stadt nieder, nur das Haus des Kobolds wurde verschont.[6] Dieser Kobold war ungewöhnlicherweise fromm – meist galten Kobolde als Heiden oder auch als gefallene Engel, die nach einer Seele lechzten. Als »Aufhocker« zeigten sich die Wesen von ihrer bösartigen Seite; wie Kinder scheinen sie nicht zwischen Gut und Böse unterschieden zu haben. Sie waren stärker als Menschen, und ihrem Willen mußten alle weichen. Ein kleiner Mann mit einem grauen Bart setzte sich im März 1669 ins Genick eines Bauern und zwang ihn, ihn eine Weile zu tragen. Der Mann wurde darauf sehr krank und starb innerhalb von zehn Tagen.[7] Manchmal stahlen Kobolde Menschenkinder und tauschten sie gegen ihre eigenen Mißgeburten aus – die sogenannten Wechselbälger. Eine »Erdfrau« schlich sich 1662 in ein Haus in Saalfeld, um dort ein Baby zu entführen.[8]

Ganz verschwunden sind die Kobolde noch nicht: Gegen Ende der 30er Jahre wurde ein 50 Zentimeter hoher Zwerg mit blauer Haut in der Höhle von Semriach, etwa 20 Kilometer nordöstlich von Graz in der Steiermark, gesichtet.[9] Tatsächlich sind diese seltsamen Wesen noch immer unter uns, sogar weitaus zahlreicher, als man angesichts dieser alten Geschichten vermuten mag. Elfen, Zwerge und Kobolde lebten in prähistorischen Erdbauten oder in Felsbrocken, wenn sie nicht als Poltergeister in Häuser zogen. Die vorgeschichtlichen Grabhügel, in denen Zwerge wohnten, waren innen hell erleuchtet, mit einer Säule in der Mitte. Einmal im Jahr standen sie offen, dann drang Musik aus ihnen, und jeder, der sich zu einem Tanz hineinwagte, mußte dort bleiben und konnte erst nach zehn oder manchmal 100 Jahren wieder in die Welt der Sterblichen zurückkehren.

Ein großes Grabhügelfeld der Bronzezeit liegt bei Wörth in der Pfalz an der französischen Grenze. Die Hügel sind von »Erdmännlein« bewohnt, die noch 1858 beschrieben wurden: »Es sind harmlose Wesen, die in unserer bedrängten Zeit den Armen der Gegend manche reiche Wohltat erzeigen. So viel ist gewiß, daß an den Sandhügeln von den armen Fischern Wörths öfters ein kleines gnomenhaftes Männlein mit langem weißen Bart, einem großen Hut auf dem Kopfe, auf dem ein weißer Handschuh befestigt ist, mit einem mächtigen Schwerte an der Seite, in seltsamer Tracht gesehen wurde, und daß, wenn die Leute ihre Fische in dort abgestellte Körbe legen, sie den anderen Tag dafür den reichlichen Lohn in denselben finden.«[10] Feurige Männer sollen ebenfalls bei Wörth spuken: Wenn jemand den Frevel begeht und einen der Hügel öffnet, erscheinen sie und führen den Frevler in den Sumpf, wo er ertrinken wird. Es ist allerdings möglich, daß die »Erdmännlein« von einem Dichter erfunden wurden, wie ein Heimatforscher herausgefunden hat. Zumindest ist ein Auftreten der Kobolde im September 1629 wahrscheinlich fiktiv.

Andere Kobolde wohnten in Steinen und Felsbrocken. Sahen ihre Heime gemeinhin wie natürliche Klötze aus, so konnte man in bestimmten Nächten oder unter dem Einfluß halluzinogener Pilze und in Trance Fenster, Türen und Treppen darin erkennen. Einmal, so berichten die Gebrüder Grimm, sind die Bewohner von Naila, zwischen Selbitz und Marlesreuth, einer solchen Zwergenwohnung mit archäologischen Methoden nachgegangen. Nahe beim Ort befand sich das »Zwergenloch«, in dem bis zum 17. Jahrhundert ein

Kobold wohnte. Die Anrainer versorgten den Kobold mit Brot und Nahrungsmitteln, doch eines Tages war er verschwunden: Der Lärm der aufkeimenden Industrialisierung hatte die Elementargeister aus der Gegend vertrieben. Was wie eine schöne Metapher klingt, soll, Chroniken des 17. Jahrhunderts zufolge, tatsächlich passiert sein; Burschen aus dem Dorf gruben das Zwergenloch aus, in den Fels gegraben fanden sie eine enge Kammer mit winzigen Stühlen.«[11]

Noch im 19. Jahrhundert wollte der Schweizer Prähistoriker Professor Julius Kollmann (1834-1918) bei Schaffhausen fünf Gräber von Zwergen entdeckt haben. Er stellte die auch von Folkloreforschern zu Anfang dieses Jahrhunderts vertretene These auf, daß die Kobolde in Wirklichkeit die Ureinwohner Europas waren, dunkelhäutige Pygmäen. »Ich vermute«, schreibt die Sagenforscherin Elisabeth Andrews, »daß zumindest in Irland und in der Schweiz diese Zwergenrasse bis in christliche Zeiten überdauert hat.«[12]

Aus der Schweiz stammt ein Bericht aus dem letzten Jahrhundert, der sehr aufschlußreich ist, will man die Koboldproblematik verstehen. Wie so oft bei fortianischen Phänomenen überzeugt weder die Erklärung, es habe nie Kobolde gegeben, noch die These von einer zweiten Spezies Mensch mitten in Europa. Zwischen 1823 und 1826 ließen mehrere Berner Pfarrer ein »Zirkularbuch« im Kreise gehen, in das jeder der Priester folkloristische Geschichten und Sagen eintrug, die er gehört hatte und für die er sich verbürgen konnte. Einer der Einträge handelt von der Herkunft der Kobolde: »Cramer versichert, der Glaube an Bergmännchen sterbe allmählich aus. Ich will dies keineswegs in Abrede stellen, aber ihn doch erinnern, daß mich vor noch nicht langer Zeit, als ich in einem gewissen Pfarrhaus über die Sage von diesen Männchen lachte, der Herr Pfarrer – sage der Herr Pfarrer – mit ernster Miene zurückwies und behauptete, er habe einen Dekan gekannt, welcher selbst solche Wesen gesehen und gesprochen habe, und daß darauf berichtet ward, sie seien eigentlich Bewohner des Mondes.«[13]

Ursprünglich waren Kobolde Berg- oder Erdgeister, das heißt personifizierte Naturkräfte. Es gab Kobolde in jedem Haus; wurde ihre Ordnung gestört, wurden sie zu Poltergeistern. Als der Glaube an Kobolde allmählich ausstarb, weil die Gnome von Hexenjägern und Aufklärern gleichermaßen verteufelt wurden, vermutete man Kobolde nur noch in fernen, unbegehbaren Gegenden, auf hohen Bergen und in abgrundtiefen Seen. Wie es die Bewohner Nailas ausgedrückt hatten: Die Kobolde waren weggezogen, das Zusammenleben war beendet. Die Sage vom »Weggang der Elfen und Kobolde« gibt es in jedem europäischen Land, und meistens ist es eine traurige Erzählung. Als im Laufe des 19. Jahrhunderts nur noch einfache Menschen an Naturgeister glaubten und auch die hohen Berge erforscht waren, vermutete man die Heimat der Wesen auf dem Mond. Als Hüter der vom Menschen noch nicht unterworfenen Natur waren sie Grenzposten zwischen Zivilisation und Wildnis, und als die Zivilisation die Berge erreichte, flohen sie fast zwangsläufig zum unerreichbaren Mond. In Schottland, Island und Irland – Regionen, in denen Industrialisierung und Aufklärung weniger zerstörerisch wirkten als in Mitteleuropa – werden Kobolde heute noch so oft gesehen wie anderswo Ufos, die aus eben jenem Weltraum zur Erde fliegen, in dem die Kobolde ihre letzte Zuflucht gesucht hatten. Und in dieser Form sind sie wieder oder immer noch bei uns.

Vier oder fünf Zwerge, etwa 1,20 Meter groß und mit hellen Anzügen bekleidet, stiegen aus einem hell strahlenden, zigarrenförmigen Flugobjekt mit erleuchteten Fenstern, das im Juni 1914 auf einem Feld bei Hamburg in der Nähe des Hauses von Bauer Herwegen landete. Der Landwirt lief neugierig auf das Ufo zu, das, nachdem sich die Männlein wieder hineinbegeben hatten, ohne Eile davonflog.[14]

Hildegard Hofmann will Mitte November 1955 bei Rosenheim in Bayern außerirdischen Zwergen begegnet sein. Sie habe gesehen, wie ein scheibenförmiger Flugkörper neben ihr am Straßenrand landete. In dem Ufo öffnete sich eine Türluke, und heraus kamen zwei kleine Männlein mit einem »40 Zentimeter langen schwertartigen Gerät« an ihren Seiten – wie die Kobolde von Wörth. Mit diesem Schwert durchtrennten sie einen Zaun, der sich zwischen ihnen und Frau Hofmann befand. Als die Frau auf die Wesen zugehen wollte, wehrten diese die Annäherung mit »Gemurmel« und erhobenem »Schwert« ab. »Es waren Menschen wie Liliputaner, ca. 110 oder 120 Zentimeter groß, in silbergrauen Raumanzügen aus einem Stück, ohne Knöpfe, ohne Reißverschlüsse; Schuhe und Fingerhandschuhe waren miteingearbeitet. Die Schuhe sahen relativ schwer aus, wie aus Metall; sie klapperten vorher die Treppe herunter. Der auch integrierte Helm hatte vorne eine durchsichtige Scheibe ... und oben eine Spitze, wie das Flugobjekt.« Die Zwerge sind, wie ihre Vorgänger, technisiert, aber den Standards der 50er Jahre angepaßt: Auf dem Rücken tragen sie Sauerstoffflaschen. Die Zeugin beschrieb das Ufo, das wie zwei aufeinandergelegte Teller aussah, ähnlich den frühgeschichtlichen Grabhügeln und Dolmen, in denen die Kobolde lebten: »Im Innern sei in der Mitte ein rundes ›Zeug‹ gewesen, eine Säule und Pult zu sehen und eine Art Musik zu hören gewesen.«

Das ist der Elfenhügel, einmal im Jahr erleuchtet und offen für unsere Augen, weil die Kobolde musizieren. Die Außerirdischen waren auch magisch begabt, oder das Ereignis fand nur in der Vorstellung der Zeugin statt, weil es keine physikalischen Spuren hinterließ: Am nächsten Tag war der zuvor zerschnittene Zaun wieder intakt, »ohne Lötstellen«.[15] Die Kobolde erscheinen nach wie vor an den Tagen im keltischen Kalender, an denen auch die Iren und Schotten ihr Auftauchen erwarten. In der Nacht vom 31.10.1989 auf den 1.11.1989, an Allerheiligen, dem keltischen Samhain-Fest, hörte eine 25jährige Verkäuferin zwischen 23 und 24 Uhr einen seltsamen Piepston, der so laut wurde, daß sie aufstand und aus ihrem Fenster zu der gegenüberliegenden Dorfkirche von Kippenheim sah. Der Untersucher Josef Garcia faßt ihr Erlebnis zusammen: »Sie stand auf , ging zum Schlafzimmerfenster und öffnete es. Zu ihrer Überraschung sah sie ein leuchtendes Objekt bei der gegenüberliegenden Dorfkirche. sie wagte nicht, ihren Mann aufzuwecken und legte sich wieder ins Bett. Nach einer Weile stand sie aber wieder auf und konnte jetzt fünf bis sechs Wesen erkennen. Diese waren zwischen 1,40 und 1,60 Meter groß. Sie standen in der Nähe des Ufos. Und wieder legte sie sich ins Bett. Kurze Zeit später hörte sie einen Sturm, und dann war das Objetk wieder verschwunden. Sie war sich sicher, daß sie nicht geträumt hatte. Die Zeugin schätzte die Größe des Ufos auf ca. drei Meter im Durchmesser.«[16]

Josef Garcia stellte fest, daß der Landeplatz vor der Kirche durch Bäume und einen Gedenkstein so eingeengt ist, daß ein echtes Raumschiff dort kaum hätte landen können und wenn, hätte sicher ein weiterer Dorfbewohner etwas Seltsames bemerken müssen. Allerheiligen und Allerseelen, die beiden katholischen Feste am 1. und 2. November, gehen auf Samhain zurück, das Neujahrsfest der Kelten. In der Nacht zwischen den beiden Tagen waren Menschen durch herumstreunende Geister besonders gefährdet. Der Brauch, die Kobolde mit Lärm und Feuer zu vertreiben, hat im Spektakel an Silvester überlebt. Wahrscheinlich hat die Frau Alltägliches beobachtet: Jugendliche, die mit Mofas im Kreis fuhren, oder das Anzünden von Totenkerzen zum Allerheiligenfest. Einer ihrer Verwandten war Mitglied eines Ufo-Clubs und hat möglicherweise die Erzählungen der jungen Frau beeinflußt. Was immer der Auslöser war: In der Nacht, in der die Kobolde den alten Kelten das Leben schwermachten, kehrten sie auch im 20. Jahrhundert zurück, diesmal – wir kennen ihre Spitzbübigkeit und ihre Erfindungsgabe – als Raumfahrer getarnt.

Kobolden und Wassergeistern ist gemeinsam, daß sie Frauen entführen und schwängern. Ein Kobold kehrte im November 1978 aus seinem Weltraumexil nach Trier zurück, um mit einem Gefährten eine amerikanische Familie zu entführen. Chris Owen, seine schwangere Frau Pam und Sohn Brian waren nachts unterwegs, als ein rotes ovales Flugobjekt vor ihnen auf der Straße landete. Heraus kamen zwei 75 Zentimeter große Wesen, haarlos, mit großem Kopf, großen, tiefliegenden Augen, rauher, grüner Haut und Fingern, die doppelt so lang wie die eines Menschen waren. Sie verschleppten die Familie an Bord des Ufos und stießen Pam, in der Tradition der Teufel und Dämonen des Mittelalters, eine acht Zentimeter lange Nadel in den Unterleib. Trotz dieser brutalen Behandlung übermittelten die Kobolde den von ihnen Entführten telepathisch die Botschaft, sie würden ihnen nichts tun. Ufo-Fanatiker schließen aus der Folter mit der langen Nadel, Außerirdische würden Frauen für genetische Experimente Eizellen entnehmen, aber ein Blick in eine Sammlung mittelalterlicher Holzstiche zeigt, daß diese Art der Begrüßung unter Teufeln gang und gäbe war. Und wie die schottischen Bauern, die naseweis und dumm genug waren, einen Elfenhügel zu betreten und dabei ein oder 100 Jahre verloren, kehrte auch die amerikanische Familie mit einem Zeitverlust von einer Stunde und vierzig Minuten von ihrer Reise in das geheimnisvolle Ufo zurück.[17] Solche »Entführungen«, die seit den 80er Jahren von den USA aus nach und nach die ganze Welt heimgesucht haben, sind nicht, wie andere fortianische Phänomene, bewußt erinnerte Augenzeugenberichte. Vielmehr sind sie das Ergebnis einer Hypnosebehandlung, die durchgeführt wird, wenn Menschen einen Zeitverlust erleiden. Die Folklore spricht von Zeugen, die von Kobolden »verwirrt« wurden, so daß sie ihren Weg nicht mehr fanden. Diese Verwirrung kann durch plötzlichen Nebel, unerklärliche Müdigkeit oder dadurch entstehen, daß die vertraute Gegend auf einmal unbekannt und unerforscht erscheint. Menschen, die einen Zeitverlust erleiden, und Menschen, die von Kobolden verwirrt wurden, haben gemeinhin keine Erinnerung an die fehlende Zeit. Die mit dem Zeitverlust entstandenen Gedächtnislücken werden mit Geschichten mythischen Ursprungs erklärt: Heutige Entführte erzählen von Außerirdischen, wo früher Kobolde ihr Unwesen trieben.

Ähnlich sind sich nicht nur Außerirdische und Kobolde, sondern auch die verschiedenen Versionen der Entführung, zu denen der dämonisch interpretierbare Hexensabbat und die klenrikalfromm gedeutete Marienerscheinung mit Himmelsvisionen gehören. Die älteste im deutschen Sprachraum bekannte »Entführung« – die Verschleppung des Schweizers Bouchmann durch »Nachtgespenster« – zeigt Strukturen von Ufo-Erlebnissen. Der Bauer Hans Bouchmann kam am 15. November 1572 von Sempach nach Römerswil zurück. Irgendwo auf dem Weg schien er spurlos verschwunden zu sein, denn er kommt nicht zu Hause an. Er gilt als tot, bis er am 2. Februar 1573 zu seiner Frau zurückkehrt. Er hat sein ganzes Körperhaar verloren und berichtet den staunenden Dörflern, auf seinem Heimweg habe er im Wald Geräusche und Musik gehört. Zuerst habe es wie Bienengesumm gewirkt, dann wie eine aufspielende Kapelle. Bouchmann wurde, von Panik erfaßt, orientierungslos. Er fühlte, wie er in die Luft gezogen und in ein fremdes Land getragen wurde. Sein Kopf und Körper schmerzten, und er verlor das Bewußtsein; zwei Wochen später kam er in Mailand wieder zu sich und kehrte nach Hause zurück. Renward Cysat, der auch Drachensichtungen aufgezeichnet hatte, befragte Bouchmann nach dessen Rückkehr und folgerte, der Mann sei von »Nachtkobolden« entführt worden.[18]

Es mag sich hier um eine Verwirrung gehandelt haben, die auf einen epileptischen Anfall folgte. Skeptiker, die mythologischen Erklärungen ihren Sinn absprechen, analysierten, Bouchmann, der hoch verschuldet war, habe sich mit Geld aus dem Staube gemacht und zur Rechtfertigung seine Schwindelgeschichte erfunden. 400 Jahre später ist das nicht mehr zu klären. Aber: Selbst wenn Bouchmann geschwindelt hat, belegt die Erzählung, wie man sich vor fast einem halben Jahrtausend die Begegnung mit Kobolden und die Verschleppung durch sie vorstellte. Die Entführung durch Kobolde ist, wie die Beschreibung dieser Elementarwesen, mit den Ufo-Entführungen und Außerirdischen von heute identisch. Das bedeutet nicht, daß Kobolde in Wirklichkeit aus anderen Sonnensystemen stammten. Es waren Naturgeister, die in Steinen, Dolmen und Seen lebten, in bescheidenen Verhältnissen – das Zwergenloch von Naila war kaum je eine unterirdische Computerstation von Raumfahrern, und in den Grabhügeln von Wörth sind bei Ausgrabungen keine extraterrestrischen Instrumentarien gefunden worden. Es gibt keine Bestätigungen der Dänikenschen Phantastereien und Ufo-Träume; aber die modernen Ufo-Märchen zählen, wie die meisten fortianischen Phänomene, zu einer Erzähltradition, die sich lediglich äußerlich dem Zeitwandel angepaßt hat.

Yetis

Wie bei Kobolden hat man auch bei Riesen stets versucht, ihre Existenz zur bewiesenen Tatsache zu machen, indem man die in Boden oder Höhlen gefundenen Überreste großer Eiszeittiere zu Riesenknochen erklärte. Bis auf wenige Ausnahmen hat aber niemand behauptet, leibhaftig Riesen begegnet zu sein. Es blieb dem 20. Jahrhundert vorbehalten, den Himalaja-Mythos vom mächtigen Bergaffen auf Deutschland zu übertragen. Hin und wieder berichten Zeitungen von Yetis und Schneemenschen, die in den Alpen oder den deutschen Mittelgebirgen aufgetaucht seien.

1577 wurde ein Riesenskelett von Dr. Felix Plater, einem berühmten Anatomen, bei Willisau in der Nähe Luzerns entdeckt. Plater, ganz Wissenschaftler, ordnete die losen Knochen sofort zu dem gewaltigen Skelett eines 5,80 Meter großen Riesen. Die Rekonstruktion wurde im Luzerner Rathaus ausgestellt. Später besuchte der Göttinger Gelehrte und Begründer der Anthropologie, Professor Johann Friedrich Blumenbach (1752-1840), die Schweiz und stellte fest, daß der »Riese von Luzern« aus den Knochen eines Mammuts errichtet worden war.[19]

Als 1594 ein Hünengrab auf der Ostseeinsel Rügen ausgegraben wurde, will man darin zwei Knochengerüste gefunden haben, eines 11 und das andere 16 Schuh lang – immerhin etwa dreieinhalb und viereinhalb Meter![20] Hin und wieder wurden lebende Giganten beobachtet. 1645 steigen mehrere Riesen vom Wunderberg bei Feldkirchen in der Nähe Salzburgs herab, die die Menschen ermahnten, von sündigem Tun abzulassen und ein frommes christliches Leben zu führen.[21] Bei Grödnich, ebenfalls in der Nähe Salzburgs, wurden 1753 mehrere »wilde Frauen« mit langen Haaren gesehen, die in einfachen Erdhöhlen lebten.[22] Solche wilden Männer und Frauen vermutete man früher in den Wäldern; sie galten als Kobolde mit menschlicher Statur. Folkloreforscher[23] führen sie auf antike Vorstellungen von Fruchtbarkeitsgöttern zurück. Im Gegensatz zu Kobolden könnten sie eine reale Basis in den »wilden Kindern« haben, die von ihren armen Eltern wie Hänsel und Gretel ausgesetzt wurden, oder in Einsiedlern, die im Walde lebten.

»Peter von Hameln«, ein ausgesetzter und wild im Wald aufgewachsener Junge, der am 17. Juli 1724 entdeckt wurde, erregte damals Aufsehen. Er wurde, wie andere Kinder mit ähnlichem Schicksal, erzogen und ausgebildet – sie waren keine überlebenden Neandertaler, wie manche Kryptozoologen vermutet haben.[24] Ein »Wolfsjunge« wurde 1344 in der

Wetterau gefunden,[25] und im November 1853 wurde ein wildes Mädchen bei Weißkirchen im Banat entdeckt. Friedrich Eck veröffentlichte 1856 in Frankfurt ein Pamphlet, in dem er ausführlich berichtete, wie er das Mädchen sprechen lehrte. Sie erzählte ihm, daß ihre Mutter sie im Alter von fünf Jahren ausgesetzt hatte. Sie lebte in einer Höhle, zu der ihr hin und wieder Essen gebracht wurde.[26] Kindesaussetzungen sind nicht ferne Vergangenheit: Im März 1987 setzten unbekannte Eltern ihren behinderten Sohn im Zug zwischen Köln und Düsseldorf aus.[27] Der Mythos von Wilden in unseren Wäldern ist möglicherweise auf solche realen Umstände zurückzuführen. Die Vorstellung vom heimischen Yeti aber ist ein reines Produkt der Sensationspresse.

Eine deutsche Zeitung berichtete im Mai 1977, vier Jugendliche hätten auf dem 517 Meter hohen Melibokus im Odenwald einen Yeti gesehen, ein bipedes, haariges Monstrum. Die erschrockenen Zeugen hätten die Polizei verständigt, die mit 100 Beamten die Wälder durchkämmt habe. Obwohl keiner der Gesetzeshüter auf den Riesenaffen gestoßen war, habe man doch Fußabdrücke von 45 Zentimetern Länge gefunden, die menschlichen Fußstapfen glichen – mit einem Unterschied: das Monster hatte an jedem Zeh eine Klaue![28] Die Sichtung war wirklich gemeldet und von der großen Zeitung übernommen worden, die Polizeisuche und die Abdrücke waren erst in der Redaktionsstube fabuliert worden. Axel Ertelt, ein Ufo-Untersucher, der extra in den Odenwald reiste, stellte fest, daß die Polizei die ganze Erzählung für einen Schwindel hielt, während Einheimische vermuteten, die Jungen seien vermutlich durch Wild so erschreckt worden.

Ein schneemenschartiges Unwesen, das bei Aachen ähnliche Aufregung verursacht haben soll, machte in den 70er Jahren in der gleichen Zeitung ebenfalls Schlagzeilen. Unter der Überschrift »Monster mit einem Auge verbreitet Schrecken« hieß es: »Seine Reviere sind Kohlenhalden, Friedhöfe, Waldwege und Obstgärten. Ein riesenhaftes Ungeheuer mit einem großen runden Auge in der Mitte der Stirn beunruhigt die Bevölkerung im Braunkohlerevier bei Aachen. Das Monster beschrieben die Anrufer so: weit über zwei Meter groß, rotes, verfilztes Haar, keine Nase unter dem Auge, ein riesiges Maul. Um 19.02 Uhr rief eine 65jährige Frau aus der Eifelstraße in Alsdorf an: ›Ich habe das Ungeheuer gerade auf einer Kohlenhalde gesehen. Es brüllte, riß einem Huhn den Kopf ab und verschlang das Huhn‹.« [29] Hier ist er wieder, der Kobold, der an der Schnittstelle zwischen Zivilisation und Natur lebt und die Grenze aggressiv bewacht. Viele Kobolde konnten die Form wechseln und sich von einem kleinen grauen Zwerg in ein häßliches stinkendes Monstrum verwandeln. Bei fortianischen Phänomenen ist gleichgültig, ob die Sichtungen echt oder – wie in diesem Falle wahrscheinlich – erfunden sind: Die Fiktionen des Geistes, bewußt oder unbewußt gebildet, ähneln sich.

Was immer diese großen, haarigen Ungeheuer – außer Zeitungsenten – sein mögen: Es gibt isolierte Hinweise auf seltsame Sichtungen. Zahlreiche Zeugen wollen im August 1936 bei Husum einen Teufel gesehen haben, mit all den Attributen, die den Höllenfürsten auszeichnen: Ziegenkopf, aufrechter Gang und zottiges Fell.[30] Im November 1938 wurden mehrere Male zwei große Affen bei Neubrandenburg in Mecklenburg gesichtet. Kein Zoo in der Umgebung vermißte die Affen, die in Bäumen gesehen wurden[31] – überlebende Urmenschen oder Uraffen in unseren Wäldern? Die Amerikaner, die ein unerschütterliches Vertrauen in Zeugenaussagen, Lügendetektoren und Hypnose haben und Erzählungen – »wenn der Kerl doch ehrlich ist« – immer für objektive Aussagen über unsere Wirklichkeit halten, haben mehrere 100 solcher Begegnungen mit Kobolden, Affen und zottigen Monstern gesammelt und daraus geschlossen, daß in den Rocky Mountains noch ein unbekannter riesiger Affe, der Bigfoot oder Sasquatch, lebt.

In Mitteleuropa, wo sich die Presse des Themas nicht so angenommen hat wie in den USA, gibt es weniger Sichtungen. Vereinzelt wird auch hier über Yetis berichtet – zum Beispiel im *Bezirksamtsblatt der Gemeindeverwaltung Falera,* einem Schweizer Ort im Bündner Oberland. Das Blatt berichtete, in der Gegend zwischen Flims und Falera sei die Bündner Arbeitsgruppe für prähistorische Archäologie im Oktober 1974 auf »ein schneemenschähnliches Lebewesen« gestoßen, das »Gemeinsamkeiten mit dem der Wissenschaft bekannten Typus des Neandertalers« habe. Man hatte Fußabdrücke gefunden, die von »überdurchschnittlicher Dimension« waren, die »auf Urahnen der Gattung homo sapiens« hinzuweisen schienen. Die archäologischen Forscher seien den Spuren gefolgt, die in einer »schatzhöhlenähnlichen Gruft« geendet hätten.

Der Bündner Yeti war die Erfindung des 28jährigen Jugendlagerleiters Fredi Graub aus dem Jugenddorf Heinzenholz, der sich die Meldung ausgedacht hatte, um den von ihm betreuten Kindern am Wochenende eine besonders abenteuerliche Schnitzeljagd zu garantieren. Der Artikel rutschte irgendwie in die Finger des Redakteurs des *Bezirksamtsblattes,* der sie für bare Münze nahm und veröffentlichte.[32] Die Schweizer, die ihre Berge früher mit Drachen bevölkerten, hatten keinen Erfolg mit der Ansiedlung eines Schneemenschen im Gebirge, obwohl es mehrfach versucht wurde.

Der Fernsehmoderator Kurt Felix war der nächste, der für seine Sendung »Verstehen Sie Spaß?« in die Rolle des Zottelmonsters stieg. Das Fernsehteam hatte in den Touristenorten um den Rhönegletscher Flugblätter verteilen lassen, in denen die Behörden darauf hinwiesen, daß in der letzten Zeit im Eis immer wieder ein yetiähnliches Ungeheuer gesehen worden sei. Eine ausgewählte Gruppe von Urlaubern wurde direkt vor die verborgenen Kameras geführt, just in dem Augenblick, in dem Kurt Felix im Orang-Utan-Kostüm im Gletscher herumturnte und unaffisches Gegrunze von sich gab. Die Touristen reagierten erschreckt und fasziniert, sie waren von der Realität des Yetis überzeugt – keiner kam auf die Idee, es könne sich um einen Gag handeln. Obwohl Felix im Affenfell beeindruckte, waren seine Bewegungen und seine Laute die eines Menschen, nicht eines großen Menschenaffen. Die Zeugen fotografierten eifrig, mit einem Schauer über dem Rücken. Der Wunsch, die Berge und Wildnis mit Drachen und zottigen Riesen zu bevölkern, ist immer noch tief in uns; wird die Chance geboten, an diesen uralten Traum zu glauben, wird sie auch wahrgenommen.[33]

Der englische Biologe John Napier, ein bedeutender Menschenaffenforscher, versuchte 1972 in seinem Buch *Bigfoot* zu beweisen, daß der amerikanische Bigfoot wirklich existiert; lebende europäische Urmenschen stellt er hingegen in Frage: Er berichtet von den Fußstapfen eines Yetis, die im Neuschnee in den Alpen entdeckt wurden und sich als Spuren einer hüpfenden Krähe entpuppten.[34]

Der Berggeist Rübezahl lebt fort als Yeti auf dem Rhônegletscher, der Zwerg im Bergwerk und der Kobold im Hügelgrab finden sich als Sternenmenschen aus dem Raum wieder. Sie werden sicherlich in neuer Inkarnation zurückkehren, wenn niemand mehr an Ufos glaubt.

Marien- und Engelerscheinungen

Christoph Kötter wurde im Jahre 1585 in Langenau bei Görlitz in der Oberlausitz geboren. Da er von Beruf Gerber war, mußte er häufig weit reisen. Auf einer dieser Reisen erschien ihm am 11. Juni 1616 auf dem Weg nach Görlitz ein Engel, der ihm auftrug, zu den Menschen zu gehen und Buße zu predigen. Der Engel zeigte sich dem Gerber in der Folgezeit wiederholt, da sich Kötter zuerst weigerte, seiner Berufung zu folgen. Schließlich droht ihm der Engel, er werde, falls sich Kötter weiterhin uneinsichtig zeige, seinen Namen »aus dem

Buch des Lebens löschen«. Kötter gehorcht. Er akzeptiert seine Berufung und erlebt Visionen. Neben religiösen Botschaften tauchen mit der Zeit verstärkt auch politische Inhalte auf. Kötter wird zu Königen und Fürsten geschickt, 1625 sogar zum brandenburgischen Kurfürsten gerufen. Als er den Untergang des Hauses Habsburg vorhersagt, wird er vom kaiserlichen Prinzipal gefangen, an den Pranger gestellt und drei Monate in den Kerker geworfen. Kötter stirbt 1647 in der Oberlausitz.

Die »Entzückungen« und Begegnungen mit dem Engel überfallen Kötter auf seinen langen und einsamen Wegen durch die Wälder der Heide. Sie lassen ihn ruhelos, scheinen ihn voranzutreiben. Stets erwacht Kötter fern des Ortes der Vision. Der deutsche Folklorist Will-Erich Peuckert[1] spricht von einer »psychopathischen ›Reise ins Dämmerreich‹: Kötter prophezeite religiöse und politische Ereignisse, die ihm in Visionen offenbart wurden. Nie begegnete ihm Gott oder Jesus, wie bei Katholiken üblich, sondern immer nur ein Engel. Viele seiner Gesichte waren apokalyptischer Natur und schilderten Ereignisse vom Weltuntergang. Dazu schrieb Kötter zahlenmystische Abhandlungen und astronomische Legenden, die durch die Abschriften des Pastors Menzel erhalten sind. Sie wurden seinerzeit in mehreren europäischen Ländern veröffentlicht. Bei diesem Fall zeigt sich, was auf Visionen religiöser Natur allgemein zutrifft: Sie sind kaum unterscheidbar von heutigen Begegnungen mit Außerirdischen und angeblichen Entführungen durch sie. Auf einem einsamen Weg verliert ein Zeuge das Bewußtsein; als er sich später zu erinnern glaubt oder versucht, den Zeitverlust zu rekonstruieren, entsteht eine Geschichte von einem Kontakt zu übernatürlichen Wesen, die den Wahmehmer in ein anderes Land oder eine andere Wirklichkeit getragen haben, wo der Zeuge Botschaften hört, die er weitergeben soll. Die Begegnung macht ihn zum »Auserwählten«.

Das katholische Pendant zu dem entrückten Kötter ist die heilige Hildegard von Bingen. 1098 in Bermersheim bei Alzey geboren, wurde sie Äbtissin der Benediktinerinnen von Rupertsberg und eine lebende Legende, noch bevor sie am 17. September 1179 in Rupertsberg bei Bingen starb. Neben wissenschaftlichen Arbeiten zur Natur- und Heilkunde mit Pflanzen und Kräutern verfaßte sie Werke zur Kosmologie und schrieb Musikstücke. Ihre Inspiration erhielt sie von Visionen, die sie seit ihrem dritten Lebensjahr hatte: Sie sah »das lebendige Licht«, also Jesus, und Engel, die sich miteinander unterhielten. Einige Texte der Heiligen sind in einer unbekannten Sprache verfaßt, die die Sprache der Engel sein soll.[2]

Ihre Visionen, bei denen helle Lichter durch die Nacht schwebten und Engel mit den Mächten des Bösen kämpften, galten schon bald nach Aufkommen des Ufo-Glaubens als frühe Beispiele sogenannter »Kontakte« mit Ufo-Wesen. Der Amerikaner Jacques Vallée, der mehrere lesenswerte Bücher über Ufos geschrieben hat, in denen er die – selbstverständlich unbeweisbare – These vertritt, Ufo-Piloten seien eine Art Elementargeister, zitiert eine Vision der heiligen Hildegard als typischen Ufo-Bericht: »Ich sah einen wunderbaren und schönen Stern und bei ihm viele fallende Funken, die dem Stern nach Süden folgten. Und sie betrachteten Ihn auf Seinem Thron mit Feindschaft, sie wandten sich von Ihm ab und flohen nach Norden. Und plötzlich wurden sie alle ausgelöscht und in Kohlen verwandelt ... und in den Abgrund geworfen, und ich sah sie nicht mehr.«[3]

Es ist reichlich verwegen, diese visionäre Schau der Ausstoßung der von Gott abgewiesenen Engel in die Hölle mit Ufo-Berichten gleichzusetzen, denn ohne Zweifel steckt hinter solchen religiösen Erfahrungen mehr Bedeutung und Sinn als hinter dem durchschnittlichen Ufo-Bericht. Auch die These des Psychiaters Oliver Sacks, die heilige Hildegard habe unter be-

Abb. 11: Der Glaube, daß vor allem Kinder einen Schutzengel haben, der sie behütet, ist auch heute noch lebendig. Lithographie nach einer Zeichnung von Paul Heydel, um 1865.

sonders hartnäckiger Migräne gelitten, die dabei auftretende physiologische Störung habe sie gekonnt vor ihrem religiösen Hintergrund in Philosophie umgesetzt,[4] reicht als Erklärung nicht aus. Da Ufo-Begegnungen religiösen Visionen ähnlich sind, fällt es schwer, beide voneinander zu trennen. Es darf nicht der Fehler der Ufologen gemacht werden, Erscheinungen als frühe Raumschifflandungen zu deuten, die die Menschen damals mit Aberglauben vermischt hätten. Vielmehr scheint es umgekehrt, als seien heutige Ufo-Kontakte Visionen, die, weil der religiöse und philosophische Hintergrund fehlt, nicht verstanden werden.

Ufos und Erscheinungen

Immer wieder haben Autoren, die die Mechanismen des Glaubens und der Entrückung nicht verstehen wollen und können, aus Marienerscheinungen kleine Science Fiction-Geschichten gemacht, um ihr materialistisches Weltbild beibehalten zu können und die Herausforderung visionären Sehens nicht ernsthaft annehmen zu müssen. Visionen sind ein Mysterium, bei dem ein unwissender einzelner scheinbar und unerklärlicherweise Glaubensinhalte erfährt; in treffenden Metaphern vermittelt, sind sie den ungebildeten wie den hochgelehrten Menschen der Zeit zugänglich.

Im Zeitraum von Oktober 1949 bis 1952 hatten zuerst vier, später sieben Mädchen in Heroldsbach in Bayern Erscheinungen der Heiligen Jungfrau, die einen blauen Mantel und eine goldene Krone trug. Die Darstellung entsprach dem traditionellen Marienbild der Kirche, und die wartenden Pilger sahen ein Sonnenwunder. Der britische Autor McClure hat festgestellt, daß Marienerscheinungen im Grunde zuerst vage positive Erlebnisse von hellen Frauengestalten sind, die durch die Befragung von kirchlichen Stellen in die traditionell bekannte Form gebracht werden[5] – wahrscheinlich auch in diesem Fall. Da bis zu 300 Erwachsene Erscheinungen und Sonnenmirakel sowie sich bewegende Sterne bei Nacht erlebt haben, muß die Überzeugungskraft und spirituelle Energie der Seherkinder außerordentlich gewesen sein. Der Ufo-Autor

Johannes Fiebag meint, daß die Erscheinungen »als reales Ereignis gewertet werden« müssen, und interpretiert das spirituelle Geschehen als ein materialistisch-technisches, weil er Außerirdische in Raumschiffen hinter der Mariengestalt vermutet.[6] Erscheinungen deuten auf eine unsichtbare, aber erfahrbare Dimension unseres Seelenlebens – ganz gleich, ob man an eine Seele glaubt oder nicht oder ob man psychologische Ursprünge der Visionen annimmt. Die Bedeutung der Erscheinungen wird von technologiefixierten Autoren weder gesehen noch verstanden.

In ähnlicher Weise wie Fiebag sieht der amerikanische Journalist John Keel in Marienerscheinungen eine Art Verkleidungstrick von bösartigen übernatürlichen Wesen, die entweder als Kobolde, Raumfahrer oder Erscheinungen mit uns spielen. Visionen vom November 1937 bis 1945 in Heede im Emsland, bei denen vier Mädchen im Alter von 12 bis 14 Jahren auf dem Ortsfriedhof regelmäßig die Jungfrau Maria sahen, hält Keel für ein weiteres zynisches Spiel der »Ultraterrestrier«. Anni Schulte, Susanna Bruns sowie Grete und Maria Ganseforth sahen die Jungfrau, die sich als »Königin des Weltalls« bezeichnete, über 100mal – sie trug eine goldene Krone und hielt das Jesuskind im Arm.[7] Wie so oft folgt auch hier die Erscheinung der katholischen Ikonographie. Wie sich die Erscheinungen unter dem Einfluß kirchlich autorisierter und stark publizierter Vorfälle wie die von Lourdes oder Fatima untereinander immer stärker ähnelten, zeigt Kevin McClure in seinem Buch, das auch weitere Details zu den wichtigsten Visionen liefert.

Wird irgendwo ein Ufo gesehen, gibt es häufig einen Neugierigen, der nach Spuren sucht und welche findet. In einer technologie- und naturwissenschaftsorientierten Welt werden Beweise auch von Erscheinungen verlangt – eine Botschaft aus einer Wolke ohne bleibende Spuren wird angezweifelt.

Aloisia Lex aus Eisenberg in Österreich behauptet, sie habe tausend Male die Jungfrau geschaut, seit sie 1946 im Koma zum ersten Mal eine Erscheinung hatte. Wie auch bei Ufo-Entführungen wurde nach und nach die ganze Familie in das Geschehen integriert: 1947 sah Aloisias Vater »eine schöne Frau in Weiß« im Garten. 1956 entstand dann »als sichtbarer Beweis« ein Kreuz im Rasen des Hauses – so wie Ufos niedergedrückte Vegetation als Zeugnis ihrer Landung hinterlassen. Telepathische Botschaften sollen noch bis zum Tod der Seherin im Dezember 1984 angedauert haben.[8]

Wenn alle Elemente heutiger Begegnungen mit Ufonauten oder Entführungen durch Außerirdische bereits in früheren Erscheinungen zu finden sind, läßt sich der Schluß ziehen, daß gegenwärtige Kontakte mit Ufos religiöse Visionen sind, die vom Wahrnehmenden nicht mehr verstanden werden. Selbst die Zeugen, die an eine religiöse Herkunft ihrer Besucher glauben, sehen offenbar die Notwendigkeit, die Ereignisse an die moderne Ufo-Mythologie anzupassen. Wer heute eine Vision hat, geht, zeitgemäß, nicht mehr zum örtlichen Pfarrer, sondern zum Ufo-Forscher.

H.W. war 50 Jahre alt, als er im Juni 1972 in der Berliner S-Bahn ein eigenartiges Erlebnis hatte. Fast 20 Jahre später beschrieb er in einem ausführlichen Brief an die Mannheimer Ufo-Forschungsgruppe CENAP das Geschehen: »Es war gegen Mittag, das Wetter war sonnig und im Himmel schwammen dicke weiße Wolken. Ich hatte nicht mehr Sorgen als meine Mitmenschen ... Der Zug fuhr in den Bahnhof Jungfernheide ein ... Ich saß auf der letzten Bank an der Rückseite des Waggons. Ganz plötzlich, ohne jeden Übergang, saß ich in einem weiß-bläulichen Strahl, der meinen Körper völlig einschloß. Links und rechts waren gut 10 Zentimeter mehr von diesem Strahl um mich. Der Strahl verlängerte sich nach oben, von mir aus gesehen, und ging durch das Bahnhofsdach bis in eine unerkennbare Höhe. Die Intensität dieser Energiebahn wurde weder durch das Sonnenlicht noch durch das Himmelsblau beeinträchtigt. An der Stelle, wo diese Bahn von Energie durchführte, war das Bahnhofsdach verschwunden, jedenfalls nicht mehr sichtbar. Ich konnte durch diese Materienform durchsehen, fühlte mich aber weder verängstigt noch unsicher, ja, ich möchte fast sagen, ich fühlte mich sicherer. Am anderen Ende dieser Strahlenbahn sah ich drei menschliche Köpfe, und zwar den einer jungen Frau in der Mitte, an einer Seite ein älter erscheinender Mann, an der anderen Seite eine jüngere Darstellung eines Mannes. Ich sah alles klar und deutlich, sie waren nah und fern, es spielte keine Rolle. Um den Kopf hatte die Frauendarstellung eine Art von Reif ... In der Mitte eine Art Rhombe ... Ich glaubte Fragen zu spüren und da war auch ein Suchen, ein Suchen nach anscheinend technischem Wissen. Und da war die Erklärung, sie seien nicht human wie die Erdenbewohner, sie können sich aber nur so zeigen, da sie keinen Schaden verursachen wollen. Ich spürte ein behutsames Tasten im Gehirn und plötzlich, so abrupt wie gekommen, waren alle Erscheinungen vergangen. Der ganze Vorgang kann nur Sekundenbruchteile oder Sekunden gedauert haben; der Zug fuhr weiter.«[9]

Diese Vision von Maria mit Diadem, Gottvater und Gottsohn als Ufo wahrgenommen, zeigt, wie übermächtig heute der Ufo-Mythos in unseren Köpfen ist. Es ist jedoch schwer vorstellbar, daß der Zeuge die traditionelle christliche Ikonographie Mariens mit dem Reif nicht erkannt haben sollte, und daher ist auch ein Schwindel nicht völlig auszuschließen.

Die Erscheinungen, authentische religiöse Erlebnisse, geben dem Wahrnehmenden die Sicherheit und Gewißheit, sein Leben werde von guten übernatürlichen Kräften begleitet; er erfährt, daß das Leben des Menschen mehr ist als eine Abfolge von chemischen Prozessen im Körper. Die mystische Erfahrung hinterläßt offenbar überwiegend positive Gefühle, begleitet von visionären oder halluzinatorischen Lichterscheinungen schöner Frauengestalten. Je nach Konfession deutet der Zeuge dieses Erlebnis: der Katholik als Marienerscheinung, der Protestant als Boten Gottes, der Ufo-Gläubige als Kontakt mit Raumfahrern. In dem Zwang, das Erlebte in Worte zu fassen, wird es den traditionellen Erwartungen an solche Begegnungen angepaßt.

Grenzfälle

Nicht allen Erscheinungen liegen authentische, subjektiv wahre Erlebnisse der Zeugen zugrunde. Bei manchen handelt es sich um Schwindel aus Profilierungssucht oder religiöser Rechthaberei, um Launen der Natur oder um Folklore, die einfach als Erlebnis aus erster Hand wiedergegeben wird.

Im August 1982 zeltete eine Jugendgruppe in der Nähe eines Steinbruchs bei Bergweiler, nicht weit von Bernkastel-Wittlich in der Eifel. Einer der Jungen ging abends in den abgelegenen Steinbruch und beleuchtete dort die Felswand mit seiner Taschenlampe. Im Lichtkegel erkannte er Maria im Gestein stehend.

Innerhalb von zwei Wochen, nachdem sich eine große deutsche Boulevardzeitung des Themas angenommen hatte, pilgerten über 30000 Menschen zu dem Ort, Kranke ließen sich in den Steinbruch karren und hofften auf Heilung. Einige Leute wurden hysterisch, als sie eine Figur in der Felswand sahen, die sich bewegte, doch es war nur ein junger Mann, der dort herumkraxelte. »Da ist die Jungfrau«, riefen die leichtgläubigen Pilger wider jede Vernunft. Journalisten belagerten das kleine Städtchen, und ein Foto des Marienwunders erschien sogar im *Stern*. Des Rätsels Lösung war eine außergewöhnliche Felsformation, die, unter einem bestimmten Winkel angestrahlt, wie die Muttergottes wirkte. Die Schaulustigen zertrampelten die Felder der ortsansässigen Bauern, sie ließen Abfälle und Fäkalien auf den Wegen zurück, die durch Autoschlangen vollkommen blockiert waren. Gerüchte verbreiteten sich: Ein einheimischer Busunternehmer, munkelte man, habe Dias benutzt, um das Bild deutlicher zu machen.

Prälat Israel vom Bischöflichen Ordinariat Trier erklärte, die Erscheinung könne nicht als echt gewertet werden. In einer privaten Lourdes-Grotte sei erst kurz vorher eine Erscheinung gesehen worden, die auf Leuchtfarbe zurückzuführen gewesen sei. Er sagte voraus, die Leute würden sicherlich bald das Interesse an dem Wunder verlieren, und er hatte recht damit. Die Pilger blieben mit der Zeit aus, die Maria von Bergweiler fand ein trauriges Ende: Der Besitzer des Steinbruches ließ sie ein Jahr später abreißen.[10]

Da Maria wenig Anklang bei den Kirchenoberen fand, sandte der Himmel den Erzengel Gabriel im Herbst 1982 wiederholt nach Bayern aus. Mehrere Leute sollen unabhängig voneinander berichtet haben, daß sie auf der Autobahn München-Salzburg einen Anhalter bei Rosenheim mitgenommen hätten. Er war ein bärtiger, langhaariger junger Mann, der orakelte, er sei der Erzengel Gabriel und erscheine mit dem Auftrag, das Ende der Welt im Jahr 1984 anzukündigen. Dann löste er sich in Luft auf, und die noch geschlossenen Sicherheitsgurte blieben auf den Autositzen liegen!

Die Augenzeugen, einige tief geschockt, berichteten das Erlebte der Polizei; dort dachte man an einen Studentenulk und begann, nach dem Schuldigen zu fahnden. Ein Student, der sich in Luft aufzulösen versteht, wäre ohne Zweifel kurios, aber der Polizei war der Spaß der Aufklärung nicht gegönnt. Eine Woche später hieß es, die Akten würden geschlossen, man habe keinen Verursacher dingfest machen können. Der für München zuständige Bischof erklärte, das Wesen könne nicht der Erzengel Gabriel sein, da die Beschreibungen der Zeugen nicht mit der Lehre der Kirche übereinstimmten.«[11]

Der Folkloreforscher Michael Goss hat in einer Untersuchung vieler britischer Fälle von Geisteranhaltern gezeigt, daß es sich um moderne Sagen, um ein faktualisiertes Gerücht handelt. Will man die Zeugen finden, bleiben sie verborgen – man hat das Erlebnis nicht selbst gehabt, sondern der Freund eines Bekannten etc. In einigen Fällen konnte Goss die Zeugen befragen, und er kommt zu dem Schluß, es habe sich tatsächlich um paranormale Phänomene gehandelt.[12]

Maria und Engel in Deutschland

Eine kurze Liste von Erscheinungen in Deutschland, Österreich, der Schweiz und Luxemburg mag aufschlußreich sein. Es gibt sicherlich noch viele weitere, und nicht immer ist die Grenze zu Geistererscheinungen und »weißen Frauen« einfach zu ziehen.

- 973 erscheinen dem heiligen Ulrich zwei Engel in Augsburg.[13]
- Der heilige Bernhard begegnet 1020 in Hildesheim einem Engel und erhält ein Reliquiar von ihm.[14]
- Ab 1110 hat Hildegard von Bingen Visionen und unterhält sich mit Engeln.
- Dem Wächter Hermann Josef erscheint 1232 bei Hoven in der Eifel in einer Nacht mehrmals die Jungfrau Maria – vielleicht die erste deutsche Marienvision.[15]
- 1299 sieht Gertrud von Hefta Jesus im Kloster.[16]
- Ab 1600 werden dem deutschen Schuster Jakob Böhme (1575-1624) aus Altseidenberg bei Görlitz zahlreiche Visionen gegeben.[17]
- Am 6. April 1604 sieht Pater Jakob Rem eine über dem Boden schwebende Madonna in Ingolstadt.[18]
- Am 11. Juni 1616 sieht Christoph Kötter bei Görlitz zum ersten Mal einen Engel, der ihn sein Leben lang begleiten wird.
- Um 1620 erscheint Anna Fleischer »eine glänzende Knabengestalt«, die ihr eine Botschaft übermittelt.[19]
- 1625 erscheint dem Bauer Martin Drescher ein Engel über seinem Acker bei Glogau am Zobten in Schlesien.[20]

- Dem Pfarrer Nicolaus Brigel zeigt sich am 29. Mai und am 16. Oktober 1629 der Engel Raphael und teilt Botschaften mit.[21]
- Ein weißer Engel zeigt sich der Nürnberger Magd Susanna Rügel vom 9. November 1630 bis zum 4. März 1631.[22]
- Um 1630 sieht Anne Marie bei Braunschweig einen Engel.[23]
- Am 13. April 1640 besuchen zwei Engel den Knecht M. Hamisch in Bunzlau und übermitteln ihm Botschaften.[24]
- Mitten im 30jährigen Krieg, in der Weihnachtszeit 1641, vernimmt der Händler Hendrick Busmann aus Kevelaer eine Stimme: »An dieser Stelle sollst Du mir ein Kapellchen bauen.« Noch heute pilgern jährlich bis zu 700 000 Menschen zu der »Trösterin der Betrübten«.[25]
- Botschaften erhält Hans Keil aus Gerlingen bei Stuttgart, als er 1648 von einem Engel besucht wird. Diese himmlischen Nachrichten beziehen sich, wie in den anderen Fällen, auf religiöse Verhaltensmaßregeln und enthalten politische Aussagen.[26]
- Der Bauer Dietrich Mülfahrt findet 1654 im Geäst eines Baumes zu Aldenhoven bei Aachen ein Gnadenbild der Madonna. Wenn er abends zu der Statue betet, erscheint stets »ein wunderbares Licht«.[27]
- Der Hirt Peter Rekin trifft am 2. Juli 1684 in Brandenburg einen Engel.[28]
- Als Schwindel soll eine Episode von Erscheinungen zwischen 1698 und 1699 in Württemberg entlarvt worden sein, als die Simmersfelder Pfarrerstochter Christina Regina Bader berichtet, ihr erschienen Engel, die ihr Botschaften verkündeten.[29]

Das 17. Jahrhundert, von Glaubenskämpfen und Kriegen geprägt, zeichnet sich hauptsächlich durch Engel aus, die Protestanten aufsuchen und sie in ihrem Abfall vom Katholizismus bestätigen. Im 19. Jahrhundert kann eine drastische Zunahme der vorher eher seltenen Marienerscheinungen registriert werden, die sich allmählich dem von der Kirche anerkannten und stark publizierten Fall von Lourdes angleichen. Der ab 1848 aus den USA nach Europa kommende Spiritismus sorgt dafür, daß die einstigen Engelserscheinungen nun hauptsächlich als Geistererscheinungen von Verstorbenen interpretiert werden.

- Ab 1840 hört der Mystiker Jakob Lorber (1800-1864) aus Graz eine Stimme, die ihm befiehlt, Offenbarungen über Religion und das Wesen des Alls niederzuschreiben.[30]
- Am 12. Mai 1848 erscheint dem Knecht Stickmayer bei Obermauerbach in Bayern die Jungfrau Maria.[31]
- In Marpingen im Saarland sehen Kinder und Erwachsene 1876 Jesus, den Heiligen Geist, die Jungfrau Maria und zahlreiche Engel am Himmel über einem Wald.[32]
- Die Jungfrau Maria besucht Allenstein in Ostpreußen. Ab dem 27. Juni 1877 sehen vier Frauen über einen längeren Zeitraum hinweg 160mal die Madonna, die »von einer strahlenden Wolke« umgeben ist.[33]
- Im selben Jahr sehen drei kleine Mädchen Jesus und andere biblische Gestalten in Mettenbach in Bayern.[34]

Im 20. Jahrhundert finden wir eine auffällige Häufung von Erscheinungen um das Jahr 1947, als die ersten fliegenden Untertassen auftauchten. Das Hoffen auf ein Zeichen aus dem Himmel nach dem verheerenden Weltkrieg war offenbar sehr stark; ob die Antwort die Form einer Erscheinung oder eines Ufos annahm, hing von den Glaubensvorstellungen des Zeugen ab.

- Am 8. Dezember 1921 hat Anna-Maria Goebel aus Blickendorf bei Trier eine Marienerscheinung: Die Jungfrau erscheint ihr auch in der Folgezeit.[35]
- Ab dem 1. November 1937 bis zum Jahre 1945 dauern die Erscheinungen von Heede.[36]
- Ursula Hibbeln erblickt ab dem 15. August 1938 mehrmals Maria und erhält religiöse Botschaften.[37]
- Am 13. Mai 1940 stattet die Jungfrau Maria Bärbel Ruess

in Pfaffenhofen einen Besuch ab; 1946 kehrt die Himmelsmutter noch einmal bei ihr ein.[38]

- Ab 1946 erscheint Maria in Eisenberg in Österreich einer ganzen Familie, Botschaften werden bis in die 80er Jahre diktiert, die Erscheinung hinterläßt – quasi als Vorläufer der Kornkreise – ein Graskreuz als Zeichen ihrer Anwesenheit.[39]
- Frau Paula, 48, sieht Maria in einem Kranz aus Rosen am 23. August 1947 in Tannhausen in Schwaben.[40]
- Am 1. November 1947 sehen viele Menschen in Kayl in Luxemburg eine Erscheinung der Heiligen Jungfrau Maria.[41]
- Am 11. November 1948 erscheint eine Madonna mit blauem Mantel und goldener Krone in einer Wolke über dem Königsberg bei Aspang, Österreich.[42]
- Eine der berühmtesten Nachkriegsepisoden von Erscheinungen beginnt am 12. Mai 1949 in Fehrbach bei Pirmasens in der Pfalz, als Senta Ross Maria schaut; Sonnenwunder und ähnliche Ereignisse werden ebenfalls berichtet.[43]
- Ab 9. Oktober 1949 sehen zuerst einige Mädchen, dann zahlreiche Pilger bei Heroldsbach in Bayern zuerst Maria, dann Sonnenwunder und seltsame Lichter am Himmel.[44]
- Am 18. Dezember 1950 sehen 20 Kinder bei Remagen eine Erscheinung der Jungfrau Maria.[45]
- Am 19. Juli 1954, als überall in Frankreich kleine grüne Männchen aus hellen Objekten klettern, erblicken zwei evangelische Dienstmädchen die Jungfrau Maria in einem leuchtenden Strahlenkranz. Die Erscheinungen setzen sich in der darauffolgenden Zeit in Pingsdorf fort.[46]
- Am 6. Januar 1975 hört Gabriele Wittek zum ersten Mal den Heiligen Geist, der unvermittelt beginnt, ihr philosophische Traktate zu diktieren. Sie gründet aufgrund der Offenbarungen die Sekte »Heimholungswerk Jesu Christi«.[47]
- Im August 1982 entdecken Jugendliche in einem verlassenen Steinbruch bei Bergweiler in der Eifel eine Felsformation, die sie für ein Marienwunder halten.[48]

- Im Oktober 1982 hält der Erzengel Gabriel mehrere Autofahrer bei Rosenheim an und verkündet, die Welt ginge 1984 unter. Dann löst er sich in Luft auf.[49]

Welche Schlüsse lassen sich aus dieser Prozession von Erscheinungen ziehen? Es scheint auf den ersten Blick, als neigten Frauen dazu, Maria zu erblicken, während Männer in der Regel auf Engel stoßen. Ob das Bedeutung hat, müßte ein Vergleich mit den international gesammelten Daten zeigen.

In der Regel findet ein erster Kontakt mit übernatürlichen Wesen in der Kindheit oder Pubertät der Wahrnehmenden statt, er wiederholt sich – häufig regelmäßig zu bestimmten Terminen –, bis er nach einigen Monaten oder Jahren endgültig beendet wird. Das entspricht Erscheinungen, die aus anderen Ländern gemeldet werden, und ebenso den sogenannten »Entführungen durch Außerirdische«. In der heute geläufigen Form wird der Zeuge zuerst als Kind und dann wieder während wichtiger Stationen seines Lebens entführt. Bei beiden Phänomenen treffen die Perzipienten, nachdem sie in Trance gesunken sind, auf übernatürliche Wesen, die ihnen traktatähnliche Botschaften eingeben und sie »auserwählen«. Auch Poltergeister suchen bevorzugt Kinder oder Pubertierende auf. Die auserwählten Medien weisen manchmal Wunden auf, die Entführten Operationsnarben und die Seherkinder Stigmata. Gemeinsam ist den verschiedenen Wahrnehmungsformen, daß ein einziges »Kontakterlebnis« vom Perzipienten entweder als Science Fiction, als Heiligenlegende oder als dämonische Heimsuchung erlebt wird. Ohne Zweifel liegt in all diesen Fällen eine Erklärung in der Psyche der Zeugen, die ihre Probleme in bildhafter und vielleicht paranormaler Weise nach außen kehren.

Poltergeister

Poltergeister, unsichtbare Kräfte, die Hausbewohner mit üblen Gerüchen, Knallgeräuschen und zerspringendem Geschirr zur Verzweiflung bringen können, werden seit der

Antike stets gleich beschrieben. Die Deutungen der unheimlichen Ereignisse waren dagegen dem Weltbild der Zeit und Kultur angepaßt:

Götter, Kobolde und Elfen, der Teufel oder die Geister der Verstorbenen konnten verantwortlich sein; Parapsychologen, die sich heute mit Poltergeistern beschäftigen, gehen davon aus, daß es sich um »spontane Psychokinese« handelt. Ein Mensch, häufig ein Heranwachsender, der im Mittelpunkt der Ereignisse steht, bewegt und zerstört Gegenstände mit Geisteskraft, um sich von inneren Spannungen zu lösen. Gleich, welche Erklärung zutreffen mag – die Einheitlichkeit der Berichte spricht dafür, daß es sich bei Poltergeistern um ein physikalisch reales Phänomen handeln könnte. Bewiesen ist das allerdings nicht, und so fallen Poltergeister in die gleiche Kategorie wie die anderen in diesem Buch beschriebenen Erscheinungen: Sie können beobachtet und erfahren, nie aber eindeutig belegt oder bewiesen werden.

Der Doyen der deutschen Parapsychologie, der verstorbene Hans Bender, spricht neben den eher esoterischen Deutungen auch von ganz gewöhnlichen Täuschungsmöglichkeiten und Betrug: »Kinder und Jugendliche können einen Schabernack spielen und sich instinktiv die Neigung vieler Menschen, schreckhaften Vorkommnissen unbekannte ›magische‹ Ursachen zu unterlegen, zunutze machen, um Respektspersonen an der Nase herumzuführen. Manchmal wird auch von Leuten ein Spuk inszeniert, um den Wert eines Anwesens, das sie vielleicht kaufen wollen, herabzusetzen oder um unerwünschte Mieter zu vertreiben. Handelt es sich nur um Geräusche, um ein Poltern, Klopfen oder Knarren, können ganz natürliche Ursachen, Ratten oder arbeitendes Gebälk, die Wasserleitung oder ähnliches, des Rätsels Lösung sein. Auch Sinnestäuschungen einzelner oder einer Reihe von Personen, sogenannte ›Kollektivhalluzinationen‹, können irrtümlich als Spuk aufgefaßt werden.«[1]

Die folgenden Meldungen über Poltergeister sind von Parapsychologen untersucht und – mit einer Ausnahme – für echt befunden worden. Die einzelnen Vorfälle sind zeitlich und räumlich über das Bundesgebiet so verteilt, daß sich keinerlei Rückschlüsse ziehen lassen, ob man nun in katholischen oder protestantischen, nord- oder süddeutschen Gebieten eher an Poltergeister glaubt. Die einzige Konstante, die sich aus den Berichten ableiten läßt, ist, daß eine typische Poltergeistepisode zwischen zwei Wochen und mehreren Monaten dauert und daß offenbar jeder davon betroffen sein kann. Eventuell könnte eine genaue psychologische Studie der von Knallen und fliegendem Geschirr heimgesuchten Personen zeigen, daß bei diesen Zeugen eine Neigung vorhanden ist, unzusammenhängende kleinere Unfälle im Haus übernatürlichen Kräften zuzuschreiben – dann wäre das Phänomen nicht parapsychologischer, sondern nur psychologischer Natur, vergleichbar mit den sogenannten »nahen Begegnungen« mit Ufos. Da in den meisten Fällen ein heranwachsender Junge oder ein junges Mädchen im Mittelpunkt des Geschehens stehen, vermuten auch Parapsychologen, daß diese Phänomene nicht orts-, sondern personengebunden sind. Vielleicht entstehen Poltergeister, wenn ein besonders suggestiv begabter Jugendlicher auf gutgläubige Mitmenschen trifft.

Der Spuk von Obertraubing zeigt, daß eine rein psychologische Interpretation des Datenmaterials ebenso zutreffend sein könnte wie die parapsychologischen Deutungen. Bisher ist die Debatte weder in der einen noch in der anderen Richtung entschieden worden. In Berlin-Charlottenburg spukte es vom 9. Januar bis zum April 1929, in Gerolstein in der Eifel vom 4. Dezember 1901 bis zum 20. Februar 1902, in Groß-Erlach bei Sulzbach, Schwaben, von Anfang bis Mitte Mai 1916, in Hopfgarten bei Weimar genau zwei Wochen lang im Februar 1921, als eine Frau im Sterben lag, in Leipzig vom 4. September bis 20. November 1931, in Lauterach, Baden-

Abb. 12: »Hexenspuk«. Illustration zu Vogls »Twardowski, der polnische Faust«, Holzstich, 1861.

Württemberg, im Herbst und frühen Winter des Jahres 1946, in München im Januar 1927, in Ludwigshafen-Oppau fast ein halbes Jahr ab Oktober 1930, in Scherfede in Westfalen von September bis Dezember 1972, in Peißenberg, Bayern, im Winter 1925 und in Pursruck bei Amberg ab November 1970.[2] Ob und was die Häufung von Poltergeistepisoden in der Zeit von Oktober bis Dezember zu bedeuten hat, ist nicht klar, aber das Raster wiederholt sich in den österreichischen Fällen.

In einem Wohn- und Wirtshaus in Liesebrücke zentrierten sich die Vorfälle auf eine junge Angestellte vom 24. November 1921 bis zum 31. Januar 1922. Dabei sah die Wirtin, Frau Kogelnik, vor ihren eigenen Augen Gegenstände verschwinden. In einer Schmiede in Wien wurden wie von Geisterhänden Kohle und Eisen bewegt, als im Juli und August 1906 ein Poltergeist »einzog«. In Vöst bei Feuerbach dauerte die Heimsuchung vom 26. Januar bis zum 5. Februar 1932, in Güssing von September bis Dezember 1925 und in Eggenberg bei Graz vom 25. Oktober bis früh im Dezember 1929.[3]

Immer wieder soll es vorkommen, daß Poltergeister Objekte verschwinden lassen oder verstecken. Im Fall von Nickelheim, der von November 1968 bis Februar 1969 dauerte, verschwanden Gegenstände in einer Wohnung, um dann draußen wieder herabzuregnen. Ein untersuchender Parapsychologe, der die Probe aufs Exempel machen wollte, wurde mit Erfolg belohnt. Er stellte eine Flasche Parfüm auf ein Tablett, bat dann alle Umstehenden, den Raum zu verlassen, und schloß ab. Die Parfümflasche tauchte tatsächlich an der Außenseite des Hauses auf und segelte im Zickzackkurs von der Dachkante bis zum Boden herab.[3] Natürlich sind solche Berichte, die nur gesehen, aber nicht gefilmt oder sonstwie dokumentiert wurden, den üblichen Schwächen menschlicher Wahrnehmung unterworfen.

Im Sommer 1951 untersuchte Professor Bender einen Spuk im mittelbadischen Bühl. Auch hier verschob ein scherzhafter Poltergeist Dinge, etwa Vorhänge. Bender überprüfte das Unglaubliche mit Sherlock-Holmes-Methoden: »Ich ließ das Haus räumen, hängte neue Vorhänge auf und verschloß sämtliche Zugänge mit Klebestreifen. Am Tage nach der Räumung klaffte ein Spalt von etwa 20 Zentimetern. Die Sicherungen waren intakt, es war niemand in der Stube gewesen.«[5] Bender beschloß, das Phänomen für die Wissenschaft einwandfrei zu dokumentieren, doch als eine Kamera aufgebaut wurde, tat sich zwei Wochen lang nichts Geheimnisvolles mehr – der Spuk, schlossen daraus Bender und mit ihm andere Parapsychologen, entziehe sich bewußt seiner Beweisbarkeit. Falls es sich beim Spuk tatsächlich um ein uns nicht erklärbares, aber reales Phänomen handelt, wäre das zumindest als Möglichkeit denkbar: Die Ereignisse geschehen nur dann, wenn niemand da ist, um sie zweifelsfrei zu belegen, weil die Kraft, die sich als Poltergeist äußert, einen sehr ironischen Zug trägt.

Hält man Spuk nur für Aberglauben oder für ein psychologisches Problem, dann klingt der »flüchtige Spuk« eher wie ein Ausweg. Stellten doch auch die Forscher, die in den 60er Jahren Loch Ness überwachten, fest, daß sich das Ungeheuer immer nur dann sehen ließ, wenn sie keine Fachleute mit Kameras vor Ort hatten. Die Lösung in diesem Fall war allerdings nicht, wie zuerst vermutet, paranormaler Natur: Die ausgebildeten Beobachter identifizierten das angebliche Ungeheuer als Bootswellen und optische Täuschungen im See, wenn sie bei einer Sichtung anwesend waren. Unkritische Zeugen ohne fachlichen Beistand dagegen verwechselten einfache, alltägliche Erscheinungen mit dem Ungeheuer. Bei den meisten Spukvorfällen handelt es sich um wenig aufsehenerregende Geschehnisse, die man in keiner Weise mit dem Tohuwabohu vergleichen kann, das Steven Spielberg in seinem Film »Poltergeist« inszenierte. Hin und wieder kommt es jedoch zu bedrohlichen und wirklich unheimlichen Szenen.

Der Spuk im Hause des Bürgermeisters von Neudorf im Oktober 1952 schien sich auf den 13jährigen Sohn Bernhard zu konzentrieren. Einmal, berichtete der Bürgermeister dem herbeigeeilten Professor Bender, »brauste plötzlich kurz nach Mitternacht wie eine kleine Granate ein Gegenstand durch das Elternschlafzimmer, in dem auch der verängstigte Knabe schlief, und schlug ein fingernageltiefes Loch in die harte Gipswand. Es war eine Verschlußschraube aus dem ersten Stock.« Dann sollen Nägel herabgeregnet sein – ein verbreitetes Motiv in Poltergeistberichten –, die sich unterhalb der Decke materialisierten. »Bernhard zog die Decke über den Kopf, um nicht getroffen zu werden«, beobachtete der Vater. Die herabregnenden Gegenstände sollen warm gewesen sein – auch das typisch für die in aller Welt gesammelten Berichte.[6] Neben herabfallenden Gegenständen wurden auch heraufkommende beobachtet. So wollte der Bürgermeister Zeuge gewesen sein, wie eine Wäscheklammer senkrecht an einem Türrahmen hochkletterte, um dann oben im rechten Winkel abzubiegen – fast wie Kugelblitze, die auch ein besonderes Interesse an Gegenständen haben und sie fast systematisch untersuchen.

Der Lehrling Heiner Sch. soll 1965 in einem Bremer Lebensmittelgeschäft Spukphänomene ausgelöst haben. Porzellan, Steingut und Glaswaren sollen bei seiner Anwesenheit zersprungen sein, ohne daß er sie berührte. Auch hier reiste Bender an, um Untersuchungen durchzuführen. Mit Mitarbeitern seines Institutes für Grenzgebiete der Psychologie drehte er mehrere Haken fest in eine Betonwand und stellte den mutmaßlichen Auslöser des Spuks in sicherer Entfernung auf. »Wir beobachteten mit gespannter Aufmerksamkeit und machten Blitzlicht- und Tonbandaufnahmen. Innerhalb von zwei Minuten waren die Schrauben lose, keiner von uns hat sie herauskommen sehen.« Als Bender versuchte, den Effekt auf Film festzuhalten, geschah, wie stets in solchen Fällen – nichts!

Bender war auf das Experiment gekommen, weil an Heiner Sch.'s Arbeitsplatz ähnliche Dinge passiert sein sollten. Als der Lehrling später den Arbeitsplatz wechselte, seien, so Bender, erneut Spukerscheinungen aufgetreten. Da die paranormalen Fähigkeiten des Lehrlings sowohl durch anekdotische Erzählungen wie durch spätere experimentelle Überprüfungen nachgewiesen worden sein sollen, wäre es verlockend, in einem so gut belegten Fall einen Beweis zu sehen.[7] Später jedoch hat der Lehrling erklärt, er habe die im Laden beobachteten »Zerstörungsphänomene« selbst inszeniert, indem er zum Beispiel Porzellan gegen die Wand geworfen hätte, als gerade niemand hinsah. Auch Bender will er auf diese Weise genarrt haben, der Gelehrte soll recht leichtgläubig gewesen sein. Bender bestritt natürlich, betrogen worden zu sein, und verwies auf seine umfangreichen Absicherungen. Ob nun der Professor wirklich von einem Jugendlichen getäuscht wurde, oder ob der ein falsches Geständnis ablegte, um sich vom Stigma des Poltergeistes zu befreien: Wer will das entscheiden? Wenn man aber Zeugenaussagen, die von unglaublichen Dingen berichten, Glauben schenkt, dann sollte man zumindest das gleiche Vertrauen den Zeugen gegenüber aufbringen, die die Rätsel konventionell lösen können.

Der Spuk in einer Rosenheimer Anwaltskanzlei ist bekannt als bestdokumentierter Fall. Dort war im November 1967 der sprichwörtliche Teufel los: Neonröhren an der Decke drehten sich aus ihren Halterungen, Sicherungen flogen heraus, Knallgeräusche wurden gehört, Telefone klingelten oder wählten sechs Mal in der Minute die Zeitansage, ohne daß jemand in der Nähe der Apparate gewesen sein soll. Professor Bender und zwei Physiker, Dr. Karcher und der Diplom-Physiker Zicha, beschlossen im Dezember, den Phänomenen auf die Spur zu kommen; zuvor waren offizielle Stellen gescheitert, die dem Spuk – oder Betrug – das Handwerk legen wollten. Die beiden Physiker schlossen alle konventionellen Ursachen für die Stromstörungen aus: Weder Netzspannungsänderungen, elektrostatische Aufladung, Kondensatoraufladungen, Infra- oder Ultraschall noch starke Erschütterungen und Wackelkontakte sollen für die Störungen verantwortlich gewesen sein. Mittlerweile hatten sich die Erscheinungen verstärkt: Hängelampen schwangen hin und her, Glühbirnen platzten, Bilder rotierten an der Wand und fielen herab, ein zentnerschwerer Aktenschrank ruckte durchs Zimmer – einige dieser Phänomene sollen auf Film aufgenommen worden sein. Die Parapsychologen stellten fest, daß – wie bei fast allen Spukfällen – ein Mensch im Mittelpunkt des Geschehens zu stehen schien.

Die Meßinstrumente, so Bender, »registrierten den ersten Ausschlag mehrmals genau zu dem Zeitpunkt, als die 19jährige Annemarie Sch. das Büro morgens betrat. Auch andere Beobachtungen wiesen darauf hin, daß die Phänomene von ihrer Gegenwart abhängig waren. Ging die junge Frau durch den Flur, begannen die Lampen hinter ihr zu schwingen, explodierten Beleuchtungskörper, flogen die Scherben auf sie zu. Sie schien der unbewußte Auslöser der Erscheinungen zu sein.« Als Frau Sch. in Urlaub fuhr, hörte der Spuk schlagartig auf; an einer neuen Arbeitsstelle begann er erneut.[8]

In vielen Poltergeistfällen segeln Gegenstände durch die Luft und auf eine bestimmte Person zu, ohne diese jedoch zu verletzen. Parapsychologen halten diese »Medien« für die Auslöser der Ereignisse; früher dachte man, daß Kinder oder Jugendliche unter den Attacken eines – häufig amourösen – Gespenstes oder Naturgeistes zu leiden hätten. Als 1948 eine böhmische Flüchtlingsfamilie in einem alten Herrenhaus in Vachendorf bei Traunstein unterkam, wurden in einem Zimmer beide Betten mit Steinen, Werkzeugen und anderen Gegenständen bombardiert. Die Mutter sammelte die Werkzeuge wieder ein, packte sie in eine Kiste und setzte sich darauf, um die Attacken zu beenden; kurz darauf mußte sie feststellen, daß sich die Werkzeuge auf geheimnisvolle Weise dematerialisierten, um aus dem Behälter zu verschwinden und außerhalb wieder ihr böses Spiel zu treiben. Diesmal machte der Poltergeist eine Ausnahme und warf einen Holzschuh zielsicher dem Vater der Familie an den Kopf.[9]

Poltergeistattacken werden weltweit zu allen Zeiten fast identisch beschrieben, auch wenn die Deutungen den Vorstellungen der Zeit entsprechend variieren; bei Ufos hingegen passen sich Interpretation und Objekte dem Weltbild an. Das ist als wichtiger Hinweis zu werten, daß hinter Poltergeistfällen ein physikalisch reales Ereignis steht. Allerdings gibt und gab es komplexe Episoden, die Experten täuschten und die trotzdem auf einfachen Betrug zurückgingen, wie im Falle des »Choppers«.

Das Interesse der Zeitungen begann im Frühjahr 1982, als bekannt wurde, daß ein sprechender Poltergeist in der Praxis eines Zahnarztes in Obertraubing, Bayern, residiere. Der Geist hatte sich das erste Mal im März 1981 bemerkbar gemacht. Es handelte sich um ein ungezogenes Wesen, das sich selbst »Chopper« nannte. Der »Chopper« rülpste aus dem Wasserhahn, aus dem Abfluß eines Waschbeckens, aus dem Telefonhörer – selbst wenn niemand am anderen Ende der Leitung war. Die Patienten erschreckte er mit obszönen Bemerkungen, und mit der Zahnarzthelferin Claudia Judenmann schien er eine platonische Affäre zu haben. Der Zahnarzt Kurt Bachseitz wurde von dem üblen Geist fast zur Verzweiflung getrieben und erstattete Anzeige gegen Unbekannt. Als die Polizei im Sprechzimmer auf Lauer lag, hörten die Beamten den Geist ebenfalls, konnten aber keine Erklärung für die Ereignisse finden. Experten der Bundespost aus Darmstadt gaben mehrere 10000 Mark aus, um des Geistes habhaft zu werden – ohne Erfolg. Professor Bender besuchte den Ort und erklärte nach seiner Untersuchung, er hätte zwar keine Indizien für einen Betrug erkennen können, merkte aber an, der Traubinger Poltergeist sei sehr untypisch für seine Art. Worauf der Geist einige unfreundliche Bemerkungen über den Professor fallen ließ. Journalisten belagerten das Haus, *Stern* und *Spiegel* widmeten dem Geschehen seitenlange Artikel, TV-Crews gingen in der Praxis ein und aus. Die Patienten wurden interviewt. Ebenso Claudia, die nur mit den Schultern zucken konnte: Sie wisse nicht, wer oder was der Geist sei und warum er sich in sie verliebt habe. Bachseitz beklagte sich, der Geist halte ihm die Patienten fern.

Die Geschichte nahm ein unrühmliches Ende. Journalisten des *Spiegel* hatten beobachtet, daß der Geist nur dann sprach, wenn Claudias Gesicht von den Beobachtern abgewandt war. Die Kameras konzentrierten sich auf das Mädchen, und so konnte bewiesen werden, daß der *Spiegel* mit seiner Vermutung richtig gelegen hatte: »Chopper« war niemand anders als Claudia selbst, die zusammen mit ihrem Chef die Öffentlichkeit getäuscht hatte. Beide gaben zu, der Geisterspaß habe begonnen, als Claudia von Freunden mit verstellter Stimme angerufen wurde. Claudia begann mitzuspielen, und auch der Zahnarzt fand Gefallen an dem Spiel. Das Ganze war nur ein privater Spaß, bis die Zeitungen von der Sache erfuhren und Magazine hohe Summen für ein Exklusivinterview mit dem sprechenden Poltergeist zahlen wollten. Als sogar das Fernsehen regelmäßig über die Ereignisse zu berichten begann, war es zu spät, um das Spiel zu beenden, ohne Verdacht zu erregen. Schließlich befand man Claudia für schuldig, den Geist gespielt, die Polizei getäuscht und die Post zu hohen Ausgaben veranlaßt zu haben. Daß die wackeren Beamten trotz intensivster Nachforschungen dem »Geist« nicht auf die Schliche kamen, macht all jene Fälle verdächtig, bei denen eine erfolglose Untersuchung durch Behörden als Argument für die Echtheit eines paranormalen Ereignisses angeführt wird.[10] Es hat sich aber bei anderen fortianischen Erscheinungen gezeigt, daß Polizeibeamte nicht die besten Beobachter und Interpreten sind.

Kaum vier Monate waren seit dem Spuk in Obertraubing vergangen, als ein zweiter Poltergeist Presseschlagzeilen machte: In Viechtach, wiederum in Bayern, geschahen in einem alten Schulhaus höchst merkwürdige Dinge. Die Phänomene konzentrierten sich diesmal auf einen 13jährigen Jungen. Wasser tropfte von der Decke, obwohl sich in dem Haus nicht einmal Leitungen befanden, Fensterscheiben und Glühbirnen gingen zu Bruch, auch wenn sich niemand in der Nähe befand, und die Splitter fügten sich wie von Geisterhand zu kleinen sauberen Häufchen. Wieder lauerten Polizisten dem Geist auf, und Professor Bender pilgerte zu dem Spukhaus. Und, welch Wunder, der Geist stellte seine Aktivitäten beim Auftauchen der Geisterjäger sofort ein. So konnten weder die Beamten noch Bender irgendwelche übernatürlichen Phänomene beobachten. Später erklärte Bender, der Junge sei »ganz normal« und der Poltergeist sei auf »innere Spannungen« des Kindes zurückzuführen – die konventionelle parapsychologische

Erklärung.[11] Bender machte allerdings nicht deutlich, ob er den Spuk für authentisch oder gefälscht erachtete. Vielleicht behielt er das für sich, weil er aus dem Fall »Chopper« gelernt hatte. In einem Interview berichtete Bender, im Sommer 1982 habe es nachweislich an fünf Stellen in Deutschland gespukt.[12] Poltergeister, egal ob die Presse ausführlich über sie schreibt oder sie ignoriert, sind nach wie vor ein Bestandteil unseres Alltagslebens.

Phantome am Himmel

Kurz und knapp meldete die *Süddeutsche Zeitung* am 23. April 1959 auf ihrer ersten Seite ein politisch brisantes Ereignis:

»Flugzeuge unbekannter Nationalität haben im Laufe des Dienstags bei 19 Anflügen 45 Bomben 5 km nördlich des Knechtsands, einer Sandbank bei Cuxhaven, ins Meer geworfen. Die Rauchwolken sowie mehrere in großer Höhe fliegende Maschinen wurden von der Bevölkerung der Küstengemeinden und von der Marineküstenwache beobachtet.«

Das Verteidigungsministerium bestätigte die Beobachtung. Schnell erklärten das Alliierte Luftwaffenhauptquartier und ein Sprecher der britischen Regierung, es hätte sich weder um amerikanische noch um britische Flugzeuge gehandelt. Die Alliierten hatten den Knechtsand nach dem Krieg als Bombenwurfziel benutzt, doch ihr Vertrag war bereits im Herbst 1957 abgelaufen. Kurz danach wurden die Sandbänke von der niedersächsischen Landesregierung unter Naturschutz gestellt.

Die Regierung konnte es nicht einfach dulden, daß Flugzeuge widerrechtlich Bomben abwarfen. Die »Bombardierung« führte zu heftigen politischen Debatten: Wer war schuld? Welche Rechte hatte die Bundesrepublik gegen die Alliierten? Das Auswärtige Amt schaltete sich ein und fragte bei den NATO-Partnern nach. Das britische Luftfahrtministerium und die Kommandostelle der amerikanischen Luftwaffe in Bonn betonten, sie seien nicht in den Vorfall verstrickt. Ein SPD-Abgeordneter forderte am 24. April in einer kleinen Anfrage im Bundestag Klärung: »Ein Sprecher der Bundeswehr sagte, die Explosionen seien von ausgebildeten Soldaten mit scharfen Ferngläsern einwandfrei beobachtet worden. Die Flugzeuge hätten ihre Anflüge in so großer Höhe vorgenommen, daß ihr Typ nicht habe ermittelt werden können.«[1]

Aus einem Ereignis, das angeblich von zahlreichen Küstenbewohnern verfolgt worden war, wurde binnen zweier Tage ein Vorfall, der nur von wenigen Soldaten und nur durch Ferngläser beobachtet worden war.

Fünf Tage nach dem Ereignis, am 26. April, versuchte die Bonner Regierung immer noch, Klarheit zu gewinnen. Der Generalinspekteur der Bundeswehr, Generalleutnant Heusinger, wollte in Paris bei der Stabsbesprechung der NATO auf die Bombardierung hinweisen. Das Bundesverteidigungsministerium schloß nach erneuter Prüfung der Aussagen der Soldaten, es könne sich auch um »Unterwasserexplosionen« gehandelt haben. Und: »Falls die Explosionen von Flugzeugabwürfen herrührten, die aus östlicher Richtung angeflogen sind, so sei ein solches Versagen des Warnsystems der NATO beunruhigend.«[2] Die Sprachverwirrung – wer sah jemals »Flugzeugabwürfe anfliegen«? – zeigt die Ratlosigkeit des Bundesverteidigungsministeriums. Eine Erklärung war nötig, und da offenbar niemand für den Angriff verantwortlich war, neigte Bonn immer mehr zu der Auffassung, daß es sich um eine Halluzination gehandelt habe.

Am 27. April erklärte das Verteidigungsministerium zwar noch, die Ursache des Bombardements sei unbekannt, gab allerdings auch zu verstehen, daß zahlreiche Zeugenaussagen über Flugzeugsichtungen sowie »der erste Bericht des Standortkommandanten von Cuxhaven« »nicht authentisch« seien. Ein Sprecher des Ministeriums meinte doppelzüngig: »Die Zeugen haben kein Flugzeug gesehen, die alliierten

Radarstationen keine Maschine erfaßt, die mit den angeblichen Bombenabwürfen in Verbindung stehen könnten.«[3] Tatsache sei nur, daß Abwürfe gesehen worden seien. Die *Süddeutsche Zeitung* schickte einen Reporter, der recherchieren sollte, was tatsächlich beobachtet worden war. Nur wenig blieb von dem sensationellen Bericht übrig.

Das Feuerschiff *Weser* soll die erste Alarmmeldung über die Bombenabwürfe durchgegeben haben. Der Kapitän äußerte jedoch in einem Seefunkgespräch gegenüber der *Süddeutschen:* »Wir haben keine Meldung abgegeben, wir haben nichts gesehen und nichts gehört. Bomben sind nicht gefallen. Das ist ja alles Unsinn.« Es stellte sich heraus, daß niemand in Cuxhaven die Detonationen gehört hatte – ganz im Gegensatz zu der Zeit, als der Knechtsand noch offizielles Abwurfziel gewesen war. Einzige Quelle für den mysteriösen Vorfall blieb der Bericht einiger Soldaten. Ein Inspektor der Bremerhavener Wasserschutzpolizei hatte den Aussichtsposten der Bundeswehr in seinem 18 Meter hohen Turm angerufen, um nachzufragen, ob beim Knechtsand ein Flugzeug abgestürzt sei. Der wachhabende Oberbootsmann verneinte, griff jedoch zum Feldstecher und erspähte nun den Phantomangriff. Sofort erstattete er dem Standortkommandanten Hebestreit Meldung.

Hebestreit gab die Anweisung, der Angriff solle sorgfältig beobachtet werden. »Seine Leute, so berichtete Hebestreit heute (28.4.), hätten vom frühen Vormittag bis in die späten Abendstunden (des 21.4.1959) einwandfrei nordöstlich vom Knechtsand weiße Fontänen mit braungelben Raucherscheinungen, die zweifellos von Pulververbrennungen herrühren, ausgemacht. Seine Beobachtungsposten hätten ständig nach Cuxhaven berichtet und bis 19. 23 Uhr bei 19 Anflügen mindestens 45 Einschläge gezählt.« Flugzeuge seien dabei nicht beobachtet worden. Warum hatte niemand außer den Beobachtungsposten etwas von den Vorgängen bemerkt?

Nun, so Hebestreit, wegen der niedrigen Wolkendecke habe man die Flugzeuge nicht ausmachen können, und was die Detonationen anbelangte: »Es herrschten nordöstliche Winde, die den Schall abtrieben.«

Die *Süddeutsche Zeitung* kommentierte zynisch: »Mithin bleibt die kuriose Erkenntnis, daß die fraglichen Detonationen so beschaffen gewesen sein mußten, daß sie nur von den durch die Weite des Meeres geschärften Augen und Ohren der Bundesmariner wahrgenommen werden konnten.«[4]

Am 29. April meldeten die Zeitungen, daß sich die NATO in Paris auf Wunsch des Generalinspekteurs der Bundeswehr, General Heusinger, mit den Vorfällen beschäftigen werde. Allerdings demontierte das Verteidigungsministerium die Zeugenberichte weiter, ausdrücklich wurde betont, daß weder weitere Aussagen vorlägen, noch irgendein Radar irgendwo die 19 Anflüge registriert habe. Der Londoner konservative *Daily Telegraph* erklärte »diese Angelegenheit zum deutschen Gegenstück des schottischen Loch Ness«. Die *Süddeutsche* schlug in einem Editorial als Erklärung Walfische, abstürzende Satelliten und ausbrechende submarine Vulkane vor, denn den Klabautermann könne man schwerlich verantwortlich machen.[5]

Was war an jenem 21. April des Jahres 1959 im Knechtsand bei Cuxhaven geschehen? Handelte es sich um ein NATO-Manöver, das falsch gelaufen war und das die bundesdeutschen Behörden vertuschten, um einen Konflikt zu vermeiden? Oder um Gerüchte, die von den Ängsten der Bevölkerung zu Zeiten des Kalten Krieges und von der Erinnerung an die britische Bombardierung der Insel Helgoland zehrten? Das kann aus dem Abstand von 30 Jahren nicht mehr gesagt werden.

Der Bericht erinnert an Beobachtungen von »Phantomsoldaten«, wie sie bereits in früheren Jahrhunderten am Himmel gesehen worden waren. Sah man in Cuxhaven unsichtbare Flugzeuge, so sahen Zeugen im Sommer 1432 während eines

Kriegszuges am Himmel über Westfalen »in der Luft ganz geharnischte Leute mit großer Ausrüstung reiten«. »Den Leuten schien es so, als ob sie den Berg herabritten, und die Erscheinung dauerte wohl zwei Tage und zwei Nächte. Das waren große Wunderzeichen.« Zu dieser Zeit bekriegten sich der Graf von Katzenellbogen und der Junker Heinrich von Nassau, ein Konflikt, der offenbar auch den Himmel kampfeslustig stimmte – denn über der Pfalz und dem Elsaß tauchten ebenfalls Soldaten auf. Über Zabern sollen es 6000 Mann gewesen sein, die so deutlich zu sehen waren, »daß die Straßburger erschraken und Kundschaft darüber einzogen«.[6] In der gleichen Gegend, bei Weißenburg (Wissembourg), »soll im Jahr 1520 um die Mittagszeit ein seltsames Brausen in der Luft und schreckliches Getöse klingender Waffen« gehört worden sein. Dieses Mal wurde zwar nichts gesehen, doch das Klirren der Schwerter klang so echt, daß die Bewohner der Stadt dachten, der Feind wolle sie angreifen.[7]

Im 16. Jahrhundert häufen sich Berichte über Soldaten, Reiter, Heere und blutige Zeichen am Himmel derart, daß sie eher die Regel denn die Ausnahme gewesen sein müssen. Mitteleuropa, von den blutigen Wirren der Religions- und Bauernkriege erschüttert und vom Hexenwahn erfaßt, richtete seinen Blick gegen den Himmel und hoffte auf Zeichen. Zahllose Flugschriften berichten von den damals beobachteten Kometen, Meteoren und Nordlichtern, allerdings in symbolischer und allegorischer Sprache.

Ein von Samuel Coccius im August 1566 gedrucktes Flugblatt berichtet von dem Wunderzeichen, das sich am 7. August des Jahres über der Schweizer Stadt Basel zugetragen hatte. Zum Sonnenaufgang »seind vil großer schwartzer kugeln im lufft gesehen worden, welche für die Sonnen/mit großer schnelle vnnd geschwinde gefaren /auch widerkeert gegen einander gleichsam die ein streyt führten/deren etliche roht und fhürig worden/volgends verzeert vnd erloschen.«[8]

Ähnliche »rote und feurige« Kugeln müssen schon ein halbes Jahrzehnt vorher über Nürnberg aufgetaucht sein. Eine Nürnberger Flugschrift erzählt von einem »sehr erschröcklichen gesicht«, das sich am 14. April 1561 zur Zeit des Sonnenaufgangs zugetragen hatte: »von vielen manns und weybspersonen« wurden »kugeln« und »Ringscheyben« in großer Zahl gesehen, »etwo drey inn die lenge/unterweylen vier inn einem Quatrangel, auch etliche eintzig gestanden/und zwischen solchen Kugeln sein auch etlich blutfarbe Creutz gesehen«. Es wurden auch »zwey große rore« gesehen, »in welchen kleinen vnd großen Rom/zu dreyen/auch vier vnd mehr kugeln gewesen. Dieses alles hat miteinander anfahen zu streyten«. Nach etwa einer Stunde »ist es alles wie ob verzeychnet von der Sonnen/vom Hymel herab auff die erden gleich alls ob es alles Brennet gefallen/vnd mit einem großen dampff herunter auff der Erden allgemach vergangen«. Ein Objekt, »gleichförmig einem großen schwartzen Speer«, das ebenfalls beobachtet wurde, unterstrich das martialische Wirken der unbekannten Flugobjekte.[9]

Bereits vor dem aufsehenerregenden Ereignis von 1561 waren Wunderzeichen am Himmel über Nürnberg erschienen. Am 11. August 1550 war ein Mann gerade auf dem Weg von Nürnberg nach Feuchtwangen, als er plötzlich bemerkte, daß sich unter der Sonne ein Regenbogen befand. »Darunter erschien ein Eimer mit Blut, das über einen darunter liegenden Stern geschüttet wurde. Links davon war ein Adler, der die Flügel ausgestreckt hielt.« Auf der Flugschrift, die das Ereignis beschreibt, ist zu lesen, die »lieben Christen« sollten sich vor dem Zeichen nicht fürchten, da die Rettung nahe. Der Geistlichkeit der katholischen Kirche allerdings sei es ein Zeichen, »vom sündigen Tun zu lassen«.[10] Hinter dieser phantasievollen Deutung steckt unbestreitbar ein Sonnenhalo, eine seltene, aber gut dokumentierte Naturerscheinung, die den Ängsten der damaligen Menschen entsprechend umgedeutet wurde.

Abb. 13: Am 7. August 1566 waren über Basel große schwarze Kugeln zu sehen. Flugblatt von Samuel Coccius.

Am 24. Juli 1554 erschien ein weiteres »schreckliches und wahres Wunderzeichen« am Nachthimmel der Oberpfalz. »Zwei Ritter im Harnisch kämpften mit Feuerschwertern gegeneinander. Der kleinere von beiden unterlag im Kampf und lag ausgestreckt am Boden, und der Sieger saß auf einem Thron und drohte dem Verlierer mit dem gezogenen Schwert. Schließlich verschwanden beide vom Nachthimmel.«[11]

Wie beim Phantomangriff von Cuxhaven handelt es sich wohl bei allen diesen Mirakeln um ganz alltägliche Wolkenformationen, um Luftspiegelungen (die sogenannten »falschen Sonnenaufgänge«), Nordlichter und Kometen. Die Tendenz, ganz konkrete Botschaften und Bilder in diese Naturerscheinungen hineinzudeuten, wird gerade bei den Berichten von Geisterarmeen deutlich.

Manchmal klingen alte Beschreibungen, als seien am Himmel ganze Kinofilme abgelaufen. Um 7 Uhr morgens erschien am 5. Dezember 1577 ein Geisterheer am Himmel über Altdorf in der Diözese Wittemberg. Die Sonne war gerade aufgegangen, als sie sich zu verdunkeln schien. Aber es handelte sich nicht um eine alltägliche Sonnenfinsternis: Kaum war die Sonne verschwunden, da erschien eine zweite, hellere Sonne. Eine schwarze Wolke näherte sich der Sonne, aus dieser Wolke kamen viele in Schwarz gekleidete Männlein heraus, einige zu Pferd, andere zu Fuß. Sie stellten sich in Formation um die Sonne herum auf und marschierten dann am Himmel davon. Jetzt färbte sich die Sonne blutrot und begann, Wolken auszustoßen, die den Soldaten folgten. Die Sonne stieg allmählich höher und nahm dabei ihre gewöhnliche hellgelbe Farbe wieder an, nur ihre Mitte blieb blau. Um 10 Uhr war das ganze Spektakel vorbei.[12] Hier handelte es sich vermutlich um einen »doppelten Sonnenaufgang«, eine Fata Morgana, bei der die Sonne farblich und in der Form durch atmosphärische Bedingungen verzerrt wahrgenommen wird. Ein paar unheimliche Wolken, die die aufgehende Sonne rot färbte, taten das übrige.

Zwei Geisterheere, die am 26. Januar 1630 über Rothenburg ob der Tauber miteinander in Streit gerieten, zeigen, wie sehr die Menschen vor diesen Naturereignissen zitterten. Ein zeitgenössischer Augenzeuge beschreibt das Geschehen in einem Einblattdruck in Gedichtform: »Ein großes Wunderzeichen/hat uns Gott sehen lahn...am Himmel gegen Mitternacht/drey Ruthen oder Besen/die mit Fleiß zusammengelesen. Da diese warn verschwunden/hat sich ein helle Blatt/nit weit davon gefunden/die so geschimmert hat/als wenn jetzt sie sich außbreiten/in die höch und zur Seyten/macht angst und bang den Leuten./Als viel Schuß warn geschehen/am hellen Himmels Craiss/da haben wir gesehen/fein sichtiglich mit Fleiß/zwey große Heere gegn Mitternacht/zusammen sie doch renten/biß sie die Schlacht vollenden./Eine schwarze Wolke kame/und zog zum Auffgang dar/darinnen man vername deutlich und offenbar/daß zwey Heer stritten grimmiglich/

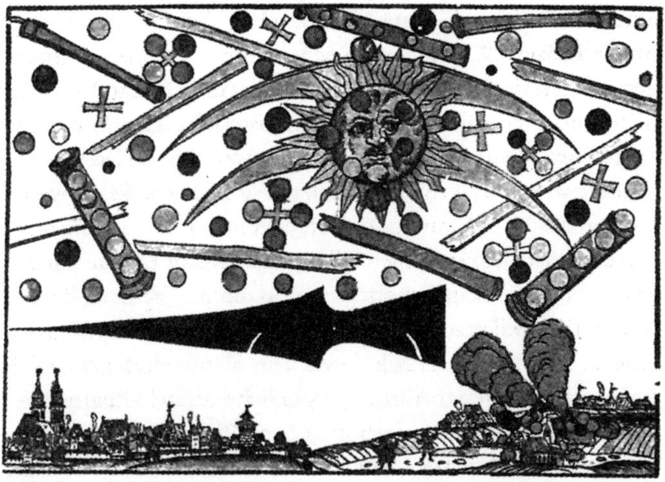

Abb. 14: Das Nürnberger Flugblatt von 1561 zeigt den großen schwarzen Speer und die roten feurigen Kugeln, die am 14. April des Jahres über der Stadt erschienen sind.

wie Picken ließ was sehen sich/biß weilen ein Heer verschwande/sich doch bals wider fande/und auf das ander rante./Da die Schlacht waren gschehn/in Wolken grimmiglich/hat man darauff gesehen/fein klar und eigentlich/viel Wolken gfärbt wie lauter Blut/welches von erschlagenen fließen thut/wann eine Schlacht geschehen/solchs haben wir gesehen/ach wie wirds uns ergehen.«[13]

Man hat dieses Naturschauspiel als Nordlicht gedeutet, doch damals hielten es die Menschen für ein Wunderzeichen Gottes, und so endet das Gedicht ein paar Strophen später mit der Bitte des Dichters an Gott, er möge das arme Volk doch von seinem Strafgericht verschonen.

Obwohl Himmelsarmeen auch noch später gesichtet wurden, hielten die Beobachter sie nur noch für Launen der Natur; ab dem 17. Jahrhundert degradierte die Aufklärung die religiösen Deutungen zum Aberglauben. So wurde 1785 an mehreren Tagen ein Geisterheer über Ujest in Schlesien gesichtet, doch die Behörden und Forscher behaupteten, es habe sich um die Luftspiegelung eines Manövers auf der Erdoberfläche gehandelt.[14] Obwohl diese Erklärung mit großer Sicherheit nicht zutreffen dürfte, wurde sie auch benutzt, um die »Phantomsoldaten«, die 1860 über Paderborn auftauchten, zu rationalisieren.[15]

Heute sieht niemand mehr Geisterheere über Deutschland – an ihre Stelle sind fliegende Untertassen aus dem Weltraum getreten. In anderen Regionen der Welt kann man die Geisterwesen noch immer beobachten. In Kambodscha sah die Armee des für seine Abergläubigkeit bekannten Regierungschefs Lon Nol noch im Jahre 1972 ein Pferd am Himmel, als sie gegen die gefürchteten Roten Khmer kämpfte. Das Gefecht wurde eingestellt, da ein Pferd am Himmel das Omen für einen neuen Herrscher war. Lon Nol ließ das Ereignis durch seinen Geheimdienst untersuchen, der nach zwei Wochen zu dem Ergebnis kam, es habe sich nur um eine Wolke gehandelt.[16]

Offenbar ist nicht entscheidend, was am Himmel zu sehen ist; den Ausschlag gibt, was die Beobachter zu sehen hoffen, fürchten oder erwarten. Aus natürlichen Phänomenen können fliegende Drachen, Todesomen, streitende Heere oder Angriffe fliegender unidentifizierter Geschwader werden – und auch Raumschiffe aus den Tiefen des Alls.

3. Unerklärliche Naturphänomene

Himmlische Geräusche

Obwohl wir uns in den letzten Jahren an den ständigen Lärm von Flugzeugen und Verkehr gewöhnt haben, packt so manchen hin und wieder die sprichwörtliche Heidenangst«, wenn ein Gewitter von fern grollt oder der Donner ganz nahe ist. Blitze und Donner oder »Luftbeben«, die nicht von gewöhnlichen Gewittern verursacht werden, unerklärliche Knalle und Explosionen treten an vielen Orten der Welt auf. Meist sieht und hört man sie über großen Ebenen, zum Beispiel bei Barisal in Indien oder über Belgien, und über größeren Seen und Meeresarmen, so die »Mistpuffer«des Ärmelkanals oder die Knalle über schottischen Seen und in den Buchten Neuschottlands. In Deutschland konzentrieren sich die merkwürdigen Luftgeräusche auf die Ebenen Norddeutschlands und das Bodenseegebiet, wo die Detonationen bis zur Nordseite des Jura und bis zum Elsaß hin zu vernehmen sein sollen.

Über das »Seeschießen« des Bodensees liegt eine Reihe von Dokumenten vor; 1908 häuften sich die Vorfälle derart, daß die Detonationen zum Dauerbrenner in den örtlichen Tageszeitungen wurden. Das bewog den *Kosmos* im Jahre 1909 zu einer ausführlichen Darstellung eigentümlicher Donner- und Grollgeräusche aus aller Welt, die ganz besonders auf das Phänomen des Seeschießens eingeht.[1]

Es ist amüsant zu bemerken, wie bereits 1909 die Meinungen über mögliche Erklärungen auseinanderklafften: Sprachen einige von einem noch unbekannten Naturphänomen, wollten andere das Seeschießen mit unterseeischen Erdbeben erklären. Die ganz Skeptischen dachten an die Möglichkeit, daß das, was die beunruhigten Bürger gehört hatten, in Wirklichkeit nur das ferne Echo von Militärübungen in der Schweiz oder von Steinbruchsprengungen war – und ignorierten, daß das Phänomen aus aller Welt bekannt war. Heute werden »Luftbeben« meistens mit dem Hinweis aus der Welt geschafft, es handle sich nur um Düsenflugzeuge, die die Schallmauer durchbrochen hätten. Es gab 1908 noch keine Düsenflugzeuge, also muß die Erklärung eine andere sein.

Das Seeschießen beschränkt sich nicht nur auf rein akustische Phänomene. Ein Ohrenzeugenbericht im Stuttgarter *Neuen Tagblatt* vom 7. August 1908: »Auf einem Spaziergang von Friedrichshafen nach Manzell, dem sogenannten Seeweg entlang, hörte ich gestern vormittag zwischen 9 1/4 und 9 1/2 Uhr mehrmals ein dumpf-rollendes Geräusch wie fernen Donner, das vom Schweizer Ufer herzukommen schien; da jedoch der Himmel vollständig wolkenlos war, dachte ich gleich an das zur Sommerszeit vorkommende Seeschießen, das ich schon seit einer Reihe von Jahren am See gehört habe, und das von den Detonationen ferner Geschütze gut zu unterscheiden ist. Am ähnlichsten tönt das Seeschießen, wie gesagt, dem Rollen eines fernen, nicht zu lange anhaltenden Donners. In der Nähe von Seemoos setzte ich mich auf eine schattige Bank hart am See und bewunderte den spiegelglatten See, der regungslos da lag, weit und breit war kein Schiff zu sehen. Es war 10 Uhr. Da bemerkte ich 600 bis 800 Meter vom Ufer entfernt im See eine etwa 15 bis 20 Meter lange Wasserwelle, die ich anfangs für einen herauswachsenden Seegrasstreifen hielt; bei schärferem Zusehen nahm ich aber wahr, daß die Welle sich ganz allmählich und zwar parallel dem Ufer näherte. Vor und hinter dieser Wasserwelle, die aus 4 bis 5 einzelnen Längswellen mit kurzem Abstand bestand, war das Wasser vollständig ruhig und glatt; es war also kein Anschwellen und Nachlassen des Wassers zu bemerken, wie es bei den am Ufer sich brechenden Dampfbootwellen vorkommt, die sich überdies am Ufer fortschreitend brechen. Bei dieser ganz eigenartigen

Wasserwelle drängte sich mir der Gedanke auf, ob hier nicht ein Zusammenhang mit dem vor einer halben Stunde gehörten Seeschießen vorliegt? Etwa in der Weise, daß bei dem ›tiefen Schweb‹, der tiefsten Senkung des Bodensees zwischen Manzell und Uttwill, ein Erdrutsch eingetreten und das Seeschießen und die genannte Welle verursacht hat? Weitere solche Wasserwellen konnte ich nicht mehr beobachten.«

Abgesehen davon, daß wirklich kein Zusammenhang zwischen beiden Ereignissen bestehen muß und sich das zweite beschriebene Phänomen wie eine verschleppte Schiffswelle anhört, klingt jenes Seephänomen wie eine der ungezählten Sichtungen des Ungeheuers von Loch Ness. Offenbar können diese seltsamen Wellenformationen nicht nur in Seen mit Ungeheuern, sondern in allen größeren Seen auftreten.

Am 18. September 1908 wurde ein bis zwei Sekunden lang ein »dumpfes unterirdisches Rollen« gehört, das in Friedrichshafen im Vier- bis Fünfminutentakt den ganzen Vormittag über zu vernehmen war. Es schien aus der Richtung von Konstanz zu kommen. Die Erklärung, es habe sich um den fernen Widerhall einer Schießübung der Schweizer Artillerieschießanlage Frauenfeld gehandelt, die rund 30 Kilometer entfernt liegt, ließen die Seeanrainer nicht gelten. Obwohl dort tatsächlich scharf geschossen wurde, sei das Geräusch nicht mit fernem Kanonendonner zu vergleichen gewesen. Und eine zweite Standarderklärung schied ebenfalls aus: »Die vielfach ausgesprochene Annahme, das ›Seeschießen‹ rühre von Lawinenstürzen im nahen Säntisgebiete her, konnte in diesem Fall nicht zutreffen, weil an jenem Tage weder dort noch in Vorarlberg Lawinen gefallen sind.«[2]

Zuletzt wurde das Seeschießen in jenem Jahr am 15. November gehört. Ein zeitgenössischer Zeitungsbericht faßt die Ereignisse zusammen: »Eine besonders starke Ausprägung des Seeschießens wurde heute vormittag gegen 11 Uhr am Bodensee beobachtet. Allenthalben am Seeufer wurde um diese Zeit eine Detonation wie von anhaltendem Artilleriefeuer oder einem rasch ausbrechenden Gewitter vernommen; in Friedrichshafen wurde dabei eine Erschütterung wie bei einem Erdbeben verspürt.«[3]

1908 war ein Jahr mit zahllosen Wetteranomalien in Deutschland, Kugel- und Spiralblitze wurden beobachtet und in der Presse berichtet. Das besonders stark auftretende Seeschießen sorgte für eine Diskussion dieser rätselhaften Knallgeräusche in den Leserbriefspalten der Zeitungen. F. Regensberg, der das Phänomen 1909 im *Kosmos* besprach, listete weitere Gegenden in Deutschland auf, in denen die Luftdetonationen ebenfalls registriert worden waren: Spessart, Taunus und Erzgebirge. Regensbergs Fazit, mit dem er seinen Artikel beendet, hat noch heute Gültigkeit: »Immerhin sind die vorstehend beschriebenen Schallerscheinungen im In- und Auslande bis heute hinsichtlich ihrer wahren Ursachen noch durchaus nicht sicher erklärt, so daß genügend Grund vorliegt, diesen in streng wissenschaftlicher Weise weiter nachzuforschen.«[4]

Ein anderes, möglicherweise erklärtes Geräuschphänomen ist das Brüllen der Eifelmaare.[5] Jeweils im Winter, so die Sage, kommt ein gewaltiges, furchterregendes Brüllen aus den Tiefen der Kraterseen – und zwar immer dann, wenn die Oberfläche zugefroren ist. Wissenschaftler erklären das Geräusch als Resultat des Aneinanderstoßens und Aneinanderreibens der Eisplatten und Eisbruchstücke auf dem See.

Das Phänomen des »Seebrüllens«ist auch aus anderen Ländern mit großen Seen bekannt und wird gemeinhin als Lautäußerung eines gewaltigen Wassermonsters gedeutet. Wie die seltsame Welle damit erklärt werden könnte, daß es die im Bodensee hin und wieder beobachteten Wasserdrachen tatsächlich gibt, besteht auch beim Maarbrüllen eine Verbindung mit Seeungeheuern. Es ist eine alte Vorstellung, daß die zerstörerischen Kräfte des Sees ihre Ursache in einem Fisch-

oder Schlangenmonstrum haben, das auf dem Seegrund sitzt und sich ab und zu an die Oberfläche begibt: Dort frißt es Schwimmer, bringt das Wasser zum Wallen und den See zum Überlaufen.

Das Ungeheuer vom See Vesturhop ist ein Beispiel aus Island. An Weihnachten ging der Bauer Kolbein über den zugefrorenen See, einen Schafskadaver als Weihnachtsbraten über die Schulter gehängt. »Als er in der Seemitte angelangt war, hörte er hinter sich ein Grollen. Das Eis spaltete sich, und ein großes Ungeheuer mit acht Beinen kam aus dem Wasser. Es glich zwei Pferden, die am Rumpf zusammengewachsen sind, und schien zwei Köpfe zu besitzen. Das Untier kam auf Kolbein zu, und als er merkte, daß es ihn einholen würde, ließ er den Kadaver fallen und rannte um sein Leben. Als er am nächsten Tag zu dem Ort zurückging, war das Schaf verschwunden – nur noch ein paar Knochensplitter waren übriggeblieben.«[6]

Die gleiche Sage ist aus Schottland bekannt. Im Loch Awe, einem Meeresarm nördlich von Glasgow, lebte ein zwölfbeiniges »großes Tier«; es ähnelte einer Kreuzung zwischen Riesenaal und Pferd. Wenn Loch Awe mit Eis bedeckt war, fanden die Anrainer seltsame Risse im Eis und hörten das Brüllen des Monsters, das durch die Eisschicht brechen wollte.[7]

Ob diese Sage von den Wikingern nach Schottland getragen wurde und auf Sleipnir, das vielbeinige Roß des germanischen Gottes Odin, verweist, oder ob die schottische Sage mit den gälischen Entdeckern nach Island kam, ist belanglos. Es gibt sie ebenso in der deutsch-slawischen Mischkultur Posens, wo Fischer im 16. Jahrhundert beim Eisangeln auf ein teuflisches Wasserungeheuer stießen.[8] In den Eifelmaaren sollen riesige Fische und Monsterhechte mit bemoostem Rücken hausen, denen man das winterliche Brüllen der Maare zuschreiben kann.

Man macht es sich zu einfach, den Glauben an im Eis eingeschlossene, brüllende, vielbeinige Monstren, die sich befreien wollen, ironisch zu kommentieren, wenn man gleichzeitig das Seeschießen auf 1908 noch gar nicht erfundene Düsenflugzeuge zurückführt, die die Schallmauer durchbrechen. Beide Male wird ein merkwürdiges Phänomen mit etwas erklärt, das für den Erklärenden zum Alltag gehört und daher selbstverständlich ist: Für den einen sind das Drachen in Seen, für den anderen Düsenflugzeuge am Himmel.

Bei einer Reihe von Himmelsexplosionen, die 1977 Norddeutschland erschütterten, verwiesen die Behörden auf eine neuartige Düsenmaschine. Vom 1. bis zum 10. November wurden in einem größeren Gebiet, das in Südniedersachsen, Nordhessen und entlang der damaligen innerdeutschen Grenze lag, »mysteriöse Doppelknalle« gehört. Der Schriftsteller Johannes Fiebag hat damals die Zeitungsberichte gesammelt und sie in einem Buch wiedergegeben.[9] Da die Knalle so laut waren, daß Fenster und Türen vibrierten, Bilder von den Wänden fielen und Geschirr in den Schränken schepperte, wandten sich die Betroffenen an Polizei, Behörden und Presse und verlangten Aufklärung. Die Presse übernahm von Anfang an die These, daß Militärmaschinen die Ursache seien. Als das Knallen im Verlauf der ersten Novemberwoche auch über Ostwestfalen und Hamburg zu hören war und dort für Unruhe sorgte, reichte die Erklärung von der »neuartigen Düsenmaschine«nicht mehr aus. Die Bevölkerung wollte von den Politikern Typ und Nationalität der Flugzeuge wissen und drang darauf, die Flüge zu stoppen.

Allein, das erwies sich als überaus schwierig. Die *Hessisch-Niedersächsische Allgemeine* notierte am 8. November: »Das Bundesverteidigungsministerium in Bonn gestern auf Anfrage unserer Zeitung: ›Kein Kommentar‹ ... Der Kasseler Standortälteste, Oberst Heistermann, hat die Vorfälle der vergangenen Tage als Disziplinlosigkeit bezeichnet. Er bedauerte, trotz mehrfacher Anfrage immer noch keine Antwort vom Luftwaffenamt in Köln zu haben.«Und am 9. November kommentierte die Zeitung das Geschehen: »Das Durchbrechen der Schallmauer durch Militärmaschinen, das in den vergangenen Wochen entlang der innerdeutschen Grenze einen donnerähnlichen ›Knallteppich‹ verursachte, sei nicht auf Maschinen der Bundeswehr zurückzuführen. Das erklärte der Luftwaffensprecher des Bundesverteidigungsministeriums in Bonn gestern ›definitiv‹. Der Militärsprecher betonte, es handelte sich bei den Überschall-Militärmaschinen ›mit Sicherheit um keine aus dem Ostblock‹.«

Wer kam nun in Verdacht? Die Amerikaner. Das Verteidigungsministerium bat das Oberkommando der Alliierten Luftstreitkräfte in Ramstein um Klärung. Die ließ nicht lange auf sich warten: »Eine superschnelle amerikanische Aufklärungsmaschine des Typs Lockheed ›SR 71‹ ist Schuld an der rätselhaften Überschallknallerei, die in den vergangenen Wochen die Bevölkerung von Nordhessen und Südniedersachsen beunruhigte. Das teilte gestern abend offiziell der Luftwaffensprecher des Bundesverteidigungsministeriums in Bonn mit«, berichtete die *Hessisch-Niedersächsische Allgemeine* am 11. November.

»Die US-Maschine, die zwischen Nordhessen und dem Raum Flensburg mehrfach die Schallmauer durchbrach, sei im Rahmen einer NATO-Mission geflogen.«

Eine Erklärung wurde gesucht, und eine Erklärung wurde gefunden. Ob sie zutraf – wen kümmerte es? Das Militär, das sich schon im Falle der mysteriösen Flugzeuge bei Cuxhaven als Beobachter bewährt hatte,[10] konnte die Vorfälle ad acta legen. Daß sowohl Charles Fort vor 50 und der *Kosmos*-Autor Regensberg vor 70 Jahren im gleichen Gebiet von Luftbeben und geheimnisvollen Knallen berichtet hatten, wird in so einfachen Erklärung selbstverständlich nicht erwähnt.

Ein neuer Flugzeugtyp, die französische *Concorde,* sollte die Ursache für die im Sommer 1977 entlang der amerikanischen Ostküste aufgetretenen Luftexplosionen sein. Andere Länder, andere Schuldige. Doch die Erscheinung selbst bleibt konstant. 1979 raubte ein Himmelsgeräusch zahlreichen Mannheimern den Schlaf. Diesmal wurde ein Großkraftwerk als Schuldiger ausgemacht, wobei sich die Frage stellt, warum es nur an einem einzigen Tag – und nicht immer bei gleichen äußeren Voraussetzungen – so mysteriöse Geräusche von sich gab. Es war an einem Sonntagmorgen im Januar 1979 um 5 Uhr früh, als die Mannheimer von »seltsamen und beunruhigenden Geräuschen«, von einem »Lärm« geweckt wurden, »der sich nach übereinstimmenden Aussagen mehrerer Befragter anhörte wie Donnergrollen und das Zischen eines mit hohem Druck ausströmenden Gases«.[11] Das Geräusch schien aus dem Stadtteil Feudenheim zu kommen und hielt mehrere Minuten lang an. Neugierige, die aus den Fenstern lugten, konnten keine Ursache des Donners entdecken, der Himmel blieb bis zum Verstummen des Lärms um 5.15 Uhr bedeckt.

»Viele der aus dem sonntäglichen Schlaf Gerissenen«, berichtete die Zeitung *Rheinpfalz*,[12] »befürchteten eine Explosion, andere spekulierten sogar mit der Vermutung, es müsse sich um ein Ufo, ein unbekanntes Flugobjekt, gehandelt haben, das Mannheim überflog. Die Feuerwehr und die Polizei registrierten in der Tat zahlreiche Anrufe, konnten aber auch keine Erklärung geben. Allerdings sei es durchaus möglich, daß im Großkraftwerk Neckarau Überdruck abgelassen worden sei und ungünstiger Wind dieses Geräusch verursacht habe.«

Wenn ein Grollen oder Donnern am Himmel zu hören ist, das weder dem bekannten Gewitterdonnern noch dem Überschallknall eines Düsenjägers ähnelt, stehen mindestens neun gängige Erklärungen zur Auswahl, die das befremdliche Gefühl, etwas Unbekanntes erlebt zu haben, mit sofortiger Wirkung besänftigen können:

1. Es handelt sich um fernen Geschützdonner oder
2. um Sprengungen in einem Steinbruch, vielleicht auch
3. um Lawinendonner oder

4. um ein acht- bzw.
5. zwölfbeiniges Seeungeheuer, wenn nicht
6. eine Lockheed-Versuchsmaschine oder
7. die *Concorde*, im schlimmsten Fall
8. ein Ufo vorüberfliegt oder
9. ein Großkraftwerk Druck abläßt.

Das soll nicht heißen, daß keine dieser Erklärungen zutreffen könnte oder daß es keine konventionelle oder natürliche Erklärung mysteriöser Phänomene gibt. Aber es heißt, daß Behörden, Presse und manchmal auch Wissenschaftler für etwas Unerklärliches sehr vorschnell die Auflösung des Rätsels präsentieren. Besonders bei den rätselhaften Eismeteoren, die mit beeindruckender Regelmäßigkeit Hausdächer in aller Welt durchschlagen – und das schon seit Jahrhunderten – ist dieses Hinwegerklären so augenscheinlich, daß es auch klammheimliches Vergnügen bereiten kann.

Kalte Grüße von oben

Die Meldung der Nachrichtenagentur war knapp und klang kurios, aber nicht sonderlich aufregend. Sie erschien am 6. August 1991 in mehreren Tageszeitungen: »Eisbrocken durchschlägt Hausdach. Aus heiterem Himmel ist ein fußballgroßer Eisbrocken auf das Dach eines Einfamilienhauses in Augsburg gestürzt. Es entstand ein ein Quadratmeter großes Loch. Bei dem grünen und stinkenden Fremdkörper handelte es sich um gefrorene Fäkalien eines Verkehrsflugzeuges.«[1] Eine vergleichbare Meldung erscheint nahezu jeden Monat in den Zeitungen. In Deutschland krachen im Schnitt jährlich zwei bis drei Eisbrocken auf die Erde, weltweit dürfte es sich um mehrere hundert handeln. Die britische Zeitschrift *Fortean Times*, die Buch über mysteriöse Ereignisse führt, kann pro Jahr mehrere Dutzend Vorfälle nur aus Großbritannien sammeln.

Sind Flugzeuge so schlecht konstruiert, daß sie routinemäßig mit ihren Flugzeugtoiletteninhalten den Boden bombardieren? Gewöhnlich tauchen die Meldungen in den Zeitungen vereinzelt auf, doch manchmal können sich mehrere Fälle pro Woche ereignen, und dann weisen die Luftfahrtgesellschaften in schöner Regelmäßigkeit darauf hin, daß der Fäkalienverlust der Flugzeuge unerklärlich und die Konstruktion der Flugzeuge auf keinen Fall dafür verantwortlich sei. Ein Dementi, um Schadenersatzklagen und Imageverlust vorzubeugen? In manchen Fällen sicher, aber: Am 12.Mai 1848 schlug ein sechs Pfund schwerer Eisbrocken in Weimar auf.[2] Passagierjets aus jener Zeit sind nicht bekannt, die übliche Erklärung kann nicht in jedem Falle stimmen. Grund genug, eine kleine Chronik solcher Eisbomben zu erstellen.

Man muß nicht so weit gehen wie der österreichische Ingenieur Hanns Hörbiger (1860-1931), der 1912 in seinem Buch *Glazial-Kosmogonie* behauptete, die ganze Welt bestehe aus Eis: der Mond, ein grauer Eisbrocken im All, die Milchstraße, ein Band aus Eiskristallen. Alles Wasser, das der Erde die Fruchtbarkeit garantiert und das Leben hier möglich macht, stamme von diesem »Welteis«. Vor kurzem haben amerikanische Wissenschaftler die verwandte Theorie veröffentlicht, die Eisbrocken könnten Reste von Kometen sein, die in die Erdatmosphäre eintauchen. Welteis, Kometenreste oder Flugzeugtoilette?

Ein kindskopfgroßer Eisball ging im Oktober 1978 bei Köln nieder.[3] Am 5. Januar 1988 hörte ein Lehrer in einem Einfamilienhaus in Bad Abbach um 10.10 Uhr einen lauten Schlag und ging in seinen Garten, um nachzusehen. Dort fand er Stücke von Dachziegeln und schließlich ein fußballgroßes Loch im Dach. Der Eisbrocken hatte eine Gipsschicht unter dem Dach durchschlagen und war im Erdgeschoß gelandet. Dort lagen, so schreibt der Polizeibericht, »eine große Zahl taubeneigroßer Eisstücke«. Schnell lagerte der Lehrer die verbliebenen Stücke in seinem Kühlschrank, und ebensoschnell schlossen die Ermittler der Kelheimer Polizei aus der Angabe des Zeugen, er habe unmittelbar vor dem Einschlag Fluglärm gehört, daß »Flugverkehr als Ursache nicht auszuschließen sei«. Der Münchener Wetterdienst verneinte meteorologische Erklärungen, gab aber zu, daß das Phänomen nicht unbekannt sei: »Von Zeit zu Zeit würden sich Eisstücke, häufig gefrorenes Abwasser, von den Ablaufstutzen einzelner Flugzeuge lösen.« Um Hagelschlag jedenfalls könne es sich nicht gehandelt haben.[4]

Die Flugzeugtoilette war im Westen offensichtlich gängiger als in der ehemaligen DDR, denn als im August 1988 ein Eisbrocken mit 17 Zentimetern Durchmesser und einem Gewicht von 180 Gramm bei Weistropp in der Nähe Dresdens aufschlug, da hatten Polizei und die offizielle Nachrichtenagentur ADN keine Erklärung. Der Finder packte den Brocken in seinen Kühlschrank, und Spezialisten des Leipziger Strahlenforschungsinstitutes holten den kalten Himmelsgruß im Oktober ab, um ihn zu analysieren – leider wurde nicht bekannt, zu welchen Ergebnissen die Experten kamen.[5]

Ein dritter Eisfall des Jahres 1988 traf am 17. Dezember ein Haus in Poing im Kreis Ebersberg in Bayern. Auch hier – wie bei praktisch allen Fällen von Eismeteoren – durchschlug der Brocken ein Hausdach, so daß man sich eher an Poltergeistüberfälle denn an natürliche Vorfälle erinnert fühlen mag. Das Eisstück traf ein Dachfenster und sorgte im Haus für einige Unordnung. Die Polizei spekulierte, daß sich das Eis auf einem Flugzeug geformt habe, bevor es niederging.[6] Auch über Poing hatte man kurz vor dem Fall Flugzeuge gehört.

Im August 1990 schlug es in Deutschland zweimal innerhalb von vierzehn Tagen ein. Am 12. August arbeitete ein Mann in seinem Garten in Sinsheim-Hilsbach im nördlichen Kraichgau, als ein zehn Kilogramm schwerer Eisbrocken neben ihm auf den Boden krachte. Der Mann und seine Familie hörten ein pfeifendes Geräusch und sahen einen kalten, glitzernden Stein, der aus einem wolkenlos blauen Himmel auf sie herunterraste. Die Eismasse grub sich in den Rasen zwischen dem Wohn- und dem Gewächshaus und begann sofort zu schmelzen – das Thermometer zeigte 30 Grad Celsius im Schatten. Das Eis war, »ohne Zweifel auf einem Flugzeugflügel entstanden«, zu schwer geworden und herabgefallen.[7]

Am 24. August krachte ein weiterer Eismeteor durch ein Dach in Vettweiß bei Düren in Nordrhein-Westfalen. Diesmal mußten nicht nur die Ziegel, sondern auch der Schornstein dem Eis weichen. Der Klumpen hatte Fußballgröße und soll, so die Presseberichte, als gefrorene Fäkalien identifiziert worden sein. Ein Sprecher der *Lufthansa* erklärte, daß sich tiefgekühlte Fäkalien nur aus defekten Toiletten lösen könnten.[8]

Der Zwischenfall wurde in der Sammlung moderner Sagen *Die Maus im Jumbo-Jet* zitiert.[9] Der Autor, Rolf Wilhelm Brednich, führt die Eisbombe von Vettweiß als Beispiel einer modernen folkloristischen Erfindung an. Er weist zwar richtig darauf hin, daß die Erklärung von der gefrorenen Flugzeugtoilette wenig überzeugend ist, folgert aber fälschlicherweise, die Meldung sei unwahr. Vielleicht wäre es sinnvoller gewesen, mit den Menschen zu sprechen, denen angeblich erfundene Geschichten das Dach zerstört haben. Brednich nimmt an, diese Wandersage sei dadurch entstanden, daß jemand das Prinzip der Zugtoilette einfach auf Flugzeuge übertragen habe. Das scheint so nicht zu stimmen, denn selbst ein Sprecher der *Lufthansa* räumt ein, daß gefrorene Toiletteninhalte durchaus einmal herunterfallen können. Eine Meldung über einen amerikanischen Eismeteor beurteilt Brednich als Variante des deutschen, nach seiner Meinung erfundenen Vorfalls, obwohl der Eisfall in den USA durch Fotos belegt ist. Über den Umweg über Brednichs Buch kam der Vettweißer Fall erneut in die Presse und wurde von einigen Zeitschriften aufgewärmt. Danach ereignete er sich im Juni 1991![10]

Nur bei einem einzigen Vorfall, der sich im Februar 1991 in der Schweiz ereignet haben soll, ist die in der Presse gegebene Erklärung einleuchtend. Ein 72jähriger Autofahrer wurde durch einen »herunterfallenden Eisblock« getötet. Als er am 26. Februar bei Bern unter einer hohen Felswand entlangfuhr, löste sich ein riesiger Eiszapfen, der das Autodach durchschlug.[11] Das ist vermutlich das einzige Todesopfer, das die Eisbomben, trotz ihrer Vorliebe für Wohnhäuser, bisher gefordert haben – es sei denn, man zählt die Fische mit, die angeblich im Jahre 1896 in Essen vom Himmel fielen: Sie sollen tiefgefroren gewesen sein.[12]

Eismeteoriten treffen und trafen nicht nur Deutschland: 1897, ein Jahr nachdem Essen durch kalte Fische verblüfft worden war, fiel ein kopfgroßer Eisblock in Kärnten.[13]

Die um die Jahrhundertwende herabgefallenen Eistrümmer zeigen, daß die Flugzeugtoilettentheorie im besten Falle nur auf einige der genannten Berichte zutreffen kann; man muß sich nach einer anderen Erklärung des Problems umsehen. Ein Meteorologe, Richard Griffiths aus Manchester in Mittelengland, hat am 2. April 1973 selbst das Herabstürzen eines kalten Klumpens beobachten können. Geistesgegenwärtig sammelte er ihn auf und legte ihn in den Kühlschrank. Laboranalysen zeigten, daß es sich bei dem Fundstück nicht um die Zusammenballung zahlreicher Hagelkörner und nicht um Fäkalien aus der mittlerweile sprichwörtlichen Flugzeugtoilette handelte. Tatsächlich bestand Griffiths' Eismeteor aus 51 Eisschichten, die wie Zwiebelschalen übereinander saßen, jeweils von einer dünnen Schicht aus Luftblasen voneinander getrennt. Die Kristallgröße der einzelnen Partikel soll über der von Hagelkörnern gelegen haben. Der von Griffiths aufbewahrte Teil von zwei Kilogramm Gewicht war nur ein Bruchstück des Originals; das größte bekannte Hagelkorn, das die Wissenschaft anerkennt, wog dagegen nur 0,7 Kilogramm.[14] Somit, so Griffiths, wisse er nun, »was alles der Eisblock nicht

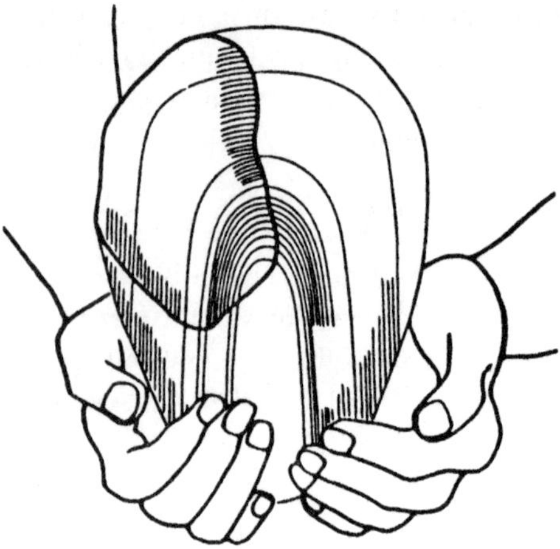

Abb. 15: Der seltsame Eisbrocken, der am 2. April 1973 vor dem Metereologen Dr. Richard Griffiths herabfiel.

war, aber nicht im geringsten, was er war. Diese Frage kann ich beim besten Willen nicht beantworten«.

Charles Fort, der große Spötter, hielt Erklärungen von Experten für die besten Witze überhaupt. Sein schalkhafter Vorschlag: »Nun zu einem relativ komplizierten Teil der neuen Geographie. Es gibt große Eisfelder in der Luft. Als ich erst einmal selbst daran zu glauben begann, sah ich deutlich enorme Eismassen vor mir, einige Meilen über der Erdoberfläche, Wasser rinnt herab und formt Eiszapfen an der Unterseite. Ich glaube, ich blickte hoch und sah deutlich diese Eiszapfen wie Stalaktiten von einer ebenen Höhlendecke herunterhängen. Das ist die Arktis der Super-Sargassosee, die in der Atmosphäre schwebt: Manchmal hängt so ein Eisfeld wochenlang über einer bestimmten Ecke der Welt – die Sonne wirkt auf es ein, doch nicht sehr stark, und irgendwann, spät nachmittags zum Beispiel, ist ein Teil davon geschmolzen, Wasser fällt vom wolkenlosen Himmel, Tag für Tag, über einer bestimmten Gegend der Erde.«[15]

War es einer von Forts Stalaktiten, der, von einer Eisinsel im Himmel abgebrochen, 1967 bei Kempten niederging? Er soll 1,80 Meter lang gewesen sein und einen Umfang von 15 Zentimetern gehabt haben.[16]

Dinge, die vom Himmel fallen

Dinge, die vom Himmel herabfallen, seien es nun Steine, Wasser oder seltene Niederschläge wie Fische, Sand, Blut und Schnecken, waren zu allen Zeiten Bestandteile der Kosmologien und Religionen. Im Alten Testament läßt Jahwe Manna und Feuer vom Himmel regnen, und der Islam verehrt einen heiligen schwarzen Stein in der Kaaba in Mekka, der zu Urzeiten von einem Engel auf die Erde gebracht wurde. Die Kelten fürchteten, der Himmel könne ihnen aufs Haupt fallen, weil sie Meteoriten beobachtet hatten, und folgerten, der Himmel sei eine aus Stein gefertigte, schädelartige Decke. Der Regen, der vom Himmel fällt, bringt den Feldern Fruchtbarkeit und garantiert die Ernte, der Hagel kann die Ernte in wenigen Minuten vollkommen vernichten und ein ganzes Jahr harter Arbeit zerstören – dort oben, von wo die wunderlichsten Dinge herabfallen, dachte man, mußten wohl auch die Gewalten hausen, die über unser Leben entschieden.

Nach Charles Fort waren Dinge, die vom Himmel fielen, stets aufgeteilt in »verdammte« und »akzeptierte«. Die »verdammten« sind all die Fälle, für die die Wissenschaft das Kästchen Betrug und Aberglaube geschaffen hat, »akzeptierte« sind dagegen all jene Fälle, für die die Wissenschaft eine passable Erklärung gefunden hat und die daher vom Aberglauben zum allgemein akzeptierten naturwissenschaftlichen Wissen geworden sind.

Im 19. Jahrhundert akzeptierte man, daß Hagel und Regen vom Himmel fielen, doch Steine und Eisenbrocken von oben waren Aberglaube. Später akzeptierte man Meteoriten, zeigte sich aber immer noch skeptisch in bezug auf große Eisbrocken. Seit der Aufklärung, die den Volksaberglauben zu rationalisieren versuchte, sind die Erklärungen für völlig ungewöhnliche Niederschläge gleich geblieben: Regnet es Fische, dann hat ein Wirbelwind sie hochgehoben und wieder fallen gelassen, desgleichen Muscheln, Schnecken und anderes Getier; Schwefel- und Blutregen gehen auf Verfärbungen durch Pollen oder »Saharasand« zurück; Eisbrocken sind eben gefrorene, aus lecken Flugzeugtoiletten herausgefallene Fäkalien. All diese Erklärungen mögen zutreffen oder nicht: Hier soll uns nur das Unglaubliche beschäftigen, das Augenzeugen immer wieder erlebt haben.

Hebel und Chladni

Der Dichter Johann Peter Hebel (1760-1826) schrieb schon im 19. Jahrhundert eine Kurzgeschichte über mysteriöse Niederschläge. Hebel wurde 1760 in der Schweiz geboren und starb 1826 in Schwetzingen. Er verstand sich selbst als Vertreter der Aufklärung, und in den Jahren 1808 bis 1811 veröffentlichte er alljährlich einen Kalender mit Kurzgeschichten für gebildete Bürger und Bauern. In einer Zeit, in der immer noch Unwissenheit und Aberglaube herrschten, versuchte er, die einfachen Leute wissenschaftlich und politisch zu bilden.

Eine der Hebelschen *Kalendergeschichten* heißt »Mancherlei Regen«. Hebel behandelt Regen von Schwefel, Blut und Fröschen, und er hatte jedesmal, wie es dem Stil der Zeit entsprach, eine einfache »wissenschaftliche« Erklärung: All solche Erscheinungen sind nur alltäglicher Regen, von Pollen verfärbt, oder das Resultat von Wirbelwinden und Wasserhosen. Hebel erwähnt Regen von Steinen, die er für authentisch hält, auch wenn ihm dazu keine rechte Erklärung einfallen mag. Die Geschichte von herabregnenden Soldatenhüten führt er auf einen Wirbelwind zurück.[1]

Der deutsche Physiker Ernst Florens Friedrich Chladni (1756-1827) beschäftigte sich intensiv mit Dingen, die vom

Abb. 16: Darstellung eines Fischregens aus der »Historia de gentibus septentrionalibus« von Olaus Magnus, 1555.

Himmel fallen. Obwohl das wissenschaftliche Dogma seiner Zeit besagte, daß Meteoriten atmosphärische Phänomene seien und daß die Steine, die nach Meteoritenbeobachtungen in Kratern gefunden wurden, nichts anderes seien als vom Blitz getroffene Steine, sammelte er alles ihm erhältliche Material über Meteoriten seit der Antike. Er stellte als erster die These auf, Meteoriten seien ein kosmisches Phänomen. 1794 veröffentlichte er die Ergebnisse, zu denen er gekommen war, in Leipzig unter dem Titel *Über den Ursprung der von Pallas gefundenen Eisenmassen und über einige damit in Verbindung stehende Naturerscheinungen.*

Doch nur wenige Wissenschaftler schenkten seiner Theorie Beachtung oder gar Glauben und hielten, wie Goethe, an der Ansicht fest, Meteoriten seien verdunstete Steine, die sich in der kalten Atmosphäre wieder zusammenballten. Alexander von Humboldt, selbst einer der großen Naturforscher, konnte sich noch 1845 über Chladni in spöttischer Weise äußern, ohne Widerspruch zu erfahren: Humboldt hatte in Südamerika Meteore beobachtet und hielt sie für atmosphärische, möglicherweise mit Erdbeben in Verbindung stehende Naturerscheinungen. Chladni veröffentlichte 1809 ein zweites Werk *Über Feuermeteore,* das Sichtungen von Meteoren enthielt. Es wurde weitaus freundlicher aufgenommen, dennoch dauerte es noch bis zur Mitte des Jahrhunderts, bis Chladnis Ansichten allgemein akzeptiert und Bestandteil der Astronomie wurden.[2]

Anomalien gegenüber war Chladni vorurteilslos: Meteoriten aus Sandstein, Kohleklumpen und schleimige Niederschläge aus dem All listete er unterschiedslos auf und untersuchte sie mit der gleichen Hochachtung wie die heute anerkannten »echten« Meteoriten.

Sandsteinhagel

Am 22. Mai 1808 regnete es bei Stannern in Mähren (heute Tschechische Republik) Steine vom Himmel wie anderswo Regentropfen. Hebel[3] berichtet davon in seiner Kurzgeschichte. Der österreichische Kaiser sandte einen Boten, der Nachforschungen anstellen sollte. Nach der Überlieferung waren um 5.30 Uhr morgens Einheimische auf dem Weg zur Kirche, als sie drei laute Donnerschläge hörten und die Erde leicht bebte. Dann kam dichter Nebel auf, in dem sie kaum weiter als zehn Meter sehen konnten. Nach neuerlichem Lärm, der an Kanonendonner erinnerte, fielen plötzlich auf einer Fläche von mehreren Quadratmeilen Steine herunter. Die herabprasselnden Brocken variierten von Nuß- bis Kinderkopfgröße. Sie machten rollende und pfeifende Geräusche und gruben sich teilweise einen halben Meter tief in den Grund, blieben einfach auf ihm liegen oder prallten gar von ihm ab. Die Steine waren warm, aber nicht heiß, und hatten einen Kern aus Sand unter einer glatten, schwarzen Haut. Nachdem die Steine gefallen waren, lichtete sich der Nebel wieder.

Solche »Sandsteinmeteoriten«, die die Wissenschaft für unglaubwürdig hält, finden sich häufig in alten Aufzeichnungen.

In den Werken von Charles Fort sind weitere dokumentierte Beispiele nachzulesen. Die mit dem Niederschlag vermeldeten Phänomene – Grollen, Donnern und Nebel – werden heute von einigen Wissenschaftlern als Begleiterscheinungen von Erdbeben gedeutet, eine These, die bei Seismologen umstritten ist. Fort führt, neben diesen eventuellen Erdbebenfolgen, zahlreiche Erdstöße auf, die mit Meteorsichtungen zusammenfielen, und vermutet einen Zusammenhang. Ein naturwissenschaftlich stichhaltiger Beweis dafür dürfte sich jedoch nur schwer finden lassen. Der Steinfall von Mähren ist tatsächlich ein ganz »verdammter«, weil unerklärlicher Vorfall.

Eine ganz besondere Wolke

Charles Forts Kuriositätensammlung enthält einen aberwitzig bizarren Bericht, der wahrscheinlich niemals gründlich daraufhin überprüft wurde, ob ihm wahre Ereignisse zugrunde liegen. Fort jedenfalls kann eine ehrenhafte Quelle für seine Notiz anführen: »*Nature,* 47-278: Daß, nach *Das Wetter,* Dezember 1892, am 9. August 1892 eine gelbe Wolke über Paderborn, Deutschland, erschien. Aus dieser Wolke fiel wolkenbruchartiger Regen herab. Darin enthalten waren Hunderte von Miesmuscheln. Es wird weder gesagt, daß die Miesmuscheln bereits vorher auf dem Grund gelegen hätten, noch, daß ein Wirbelwind beobachtet wurde.«[4] Im letzten Satz spielt Fort auf zwei konventionelle Standarderklärungen der Naturwissenschaftler an, wonach entweder eine Windhose die herabfallenden Gegenstände zuvor aufgewirbelt habe, oder die angeblich herabgefallenen Objekte schon vor dem Wolkenbruch auf dem Boden gelegen haben könnten, ohne zuvor bemerkt worden zu sein.

Schleim in der Luft

Am 18. Oktober 1848 fiel eine glühende Masse aus dem Himmel und landete vor den Füßen des Herrn von Sydow bei

Mauschwitz. Er hob das »Ding« auf und brachte es nach Hause. Es ähnelte Gelatine – und glich der sagenhaften »Sumpfbutter«, einer Substanz, die Meteoritenfälle in der Mythologie begleitet. Nach mehreren Tagen war das »Ding« eingetrocknet und verschrumpelt, riß am Rand auf und zerbrach schließlich in mehrere Stücke. Herr Oswald, ein Chemiker, untersuchte das glibberige Objekt: Es wirkte wie Gummi, blähte sich im Wasser auf, löste sich aber nicht. Es enthielt Kohlenstoff, Wasserstoff und Sauerstoff, aber keinen Stickstoff.[5]

Ein vergleichbarer Fall wurde aus Süchteln bei Krefeld gemeldet. Eines Abends fiel eine feurige Masse vom Himmel. Der Zeuge, den die Quelle mit der Initiale B. nennt, beobachtete, wie sich ein Lichtpunkt allmählich der Erdoberfläche näherte. Je tiefer er kam, desto schneller schien er sich zu bewegen, und die Leuchtkraft des feurigen Körpers nahm zu. B. fand am Aufschlagpunkt eine gallertartige Masse, die er aufzuheben versuchte, aber sie war so schleimig, daß sie ihm durch die Finger glitt. Das Objekt war so groß wie ein Kinderkopf.[6]

Kröten- und Insektenregen

Der Gelehrte Conrad Megenberg (1309-1374) schreibt in seinem Buch über die Welt der Tiere, daß Frösche und Fische häufig herabregnen. Er meinte, daß die Sonne Wasser und darin liegenden Laich gleichzeitig verdunsten ließe. Im Himmel brüte dann die Sonnenwärme den Laich aus, und die Frösche und jungen Fische würden zu schwer, um sich am Himmel zu halten – und regneten ab.[7] Paracelsus, der bedeutende Arzt und Wissenschaftler (1493-1541), erwähnt in seinen Schriften Regen von Blut und Feuer.[8]

Heinrich von Kleist beschrieb einen Raupenregen. In den von ihm herausgegebenen *Berliner Abendblättern* berichtete er, daß am 19. Januar 1811 in der Gegend zwischen Zeulenroda und Tegau zahllose Raupen der verschiedensten Spezies auf einer Schneeschicht gefunden wurden – als wären sie vom Himmel gefallen. Er listete weitere, ähnliche Vorkommnisse aus Deutschland, Ungarn (November 1672) und Schweden (1749) auf. Kleist bot seinen Lesern sofort eine Erklärung an: Im Januar 1792 sei eine vergleichbare Ansammlung von Raupen in der Nähe von Schnepfenthal bei Gotha entdeckt worden – die Raupen seien, so erzählten Zeugen, aus einem Erdspalt gekrochen.[9]

In den 30er Jahren dieses Jahrhunderts wurde das *Handwörterbuch des deutschen Aberglaubens* in zehn Bänden veröffentlicht, ein Reprint ist kürzlich erschienen. Darin werden Regen von Würmern, Kröten, Fischen, Fröschen und anorganischem Material wie Eis, Schwefel und Steinen erwähnt.[10] Leider sind die Meldungen meist undatierte Geschichten aus Sagenbüchern oder vage Feststellungen wie: »Blutregen bedeutet Krieg für das ganze Land.« Offenbar waren die Niederschläge häufig genug, um in ein komplexes System der Omen und ihrer Deutungen miteinbezogen zu werden. Einige Fälle werden detailliert beschrieben, z.B. ein Steinregen aus dem 17. Jahrhundert in der Lausitz während eines Gewitters, bei dem zusätzlich »blaue Flammen« am Himmel gesichtet wurden.

Beispiele aus jüngster Zeit

Doch was heißt Aberglauben? Wie erforscht und vermessen der Luftraum über uns auch sein mag: Es regnet noch immer Sand, Dreck, Gestein und Pech vom Himmel. Nur aus Deutschland, Österreich und der Schweiz sind mindestens 250 fremdartige Niederschläge bekannt. Es gibt sicherlich für jeden Vorfall eine simple naturwissenschaftliche Erklärung, und diese Erklärung wird in den meisten Beispielen mit der in den Zeitungen genannten übereinstimmen. Doch es verblüfft, daß die Erklärungen in der Presse mit der Meldung des Ereignisses gegeben werden – vor jeder sachkundigen Überprüfung des scheinbar außergewöhnlichen Ereignisses. Manchmal regnet es an mehreren Stellen der Welt gleichzeitig auf eigentümliche Weise. Was möglicherweise im Zusammenhang zu sehen wäre, wird isoliert betrachtet und von Fall zu Fall völlig verschieden erklärt.

Ein solcher Fall ist die Serie schwarzer Niederschläge im Frühjahr 1991. Am 25. Februar war der Harzhügel, ein Stadtteil von Kaiserslautern, von einer dünnen Rußschicht bedeckt. Garten-, Terrassenmöbel und Autos in der Nähe der Universität waren »total verdreckt«. Die Erklärung hatte nur konjunktivischen Wert: »Für den Ruß ist vermutlich das Heizkraftwerk der Stadtwerke verantwortlich. Die Kessel seien in der Nacht umgestellt worden, möglicherweise sei dabei vermehrt, aber im zulässigen Bereich Ruß ausgestoßen worden, hieß es bei den Stadtwerken.«[11]

Zur gleichen Zeit ging schwarzer Regen auch im Nahen Osten nieder. Pech fiel auf Anatolien und auf andere Teile der Türkei sowie die östlichen Provinzen Saudi-Arabiens. Die MEPA, das meteorologische und Umweltschutzamt Saudi-Arabiens erklärte, der Regen von Asche sei wohl auf die von den Irakern angezündeten Erdölquellen in Kuwait zurückzuführen.[12] Doch am 17. April regnete es auch in Schleswig-Holstein landesweit »schwarz«. »Schwarze Ackerkrume hatte Autos und Gartenmöbel« überzogen.[13] Wofür in Kaiserslautern die Stadtwerke herhalten sollten, wurde in Schleswig-Holstein der Ackerkrume angelastet. Saloppe Erklärungen gingen davon aus, das Wetter habe im nördlichsten Bundesland verrückt gespielt. Am 20. April fielen im ganzen Norden fünf Zentimeter Neuschnee.

In den arabischen Ländern tobte der Golfkrieg – also mußte der schwarze Regen aus Kuwait stammen. In Rheinland-Pfalz, wo lebhaft über die umweltschädlichen Altlasten der abziehenden Amerikaner diskutiert wurde, lag es nahe, hausgemachte Umweltverschmutzung zu vermuten. In Norddeutschland war Schneefall im Frühling der Beweis, daß einfach nur das Wetter verrückt gespielt hatte. Ob man nun Reptilungeheuer, geheimnisvolle Lichter am Himmel, zauberkräftige Zwerge oder Kugelblitze untersucht: Stets ist bei diesen Phänomenen eine hohe Uniformität in der Erscheinung und eine große Diskrepanz bei den Erklärungen festzustellen.

Ein unkonventioneller Niederschlag, den jeder Autofahrer kennt, ist der Regen von Saharasand, der ein- bis zweimal jährlich in Deutschland niedergeht. Eine der Erklärungen für den von unseren Ahnen so gefürchteten »Blutregen« ist, daß es sich um diesen Sandregen gehandelt haben muß. Obwohl sich der Sandregen fast immer auf ein größeres Gebiet erstreckt und mit schöner Regelmäßigkeit in den Fernsehnachrichten erwähnt wird, erscheinen entsprechende Meldungen in den Zeitungen meist klein und unauffällig und ohne Details. Das Ereignis mutet so natürlich und die Erklärung so einleuchtend an, daß kaum ein Lokalreporter auf die Straße geht und Menschen nach ihren Vermutungen, Erfahrungen und Reaktionen befragt; eine solche Umfrage würde sicher für Sagenforscher interessante Resultate bringen.

Sandregen sind kein modernes Phänomen. Gelber Regen fiel im Juni 1830 in Griesau, Schlesien, am 27. Juli 1877 in Pecklow, am 10. März 1901 und am 27. Februar 1903 in ganz Deutschland, am 22. Februar 1923 in Westfalen. Gelber Schnee fiel im März 1936 in Österreich, im Juni 1977 in Bayern und im Februar 1979 über Wien. Der letzte Fall ereignete sich im März 1991: In Süddeutschland bedeckten kleine Sandringe als Überreste roter Regentropfen Autos und Fensterscheiben. Nur eine Woche später wurde gemeldet, eine 34 Zentimeter starke gelbe Neuschneeschicht sei in Lappland gefallen[14] – tatsächlich scheint bei diesem Niederschlag die wissenschaftliche Erklärung, Saharasand habe sich in den höheren Schichten der Atmosphäre nordwärts bewegt, zuzutreffen.

Auch andere Dinge, die vom Himmel fallen, sind möglicherweise von Wirbelwinden hochgesogen worden. Ende August

1990 fielen bei Bottmingen in der Schweiz Heubüschel vom Himmel, obwohl in der Nähe kein frischgemähtes Gras zu finden war, das der Wind hätte hochheben können.[15] Ein ähnliches Phänomen – das Herabregnen von getrocknetem Gras in einer Menge, die für einen ganzen Heuhaufen gereicht hätte – wurde im Sommer 1990 von mehreren Orten in Südengland gemeldet.[16] Hier wurde das Heu mit den Kreisen im Getreide in Verbindung gebracht, denn ein Meteorologe hatte versucht, die Gebilde mit stationären Wirbelwinden zu erklären – da wäre das fallende Heu der langersehnte Beweis gewesen. Die Kreise haben sich mittlerweile – auch wenn sich Esoteriker und Geheimniserfinder dagegen wehren – als Jux einiger künstlerisch begabter Scherzvögel herausgestellt.

Im Juli 1991 war bei Bad Dürkheim die interessante Beobachtung zu machen, daß eine Windhose bei sehr heißem und schwülem Wetter einige Stroh- und Grashalme hochhob, sie über eine an einer Ampel wartende Autoschlange wegtrug und in etwa fünf Metern Höhe zu einem dornenkronenähnlichen Kranz verflocht. Als der Luftwirbel nach einer halben Minute in sich zusammenbrach, schwebte der gelbe Kranz majestätisch wie eine fliegende Untertasse zum Boden zurück. Wirbelwinde können ohne Zweifel Material vom Boden hochheben und verändert wieder niedergehen lassen. Ob es ihnen allerdings gelingt, aus einem Teich nur eine Sorte Fische einer bestimmten Länge herauszusaugen, um sie viele Kilometer entfernt fallen zu lassen, wie die konventionelle Erklärung für Fischregen behauptet, muß dahingestellt bleiben.

In der Schweiz fielen am 9. August 1990 bei Muttenz im Bezirk Basel erbsengroße Erdklumpen. Die schweizerische Behörde mit dem Namen »Geruchmeldestelle«teilte dem Ufo-Forscher Luc Bürgin auf Anfrage mit, es habe sich bei diesen Kugeln »höchstwahrscheinlich um tierischen Humus« gehandelt: »Wahrscheinlich waren Wespen die Verursacher.«[17] Der sehr heiße und trockene August 1990 kompensierte den

Mangel an herkömmlichem Regen mit ungewöhnlichen Niederschlägen: Neben dem trockenen Gras und den staubigen Erdklumpen in der Schweiz fielen in Deutschland zwei kindskopfgroße Eisbrocken vom Himmel und durchschlugen Hausdächer.

Leuchtende Kugeln und Irrlichter

Kugelblitze

Was Kugelblitze sind, wie sie entstehen, oder ob es sie überhaupt gibt, ist noch immer heftig umstritten. Obwohl Wissenschaftler so etwas wie ein Phantombild des Kugelblitzes erstellt haben, sind die einzelnen Angaben über Größe, Farbe, Verhalten und Dauer so variabel, daß man annehmen kann, mehrere voneinander unabhängige Phänomene seien in den Begriff gepreßt worden. Bei den folgenden Beispielen wird diese Vielfalt ersichtlich.

Während eines Gewitters im Juli 1914 kam bei Hannover ein eiergroßer Kugelblitz durch ein Fenster und hinterließ einen Brandfleck an der Zimmerdecke, danach bewegte er sich am Vorhang entlang nach unten und verschwand schließlich im Boden. Weder am Vorhang noch am Boden wurden Brandspuren festgestellt, allerdings soll sich auf dem Fußboden ein pfenniggroßer versengter Punkt befunden haben.[11] Ein solches »intelligentes« Verhalten, bei dem eine Lichtkugel ein Zimmer zu erforschen scheint, wird immer wieder erstaunt von den Beobachtern berichtet.

Sieben Jahre später erschien ein Kugelblitz in Hohenschäftlarn im Isartal. Am 2. August 1921 um 9 Uhr morgens befand sich ein neunjähriges Mädchen mit seinem Onkel im ersten Stock des Hauses. Draußen tobte ein Morgengewitter. Durch ein offenes Fenster flog ein Kugelblitz ins Zimmer, fiel zu Boden und hüpfte ein-, zweimal auf und ab. Dann rollte die Feuerkugel langsam auf die Beobachter zu. Der Blitz hatte einen

Durchmesser von 20 Zentimetern, leuchtete hell und durchsichtig und schien ständig seine Farbe zu wechseln. Mal war er hellgrün gepunktet, mal karmesin, dann wieder hellblau oder bleichgelb. Der Blitz war hell genug, um bei Tageslicht sichtbar zu sein, und schien konstant zu leuchten. Von der Kugel, so die Zeugen, gingen »Antennen« wie die Spiralarme des Andromedanebels aus. Die Kugel kletterte am Tisch im Zimmer der Beobachter empor, rollte auf den Kachelofen zu und am Ofenrohr entlang – dabei hinterließ sie eine daumenbreite Schmelzspur. Schließlich platzte sie in der Lüftung mit dem Geräusch einer aufgeblasenen Papiertüte und hinterließ einen starken Ozongeruch. Insgesamt muß die Kugel eine Strecke von fünf bis sechs Metern zurückgelegt haben. Auf dem Boden blieb keine Spur des Blitzes zurück.[2]

Im Januar 1934 wurde ein Kugelblitz bei Walsum in der Nähe Duisburgs gesehen.[3] Im Juli 1938 drangen zwei Kugelblitze, ein großer und ein kleiner, in das Haus eines Bauern bei Apenrade in Schleswig ein. Der große Kugelblitz explodierte mit gewaltigem Donner und Funkenregen und hinterließ einen schwefligen Geruch.[4]

Die meisten Berichte von Kugelblitzen handeln davon, wie Leuchtkugeln in ein Zimmer eindringen, häufig durch ein offenes Fenster oder ein Schlüsselloch. In dem Zimmer »suchen sie interessiert herum«, nähern sich Menschen und Möbeln und verschwinden in der Wand oder im Fußboden. Selten wird erzählt, daß Kugelblitze Sachschaden angerichtet hätten. Der deutsche Ufo-Forscher Walter Kelch allerdings berichtet, daß ein Kugelblitz am 1. Juni 1953 in den Kirchturm von Plaidt bei Koblenz eingeschlagen sei und dort einen Sachschaden von 100 000 DM angerichtet habe.[5]

Heute werden Kugelblitze von der Presse und von den Zeugen eher als fliegende Untertasse denn als rare Naturerscheinung aufgefaßt. Das folgende Beispiel stammt aus einer Publikation von Ufo-Forschern. Am 9. April 1970 ging Max Krauss in der

Nähe von Langenschemmern spazieren, als er etwas wie zwei Überschallknalle hörte, wonach er einen Kugelblitz neben sich schweben sah. Die Kugel, die einen Durchmesser von 40 Zentimetern hatte und im Innern Speichen zu besitzen schien, folgte dem Zeugen, der erstaunt bemerkte, daß aus dem Phänomen eine Art Schlauch kam, der sich krümmte und wand. Der »Wurm«, wie der Zeuge das Anhängsel nannte, senkte sich in einen kleinen Bach, die Kugel verfärbte sich milchig und schließlich bläulich. Danach flog das Objekt zuerst langsam davon und schoß dann blitzschnell zum Himmel. Angeblich sollen die Vögel erschreckt vor dem Objekt geflüchtet sein, der Zeuge selbst will wie gelähmt zugesehen haben. Dabei sei das seltsame Ding niemals weiter als ein paar Meter von ihm entfernt gewesen.[6]

Kugelblitze haben häufig im Innern ein Muster, manchmal Antennen oder Spitzen nach außen. Es gibt kaum zwei identische Berichte. Die meisten Wissenschaftler haben daher noch vor wenigen Jahren die Existenz von Kugelblitzen rundweg abgelehnt. Heute vermutet man, daß das Phänomen auf Plasmabälle oder die Zusammenballung von Leuchtgas zurückzuführen ist. Es gibt zwar einige Fotos, doch offenbar kein eindeutig authentisches, und so bleibt vorerst nichts anderes, als die Augenzeugenberichte zu sammeln und ihre Auswertung späteren Forschern zu überlassen.

Perlschnurblitze

Der Perlschnurblitz ist eine Kette von Kugelblitzen. Ein nicht näher charakterisierter Doktor Schmauss berichtete 1910 in der Fachzeitschrift *Meteorologische Rundschau:* »Am 24. September 1908 wütete über Schweinfurt (Unterfranken) ein kräftiger Sturm. Er begann um 23.30 Uhr ohne Regen, aber mit großen Blitzen in Schnurform, wie uns freundlicherweise der Beobachter, Herr Mack, mitteilte. Die Einzigartigkeit der Blitze veranlaßte Herrn Mack, aus dem Haus zu gehen, um eine Photographie des interessanten Naturschau-

Abb. 17: Ein angeblich 1907 im Zoo von Basel fotografiertes »Geisterlicht«.

spiels aufzunehmen. Da begann es stark zu regnen und zu hageln. Als der Beobachter einen geeigneten Platz gefunden hatte, richtete er seinen Fotoapparat gegen Westen, weil aus dieser Richtung der Sturm kam, und lehnte sich leicht nach oben. Er ließ das Objektiv über 20 oder 30 Sekunden offen, und als sich ein neuer Perlschnurblitz entlud, konnte er das abgebildete Foto aufnehmen. Der Blitz bewegte sich waagrecht auf einen etwa 50 Meter hohen Schornstein zu, dessen Spitze den Endpunkt des interessanten Phänomens darstellte.«[11] Das Foto zeigt tatsächlich einen waagrechten, bandartigen Blitz, der sich allmählich in mehrere Lichtkugeln auflöst.

Spiralblitze

Der Spiralblitz scheint eine äußerst seltene, dafür aber um so kuriosere Naturerscheinung zu sein. Heute, im Zeitalter der Ufos, würde ein solches Phänomen ohne Zweifel sofort als Raumschiff von einem anderen Stern gedeutet werden. Eine Beobachtung wurde 1909 im *Kosmos* veröffentlicht, zu einer Zeit, als populärwissenschaftliche Zeitschriften gegenüber ungewöhnlichen Augenzeugenberichten noch aufgeschlossener waren, als sie es heute sind: »Am 12. Juli 1908, abends zwischen 9 und 10 Uhr, konnte von Goslar aus ein äußerst schweres Gewitter in der Richtung nach Hildesheim zu beobachtet werden, das sich in unzähligen Blitzen entlud. Jedem sind ja nun die wunderlichen Formen der Blitzentladungen bekannt, indessen dürfte eine solche, wie nachstehend geschildert, wohl zu den größten Seltenheiten zählen. Ein Blitz kreiste nämlich spiralförmig in etwa 4-5 Windungen, und verblieb in einer Gewitterwolke. Die Erscheinung könnte mit einem abbrennenden sogenannten Feuerrad verglichen werden. Vielleicht hat der eine oder andere Leser des *Kosmos* Gelegenheit gehabt, dieselbe Beobachtung zu machen. Bemerkenswert ist noch, daß kurz vorher sich an fast derselben Stelle eine Art Kugelblitz entlud. C.A., Goslar.«[8]

Ein möglicherweise verwandtes Ereignis trug sich am 25. Dezember 1840 bei Marburg zu. Bei diesem »Feuerball«kann es sich aber auch um eine Nordlichtbeobachtung gehandelt haben. Jedenfalls berichtet das *Allgemeine Anzeige-Blatt für technische Literatur, Industrie, Handel, Künste und Gewerbe* aus Grätz, daß man »am 25. gegen 6 Uhr abends bei überzogener Atmosphäre und einer Kälte von 13 Grad am Himmel ein schnell vorübergehendes Meteor bemerkte. Es zeigten sich nämlich drei helle, schnell aufeinanderfolgende Blitze, die von den gewöhnlichen Blitzen sich dadurch unterschieden, daß sie wie aus der Erde zu kommen und in die Höhe zu gehen schienen. Personen, die im Freien waren und damals durch das

Leibnitzerfeld fuhren, kam es vor, als wenn der Lichtstrom horizontal, wie bei dem Erscheinen einer feurigen Kugel, in der Richtung nach Norden vorüber fliege.«[9]

Erd- und Erdbebenlichter

Erdlichter sind hypothetische, tektonisch erzeugte Lichterscheinungen, die wahrscheinlich mit den Erdbebenlichtern, kugel- und scheibenförmigen Leuchterscheinungen bei Erdstößen, verwandt sind. Ein aus Deutschland berichtetes Beispiel ist wohl eher auf eine Halluzination, denn auf ein objektives physikalisches Phänomen zurückzuführen.

Im Mai 1988 wurden mehrere Bergleute in einer Grube in Borken, Nordhessen, bei einem Unglück im Stollen eingeschlossen. Als sie nach mehreren Tagen von Rettungstrupps befreit wurden, berichteten die Männer, sie hätten in den dunklen Gängen Lichter gesehen, ohne daß es eine erkennbare Lichtquelle gegeben habe.[10]

Während eines Erdbebens am 22. Mai 1732 wurden in Schwaben dichter, über dem Boden hängender Nebel und ein schwaches Leuchten am Himmel bemerkt. Mehrere Wochen vor dem Erdstoß wurden »Lichtkugeln am Himmel« gesichtet.[11] Wie bei vielen anderen unerklärten oder ignorierten Lufterscheinungen kann man sich gut vorstellen, daß solche Sichtungen heute als fliegende Untertassen gedeutet würden. Paul Devereux, Autor zahlreicher Zeitschriftenbeiträge und mehrerer Bücher über Erdlichter, erklärt mit ihnen das gesamte Ufo-Phänomen; er weist darauf hin, daß Erdlichter bevorzugt an Verwerfungslinien und bei größeren Wassermassen auftreten. Sollte das zutreffen, müßten aus Deutschland besonders von den Alpenseen derartige Berichte vorliegen. Wie zur Bestätigung enthält das *Handwörterbuch des deutschen Aberglaubens* unter dem Stichwort »Wassergeister und Irrlichter« folgende Notiz: »Auf dem Bodensee zeigt sich zur Nachtzeit der ›feurige Fischer‹; er neckt die Fischer, bis man ihm ein Band oder Seil zuwirft, mit der Erklärung, er habe Ruhe von seinen höllischen Qualen, solange das Band brennt ... Auch im Allgäu tauchen feurige Männer aus dem Wasser.«[12]

Inwieweit es sich hier um eine reine Sage, um die Personifizierung der Wasserkräfte oder um eine Mythologisierung tatsächlich beobachteter Naturerscheinungen handelt, ist schwer zu bestimmen. Auf jeden Fall zeigt der Bericht, daß man schon immer über Seen Lichterscheinungen gesehen hat oder schon immer glaubte, über Seen Lichterscheinungen beobachten zu können, und die Lichterscheinungen mit einem Eigenleben beseelte.

Irrlichter

»Als Irrlichter (im wissenschaftlichen Sinn) bezeichnet die Meteorologie kleine vom Boden aufsteigende, meist schnell wieder verlöschende, manchmal aber auch mehrere Sekunden lang stehende, mit schwacher bläulicher oder gelblich-rötlicher Flamme brennende Lichterscheinungen, die sich vor allem im Spätherbst (wenn der Fäulnisprozeß in der Natur seinen Höhepunkt erreicht hat) in stillen Nächten in sumpfigen und moorigen Gegenden zeigen.« So faßt das *Handwörterbuch des deutschen Aberglaubens* mit einem Satz die wichtigsten Charakteristika des Irrlichts oder Irrwisches zusammen. »Die Existenz dieser Irrlichter, die die Naturwissenschaft um die Mitte des 19. Jahrhunderts am liebsten ganz abgeleugnet hätte, wird heute nicht mehr bezweifelt. Aber die Art ihrer Entstehung ist umstritten.«[13]

Irrlichter können sich vom Boden lösen und sich hartnäckig an die Kleidung des Beobachters heften. Die deutschen Sagen sind voll von Berichten, in denen beschrieben wird, wie Irrlichter in einsamen Gegenden durchreisende Kutscher verfolgen. Früher glaubte man, es handele sich um die im Fegefeuer bratenden Seelen – auch Luther war dieser Ansicht – oder um Sumpfkobolde.

1832 wurde ein Irrlicht bei Neumarkt beobachtet. In einer sumpfigen Gegend stiegen über Tag immer wieder Gasblasen auf, nachts wurden dort blaue Flämmchen gesehen. Der Zeuge markierte bei Tag eine Stelle im Sumpf, aus der Gasblasen austraten, und legte sich dort nachts auf die Lauer. Tatsächlich kamen am markierten Ort Flammen aus der Erde. Als sich der Beobachter der Erscheinung nähern wollte, erlosch das Licht. Am nächsten Tag kam er bereits in der Dämmerung und konnte am markierten Ort feine rote Flammen beobachten; er schloß daraus, daß das Phänomen auch am Tage sichtbar sein müsse. Wieder erloschen die Lichter, als er sich näherte. Daraufhin blieb er still liegen – und nach einiger Zeit entzündete sich das Licht wieder. Der Beobachter hielt einen Streifen Papier in das Irrlicht, und der Streifen entzündete sich.[14]

Das Problem bei der Erklärung von Irrlichtern als Methan, als Sumpfgas, besteht darin, daß es sich nicht selbst entzündet. Man hat verschiedene zusätzliche Gase, die als Zünder wirken könnten, in Betracht gezogen. Am besten geeignet erschien das Gas PH_3, doch Laborexperimente haben gezeigt, daß eine brennende Flamme der Mixtur beider Gase grün erscheint – im Gegensatz zu den gelben, weißen, blauen und roten Irrlichtern. Der Schleier des Geheimnisses ist geblieben.

Zum Problem der Bewertung

Leuchtkugeln werden in vielerlei Formen seit langer Zeit beobachtet. Häufig spielen sie eine zentrale Rolle bei Glaubensvorstellungen: die Lichtkugel bei der Bekehrung des Saulus, die Feuerzungen zu Pfingsten oder die Ufo-Sichtung, die einen Universitätsprofessor dazu bringt, sein Haus zu verkaufen, um einer zweifelhaften Prophetin zu folgen. Ein breites Spektrum an Deutungen und Erklärungen, das von esoterischen über religiöse oder parapsychologische bis zu naturwissenschaftlichen »Identifizierungen« reicht, bietet Antworten an. Eine kleine Auswahl könnte den Heiligen Geist, die

Seelen Verstorbener, Kobolde, Manifestationen von Erdenergien, Poltergeister, Raumschiffe von anderen Sternen, Drachen, Kugelblitze und Irrlichter, Sinnestäuschungen, Verwechslungen von Sternen und anderen Himmelskörpern, Flugzeuge und gespiegelte Autoscheinwerfer umfassen.

Zwei Extrempositionen werden in den *Odisch-magnetischen Briefen* (1852) des Freiherrn Karl von Reichenbach deutlich:

Ein Fräulein namens Leopoldine Reichel hatte die Gabe, tanzende Lichter auf einem Friedhof sehen zu können, manche davon groß und andere »klein wie zwergenhafte Kobolde«. Sie bewegte sich unter ihnen, wirbelte sie durcheinander. Offenbar dachte sie, es handele sich um die Seelen der Verstorbenen. »Es handelt sich um Ammoniumkarbonat, Phosphorwasserstoff und andere Verwesungsprodukte«, vermerkt Reichenbach dagegen lakonisch.[15]

Theoretisch sollte es nicht allzu schwierig sein, Fiktion und Wirklichkeit auseinanderzuhalten, doch es gibt Kugelblitzerzählungen, bei denen sich das Phänomen von der einfachen, unbekannten Naturerscheinung zum esoterischen Ereignis wandelt, ohne daß eine klare Grenze zwischen den beiden Extrempositionen zu erkennen wäre. Aus diesem Grund wird auf eine Bewertung der Berichte verzichtet. Daß es viele »geheimnisvolle Ereignisse« gibt, soll weder bewiesen noch widerlegt werden. Es wird lediglich festgestellt, daß viele Menschen zu verschiedenen Zeiten gewisse ungewöhnliche Erlebnisse hatten, daß diese Erlebnisse miteinander übereinstimmen, die Deutung des Erlebten jedoch stets von dem zur Zeit herrschenden Weltbild abhängig ist.

Der *Mannheimer Morgen* berichtete am 10. Juli 1954 von einem »Kugelblitz«: »Mit lautem Krachen brach in dem Dörfchen Power (Kreis Osnabrück) ein Kugelblitz den Schornstein am Haus des Siedlers Friedrich Tillner auseinander. Dann rollte der große glühende Ball die Dachrinne hinunter, teilte sich in mehrere kleine Kugeln, zerstörte sämtliche Fensterscheiben des Hauses und sprang schließlich durch eine zersplitterte Scheibe in Tillners Stube. Hier wurden ein Radio und ein elektrischer Herd sowie Möbelstücke zerstört. Der angerichtete Schaden beträgt fast 3000 D-Mark. Menschen sind nicht zu Schaden gekommen.«

Andere Kugelblitze hinterlassen keine Spuren. Walter Kelch beobachtete eine Leuchtkugel im Januar 1980 um 23.00 Uhr bei Grafenwöhr. Es habe plötzlich am Himmel geblitzt, »Sekunden danach wurde mein Blickfeld durch eine gelbweiße Kugel (Durchmesser ca. Medizinballgröße) erhellt. Das Umfeld wurde gelb-grünlich erleuchtet, so daß man den ca. 40 Zentimeter hohen Schnee erkennen konnte! Angeführt durch ein rumorendes heulendes Geräusch eierte diese Kugel mit einem spitzen Schweif über die Landschaft, stieg in die Höhe und war weg. Beim Anstieg ist die Kugel ins Rötliche übergegangen. In rund 10-15 Metern Entfernung befand sich ein Rudel Wildschweine, die wie wild durch unsere Sperren liefen ... Das Gewitter dauerte nur 5 Minuten! Die Sichtungsdauer betrug 31 Sekunden. Tags darauf gingen wir zu dieser Stelle und stellten fest, daß der Schnee nicht geschmolzen war.«[16] Diese Lichtkugel hatte keine physikalischen Spuren hinterlassen, beunruhigte aber die Tiere.

Eine weitere Lichtkugel hatte starke Auswirkungen auf den Zeugen selbst. Am 9. Mai 1929 befand sich der Beobachter auf einer Wallfahrt nach St. Lambrecht in der Pöllau, Obersteiermark. »Da es nun schon 60 Jahre her ist«, schreibt der Mann, »so habe ich es noch so im Bewußtsein, als ob es erst gestern gewesen ist ... Wir waren zu viert, die beiden Töchter L., ein Junge und ich. Es lag noch sehr viel Schnee, dazu war es der kälteste Winter gewesen, 35 Grad. Nachdem wir einen Teil der Strecke zurückgelegt, kamen wir an ein Schneefeld mit vereinzelten Fichtengruppen. Da hörten wir ein komisches Geräusch, was immer lauter wurde, bis wir wie angewurzelt stehen blieben. Dann fing es an zu dämmern ..., die Birkhähne fingen an heraufzusteigen. Auf einmal wurde es taghell und hinter den Bäumen kam eine Kugel zum Vorschein, die riesengroß war und das Licht ausstrahlte, der Schnee wurde smaragdgrün. Die Kugel wurde immer schneller und zog einen Feuerstrahl hinter sich her, verschwand dann am Himmel. Es wurde wieder dunkel, die Birkhähne setzten sich wieder in ihre Schneelöcher... Als die Kugel auftauchte, geschah das Merkwürdigste. Es trat um uns eine Stille ein, die uns fast die Luft nahm. Darauf standen wir wie angewurzelt. Nachdem es vorbeigeflogen war, trat wieder nächtliche Schneehelle ein. Auch die Vögel ließen sich wieder zur Erde zurück. Von dem Punkt an fehlt mir jede Wahrnehmung bis wir in St. Lambrecht ankamen.«

Die gleichen psychologischen Reaktionen werden auch bei »nahen Begegnungen mit Ufos« berichtet. Sind sie ein Teil des Phänomens oder ein Bestandteil der Interpretation des Phänomens durch den Beobachter? Der Kugelblitz selbst jedenfalls entspricht dem, was auch zahllose andere Kugelblitzbeobachter gemeldet haben: scharfe Umrisse, eine Art Schweif, der nach hinten spitz zulief, ein schnarrendes Geräusch, der eigentliche Körper »wie ein Globus, bläulich, mit dunklen Konturen, wie aus Segmenten zusammengesetzt«. »Das eigenartige an der Kugel, das Hinterteil (von dem der Schweif pyramidenartig abstand) war nur als schwarze Scheibe zu sehen.« Der Blitz war höchstens 50 bis 100 Meter von dem Beobachter entfernt. Der schätzte den Durchmesser auf 50 Meter, obwohl Ufo-Forscher Hans-Werner Peiniger, der den Fall gründlich untersucht hat, davon ausgeht, daß sich der Zeuge aufgrund seiner offensichtlichen Aufregung und fehlender Vergleichsmöglichkeiten geirrt hat und der Kugelblitz auch einen Durchmesser von etwa zwei Metern gehabt haben könnte. Diese Größe ist, wie man von anderen Kugelblitzsichtungen weiß, weitaus wahrscheinlicher. Bemerkenswert an dem

Bericht ist, daß ein zwar rares und umstrittenes, aber doch natürliches Phänomen das gleiche Erlebnis auslösen kann wie eine Verschleppung durch Außerirdische: den Verlust der Wahrnehmungsfähigkeit.[17]

Auch beim nächsten Bericht hinterläßt der Kugelblitz keine physikalischen, sondern extreme psychologische Spuren. Eine Frau war um 1950 bei einer Klettertour in den Bayerischen Alpen unterwegs: »Plötzlich bemerkte ich eine Art großer Kugel aus Licht, und daraus formte sich die Gestalt eines großen, chinesisch wirkenden Mannes... Er verbeugte sich, sagte ein paar Worte zu mir und führte mich über einen schmalen Pfad zurück auf den Weg. Dann verschwand er wieder als Lichtball.«[18] Hier verwandelt sich ein Leuchtball plötzlich in ein geisterhaftes Wesen – verwandelte sich das Licht wirklich oder spielte sich das ganze Ereignis nur im Kopf der Beobachterin ab?

Da Kugelblitze in früherer Zeit allgemein als Geister oder Gespenster betrachtet wurden, verblüfft es nicht, daß der Kugelblitz auf einem der seltenen Fotos aus dem deutschen Sprachraum als »Geisterlicht« bezeichnet wurde. Das Bild soll im Jahre 1907 von M. Bessy im Zoo von Basel aufgenommen worden sein.[19]

Von Kugelblitzen, die nachweislich physikalische Spuren hinterlassen, bis zu Kugelblitzen, die sich in Menschen verwandeln und sprechen, ist es ein weiter Weg. Was mit einem noch nicht allgemein anerkannten Naturphänomen begann, führt in den trüben Dunstkreis von Esoterik und Aberglauben. Wie bei vielen anderen paranormalen oder fortianischen Erscheinungen ist ein breites Spektrum von Erlebnissen und Interpretationen zu finden. Wenn die Deutungen so mächtig sind, daß sie das Geschehen selbst überlagern, kann sich auch der Erforscher ungewöhnlicher Erscheinungen schnell verirren.

Das ganz normale Wunder

Die in diesem Buch vorgestellten Erscheinungen sind in der Zwischenwelt zwischen Wirklichkeit und Phantasie angesiedelt, ihre physikalische Existenz oder »naturwissenschaftlichen Erklärungen« werden kontrovers diskutiert. Auch wenn jeweils mehrere Beispiele für ein Phänomen herangezogen werden, sind die einzelnen Kategorien der Klassifizierung willkürlich. Zwar scheint es keine Verbindung zwischen unerklärbaren Himmelsgeräuschen und möglicherweise überlebenden Dinosauriern zu geben, doch einige Berichte stellen sie her, indem sie die Geräusche als Drachengebrüll interpretieren. Ein Seeungeheuer und ein Wassermann mögen wenig gemeinsam haben, doch soll der Mummelsee von beiden bewohnt sein. Ein Wassermann ist zwar für uns heute ein Fabelwesen, doch sind seine Taten identisch mit denen moderner Außerirdischer in Raumschiffen. Seeungeheuer und Wassergeister können als Leuchtkugeln über den See schweben, die gleichen Lichter lassen sich auch als Kobolde, Kugelblitze oder Ufos deuten. Meteoriten, anerkannte Naturerscheinungen, wurden mit Drachen in Verbindung gebracht. Fast jeder der aufgeführten Berichte könnte mit gleichem Recht auch unter einer anderen Überschrift in einem anderen Kapitel erscheinen.

Dabei sind die einzelnen Erfahrungen, so vage und zweifelhaft ihre Unterordnung unter einen bestimmten Begriff ist, fast seit Anbeginn der Überlieferung identisch. Der Drache war immer ein unheimliches, wildes Tier, das dort wohnte, wo der Mensch noch nicht Fuß gefaßt hatte; Frauen wurden schon immer von sexbegierigen Wesen entführt und geschwängert, aus dem Himmel sind seit Urzeiten Dinge gefalle, die man dort oben nicht vermutet hatte.

Diese Erfahrungen, deren objektive Richtigkeit hier außer acht gelassen wird, besitzen unbestritten eine tiefe subjektive Wahrheit – es sind archetypische und mythische Erlebnisse der lebendigen Tradition eines Volkes. Sie rundweg abzulehnen, zu »erklären« – sei es mit »natürlichen« Lösungen oder als psychische Irrungen – oder sie lächerlich zu machen, zeugt von der Unfähigkeit des 20. Jahrhunderts, die kreative Interaktion des Menschen mit einer imaginierten Umwelt als etwas Bereicherndes zu begreifen.

Sind die Erfahrungen bei aller Authentizität häufig vage - die Begegnung mit der ungezähmten Natur, das Eingreifen übernatürlicher Wesen, die Entführung, bei der ein Irdischer ins Reich des Unterirdischen verschleppt wird –, so sind es die Deutungen nicht: Sie sind immer geprägt von Moden und den Denkmodellen des Zeitgeistes. Helle Lichter am Himmel waren erst Geister, dann Feuerdrachen, waren Familiare oder Hilfsgeister der Hexen und sollen heute Raumschiffe sein. Drachen waren Wassergötter, dann unchristliche Monstren, später noch zu entdeckende Tiere und im evolutionstheoriebegeisterten 19. Jahrhundert überlebende Dinosaurier. Die seltsamen hellen Gestalten, denen man müde und wie in Trance begegnete, waren heidnische Götter, Kobolde, Marienerscheinungen, im Spiritismus die Geister der Verstorbenen; heute sind sie Wohlträter aus den Tiefen des Alls. Die kleinen runzeligen Zwerge mauserten sich von Naturelfen und Kobolden zu Dämonen - im Zeitalter der alles erklärenden Ufologie sind sie zu Besuchern von fremden Sternen geworden.

Die Erscheinungen galten allgemein vor der Zeit des Christentums als Naturgeister, christianisiert wurden sie zu Dämonen, im 16. und 17. Jahrhundert mit deren Glaubenskriegen wurden sie – je nach Interessenlage – zu Teufeln oder göttlichen Omen, währen die Renaissancegelehrten gleichzeitig versuchten, diese widerspenstigen Dinge der neu triumphierenden Naturwissenschaft zu unterwerfen und sie zu naturalisieren.

Im 19. Jahrhundert wurden die Phänomene entweder als spiritistische Erscheinung oder als unbekannte Tierarten oder Naturphänomene betrachtet.

Das macht deutlich, daß auch die heutigen Faktualisierungen, das heißt Konkretisierungen der Mythen, nicht näher an der Wahrheit liegen als die alten Modelle. Ein Licht am Himmel ist ebensowenig ein Drache wie eine Hexe oder ein Sternenschiff; ein Drache ist weder eine eigene Tierart noch ein überlebender Plesiosaurier – immer sind die Deutungen Versuche, die Natur den Vorstellungen des menschlichen Geistes anzupassen. Die Außerirdischen von heute traten vor 200 Jahren als Wassermänner oder vor 100 Jahren als Jungfrau Maria auf. All die Ideologien, die sich um solche Erfahrungen ranken, zeugen von der Hilflosigkeit, das Unbegreifbare in Worte zu fasssen und verständlich zu machen. Ebensowenig ist aber ein Drache auch nur »ein Stück Treibholz« oder ein Ufo »die Venus«, selbst wenn ein solches natürliches Objekt – was häufig genug gezeigt werden kann – die Sichtung ausgelöst. hat.

Fortianische Phänomene sind Ausflüge in Lewis Carrolls Wunderland, in dem die Dinge eine andere Bedeutung haben und das Alltägliche nicht mehr wiedererkannt wird. Etwas passiert im Kopf der Zeugen, wenn sie das, was sie vage gesehen haben, mit etwas Bekanntem zu verbinden suchen. So werden aus einem Nordlicht oder eine Wolkenformation ein Gottesomen, ein Ungeheuer oder angreifende Nato-Flugzeuge – und natürlich die unvermeidbaren fliegenden Untertassen. Die Erfahrung und der daraus resultierende Erlebnisbericht sind nicht identisch mit dem Stimulus, es sind kulturelle Verarbeitungen eines Alltagsereignisses.

Der Zauber liegt dabei darin, daß fortianische Phänomene nicht bewiesen werden können: Man kann sie erleben, sie bereichern das Leben des Zeugen und der Gesellschaft. In früheren Zeiten hatten Schamanen und Geschichtenerzähler hohes Prestige. Wir haben verlernt, diese Facette des Lebens zu akzeptieren. Daher haben die Versuche, fortianische Phänomene zu naturalisieren (also durch etwas Bekanntes zu erklären) oder zu faktualisieren (also aus dem Erlebnis eine reale, aber unbekannte Sache zu machen), zugleich etwas Rührendes und Peinliches.

Im Mittelalter wurden Fossilien zu Drachenknochen umgedeutet – der Klagenfurter Drachenbrunnen hat seinen Namen von den Überresten eines Nashorns aus der Eiszeit. In Schottland und Island werden immer wieder Becher, Fahnen und Altardecken mit Abbildungen gezeigt, die die Existenz von Kobolden scheinbar beweisen. Die gleiche Faktualisierung ist bei den Erklärungen zu finden, die Drachen als vorsintflutliche Tiere und Kobolde als zwergenhafte Ureinwohner Europas deuten. Solche Erklärungen brachte das letzte Jahrhundert hervor, um fortianische Phänomene in die Darwinsche Weltsicht zu integrieren. Heute ist eben der übermächtige faktualisierende Mythos die Ufologie, die selbst eines der besten Beispiele dafür ist, wie man auf einem Grund aus unsicheren Indizien ein wackeliges Fundament von Pseudowissenschaft errichten kann, in das nach und nach söämtliche unerklärten Ereignisse einbezogen werden. Das Ufo verhält sich zu anderen fortianischen Phänomenen wie eine imperialistische Macht, die nichts mehr neben sich gleten läßt.

Doch ebenso fragwürdig sind Naturalisierungen, die Vorschläge der Naturwissenschaft, die neben ihrer gestrengen beweisbaren Lehre keine Alternativen gelten lassen will. Natürlich gehen Tatzelwurmsichtungen auf die Beobachtung von Murmeltieren und Salamandern zurück, natürlich handelt es sich bei Nessie um das Kielwasser von Booten, um schwimmendes Wild oder die Schatten von Wolken auf der Oberfläche des Sees, und es steht außer Zweifel, daß nahezu alle Ufo-Beobachtungen auf Sterne, Meteoriten, Flugzeuge, Ballone und andere herkömmliche Erscheinungen zurückzuführen sind – die Kraft der Erlebnisse ist dadurch nicht erklärt, die Mythen bleiben unverstanden, die sich um sie aufbauen und die sich ständig erneuern und verändern. Die seltsamen Trancezustände, die Kobolde, »Entführungen« und Marienvisionen auslösen, kommen in solchen Erklärungen nicht vor.

Fortianische Phänomene, die Alltäglichkeiten des Wunderlandes, sind eine Methode, die Welt zu erfahren und zu deuten, die sich den Grenzen der Naturwissenschaft entzieht. Drachen, Riesen und Kobolde sind keine Bewohner der physikalischen Welt, wohl aber leben sie in einer quasi-realen imaginären Welt, die von Menschen ohne Probleme betreten und wieder verlassen werden kann. Und sie haben die gleiche Existenzberechtigung wie das meßbare Univerum. Unsere Vorfahren, die gleichzeitig in beiden Welten zu leben verstanden, hatten damit weniger Schwierigkeiten. Wenn die Rede von Neuen Zeitaltern einen Sinn haben kann, so besteht er vielleicht darin, jene einfache Fähigkeit wieder zu erlernen – ohne, wie es Esoteriker und Wissenschaftler gleichermaßen tun, beide Welten zu vermischen, zu verwechseln oder gar auszutauschen.

»Ich habe heute schon sieben unglaubhafte Dinge vor dem Frühstück geglaubt«, sagt ein Bewohner des Wunderlandes zu Alice, »was soll daran besonders sein?«

Anmerkungen Teil I

1. Was ist ein Ufo?

[1] Hynek 1978: 30 und 34

2. Das Ufo-Phänomen in Amerika

[1] Berlitz 1977: 18
[2] Kusche 1980: 30
[3] Morrison o.J.: 461
[4] Cressy 1984: 529
[5] Billig 1982: 55
[6] Starkey 1949; Konig 1979
[7] Middelkauf 1971: 149-154
[8] Demos 1983
[9] Demos 1983: 378
[10] Bergier 1980: 94
[11] Billig 1982: 59-63
[12] Keel 1973: 70
[13] Keel 1983a: 70
[14] Sachs 1980: 23; Keel 1975: 13
[15] Sachs 1980: 177
[16] Keel 1973: 78
[17] Keel 1973: 89
[18] Fort 1974: 469
[19] Billig 1982: 66
[20] Keel 1973: 82
[21] Billig 1982: 65
[22] Fort 1974: 468
[23] Keel 1973: 94-103; Fort 1974: 470
[24] Gonzalez 1981: 18
[25] Keel 1973: 171
[26] Keel 1973: 80
[27] Keel 1973: 81 und 94
[28] Keel 1973: 81
[29] Keel 1973: 81
[30] Keel 1973: 89f.
[31] Michell 1983: 6
[32] Keel 1973: 127
[33] Cantril 1966
[34] Rhine 1968: 594
[35] Watson 1985: 42f.
[36] Watson 1987b: 30
[37] Liljegren 1986
[38] Sachs 1980: 207 Heute weiß man, daß Arnold nur eine Herde Pelikane beobachtet hat, vgl. Fortean Time 137 (8/2000), S. 34f.
[39] Billig 1982: 72
[40] Keel 1983b: 55
[41] Seesslen 1980
[42] Billig 1982: 72
[43] Billig 1982: 73
[44] Billig 1982: 73
[45] Billig 1982: 74
[46] Jacobs 1987: 51
[47] Billig 1982: 74
[48] Keel 1973: 48
[49] Billig 1982: 70
[50] Sachs 1980: 361f.
[51] Condon 1969: 515
[52] Hynek 1978: 183
[53] Sachs 1980: 4
[54] Condon 1969: 536
[55] Sachs 1980: 2f.
[56] Billig 1982: 78
[57] Condon 1969: 525
[58] Billig 1982: 78
[59] Sachs 1980: 213
[60] Billig 1982: 82
[61] Spencer 1985: 27
[62] Vallee 1974
[63] Lorenzen 1974: 143-158

[64] Spencer 1985; Ribera 1981: 17; Hopkins 1982: 30; Gansberg 1981: 17; Bowen 1974: 239; Hynek 1974: 197, Sachs 1980: 216
[65] Hynek 1974: 197
[66] Bowen 1974: 20-238
[67] Ribera 1984: 195; Sachs 1980: 355
[68] Sachs 1980: 277
[69] Sachs 1980: 111
[70] Sachs 1980: 112
[71] Hynek 1974: 261
[72] Hynek 1978: 201-210
[73] Condon 1969: 48
[74] Norman 1984: 197
[75] Däniken 1975
[76] Ribera 1984: 54
[77] Evans 1988: 168
[78] Keel 1970, 1973 und 1975
[79] Ribera 1984: 44-48
[80] Keel 1975
[81] Ribera 1984: 54-58
[82] Holzer 1979
[83] Kusche 1980
[84] Mayor 1990
[85] Billig 1982: 165
[86] Ribera 1981: 155ff.
[87] Clark und Coleman 1978: 162f.
[88] Sachs 1980: 52
[89] Keel 1983a: 70
[90] Sachs 1980: 210
[91] Schuessler 1981
[92] Buttler 1986
[93] Hopkins 1982: 232-253
[94] Stringfield 1987
[95] Condon 1987
[96] CENAP-Report 124, 1986: 40
[97] Walsh 1988
[98] Stillings 1987: 88
[99] Peiniger 1990
[100] Der Schwindel wird aufgedeckt in: CENAP Report, August 1990, S. 36-40; CENAP Report, September 1990, S. 22-23; Clarke, Jerome: Editorial, in: International UFO Reporter, Mai 1991; Overall, Zan: Gulf Breeze Double exposed. Center for UFO Studies, 1990; Rodeghier, Mark: Gulf Breze, in Journal für UFO-Forschung 61, 1989, S. 13ff.; Smith, Willy: La Saga de Gulf Breeze in: Cuadernos de Ufologia, 2: 9/10, 1990, S. 91-107; Smith, Willy: La hora de verdad, in: Cuadernos de Ufologia, 2: 9/10, 1990, S. 108-116; Theisen, Jim: Is Gulf Breeze a Fraud? in: The INFO Journal 61, 1990, S. 10-13

3. Unheimliche Begegnungen der vierten Art

[1] Billig 1982: 24
[2] Spencer 1985
[3] Strieber 1987
[4] Billig 1982: 15
[5] Evans 1987b: 74
[6] Hynek 1974: 28
[7] Hynek 1974: 29
[8] Strieber 1988: 36
[9] Cashman 1967: 5
[10] Hynek 1974: 29
[11] Groote 1985: 35
[12] Bord 1988: 141
[13] Strieber 1987: 27 und 32
[14] Randles 1983: 110

[15] Billig 1982: 240
[16] Strieber 1987: 11
[17] Evans 1980: 6
[18] Chapman 1987: 75
[19] Smith 1987: 102
[20] Ribera 1981: 335
[21] Holzer 1979: 20-244
[22] Ribera 1981: 335
[23] Hopkins 1987
[24] Meheust 1987: 357
[25] Stillings 1987: 88
[26] Hopkins 1982: 72
[27] Hopkins 1982: 176
[28] Sachs 1980: 242
[29] Devereux 1982: 79
[30] Hall, McFeathers und Loftus 1987: 7
[31] Ribera 1981: 117ff.
[32] Billig 1982: 28
[33] Gansberg 1981: 135
[34] Gansberg 1981: 145
[35] Spencer 1985
[36] Gansberg 1981: 141-143
[37] Gansberg 1981: 47
[38] Gansberg 1981: 146
[39] Gansberg 1981: 13-139
[40] vgl. MacManus 1959: 23
[41] Gansberg 1981: 171f.
[42] Sachs 1980: 242
[43] Sachs 1980: 292
[44] Strieber 1987: 304
[45] Cox 1987
[46] Strieber 1987 und 1988
[47] Walton 1978
[48] Billig 1982: 28
[49] Gansberg 1981: 107
[50] Gansberg 1981: 17-183
[51] Walter 1988
[52] Gansberg 1981: 177
[53] Gansberg 1981: 175
[54] Gansberg 1981: 172
[55] Meheust 1987: 357
[56] Sachs 1980: 218
[57] Gansberg 1981: 17-21
[58] Peiniger 1987: 168
[59] Peiniger 1987: 171; Spencer 1985
[60] Strieber 1987: 286
[61] Sachs 1980: 241
[62] Sachs 1980: 241; Ribera 1981: 7-88
[63] Cashman 1967: 5
[64] Strieber 1988: 242
[65] Strieber 1988: 243
[66] Ribera 1981: 117-154
[67] Devereux 1982: 84
[68] Baghun 1982
[69] Köhler 1983: 10
[70] Hopkins 1982: Kapitel 6
[71] Döbel 1966: 68
[72] Buttlar 1989
[73] Brednich 1990: 124
[74] Hall 1988: 45 und 299
[75] Magin 1990

4. Erklärungen und Theorien

[1] Rickard 1987a
[2] Vallee 1988: 16
[3] vgl. Keel 1983
[4] Adamski 1955; Sachs 1980: 2; Keel 1973: 197
[5] Hopkins 1982
[6] Hopkins 1982: 232
[7] Klass 1988
[8] Devereux 1982: 57
[9] Jacobs 1987
[10] Rickard 1987b: 69
[11] Bord 1988: 173
[12] Keel 1973: 176
[13] u.a. Ribera 1987a: 236; Lorenzen 1974: 161
[14] Sachs 1980: 87

[15] Michell und Rickard 1979: 249
[16] Thomas 1980: 731
[17] vgl. Alvey 1981: 1335
[18] Robertson 1977: 5
[19] Robertson 1977: 14 und 25
[20] Agricola 1967: 176
[21] Agricola 1967: 187
[22] Thomas 1980: 727
[23] Evans 1980: 8
[24] Strieber 1987: 247
[25] Bonin 1981: 247; Thomas 1980: 529
[26] Bonin 1981: 228; Demos 1983: 136
[27] Billig 1982: 102
[28] Billig 1982: 115
[29] McClure 1987: 100
[30] Bauer und Dümotz 1985: 412
[31] Bonin 1981: 374
[32] Bonin 1981: 374
[33] Moody 1977
[34] Rickard 1987b
[35] Vonnegut 1985: 165
[36] Rheinpfalz 27.7.1978
[37] Hopkins 1982
[38] Davis 1988
[39] Evans 1988: 158
[40] Keel 1973: 241
[41] Holzer 1979: 174ff.
[42] McClure 1987: 100
[43] Keel 1973: 25-264
[44] McClure 1987: 195
[45] Dash 1987: 22
[46] McClure 1987: 195; Evans 1988: 163
[47] Clark und Coleman 1984: 4
[48] Jung 1981
[49] Jaffé 1971: 337
[50] Jung 1981: 676
[51] Schoenherr 1984
[52] Spencer 1985: 26
[53] Bord 1988: 141
[54] Billig 1982: 26
[55] Peiniger 1987: 25
[56] Evans 1980: 8
[57] Evans 1987b: 71
[58] Die Rheinpfalz 19.4.1982
[59] Vincente 1987: 41
[60] Evans 1988: 160
[61] Spencer 1985: 27f.
[62] Westrum 1983: 35
[63] z.B. Steward 1983; Miller, Mietus und Mathers 1978
[64] Billig 1982
[65] Rickard 198S: 33
[66] Beer 1986: 30
[67] Sachs 1980: 291-293
[68] Smith 1987: 102
[69] Klass 1988
[70] Cox 1987
[71] Der Spiegel 24.4.1978: 52
[72] Der Spiegel 5.9.1983: 219
[73] Michell 1986; Larkman und Heselton 1985
[74] Michell 1986: 27; Watkins 1925
[75] Michell 1986: 28
[76] Condon 1969: 533
[77] Devereux 1982 und 1990
[78] Devereux 1982
[79] Devereux 1986: 58
[80] Devereux 1988: 6
[81] vgl. Rutkowski 1987: 276
[82] Persinger 1983
[83] Persinger 1984: 52
[84] vgl. Friedrich 1989; Vita-Finzi 1989
[85] Fort 1974: 3
[86] Fort 1974: 993
[87] Fort 1974: 863
[88] Fort 1974: 857
[89] vgl. Knight 1970; Dash 1988
[90] Fort 1974: 313
[91] Keel 1973: 9
[92] Keel 1983a: 3
[93] Clark und Coleman 1984: 152

[94] Vallee 1987: 245
[95] Strieber 1987: 245
[96] Strieber 1987: 245
[97] Strieber 1987: 246
[98] Evans 1988: 161
[99] Evans 1988: 163
[100] Gonzales 1981: 18
[101] Evans 1980: 8
[102] Schatt 1976: 83
[103] Condon 1969: 357
[104] Strieber 1987
[105] Randles 1988: 5
[106] Buckner 1968: 225
[107] vgl. Catton 1968
[108] Hutten 1982
[109] Festinger 1959: 152
[110] Festinger 1959: 163
[111] Festinger 1959: 243
[112] Festinger 1959: 216
[113] Keel 1973: 276
[114] Smith o.J.; Bord 1972

5. Die Bedeutung der CE IV-Erfahrung

[1] Jung 1971: 164
[2] vgl. Meurger und Gagnon 1988: 22-30
[3] Billig 1982: 131
[4] Sachs 1980: 196; Keel 1975
[5] Rojcewicz 1987
[6] Bord 1984: 112-126
[7] Lester 1985: 10f.
[8] Clark und Coleman 1984: 157
[9] Clark und Coleman 1984: 157
[10] Randles 1983: 147
[11] Strieber 1987: 265
[12] Clark und Coleman 1984: 158
[13] Clark und Coleman 1984: 159
[14] Brodu 1984
[15] Lévi-Strauss 1968: 166
[16] Lester 1984
[17] Lester und Grimshaw 1976
[18] Bord 1985: 169-196
[19] nach Lester 1984: 13f.
[20] Billig 1982: 2f.
[21] Giesen 1984: 21
[22] Méheust 1987: 355
[23] Devereux 1982: 14
[24] Devereux 1982: 204
[25] Schuessler 1981: 3
[26] dazu: Jung 1958: 136
[27] Strieber 1987: 279
[28] Méheust 1987: 356
[29] Walter 1988
[30] Bord 1972; Smith o.J.; Der Spiegel 28.10.1985
[31] Blackmore 1988: 46
[32] James 1929: 246
[33] Wilson 1972: 16
[34] Maslow 1977: 237
[35] Hardy 1981: 49
[36] Méheust 1987: 358
[37] Berger 1969: 124
[38] Jung 1981: 675
[39] Hexenbuhlschaft und Nachtflug, vgl. dazu Vallee 1989: 86
[40] vgl. Evans 1987a: 11
[41] Berger 1979: 105
[42] McClure 1987: 114
[43] vgl.Cashman 1968
[44] Berger 1979: 55
[45] Jaffé 1971: 216
[46] Golowin 1967
[47] Méheust 1987: 356
[48] Berger 1979: 105

Anmerkungen Teil II

Die Tür zum Wunderland

[1] Lewis Carroll: Alice in Wonderland. In: The Penguin Complete Lewis Carroll. Harmondsworth: Penguin 1982, S. 9-124, Zitat S. 15-16

[2] Das umfassendste Werk der deutschen Folkloreforschung ist das von 1927 bis 1942 in 10 Bänden von den Baseler Volkskundlern Eduard Hoffmann-Krayer und Hanns Bächtold-Stäubli herausgegebene »Handwörterbuch des deutschen Aberglaubens« (Walter de Gruyter: Berlin und Leipzig 1927-1942; Reprint 1986). Nach über zehnjähriger Sammelarbeit mit über 600 000 Zetteln, verteilt auf 3600 Stichworte, veröffentlichten »die gescheitesten Köpfe der deutschen Volkskunde...eines der besten Lexika der Welt« (»Der Spiegel« 1/1987, 29. Dezember 1986, S. 109-110), das sämtliche Aspekte des Volksglaubens erfaßt – von der Magie über religiöse Folklore zu Brauchtum und Sage. In den Literaturangaben zu diesem Buch wird das Werk kurz als »Handwörterbuch« zitiert.

[3] Der amerikanische Schriftsteller Charles Hoy Fort (1874-1932) vertrat in seinen vier Büchern (»The Book of the Damned«, »New Lands«, »Lo!« und »Wild Talents«) die These, daß die Wissenschaft – wie auch Religion und Aberglaube – eine unvollkommene Systematisierung der Wirklichkeit darstellt. Um den Eindruck eines geschlossenen und schlüssigen Weltbildes zu vermitteln, »verdammt« sie all die Realitäten, die ihren Paradigmen widersprechen. Zur Untermauerung seiner Ansichten sammelte Fort etwa 40 000 unorthodoxe wissenschaftliche Notizen über Ufos, Seeschlangen, Poltergeister, paranormale Erscheinungen und Regen von Fischen und Fröschen. Die deutsche Ausgabe seiner Bücher erscheint bei Zweitausendeins.

[4] Charles Fort: The Complete Books. New York: Dover 1974

[5] Janet und Colin Bord: Geheimnisse des 20. Jahrhunderts. Bayreuth: Hestia 1990

1. Unentdeckte Lebewesen

Seejungfrauen und Wassermänner

[1] Hans Jakob Christoffel von Grimmelshausen: Der Abentheuerliche Simplicissimus. Tübingen: Niemeyer 1967, S. 404-408

[2] Handwörterbuch des deutschen Aberglaubens. Berlin: de Gruyter 1986, Band 6, Sp. 619-621
[3] Raymond Fowler: Die Wächter. Gladbach: Bastei Lübbe 1991, S. 56
[4] Gebrüder Grimm: Deutsche Sagen: München: Winkler 1956, S. 74
[5] Ulrich Magin: Von Ufos entführt. München: C.H. Beck 1991
[6] Grimm, S.71
[7] Colin Clair: Unnatürliche Geschichten. Zürich: Atlantis 1969, S. 208; Berliner Abendblätter 6. Februar 1811, S. 124
[8] Heinrich von Kleist: Wassermänner und Sirenen. In: Berliner Abendblätter, 5. Februar (S. 120) und 6. Februar (S. 124) 1811; Nürnberger Korrespondent, 6. Juli 1808; Gehler: Physikalisches Wörterbuch, 3.Teil, 1798
[9] Ulf Diederichs und Christa Hinze (Hrsg.): Hessische Sagen. Düsseldorf 1978, S.156
[10] Hans van Kampen. In: CENAP Report Juli und August 1991
[11] M. Spingler: Fifty little green »frogmen«. In: Flying Saucer Review 22: 6, 1977, S. 21/22
[12] Illo Brand und Adolf Schneider: Gleißend-helle Objekte und fremdartige Gestalten in Langenargen. In: Illo Brand (Hrsg.) Strahleneinwirkungen in der Umgebung von UFOs Feldkirchen-Westerham: MUFON CES 1978, S. 43-75

Feuerdrachen

[1] Otto Billig: Flying Saucers. Schenkman: Cambridge, Mass. 1982, S. 51 f
[2] Michel Meurger und Claude Gagnon: Lake Monster Traditions in the old and new worlds. Fortean Tomes: London 1988, S.16
[3] George Adamski und Desmond Leslie: Flying Saucers Have Landed. Spearman: London 1976, S.43
[4] Johann Wolfgang Goethe: Gedichte in zeitlicher Folge. Insel: Frankfurt/ Main 1982, S.613
[5] Zedler: Großes Universal-Lexikon, Band 7, S.1374
[6] Ernst Christmann: Meteoriten-Erscheinung. In: Pfälzer Heimat, 1950, S.42
[7] Paul Zaunert (Hrsg.): Rheinland-Sagen. Diederichs: Jena 1924, Band 2, S.242
[8] Nigel Watson: Enigma Variations – Historical Aerospatial Anomalies. In: Fortean Times 36, Winter 1982, S.44-46

Seedrachen und Wasserschlangen

[1] Nach Paul Budker: The Life of Sharks. London: Weidenfeld and

Nicolson 1971, S. 136
[2] Notes & Querries, vol. 5, 1858, S.313; Gentlemen's Magazine, 1750, vol. XX, S. 342
[3] Neue Mannheimer Zeitung, 15. Mai 1936, S.8
[4] Gerd Harms-Hausmann: Leben im Meer. In: Das große Buch der Ozeane. Stuttgart: Das Beste 1970, S.168
[5] Hannes Bartschi: Phänomebale. Basel: Sphinx 1985, S. 77f
[6] Handwörterbuch des deutschen Aberglaubens. Berlin 1988, Band 2, Sp. 375
[7] Paul Zaunert (Hrsg.): Rheinland-Sagen. Jena: Diederichs 1924, Band 2, S. 242
[8] Paul Zaunert (Hrsg.): Rheinland-Sagen. Jena: Diederichs 1924, Band 1, S. 256f
[9] Johann Heinrich Zedler: Großes Vollständiges Universal-Lexikon, Leipzig und Halle: J. H. Zedler, Band 53, 1747, S. 681; die folkloristische Version, die zusätzlich nach dem Gebrüll und dem Verschwinden des Ungeheuers von einem »stinkenden Schwefelgeruch« berichtete, der die Luft verpestete (»Viele bekamen Geschwüre davon, die sehr schwer heilten«), kann man nachlesen in: Leander Petzoldt (Hrsg.): Deutsche Volkssagen. München: C.H.Beck 1970, S. 221
[10] Handwörterbuch, Band 2, Stichwort »Drache«
[11] Michel Meurger und Claude Gagnon: Lake Monster Traditions. London: Fortean Tomes 1988, S. 129
[12] Victor Carl: Pfälzer Sagen. Neustadt/Weinstr.: Pfälzer Verlagsanstalt 1977, S. 235; Wood: Guiness Book of Animal Facts and Feats. London: Guiness 1976, S. 152; Sonntag Aktuell, 20. September 1987, S. 8
[13] Meurger, S. 148
[14] Handwörterbuch, Band 2, Sp. 382
[15] Meurger, S. 149
[16] Meurger, S. 149
[17] Meurger, S. 150
[18] taz, 22. November 1991, S. 20
[19] Meurger, S. 152
[20] Handwörterbuch, Band 2, Sp. 761
[21] Meurger, S. 256
[22] Meurger, S. 256
[23] Meurger, S. 257
[24] The Times, 31. August 1976, S. 4 und 1. September 1976, S. 4; Süddeutsche Zeitung, 30. August 1976, S. 6 (Sichtung im Herbst 1975); Die Welt, 1. September 1976, S. 22 und 6. September 1976, S. 14 (Sichtung im Frühjahr 1976); »Verstehen Sie Spaß?«, ARD,

10. April 1980

[25] Riffler und Löbl-Schreyer: Im bayrischen Gebirg. München: Süddeutscher Verlag 1983, S. 90; Süddeutsche Zeitung, 4. August 1971, S. 3

[26] Tauchen, August 1983, S. 9

[27] Meurger, S. 151

[28] Meurger, S. 230

[29] Bild, 25. und 26. Juni 1991

[30] Die Rheinpfalz, 30. August 1979; große, praktisch urgewaltige Fische sollen auch für verschiedene baltische Sichtungen verantwortlich sein, die vor Beginn des Zweiten Weltkrieges gemeldet wurden. Im Juli 1939 sahen Schwimmer im Memelfluß in Litauen »eine große Wasserschlange, die von einer Gruppe Männer gejagt und schließlich mit einem Netz gefangen wurde. Sie stellte sich als achteinhalb Fuß langer Stör heraus, wie die »Neue Mannheimer Zeitung« am 12. Juli 1939 berichtete. Ein Lehrer sah ein anderes Wassermonster in einem See im Osten Lettlands. Als er seine Angel einzog, erblickte er vor sich einen riesigen Fisch. Der Anblick erschreckte ihn nicht schlecht. Die Seeanrainer berichteten ihm, sie wüßten von einem Riesenfisch in dem Gewässer und hielten das Monster ganz in der Tradition der Eifelmaare für einen Riesenhecht (Neue Mannheimer Zeitung, 12. August 1939).

[31] Mannheimer Morgen, 23. August 1983

[32] Bild, 26. Juni 1991

Nachtrag 2000

Diese Ergänzung erfaßt nur Ereignisse, die sich nach Drucklegung der Orginalausgabe ereignet haben.

* Von Faoug am Westschweizer Murtensee aus beobachtet Max Mössinger im Sommer 1992 »auf eine Linie ausgerichtet vier langgezogene, blauschwarze Körper, von Westen nach Osten ziehend ... Die vier Dinger, mit flachrundlicher Rückenlinie, in gleichmäßigen Abständen, schwammen, seitliche Wellen mit Schaumkronen erzeugend, zügig dahin. ... Diese Seeungeheuer müssen schon ihre mindestens 4,5 bis 5,5 Meter Länge gehabt haben.« Der Zeuge vermutete, es habe sich um große Welse gehandelt. (Berner Zeitung, 5. August 1992) Hansruedi Lauper aus Vallamand, Faoug gegenüber gelegen, bestätigte diese Sichtungen: »Ich habe diese ... schon Hunderte von Malen beobachtet. ... Meistens findet die Erscheinung an warmen Abenden statt: Weit und breit kein Schiff, Windstille, und doch diese heftigen Bewegungen im Wasser, ja sogar Wellen, die sich überschlagen können. Manchmal glaubt man tatsächlich, sil-

ber-glänzende Körper ausmachen zu können.« Auch Lauper glaubt, es handle sich um Welse. (Berner Zeitung, 10. August 1992) Im Sommer 1993 besuchte der Schweizer Ungeheuerforscher Andreas Trottmann Lauper und konnte in der Mündung des Flusses Broye ungewöhnliche Wellenbewegungen beobachten und fotografieren. (pers. Mitteilung)

* Die Überreste eines Amphibs wurden im März 1995 am Hohenhaslacher See bei Sachsenheim, Baden-Würtenberg, gefunden. Das Tier hatte den Panzer einer Schildkröte, vier säulenartige kurze Beine sowie einen Kamelkopf mit zwei Stoßzähnen. Das Datum der »sensationellen Entdeckung«, der 1. April 1995, entlarvt sie als Scherz der »Bietigheimer Zeitung«.
* Das Ungeheuer vom Toplitzsee in Österreich tauchte 1996 wieder auf. Ein krokodilartiges Monster mit zwei Hörnern griff Prof. Dr. Morris Scott und seinen Kollegen von der »Royal Aquanaut Society« an. Die beiden Wissenschaftler berichteten, eine »neue und bisher unbekannte Spezies« habe sie bei einem Tauchgang im See attackiert und das Kabel ihrer Kamera abgebissen. Dramatische Videosequenzen belegten die phantastische Begegnung.. Nicole Fink und ein Freund hatten das Monstrum zu einer anderen Gelegenheit ebenfalls gesehen. Die Wissenschaftler konnten auch berichten, daß sie kurz zuvor einen Kuhkadaver in dem See entdeckt hatten, in dem noch haiartige Zähne steckten. Und schließlich wußte der Kneipier Albert Sienn, daß einige seiner Gäste ebenfalls Sichtungen des Ungeheuers gemeldet hatten. Die Pressekonferenz der Forscher war zwar eine Sensation, doch eine Recherche durch die Fernsehsendung »Willkommen in Österreich« ergab, daß es in England gar keine »Royal Aquanaut Society« gab. Die Auflösung erfolgte am 12. Oktober 1996 durch Dieter Hallervorden in der populären Show »Verstehen Sie Spaß?« – es hatte sich um einen Schwindel gehandelt.
* Gibt es im Untermassholderbacher Feuersee ein Ungeheuer? Zumindest deutet ein Buch, das ich leider nicht einsehen konnte, darauf hin: Daniel Speh: Das Loch Ness von Hohenlohe, Speh 1998.

Riesenkatzen und Geisterhunde

1 Anna Wimschneider: Herbstmilch. München: Piper 1987, S.144f
2 John A. Keel: Strange Creatures from Time and Space. Greenwich, Conn.: Fawcett 1970, S.23
3 Keel, S.26
4 Daniel Farson: Vampire und andere Monster. Berlin: Ullstein 1978, S.60

[5] Albert Becker: Pfälzer Volkskunde. Leipzig: Schroeder 1925, S. 126
[6] Irish Daily Telegraph, 6. 2. 1934, S. 8
[7] Henry Makowski: Neuer Kurs für Noahs Arche. München: Kindler 1985, S. 179
[8] Die Rheinpfalz, 8. 10. 1954, S. 3
[9] Die Rheinpfalz, 15. 11. 1977, Süddeutsche Zeitung, 15. 4. und 19. 4. 1977, Schwarzwälder Bote, Juli 1977, Jacques Vallee: Messengers of Deception. Berkeley, Cal.: And/Or Press 1979, S. 170
[10] Die Rheinpfalz, 28. 7. und 13. 7. 1982, Süddeutsche Zeitung, 28. 7. und 4. 8. 1982, Frankfurter Allgemeine Zeitung, 13. 8. 1982
[11] Fortean Times 42, S. 41; Bild, 9. 7. 1983
[12] Neues Deutschland, 15 .8. 1983
[13] Die Rheinpfalz, 18. 4. 1985
[14] Süddeutsche Zeitung, 24. 6. 1985, S. 8; Frankfurter Allgemeine Zeitung, 24. 6.1985, S. 7; Die Rheinpfalz, 25. 6. 1985
[15] Die Rheinpfalz, 6. 4. 1988
[16] Mannheimer Morgen, 3. 11. 1989, Frankfurter Rundschau, 11 .11. 1989
[17] Süddeutsche Zeitung, 11. 5. 1971, S. 32
[18] Süddeutsche Zeitung, 28. 1. 1974, S. 6
[19] Süddeutsche Zeitung, 16. 7. 1975, S. 30
[20] Süddeutsche Zeitung, 18. 7. 1975, S. 32 und 19. 7. 1975, S. 12
[21] Süddeutsche Zeitung, 13. 10. 1977, S. 48 und 15. 10. 1977, S. 13

Nachtrag 2000

Diese Ergänzung erfaßt nur Ereignisse, die sich nach Drucklegung der Orginalausgabe ereignet haben.

* Juni und Juli 1992: Im Saarland wird von zahllosen Zeugen ein Panther mehr als ein dutzend mal gesichtet, dem die Presse den Spitznamen »Gustav« verleiht. (Magin, Ulrich: The Saarland Panther, INFO-Journal 68, 1993, S. 22-23)
* Anfang November 1992: Ein Autofahrer beobachtet bei Erding (Bayern) einen Tiger. Die Polizei rückt aus – und fängt einen zahmen Puma, der seinem Besitzer zurückgegeben wird. (Frankfurter Allgemeine Zeitung, 12. November 1992, S. 12)
* Juni 1993: Wanderer sichten einen schwarzen Panther bei Deggendorf, Bayern. Eine Polizeisuche verläuft ergebnislos. (Blick, 12. Juni 1993, S. 9)
* Juli 1993: Zwei Wochen lang wird ein schwarzer Panther in Begleitung einer braunen Großkatze von zahllosen Zeugen in Nordböhmen beobachtet. Die Katzen sollen sogar 19 Schafe getötet haben. (Sonntag Aktuell, 25. Juli 1993, S. 8)

* Oktober 1993: Ein »Gepard«, der neben einer Straße bei Dillingen, Bayern, steht, erschreckt einen Autofahrer. Später wird ein Hund für die Episode verantwortlich gemacht. (Münchener Abendzeitung, 3. November 1993)
* November 1993 bis Januar 1994: Zwei Monate lang hält ein Puma in der Pfalz die Nation in Atem, und von den Sichtungen berichtet sogar das Fernsehen. Die ersten Beobachtungen erfolgen Mitte November bei Bruchmühlbach-Miesau in der Nähe von Landstuhl, wo vier Mal eine gelbfarbige Riesenkatze gesichtet wird. Zu den Augenzeugen gehört sogar ein Jäger, der es ja wissen muß. Anfang Januar konzentrieren sich die Observationen auf Dahn (50 Kilometer von Landstuhl entfernt), wo ein brauner Puma bei einem Teich beobachtet wird, zudem findet man einen Hirsch, der nach Pumamanier erlegt worden sein soll. Plötzlich melden sich Zeugen, die den Puma beim Töten des Hirsches gesehen haben wollen. Die letzte Sichtung wird am 5. Januar gemeldet, danach hört man von dem Puma nichts mehr. (Rheinpfalz, 27. November 1993, 11. Dezember 1993, 5. Januar 1994; Frankfurter Allgemeine Zeitung, 30. November 1993, S. 11)
* Oktober 1998: Valerie Wagner sieht einen schwarzen Panther im Thüringer Wald bei Gotha. (Bild, 5. Oktober 1998)
* 14. Mai 2000: Drei Zeugen beobachten eine 1,50 lange, 80cm hohe Katze mit dunklem Fell bei Bad Camberg im Taunus. Die Polizei macht sich mit Hubschraubern und Hunden auf die Suche, die zwei Tage später erfolglos eingestellt wird. (Bild, 16. Mai 2000; Süddeutsche Zeitung, 17. Mai 2000, S. 16)
* Am 6. August 2000 sichtete ein Jäger im oberbayerischen Pfaffenhofen durch sein Fernglas einen schwarzen Panther. Eine Polizeisuche ergab nur undeutliche Fußabdrücke, etwa so groß wie eine menschliche Handfläche. Früh am 8. August beobachtete eine Frau in der Nähe auf einem Feld ein großes Tier mit einem langen schwarzen Schwanz. Wieder suchten Polizisten, sie fanden aber nur Fuchsspuren. Am 8. August wurde dann auch die Suche (die unter anderem mit Infrarot-Kameras und Helikoptern durchgeführt worden war) nach dem Panther eingestellt. (AFP, 8. August 2000, focus online, 8.August 2000, Bild, 9. August 2000, S. 3; Badische Neueste Nachrichten, Badisches Tagblatt, 9. August 2000)
* Am 15. August 2000 sah ein Jogger abends im Bühler Stadtteil Balzhofen einen schwarzen Panther auf einer frisch gemähten Wiese. Der Mann floh panisch, doch die Raubkatze nahm keine Notiz von ihm. Die Polizei suchte bis Einbruch der Dunkelheit nach dem etwa einen Meter langen Tier., am Folgetag auch mit einem Helikopter – erfolglos. (Badisches Tageblatt, 18. August 2000)

Drachen in Bergen und Wäldern

[1] Paul Zaunert (Hrsg.): Sächsische Sagen. Jena: Diederichs 1926, S. 196

[2] Johann Heinrich Zedler: Großes Vollständiges Universal-Lexikon. Leipzig und Halle: J. H. Zedler, Band 34, 1742, S. 1796

[3] Zedler, Band 34, S. 1793

[4] J.S. Ersch und J.G. Gruber: Allgemeine Encyclopaedie der Wissenschaften und Künste. Leipzig: Brockhaus 1836, Sektion 1, Band 27, S. 291; nach den »Annales Corbeienses«

[5] Heinrich von Kleist in den »Berliner Abendblättern«, 28. Dezember 1810, S. 290

[6] Paul Zaunert (Hrsg.): Rheinland-Sagen. Jena: Diederichs 1924, Band 2, S. 242

[7] Peter Kolosimo: El planeta incögnito. Barcelona: Plaza y Janés 1985, S. 95

[8] Paul Zaunert (Hrsg.): Rheinland-Sagen. Jena: Diederichs, 1924 Band 1, S. 101. Die fast gleiche Geschichte haben die Gebrüder Grimm in Burgdorf bei Bern in der Schweiz aufgezeichnet – es handelt sich also tatsächlich um eine Wandersage. Im Drachenloch, einer Höhle bei Burgdorf, lebte vor langer Zeit ein Drache. Im Jahre 712 wollten zwei Brüder, Sintram und Beitram, Herzoge von Lensburg, eine Burg bauen und entdeckten dabei die Monstren. Die ganze Umgebung ihres Nestes war ein verödeter Flecken inmitten einer Berg- und Waldwildnis. Einer der Drachen verschlang Beltram, doch sein Bruder erlegte die Bestie und befreite den noch lebenden Beltram aus dem Bauch des Untiers. Zum Andenken an den Vorfall wurde am Ort eine Kapelle für die heilige Margareta, eine Drachentöterin, gebaut (Grimm: Deutsche Sagen. München: Winkler 1956, S. 230). Das Erlegen des Untieres ist hier, wie im Falle von Geldern, eine zivilisatorische Leistung, die Bezwingung der ungebändigten und bedrohlichen Wildnis durch die ordnende Hand des Menschen. In der Vorstellung des vom Drachen gefressenen und aus ihm wieder lebend hervorgekommenen Helden spüren wir noch Ahnungen vorchristlicher Kulte.

[9] Rhein-Zeitung, 13. August 1988, S. 4

[10] Charles Gould: Mythical Monsters. London 1886; London: Bracken Books 1989, S. 233f

[11] Gould, S. 203

[12] Ludwig Bechstein: Märchen und Sagen. In: Bechstein, Grimm, Hauff: Deutsche Märchen und Sagen. München: Knaur 1985, S. 209; zu Kircher vgl. Godwin, Joscelyn: Athanasius Kircher – A Renaissance Man and the Quest for Lost Knowledge. London: Tha-

mes and Hudson 1979

[13] Grimm, S. 41

[14] ABC, Madrid, 7. Juli 1973

[15] Ulrich Magin: European Dragons; The Tatzelwurm. In: Pursuit 19:1, 1986, S. 16-22

[16] Nach Othenio Abel: Die vorzeitlichen Tiere im Mythus, Brauchtum und Volksglauben. Jena: G. Fischer 1939, S. 186

[17] Alfred Cérésole: Legendes des Alpes vaudoises. Lausanne 1885; Genf: Slatkine 1983, S. 156
Will-Erich Peuckert: Ostalpensagen. Berlin: Erich Schmidt Verlag 1963, S. 124-132
Willy Ley: Un animal inconnu dans les Alpes. In: La Nature, Paris, Juni 1938, S. 366-367
Friedrich von Tschudi: Das Thierleben der Alpenwelt. Leipzig: J.J. Weber 1861, S. 152
Gerhard Venzmer: Ein Tier, von dem man nicht weiß, ob es existiert. In: Kosmos, Stuttgart, 1930, S. 424-427
Hans Flucher: Zur Frage: Gibt es einen Tatzelwurm. In: Kosmos, 1931,S. 118-121
Hans Flucher: Noch einmal die Tatzelwurmfrage. In: Kosmos, 1932, S. 66-68; 100-102
Ulrich Halder: Der Tatzelwurm: Mythos oder Wirklichkeit? SBN-Pressedienst, 1984, S. 1-5
Pierre Lang: Connaissez-vous le tatzelwurm? In: Le Matin, Lausanne, 12. Mai 1985
Lucien Cuénot: Science et pseudo-sciences. In: Revue Scientifique, Paris 78: 1, Januar 1940, S. 3-10
Prof. Dr. Meusburger. In: Der Schlern, Bozen, XII, 1931, S. 458ff (enthält eine Liste mit 62 Sichtungen)
Hans Flucher. In: Der Schlern, XIII, 1932, S. 497-508
Jacob Nicolussi: Der Tatzelwurm und seine Verwandtschaft. In: Der Schlern, XIV, 1933, S. 119-130
Johann Nepomuk Ritter von Alpenburg: Mythen und Sagen Tirols. Niederwalluf: M. Sändig 1971 (Original: Zürich: Meyer & Zeller 1857), S. 372-380
Klaus Gross. Leserbrief in: Kosmos, Stuttgart, Mai 1983, S. 8
Willy Ley: Drachen, Riesen. Stuttgart: Kosmos 1953, S. 165-170
Michel Meurger und Claude Gagnon: Lake Monster Traditions. London: Fortean Tomes 1988, S. 265-268

[18] Haider, S. 3

[19] Harold T. Wilkins: Flying Saucers on the Attack. New York: Ace Books 1967, S. 36

[20] Le Matin, Lausanne, 12. Mai 1985

[21] Jean-Jacques Barloy: Enquete sur le serpent de mer et les animaux mysterieux, no. 34, 1985
[22] Meurger, S. 265
[23] Meurger, S. 266
[24] Süddeutsche Zeitung, 8. Juli 1981, S. 36
[25] Meurger, S. 266
[26] Kosmos 1930, S. 427
[27] Kosmos 1932, S. 102
[28] Kosmos 1931, S. 120
[29] Kosmos 1932, S. 101
[30] Kosmos 1932, S. 102
[31] Kosmos 1932, S. 101f
[32] Peuckert, S. 127
[33] Peuckert, S. 128
[34] J. N. v. Alpenburg: Mythen und Sagen Tirols. Zürich: Meyer & Zeller 1857, S. 379
[35] Peuckert, S. 129
[36] Peuckert, S. 130
[37] Peuckert, S. 132
[38] Kosmos 1932, S. 100
[39] Peter Kolosimo: Viel Dinge zwischen Himmel und Erde. Wiesbaden: Limes 1971
[40] Ulrich Magin: European Dragons: The Tatzelwurm. In: Pursuit 19:1, 1986, S. 16-22
[41] Klaus Gross: Der Tatzelwurm – eine Eidechse? In: Kosmos, Mai 1983, S. 8

2. Unbekannte Welten

Kobolde und Riesen

[1] Jerome Clark und Loren Coleman: The Unidentified. New York: Warner Books 1975, S. 173 und Karl Shuker: Mysteries of Planet Earth. London: Carlton 1999, S. 170f
[2] Gebrüder Grimm: Deutsche Sagen. München: Winkler 1956, S.187
[3] Grimm, S. 69
[4] Grimm, S. 192
[5] Grimm, S. 67
[6] Grimm, S. 7
[7] Grimm, S. 174
[8] Grimm, S. 127
[9] Peter Kolosimo: El planeta incógnito. Barcelona: Plaza y Janés

1985, S.95

[10] M. Bader, A. Ritter und A. Schwarz: Wörth am Rhein – Ortschronik. Band 1. Wörth: Stadt Wörth 1983, S.60ff

[11] Grimm, S.58

[12] Elisabeth Andrews: Ulster Folklore. Wakefield: EP Publishing 1977, S.62; F. L. Dunbar und von Kalckreuth: Von tausend Dingen. Stuttgart: Sonnen-Verlag 1950, S.283

[13] Sergius Golowin: Götter der Atomzeit. Bern und München: Francke 1967, S.102f

[14] Janet und Colin Bord: Geheimnisse des 20. Jahrhunderts. Bayreuth: Hestia 1990, S.395

[15] Ulrich Magin: Kontakte mit »Außerirdischen« im deutschen Sprachraum. Lüdenscheid: GEP 1991, S.53

[16] Journal für UFO-Forschung 4/1990, S.107

[17] Richard Hall: Uninvited Guests. Santa Fé, N.M.: Aurora 1988, S.45

[18] Andreas Faber- Kaiser: Las nubes del engano. Barcelona: Planeta 1984, S.249; Hans Peter Duerr: Traumzeit. Frankfurt/Main: Syndicat 1978, S.17, 177

[19] Peter Kolosimo: Sie kamen von einem anderen Stern. München: Goldmann o.J., S.123

[20] Grimm, S.311

[21] Grimm, S.169

[22] Grimm, S.72

[23] Vgl. Zvonko Lovrenčević: Creatures from the Bilogora in Northern Croatia. In: Vladimir Markoti? (Hrsg.) The Sasquatch and other Unknown Hominoids. Western Publishers, Calgary 1984, S.266-27
William Anderson: Green Man - The Archetype of Our Oneness with the Earth. Harper Collins, Glasgow 1991
Myra Shackley: Und sie leben doch. Bigfoot Almas Yeti und andere geheimnisvolle Wildmenschen. Harnack: München 1983

[24] Leander Petzoldt: Historische Sagen. Band 1. München: C.H. Beck 1976, S.200

[25] Petzoldt, S.202

[26] Northern Whig, Belfast, 11. Oktober 1856, S.2

[27] Die Rheinpfalz, 20. März 1987

[28] Bild, 21. Mai 1977

[29] Günter Walraff: Zeugen der Anklage. Köln: Kiepenheuer & Witsch 1979

[30] Neue Mannheimer Zeitung, 15. August 1936, S.5

[31] Neue Mannheimer Zeitung, 3. November 1938, S.7

[32] Süddeutsche Zeitung, 14. Oktober 1974, S.8

[33] Verstehen Sie Spaß?, ARD 31. März 1990

[34] John Napier: Bigfoot. London: J. Cape 1973, S.153

Marien- und Engelserscheinungen

[1] Will-Erich Peuckert: Deutsche Propheten. In: Handwörterbuch des deutschen Aberglaubens. Band 9, Nachträge, S. 66-100, Zitat S. 79
[2] Werner F. Bonin: Lexikon der Parapsychologie. Frankfurt/M.: Fischer 1981, S. 229
[3] Jacques und Janine Vallée: Challenge to Science. New York: Ballantine 1966, S. 100-102
[4] Oliver Sacks: Der Mann, der seine Frau mit einem Hut verwechselte. Reinbek: Rowohlt 1990, S. 222-226
[5] Kevin McClure: Erscheinungen der Jungfrau Maria. München: Knaur 1988
[6] Johannes Fiebag: Marienerscheinungen – Direktkontakte mit extraterrestrischen Intelligenzen. In: Erich von Däniken (Hrsg.): Kosmische Spuren. München: Goldmann 1988, S. 236-244; Däniken, Erich von: Erscheinungen. Düsseldorf: Econ 1974, S. 302; Janet und Colin Bord: Geheimnisse des 20. Jahrhunderts. Bayreuth: Hestia 1990, S. 369
[7] John A. Keel: Operation Trojan Horse. London: Abacus 1973, S. 264; Däniken, S. 300; Bord S. 369
[8] Bord, S. 403
[9] Hansjürgen Köhler: Grenzfälle der UFO-Forschung. In: CENAP Report 182, April 1991, S. 24-27
[10] Bild, 4. September 1982; Mannheimer Morgen, 9. September 1982; Die Rheinpfalz, 7. Oktober 1983
[11] Die Rheinpfalz, 21. und 26. Oktober 1982
[12] Michael Goss: The Evidence for Phantom Hitch-Hikers. Welling borough: Aquarian Press 1984
[13] Däniken, S. 290
[14] Däniken, S. 290
[15] Däniken, S. 292
[16] Däniken, S. 292
[17] Nevill Drury: Lexikon esoterischen Wissens. München: Heyne 1988, S. 91-92
[18] Däniken, S. 294
[19] Peuckert, S. 74
[20] Peuckert, S. 71
[21] Peuckert, S. 68
[22] Peuckert, S. 94
[23] Peuckert, S. 68
[24] Peuckert, S. 78
[25] Sonntag Aktuell, 21. Juni 1992, Karin Hackenbroich: »Kevelaer: Wallfahrt mit dem Motorrad«

[26] Peuckert, S. 78
[27] Däniken, S. 295
[28] Peuckert, S. 92
[29] Peuckert, S. 68
[30] Drury, S. 365
[31] Däniken, S. 298
[32] Däniken, S. 298; McClure, S. 163
[33] Däniken, S. 298
[34] McClure, S. 163
[35] Däniken, S.299
[36] Siehe Anm. 7
[37] Däniken, S. 300
[38] Däniken, S. 300
[39] Johannes und Peter Fiebag: Himmelszeichen. Goldmann: München 1992, S. 233ff; siehe auch Anm. 8
[40] Däniken, S. 301
[41] Bord, S. 398
[42] Däniken, S. 302
[43] Ebenda
[44] Fiebag: Himmelszeichen, S. 183ff; siehe auch Anm. 6
[45] Bord, S. 370
[46] Däniken S. 303
[47] Heinz Höfl: Göttliche Kraft am Steißbein. In: Der Spiegel 19/1985 6. Mai 1985 S. 94-104. – Die letzte Erscheinung, die in der Bundesrepublik für Schlagzeilen sorgte, soll sich am Karfreitag 1990 ereignet haben. Die Politikerin Karla Fohrbeck will in Nürnberg Lichtengeln begegnet sein. Als das Erlebnis, bei dem sie »voller Ehrfurcht und Gläubigkeit und Demut war«, für gehässige Kommentare in der Lokalpresse sorgte, erklärte Frau Fohrbeck, Mitglied der »Freien Christengemeinde«, sie hätte nicht häufig, sondern nur ein einziges Mal eine Vision gehabt. Aus dem Abstand eines Jahres urteilte sie, es habe sich nicht um Engel, sondern um »Wahrsagegeister«, also dämonische Kreaturen, gehandelt. (Vgl. Günter Dehn: Eine Politikerin läßt sich von Lichtengeln erleuchten. In: Deutsches Allgemeines Sonntagsblatt, 16. August 1991, S. 20.)
[48] Siehe Anm. 10
[49] Siehe Anm. 11

Nachtrag 2000

Diese Ergänzung erfaßt nur Ereignisse, die sich nach Drucklegung der Orginalausgabe ereignet haben.

* Am 18. Oktober 1993 träumt ein Mann im hessischen Lauterbach,

seine jüngste Tochter werde von wilden Hunden zerfleischt. Dann sagt ihm die Stimme Gottes, er solle beten. Der Mann steigt in sein Auto und durchbricht die Pforten des Fuldaer Doms. Ärzte diagnostizieren eine schizoide Störung. (Frankfurter Allgemeine Zeitung, 6. Juli 1994)

* Während eines Spaziergangs in einem Hamburger Park hörte die Bregenzer Hausfrau Elfe H. im Herbst 1997 die Stimme von Lady Di. Die tote Prinzessin diktierte ihr ein Lied über Liebe und Frieden, das sie dann per selbstproduzierter CD verbreitete. (taz, 11. Dezember 1997, S. 20)

* Mehr als hundert Jahre nach den ersten Erscheinungen war das saarländische Marpingen (ein Ort mit 5000 Einwohnern) im Spätjahr 1999 erneut in den Schlagzeilen. Nach den Visionen im Jahre 1876, bei denen die Muttergottes bereits ihre Rückkehr angekündigt hatte, hatte man am Erscheinungsort eine Kapelle errichtet, seitdem kämpft der katholische Volksglaube mit der Amtskirche um die Anerkennung der Visionen. 1998 war die deutsche Ausgabe einer monumentalen soziologischen Studie der Visionen von 1876 des Harvardwissenschaftlers David Blackbourn erschienen.
Die erste der zehn neuen Erscheinungen ereignete sich am 17. Mai 1999, kurz nach einer traditionellen Bittprozession. Die Visionärinnen waren erwachsene Frauen: Christine Ney (24), ehemalige Musikstudentin; Marion Guttmann, 30, ehemalige Hotelangestellte; und Judith Hiber, 36, die am Gericht in Saarbrücken arbeitete. Ihr spiritueller Mentor ist der 81-Jahre-alte Helmut Maria Gressung, der Vorsitzende der »Marianischen Bewegung« Deutschlands. Gressung hatte schon Jahre lang versucht, eine kirchliche Anerkennung der 1876er Erscheinungen von Marpingen durchzusetzen und die Gemeinde in das »deutsche Lourdes« zu verwandeln. Bei jeder der neuen Erscheinungen kündigte die Jungfrau Maria das Datum ihres nächsten Besuches an, und mit jeder neuen Erscheinung erhöhte sich die Zahl der Pilger. Die können die Jungfrau nicht wahrnehmen, aber die drei Frauen – die vollauf wach sind – deuten in die Leere und erklären, daß dort Maria sei. Während der Visionen und auch sonst werden die Frauen von den »normalen« Menschen abgeschirmt. Marion Guttmann beschrieb Maria als »reale Person« mit wunderbarem schwarzen Haar und blauen Augen. Maria trägt ein einfaches weißes Kostüm und »einen durchsichtigen Schleier«. Das Jesuskind, das Frau Guttmann ebenfalls häufig sieht, ist ebenfalls weiß gekleidet; dann erscheinen noch die Erzengel Raphael, Michael und Gabriel sowie eine weiße Taube, die über allen schwebt und strahlt. Christine Ney sieht zwar die Jungfrau nur undeutlich, aber sie kann ihre Stimme hören; Judith Hiber sieht nichts, hört aber die

Stimme. Die drei Frauen knien während der Visionen nieder, wenn sie vorbei sind, sprechen sie die verkündete Botschaft auf ein Diktaphon, das anschließend über Lautsprecher der wartenden Menge vorgespielt wird.

Der Journalist Bernd Harder, der bei der dritten Erscheinung Mitte Juli anwesend war, schätzte die Zahl der Anwesenden auf etwa 8000. Noch hielt sich die Amtskirche mit ihrem Urteil zurück, und der Ostpfarrer wurde gebeten, es ebenso zu halten.

Die vierte Erscheinung kündigten die Frauen für den 8. August 1999 an. Wie üblich wurde die Botschaft der Jungfrau auf ein Diktiergerät aufgenommen und dann über Lautsprecher den über 12000 Besuchern vorgespielt. Jetzt betonte der Trierer Bischof Hermann Josef Spittal, die Kirche sehe die Erscheinungen sehr »negativ«. Die Vorstellungskraft könne dem Menschen so manchen Streich spielen. (Rheinpfalz, 28. Juli 1998; taz, 12. August 1999)

Am 11. August betonte der Trierer Bischof Hermann Josef Spittal erneut, daß die Kirche weder die Erscheinungen von 1876 noch die von 1999 akzeptiere. (Der Pilger, 22. August 1999, S. 4) Die 8. Erscheinung ereignete sich Mitte August. Am Samstag, den 21. August erfolgten zwei Erscheinungen mit einem Abstand von einer Stunde, um 20 und um 21 Uhr. Die erste dauerte 8 Minuten, die zweite zwanzig Minuten. Einmal erschien die Vision einer weißen Taube, die von einem kleinen und einem großem Engel umgeben war, offenbar eine Reminiszenz an die Erscheinungen im Jahr 1876. Über 7000 Schaulustige und Pilger hatten schon stundenlang gebetet. Berichte über Spontanheilungen und Sonnenwunder kursieren in der Menge. Die nächsten Erscheinungen werden für den 5. und 6. September angekündigt. (Frankfurter Allgemeine Zeitung, 23. August 1999, S. 12; Süddeutsche Zeitung, 23. August 1999, S. 8; taz, 23. August 1999, S. 4)

Jetzt wurde die Presse landesweit auf die Ereignisse aufmerksam. In seiner Ausgabe vom 13. September 1999 stellte der Spiegel fest, von den drei Seherfrauen wirke nur Marion Guttmann aufrichtig. Ihre Botschaft ist einfach und richtet sich vor allem an konservative Katholiken. Jesus sei einsam, soll die Jungfrau als Botschaft verkündet haben, weil die Menschen so wenig an ihn dächten. In der Erscheinung vom September wünschte Maria, daß der Rosenkranz öfter gebetet werde, daß Abtreibungen verboten werden sollten und daß die Gläubigen dem Papst folgten. Eine 13. und letzte Erscheinung wurde für den 17. Oktober angekündigt.

Jedenfalls überforderte der Andrang zu den Erscheinungen die kleine Saargemeinde. Spötter vermuten eine Verschwörung, der Bürgermeister wollte mit dem Trubel nichts zu tun haben. Ganz unabhängig davon, ob die Erscheinungen für die drei Frauen echt waren, zeigte sich deutlich, daß konservative Kreise in der Kirche sie für eigene Botschaften instrumentalisierten und daß die neuen Erscheinungen als Druckmittel gegen die Amtskirche eingesetzt wurden, damit diese endlich die Erscheinungen von 1876 akzeptierte. Zwar waren viele Beobachter erstaunt, wie fromm sich die wartende Menge verhielt, und so manche Wundergeschichte kursierte, doch forderten die Visionen auch Opfer. Der Dorfpfarrer Leo Hoffmann wurde erschöpft ins Hospital eingewiesen. Die Seherin Ney nahm eine CD mit Marienliedern auf, blieb darauf jedoch sitzen. Marion Guttmann hat ihren Beruf aufgegeben und mittlerweile verkündet, sie habe die Stimmen Jesu und Marias bereits zwei Jahre lang gehört. Ihr Ehemann, ein überzeugter Atheist, will von dem »Marienunsinn« nichts mehr hören und seine Frau zum Arzt bringen. Marion gibt zu, sie habe selbst gezweifelt, sei nun aber sicher, daß ihre Visionen echt seien. Judith Hiber hat ihre Stelle am Saarbrückener Gericht verloren – mit der Begründung, Menschen, die Stimmen hörten, seien ein Fall für den Psychiater. Der Spiegel (13. September 1999, S. 152) mutmaßt gar, Hiber sei der Auslöser der ganzen Erscheinungsepisode gewesen- die gläubige Frau sei tagtäglich bei ihrer Arbeit mit den allerschlimmsten Verbrechen und Perversionen konfrontiert worden. Tatsächlich wollte sie einmal in ein Kloster eintreten, hatte den Plan aber nach kurzer Zeit wieder aufgegeben.

Poltergeister

[1] Hans Bender: Parapsychologie. Frankfurt/Main: Fischer Taschenbuch 1976, S. 78
[2] Janet und Colin Bord: Geheimnisse des 20. Jahrhunderts. Bayreuth: Hestia 1990, S. 369f
[3] Bord, S. 403f
[4] Bord, S. 14
[5] Bender, S. 79
[6] Bord, S. 14; Bender, S. 80
[7] Bender, S. 113
[8] Bender, S. 115-117
[9] Bord, S. 14
[10] Sonntag Aktuell, 21. Februar und 28. Februar 1982; Die Rheinpfalz, 8. und 9. März 1982
[11] Eine gute Übersicht über den Stand der parapsychologischen Poltergeistforschung (insbesondere wird auf deutsche Fälle eingegangen) bietet Hans Bender: Moderne Spukforschung. Ein Plädoyer für eine

vorurteilsfreie Forschung. In: John Beloff (Hrsg): Neue Wege der Parapsychologie. Freiburg i. Br.: Walter 1980, S. 175-199. – Eine wissenschaftlich genaue und höchst lesenswerte Analyse zu Beginn, Dauer und Phänomenologie von deutschen Spukfällen bieten Monika Huesmann und Friederike Schriever unter dem Titel »Steckbrief des Spuks« in der »Zeitschrift für Parapsychologie und Grenzgebiete der Psychologie« (Freiburg) in Heft 1/2, Jahrgang 31, 1989, auf den Seiten 52-107.

[12] Die Rheinpfalz, 8., 13., 17. Juli 1982

Nachtrag 2000

Diese Ergänzung erfaßt nur Ereignisse, die sich nach der Drucklegung der Orginalausgabe ereignet haben.

* November 1993: In einem Friseursalon in Klagenfurt, Österreich, brechen immer wieder rätselhafte Brände aus. Der Besitzer beschuldigt zwei junge Mädchen, die bei ihm arbeiten, und beide gestehen schließlich, die Brandstifter zu sein. (Frankfurter Allgemeine Zeitung, 30. November 1993, S. 12)
* Mai 1995: Polizisten und Parapsychologen untersuchen den Poltergeist von Waldkirch, Baden. Jede Nacht klopft es in einem Mietshaus von 22 bis 6 Uhr. Die Phänomene begannen, als eine alte Dame in ihrer Wohnung ausrutschte und heftig gegen den Fußboden schlug, um auf sich aufmerksam zu machen. Sie genas, doch das Klopfen ging weiter. Einige Mieter zogen schließlich entnervt aus. Parapsychologen machten als Ursprung der Störung eine junge Frau aus, die durch das Klopfen auf sich aufmerksam machen wollte. (Stuttgarter Zeitung, 18. Mai 1995, S. 172)
* März 1996: Geisterstimmen aus dem Wandschrank – eine Nürnberger Frau rief verzweifelt die Polizei. Die öffnete den Schrank... und fand ein Radiogerät! (Welt, 9. März 1996, S. 12)
* Mai 1998: Die Bewohner eines Mietshauses in Überlingen am Bodensee erwachten im Mai 1998, weil sie lautes Klopfen in ihrem Badezimmer hörten. Es war aber, wie die herbeigerufene Polizei feststellte, kein Poltergeist, sondern ein Fuchs, der im Lichtschacht des Badezimmers gefangen war. (Bild, 22. Mai 1998, S. 3)

Phantome am Himmel

[1] Süddeutsche Zeitung, 25.4.1959, S. 2
[2] Süddeutsche Zeitung, 27.4.1959, S. 2
[3] Süddeutsche Zeitung, 28.4.1959
[4] Ebenda

[5] Süddeutsche Zeitung, 29.4.1959
[6] Leander Petzoldt (Hrsg.): Historische Sagen. München: C.H. Beck 1976. Band 1, S. 74
[7] Petzoldt, S. 75
[8] C. G. Jung: Ein moderner Mythus – Von Dingen, die am Himmel gesehen werden. Zürich: Rascher 1958, S. 109
[9] Jung, S. 110
[10] Otto Billig: Flying Saucers – Magic In the Skies – A Psychohistory. Cambridge, Mass.: Schenkman 1982, S. 149
[11] Billig, S.53
[12] Andreas Faber-Kaiser: Las nubes del engaño – Crónica extrahumana antigua. Barcelona: Planeta 1984, S. 251
[13] Handwörterbuch des deutschen Aberglaubens, Band 6, Sp. 1119-1121
[14] Charles Hoy Fort: The Complete Books of Charles Fort. New York: Dover 1974, S. 42
[15] Fort, S. 422
[16] Der Spiegel, 20/1988 (16.5.1988), S. 172/143

3. Unerklärliche Naturphänomene

Himmlische Geräusche

[1] F. Regensberg: Rätselhafte Knallgeräusche. In: Kosmos, 1909, S. 19-21
[2] Ebenda
[3] Ebenda
[4] Ebenda
[5] Neue Mannheimer Zeitung, 9. Januar 1939, S. 5
[6] Alan Boucher (Übers.): Elves, Trolls and Elemental Beings – Icelandic Folktales II. Reykjavik: Iceland Review Library 1981, S. 74, 75
[7] Anon.: Do you believe in ghosts? In: Holiday West Lochaber, August 1987, S. 16
[8] Vgl. das Kapitel über Wasserdrachen
[9] Johannes Fiebag: Rätsel der Menschheit. Luxemburg: John Fisch-Verlag 1982, S. 189-192
[10] Vgl. das Kapitel »Phantome am Himmel«
[11] Die Rheinpfalz – Ludwigshafener Rundschau, 15. Januar 1979
[12] Ebenda

Nachtrag 2000

Diese Ergänzung erfaßt nur Ereignisse, die sich nach Drucklegung der Orginalausgabe ereignet haben.

* Im Mai und April 1996 machen schrille Pfeiftöne den Bürgern von Börtlingen bei Göppingen, Baden-Württemberg, zu schaffen. Als der Bürgermeister einen Meßwagen des TÜV organisiert, hat der Spuk ein Ende – es pfeift nicht mehr. Der Ursprung des nervigen Geräuschs wurde nicht ermittelt. (Stuttgarter Zeitung, 13. April 1996, S. 28)

Kalte Grüße von oben

[1] Die Rheinpfalz, 6. August 1991
[2] Pursuit, Februar 1987, S. 142
[3] Süddeutsche Zeitung, 30. Oktober 1978
[4] Straubinger Tageblatt, 6. Januar 1988; CENAP Report 145, März 1988, S. 20
[5] Süddeutsche Zeitung, 7. Oktober 1988, S. 60
[6] Sonntag Aktuell, 18. Dezember 1988, S. 36
[7] Süddeutsche Zeitung, 13. August 1990, S. 8
[8] Sonntag Aktuell, 26. August 1990, S. 8
[9] Rolf Wilhelm Brednich: Die Maus im Jumbo-Jet. München: C. H. Beck 1991, S. 32. In seinem Buch »Das Huhn mit dem Gipsbein« (Beck, München 1993, S. 12f.) stellt Brednich klar, daß es solche Eisbomben tatsächlich gibt; er führt sie aber allesamt auf fehlerhafte Flugzeugtoiletten zurück.
[10] Tag & Nacht, Heft II, 1991
[11] Die Rheinpfalz, 27. Februar 1991
[12] Ivan T. Sanderson: Uninvited Visitors. London: Tandem 1974
[13] Alwin Dressler: Kuriose Naturereignisse. In: Illustrierter Beobachter München. 25. November 1933, S. 1595
[14] Eric Crew: La Formación de objetos volantes por electricidad atmosferic. In: Cuadernos de Ufologia, 5, 1989, S. 61-67
[15] Charles Fort_ The Complete Books. New York, Dover 1974, S. 272
[16] Arthur C. Clarke, Simon Welfare und John Fairley: Geheimnisvolle Welten. München: Knaur 1986, S. 39. – Der jüngste Fall von Eis ereignete sich in der Bundesrepublik am 17. Dezember 1991. Ein blau schimmernder Brocken schlug in einem Augsburger Garten ein, der Finder hob ihn im Kühlschrank auf und übergab ihn später der Polizei, die davon ausging, es handle sich um gefrorene Fäkalien aus einer beschädigten Flugzeugtoilette. Bereits im August war ja ein Eisklotz in einem anderen Teil Augsburgs durch ein Hausdach gekracht; für beide Anschläge verneinte die Lufthansa ihre Verantwortung (Frankfurter Rundschau, 18. Dezember 1991, S. 32). Laut den »Königlich Fränkischen Annalen« und den »Karolingischen Chroniken« fiel »Anno 824 einige Tage vor der Sommersonnen-

wende ein großer Eisblock vom Himmel, während eines Hagelsturmes bei der Stadt Autun. Er war 4,5 m lang, 2 m breit und 50 cm dick.« (W. Sholz: Charolingian Chronicles, Ann Arbor, Michigan 1972, reproduziert in: Science Frontiers 60, 1988, S.3 und INFO Journal 58, 1989, S.35). Auch in diesem Falle muß es sich nicht unbedingt um Fäkalien von Fluggästen gehandelt haben ...

Nachtrag 2000

Diese Ergänzung erfaßt nur Ereignisse, die sich nach der Drucklegung der Orginalausgabe ereignet haben.

* Mitte Januar 1992: Ein Eisblock stürzt bei Ulm vom Himmel. (INFO-Journal 70, 1994, S.45)
* Januar 1992: Ein Eisblock fällt bei Bischofsheim nahe Groß-Gerau, Hessen, vom Himmel. (taz, 28.April 1992, S.20)
* März 1992: Ein Eisblock durchschlägt das Dach eines Zweifamilienhauses in Gießen, ein zweiter das Dach einer Bäckerei. (taz, 28.April 1992, S.20)
* Ende April 1992: Ein Eisblock mit den Maßen 50x30 cm schlägt in einem Vorgarten in Wetzlar ein. (taz, 28.April 1992, S.20; Rheinpfalz, 27.April 1992)
* Ende April 1992: ein 38-Jahre-alter Mann hört ein zischendes Geräusch, dann schlägt ein blauer Eisklumpen neben ihm in eine Wiese bei Niederhausen, Hessen. (taz, 28.April 1992, S.20; Rheinpfalz, 27. April 1992)
* Ein 20 Kilo schwerer Eisbrocken verursacht einen Krater im Botanischen Garten von Tübingen. Die Untersuchung durch die Uni Tübingen ergibt, daß es sich um »gewöhnliches Wasser ohne besondere Merkmale« handelt. (Spiegel 31.Januar 2000, S.194)
* 1992: Ein Mann, der durch die Chiemgauer Alpen wandert, wird fast von einem Eisbrocken erschlagen, der von fällt. Zum Dank für seine Rettung stiftet er eine Votivtafel in Altötting, die ein über den Alpengipfeln schwebendes Düsenflugzeug zeigt, von dem das Eis meteoritengleich herabstürzt. Der Text zu dem Bild lautet: »Um ein Haar hätt mich erschlagen die Eiskugeln vom Flugzeug aus. Dank für Rettung will ich sagen der Gnadenmutter im Gotteshaus.« (Bauerdick, Rolf: »Maria sei Dank in bösem Fußleiden«, Rheinpfalz, 21.Mai 1994)
* Februar 1998: Ein Haus in Tiefenbronn bei Pforzheim wird zum zweiten Mal innerhalb von fünf Jahren von einer stinkenden Eisbombe getroffen. Der Ort liegt in der Einflugschneise zum Flughafen Stuttgart. (taz, 11.Februar 1998, S.20)

* 26. Januar 2000: bei Bozen (Südtirol) fallen drei »eierschachtelgroße Eisklumpen« herab. (Dolomiten online, 28. Januar 2000)
* 26. Januar 2000: bei Siebeneich nahe Bozen (Südtirol) erschlägt ein Eisball von 15 Zentimetern Durchmesser eine Taube. Die Kugel enthält Sand und ein Blatt – es handelt sich um den Anschlag eines Vogelfeindes. (Dolomiten online, 28. Januar 2000; Spiegel, 31. Januar 2000, S. 194
* 26. Januar 2000: Eine Eisbombe schlägt einen Krater von zwei Metern Durchmesser bei Blaufelden-Wiesenbach in Hohenlohe (Baden-Württemberg). (www.hohenlohelive.com)
* 27. Januar 2000: Ein 20-30 cm X 12-15 cm großer Eisklumpen fällt bei Homburg/ Main vom Himmel. (CENAP Report 265, 2000, S. 34)
* 27. Januar 2000: Beate Heinelt hört in einem Vorort von Würzburg (Bayern) ein lautes Krachen, als sie nachsehen geht, entdeckt sie auf dem Wendehammer vor ihrem Haus »Faust große Eisblöcke«. (Volksblatt Würzburg Stadt, 1. Februar 2000)
* 28. Januar 2000: Ein Tennisball großer Eisbrocken fällt in Kürnach bei Würzburg vom Himmel und schlägt ein Loch in ein Dach. (CENAP Report 265, 2000, S. 34)
* 28. Januar 2000: Ein Eisklumpen von »doppelter Größe eines Tennisballs« stürzt bei Beckhofen nahe Zweibrücken (Rheinlandpfalz) herab. (Rheinpfalz, 3. Februar 2000)
* 29. Januar 2000: Bei Achern (Baden-Württemberg) stürzt unmittelbar vor einem Passanten ein Eisklumpen auf den Gehweg. (Internet, zur Verfügung gestellt von Gerd Schmidt)
* 9. Februar 2000: Bei Klein Machnow (Brandenburg) stürzt ein Eisblock von Medizinballgröße (28x30x48 cm) vom Himmel und sorgt für eine Mediensensation. (ORB 9. 9. Februar 2000)
* Um den 9. Februar 2000: Ein »würfelförmiger Eisbrocken« (gefrorenes Trinkwasser) fällt angeblich bei Groningen in den nördlichen Niederlanden vom Himmel. (CENAP Report 265, 200, S. 35)
* 12. April 2000: »Dutzende fußballgroße Eisklumpen« fallen in Königswiesen bei Wien (Österreich) vom Himmel; eine Eisbombe durchschlägt ein Hausdach. (Süddeutsche Zeitung, 13. April 2000, S. 16; Bild, 13. April 2000)
* Ende April 2000: Ein »faustgroßes Stück Eis« durchschlägt das Flachdach eines Wohnhauses in Zweifall bei Aachen. Der Ort liegt in der Einflugschneise eines Flughafens. (Süddeutsche Zeitung, 27. April 2000, S. 14; Mannheimer Morgen, 27. April 2000)

Dinge, die vom Himmel fallen

[1] Johann Peter Hebel: Mancherlei Regen. In: Hebel: Kalendergeschichten. Frankfurt/Main: Insel 1965, S. 126-132
[2] Dieter Ullmann: Chladni. Leipzig: B. G. Teubner 1983
[3] Hebel, S. 130
[4] Charles Fort: The Complete Books. New York: Dover 1974, S. 93
[5] Alwin Dressler: Kuriose Naturereignisse. In: Illustrierter Beobachter, München, 25. November 1933, S. 1594
[6] Dressler, S. 1594
[7] Nach: Handwörterbuch des deutschen Aberglaubens, Band 3, Sp. 125
[8] Handwörterbuch, Band 6, Sp. 224
[9] Heinrich v. Kleist: Aufklärung über die Naturerscheinung von Zeulenroda. In: Berliner Abendblätter, 18. Februar 1811, S. 2-4
[10] Handwörterbuch, Band 1, Sp. 1445: Blutregen – Band 4, Sp. 1426: Schlangenregen – Band 5 Sp. 630: Krötenregen – Band 7, Sp. 1458: Schwefelregen – Band 7, Sp. 1001: Kornregen – Band 8, Sp. 416: Steinregen – Band 9, Sp. 171: Steinregen – Band 9, Sp. 857: Wurmregen
[11] Die Rheinpfalz, 26. Februar 1991
[12] Saudi Gazette, 24. Februar 1991, S. 1
[13] Sonntag Aktuell, 21. April 1991, S. 56
[14] Bild, 12. März 1991
[15] Sign, Basel, Nr. 10
[16] Fortean Times 55, 1990, S. 13
[17] Sign, Nr. 10 und 11

Nachtrag 2000

Diese Ergänzung erfaßt nur Ereignisse, die sich nach Drucklegung der Orginalausgabe ereignet haben.

* 20. Januar 1993: Katrin Flemming, 12, berichtet, sie habe auf dem Nachhauseweg in Bad Aibling, Bayern, ein zischendes Geräusch gehört, danach sei ein glühend heißes Metallstück nahe ihr eingeschlagen. Das »Himmelsgeschenk« stellt sich nach näherer Untersuchung durch die Uni München allerdings nicht als Meteor heraus, sondern als gewöhnliches Stück Kalkstein! (CENAP Report, Februar 1993 S. 60)
* 28. April 1993: Regen von Saharasand in Süddeutschland. (Rhein Zeitung, 29. April 1993, S. 1; Rheinpfalz, 29. April 1993)
* 3. September 1993: Regen von Saharasand in der Region Stuttgart. (pers. Mitteilung)
* 17. Oktober 1996: Über einem Waldstück bei Waldfischbach-Bur-

galben, Rheinland-Pfalz, regnet es geheimnisvolle Fäden. Später stellt sich heraus, daß es sich um Abfall handelt, der aus einem Flugzeug abgelassen wurde. (Rheinpfalz, 23. Oktober 1996)

* 17. Juli 1998: Ein Angler wurde bei Straubing, Bayern, von einem Fäkalienregen überrascht. Der Mann wurde von der widerlichen Dusche so durchnäßt, daß er sich übergeben mußte. Polizeinachforschungen ergaben, daß ein Airbus 320 seine Bordtoilette im Tiefflug entleert hatte. (Sonntag Aktuell, 19. Juli 1998)
* 21. August 1998: Auf die Halbinsel Eiderstedt (Schleswig-Holstein) regnet dunkler Staub mit Körnern so groß wie Erbsen. Das Staatliche Umweltamt Itzehoe, das nachforschte, fand heraus, daß es sich um »witterungsbedingte Verwirbelungen von feinsandigem Material« handelte. (JUFOF 1/1999, S. 21)
* 28. März 1999: Im Wiesbadener Stadtteil Amöneburg regnet es um ein Uhr nachts »Säure«, die den Lack von 93 Autos verätzt und einen Sachschaden von 50000 DM verursacht. Eine Polizeiuntersuchung stellt fest, daß es sich um Eisensulfat handelt, der mit Zedernpollen vermischt war. (SWR3, 28.3.99)

Leuchtende Kugeln und Irrlichter

[1] Martin D. Altschuler: Atmospheric Electricity and Plasma Interpretations of UFOs. In: Condon (Hrsg.): Scientific Study of Unidentified Flying Objects. New York: Bantam 1969, S. 723-755 (Zitat S. 734)

[2] Mark Stenhoff: Torro Ball Lightning Division Report: April 1987. In: Journal of Meteorology, Bath, 12: 200, 1987, zitiert in: Science Frontien Nr.54, Nov-Dec 1987, S. 3/4. – Einen ähnlichen Fall berichten Janet und Colin Bord (Geheimnisse des 20. Jahrhunderts. Bayreuth: Hestia 1990, S. 409) aus Grindelwald in der Schweiz. Im Juli 1921 drangen mehrere helle Lichtkugeln aus der Luft durch eine Tür in ein großes Holzlager ein, dort verschwanden sie mit einer lauten Explosion – nur ein Gestank blieb zurück.

[3] Irish Daily Telegraph, Belfast, 22. Januar 1934, S. 8

[4] Neue Mannheimer Zeitung, 23. Juli 1938, S. 6

[5] Walter L. Kelch: Kugelförmige UFOs = Kugelblitze? In: Journal für UFO-Forschung 60, 1988, S. 170-173

[6] Paul Devereux: Earthlights. Wellingborough: Tumstone 1982, S. 34-37

[7] Meteorologische Rundschau, 1910, S. 83, zitiert in: Enciclopedia Ilustrada Universal. Madrid: Espasa-Calpe, Band 50, S. 453

[8] Kosmos 1909, S. 151

[9] Allgemeines Anzeige-Blatt, Grätz, 2. Jänner 1841, reproduziert im

CENAP-Report 175, September 1990, S.36
[10]Frankfurter Allgemeine Zeitung, 6.Juni 1988, S.7
[11]Charles Fort: The Complete Books. New York: Dover 1974, S.240
[12]Handwörterbuch des deutschen Aberglaubens, Band 9, S.135
[13]Handwörterbuch Band 4, S.779f
[14]Michael Frizzel und George Walls: Stalking the Mysterious Lights. In: Pursuit, 20: 4, 1987, S.146-151 (Zitat S.146)
[15]John Michell und Robert Rickard: Die Welt steckt voller Wunder. Düsseldorf: Econ 1979, S.72
[16]Walter Kelch in Journal für UFO-Forschung 67, 1990, S.3
[17]Hans Werner Peiniger: UFO-Beobachtungen. In: Journal für UFO-Forschung, 67, 1990, S.1-4
[18]Janet und Colin Bord: Geheimnisse des 20.Jahrhunderts, S.159
[19]Bob Rickard und John Michell: Die Welt steckt voller Wunder, S.74

Nachtrag 2000

Diese Ergänzung erfaßt nur Ereignisse, die sich nach Drucklegung der Orginalausgabe ereignet haben.

* 1.Mai 1993: Walter L. Kelch sieht während eines Gewitters in Plaidt, Rheinland-Pfalz, eine »hellblaue Kugel« in 20 Metern Entfernung an sich vorbeischießen, dann fällt der Strom aus. (Magizin für Grenzwissenschaften 2/1993, S.83)
* 15.Januar 1994: Bei einem Gewitter werden in Neuruppin von zahlreichen Zeugen Kugelblitze beobachtet. (Näther, Sven: Der Fall Neuruppin, in: Gral 5/1994, S.216-219; Näther Sven: Der Fall Neuruppin – Ein Jahr danach, in: Gral 2/1995, S.90-94)
* 20.März 1994: Ein Kugelblitz verursacht in Neustadt am Rübenberge bei Hannover einen Brand, das Haus wird bis auf die Grundmauern zerstört. Die Polizei schätzt den Sachschaden auf 350000 DM. (taz, 24.September 1996, S.23)
* 1995: Ein Kugelblitz setzt den Fundus des Theaters für Kinder in Hamburg Altona in Brand. (taz, 24.September 1996, S.23)
* 2.August 1996: Ein Kugelblitz zerstört das Dachgeschoß eines Mehrfamilienhauses in Hofolding, Bayern. Dabei entsteht ein Sachschaden von einer halben Million Mark. Kurz vor dem Einschlag wollen Anwohner »eine grell leuchtende, etwa tennisballgroße Blitzkugel« über den Asphalt hüpfen gesehen haben. Sie sei in den Himmel geschossen, danach sei ein Donnerschlag erfolgt. (AZ 5.August 1996; Bild, 5.August 1996)

Bildnachweis

(Teil I)

Abb. 1: Aus: CENAP Report 174/1990; Journal für UFO-Forschung 56/1988; Journal für UFO-Forschung 58/1988
Abb. 2: Fortean Picture Library, Corwen
Abb. 3: Paul Trent/Fortean Picture Library
Abb. 4: Aaron Sussman/Fortean Picture Library
Abb. 5: Ed Keffel/Fortean Picture Library
Abb. 6: Mary Evans Picture Library, London
Abb. 7: Hannah McRoberts/Fortean Picture Library
Abb. 8: Fortean Picture Library
Abb. 9: Nach: Journal für UFO-Forschung 52/1987
Abb. 10: Dennis Stacy/Fortean Picture Library
Abb. 11: Links: nach Robert A. Wilson: Masken der Illuminaten, Reinbek: Rowohlt 1986. Rechts: nach Raymond Fowler: The Andreasson Affair. Englewood Cliffs, N. J.: Prentice Hall 1983
Abb. 12: Dennis Stacy/Fortean Picture Library
Abb. 13: Fortean Picture Library
Abb. 14: Dennis Stacy/Fortean Picture Library
Abb. 15: Nach: Antonio Ribera: Secuestrados por extraterrestres. Barcelona: Plaza y Janés
Abb. 16: Fortean Picture Library
Abb. 17: Fortean Picture Library
Abb. 18: Dennis Stacy/Fortean Picture Library
Abb. 19: Fortean Picture Library
Abb. 20: Fortean Picture Library

(Teil II)

Abb. 1: Nach: Ilo Brand (Hrsg.): Strahleneinwirkungen in der Umgebung von UFOs. MUFON-CES: Feldkirchen-Westerham 1978
Abb. 2: Zentralbibliothek, Zürich
Abb. 3: Bildarchiv Preußischer Kulturbesitz, Berlin
Abb. 4: Aus: Michel Meurger, Lake Monster Traditions. A Cross-Cultural Analysis, London 1988
Abb. 5: Staats und Stadtbibliothek, Augsburg
Abb. 6: Aus: Michel Meurger, Lake Monster Traditions. A Cross Cultural Analysis, London 1988
Abb. 7: Maiy Evans Picture Library, London

Abb. 8: Fortean Picture Library, Corwen
Abb. 9: Fortean Picture Library, Corwen
Abb. 10: Zentralbibliothek, Zürich
Abb. 11: Bildarchiv Preußischer Kulturbesitz, Berlin
Abb. 12: Bildarchiv Preußischer Kulturbesitz, Berlin
Abb. 13: Zentralbibliothek, Zürich
Abb. 14: Zentralbibliothek, Zürich
Abb. 15: Richard Griffiths
Abb. 16: Zentralbibliothek, Zürich
Abb. 17: Universitätsbibliothek, Basel

Trotz intensiver Bemühungen war es dem Verlag nicht möglich, alle Bildrechte-Inhaber ausfindig zu machen. Sollten berechtigte Ansprüche bestehen, werden sie selbstverständlich abgegolten.

Literaturverzeichnis

Adamski, George (1955): Inside the Spaceships. London: Abelard-Shuman

Agricola, Christiane, Hrsg. (1967): Schottische Sagen. Berlin: E. Schmidt

Alvey, R. Gerald (1981): Elf, Elfen, in: *Rank,* Kurt, Hrsg.: Enzyklopädie des Märchens. Berlin: Walter de Gruyter

Andrews, Ann und Ritchie, Jean (1998): Abducted. London: Headline 1998 (deutsche Ausgabe: Von Aliens entführt. Bergisch Gladbach: Bastei Lübbe)

Baghun, Anny (1982): Deutscher Ingenieur besuchte einen anderen Planeten, in: UFO-Nachrichten 277, Nov./Dez. 1982

Bauer, Henry (1986): The Enigma of Loch Ness. Chicago: University of Illinois Press

Bauer, Wolfgang und *Dümotz,* Irmtraut (1985): Symbole des Alltags, in: *Bauer,* W., *Dümotz, I.* und *Golowin, S.:* Lexikon der Symbole. Wiesbaden: Fourier

Beer, Lionel (1986): The Moving Statue of Ballinspittle and Related Phenomena. London: Spacelink

Berger, Peter L. (1969): The Sacred Canopy. Garden City: Doubleday

Berger, Peter L. (1979): Tile Heretical Imperative. Garden City: Doubleday

Bergier, Jacques (1980): Extrañas luces en las colonias americanas de S. M. Británica en el siglo XVII, in: Bergier, Jacques, Hrsg.: El libro de lo inexplicable. Barcelona: Plaza y Janés: 93-97

Berlitz, Charles (1977): Without A Trace. New York: Ballantine Books

Billig, Otto (1982): Flying Saucers - Magic in the Skies - A Psychohistory. Cambridge, Mass.: Schenkman

Blackmore, Dr. Susan (1988): Visions of the Dying Brain, in: New Scientist, 118, 1611, 5.5.1988: 43-46

Bonin, Werner F. (1981): Lexikon der Parapsychologie. Frankfurt: Fischer

Bord, Colin (1972): Angels and UFOs, in: Flying Saucer Review, 18, 5, 1972: 17-19

Bord, Colin (1980): Whale Tales, in: Fortean Times 33: 2

Bord, J. und C. (1982): The Bigfoot Casebook. Harrisburg: Stackpole Books

Bord, J. und C. (1984): The Evidence for Bigfoot. Wellingborough: Aquarian Press

Bord, J. und C. (1985): Alien Animals. London: Granada

Bord, J. und C. (1988): Modern Mysteries of Britain. London: Grafton Books

Bord, J. und C. (1990): Geheimnisse des 20. Jahrhunderts. Bayreuth: Hestia

Bord, J. und C. (1991): Life Bejond Planet Earth. London: Grafton (deutsche Ausgabe: X-Akte Außerirdische, Rastatt: Moewig 1997)

Bowen, Charles (1974): The Humanoids. London: Futura

Brednich, R. W. (1990): Die Spinne in der Yucca-Palme. München: C.H. Beck

Brodu, J.-L. und Meurger, M. (1984): Les felins-mystere – Sur les traces d'un mythe moderne. Paris: Pogonip

Broockesmith, Peter (1998): Alien Abductions. London: Brown 1998 (deutsche Ausgabe: Entführt von Aliens. Niederhausen: Bassermann 1999)

Bryan, C.D.B.: Close Encounters of the Forth Kind. London: Weidenfeld & Nicolson 1995 (deutsche Ausgabe: Akte UFO. München: Goldmann 1999)

Buckner, H. Taylor (1968): The Flying Saucerians – An Open Door Cult, in: *Truzzi*, Hrsg.: 223-230

Buttlar, J. v. (1989): Ufos über Deutschland, in: Bild, 26.4.89

Butler, B., Street, D. und *Randles*, J. (1986): Sky Crash. London: Grafton

Cantril, H. (1966): The Invasion From Mars. A Study in the Psychology of Panic. New York: Harper

Cashman, John (1967): LSD – die Wunderdroge. Berlin: Ullstein

Catton, William R. (1968): What Kind of People Does A Religious Cult Attract? In: *Truzzi*, Hrsg. 235-242

Charroux, Robert (1966): Phantastische Vergangenheit. Die Unbekannte Geschichte der Menschheit seit hunderttausend Jahren. Ber-

lin: Herbig
Chapman, Douglas (1987): The Abduction Enigma, in: Strange, 1, 10-18, 74-77
Clark, J. und Coleman, L. (1975): The Unidentified. New York: Warner
Clark, J. und *Goleman*, L. (1984): Creatures of the Goblin World. Highland Park, Illinois: Clark
Clear, Constance (1999): Reaching for reality. San Antionio, Tx: Consciousness Now
Condon, Dr. E. (1969): Scientific Study of Unidentified Flying Objects. New York: Bantam
Cox, Billy (1987): Bizarre Tales Accusations Fly at UFO Symposium in: Pursuit 20, 2: 54
Cressy, David (1985) The Vast and Furious Ocean – The Passage to Puritan New England in: New England Quarterly, 57, 1985: 511-532
Däniken, Erich v. (1975): Erinnerungen an die Zukunft. München: Knaur
Dash, Mike (1987): Medjugorje Apparitions, in: Fortean Times 48: 9-13
Dash, Mike (1988): Charles Fort und a Man Called Dreiser, in: Fortean Times 51: 40-48
Davis, Lorraine (1988): A Comparison of UFO and Near Death Experiences as Vehicles for the Evolution of Human Consciousness, in: Journal of Near Death Studies 6, 4: 240-257
Demos, John Putnam (1983): Entertaining Satan Witchcraft and the Culture of Early New England. Oxford: OUP
Devereux, Paul (1982): Earthlights. Wellingborough: Tumstone
Devereux, Paul (1986): Looking Ahead, in: The Ley Hunter 100: 57-58
Devereux, Paul (1988): Ufological Pie, in: BUFORA Bulletin 27: 4-8
Devereux, Paul (1990): Earth Lights Revelation. London: Blandford
Devereux, Paul und *Brookesmith*, Peter (1997): UFOs and Ufology. London: Blandford
Döbel, Günter (1966): Der Mensch lebt nicht allein im All. Köln: DuMont
Eco, Umberto (1988): Il pendlo di Foucault. Bologna: Romanzo Bompiani
Evans, Hilary (1980): Abducted by an Archetype, in: Fortean Times 33: 6-10
Evans, Hilary (1987a): Abductions in Perspective, in: Pursuit 20, 1: 9-11
Evans, Hilary (1987b): El desafío de los relatos de abduccion, in: Cuadernos de Ufologia, 2, 1: 68-76
Evans, Hilary, Hrsg. (1987): UFOs 1947-1987. London: Fortean

Times
Evans, Hilary (1988): Beweise: UFOs. München: Knaur
Festinger, L., *Riecken,* H. und *Schachter,* S. (1956): When Prophecy Fails. Minneapolis: University of Minnesota Press
Fiebag, Dr. Johannes (1993): Die Anderen. München: Herbig
Fiebag, Dr. Johannes (1994): Kontakt. München: Langen Müller 1994
Fiebag, Dr. Johannes, Hrsg. (1996): Das Ufo-Syndrom. München: Knaur
Fiebag, Dr. Johannes (1996): Sternentore. München: Langen Müller
Fiebag, Dr. Johannes (1997): Von Aliens entführt. Düsseldorf: Econ
Fort, Charles (1974): The Complete Books. New York: Dover
Friedrich, Otto (1989): The return of Ecomania, in: Time, 6. 3. 1989: 2-6
Fuller, John G. (1966): The Interrupted Journey. New York: Dial Press
Fiore, Edith (1989): Encounters. New York: Doubleday
Fowler, Raymind E. (1991): Die Wächter. Bergisch Gladbach: Bastei Lübbe
Fowler, Raymind E. (1995): Der Fall Andreasson. Reichersbach: G. Reichel 1995
Gansberg, J. M. und A. L. (1989): Direct Encounters. Sevenoaks: Coronet
Giesen, Rolf (1984): Lexikon des Phantastischen Films, Band 1. Berlin: Ullstein
Golowin, Sergius (1967): Götter der Atom-Zeit. Bern: Francke
González, Luis R. (1981): El carácter »mimético« de los OVNI, in: Stendek 43: 18-19
Good, Timothy (1991): Jenseits von Top Secret. Das geheime Ufo-Wissen der Regierungen. Eine Dokumentation. Frankfurt: Zweitausendeins
Gordon, Stan (1987): The Military Retrieval at Kecksburg, Pennsylvania, in: Pursuit, 20, 4: 174-179
Groote, Rudy de (1985): Die Hill-Entführung, in: CENAP Report 116: 29-32
Hall, D. F., *McFeathers,* S. J. and *Loftus,* E. (1987): Alterations in Recollections of Unusual und Unexpected Events, in: Journal of Scientific Exploration 1
Hall, Richard (1988): Uninvited Guests. Santa Fé, NM: Aurora Press
Hardy, Alister (1981): The Spiritual Nature of Man, in: Fortean Times 34: 48-49
Hesemann, Michael (1998): UFOs: die Kontakte. Neuwied: Silberschnur

Hill, Betty (1996): A Common Sence Approach to UFOs. Greenland, NH: Selbstverlag
Holzer, Hans (1979): Cuando los OVNIS aterrizan. Barcelona: Martinez Roca
Hopkins, Budd (1982): Von UFOs entführt. München: Heyne
Hopkins, Budd (1987): Intruders. New York: Ballantine 1987 (deutsche Ausgabe: Eindringlinge. Hamburg: Kellner 1991)
Hopkins, Budd (1997): Witnessed. New York: Ballantine (deutsche Ausgabe: Entführt ins All. Berlin: Ullstein 1997)
Hutten, Kurt (1982): Seher – Grübler – Enthusiasten. Stuttgart: Quell
Hynek, J. Allen (1974): The UFO Experience. London: Corgi
Hynek, J. Allen (1978): UFO Report. München: Goldmann
Imbrogno, Philip und *Horrigan,* Marianne (1997): Contact of the 5th Kind. St. Paul, MN: Llewellyn
Jacobs, David M. (1987): The New Era of UFO Research, in: Pursuit, 20, 2: 50-54
Jacobs, David M. (1993): Secret Life. Firsthand Document Accounts of UFO Abductions. New York: Fireside 1993 (deutsche Ausgabe: Geheimes Leben. Rottenburg: Kopp)
Jacobs, David M. (1999): Revealing the Secret Alien Agenda. New York: Fireside
Jacobs, David M., Hrsg. (2000): UFOs & Abductions – Challenging the Borders of Knowledge. Lawrence, KS: University Press of Kansas
Jaffé, Aniela, Hrsg. (1971): Erinnerungen, Träume, Gedanken von C.G. Jung. Freiburg: Walter
James, William (1929): Varieties of Religions Experience. New York: The Modern Library (deutsche Ausgabe: Die Vielfalt religiöser Erfahrung. Frankfurt: Insel 1997)
Jung, C.G. (1958): Ein moderner Mythus. Zürich: Rascher
Jung, C.G. (1971): Über psychische Energetik und das Wesen der Träume. Freiburg: Walter
Jung, C.G. (1981): Über ›Flying Saucers‹, in: Gesammelte Werke, Band 18. Olten: Walter: 671-679
Kaplan, Louis (1991): Wissenschaftliche Weltbetrachtungen. Das verdammte Universum des Charles Fort. Berlin: Gatza
Keel, J. A. (1970): Strange Creatures From Time and Space. Greenwich, Conn.: Fawcett
Keel, J. A. (1973): Operation Trojan Horse. London: Abacus
Keel, J. A. (1975): The Mothman Prophecies. New York: New American Library
Keel, JA. (1983a): The Mutilated Horse, in: Fortean Times 40: 3, 70
Keel, JA. (1983b): The Man Who Invented Flying Saucers, in: Fortean Times 41: 52-57

Klass, Philip (1987): Abductions – Dangerous Game. New York: Prometheus
Knight, Damon (1970): Charles Fort – Prophet of the Unexplained. New York: Doubleday
Köhler, Hansjürgen (1983): Eliteskandal, in: CENAP Report 113, Juli 1983: 3-10
Koestler, Arthur (1945): Twilight Bar. London: Cape
Konig, DTh. (1979): Law and Society in Puritan Massachusetts. Chapel Hill: University of North Carolina
Kusche, Lawrence (1980): Die Rätsel des Bermuda-Dreiecks sind gelöst. Reinbeck: Rowohlt
Larknian, Brian und Heselton, Philip (1985): Earth Mysteries. An Introduction. Hull: Northern Earth Mysteries Group
Lawson, Alvin H. (1984): Birth Imagery in UFO Abductions, in: Fortean Times 42: 3
Leir, Dr. Roger K. (1998): The Aliens and the Scalpel – Scientific Proof of Extraterrestrial Implants in Humans. Columbus, NC: Granite Publishing
Leslie, Desmond und *Adamski,* George (1957): Fliegende Untertassen sind gelandet. Wiesbaden-Schierstein: Ventla
Lester, Paul und *Grimshaw,* Roger (1976): The Meaning of the Loch Ness Monster. Birmingham: Centre for Contemporary Studies
Lester, Paul (1984): The Great Sea Serpent Controversy. Birmingham: Protean Pubs
Lester, Paul (1985): Some Hairy Monsters. Birmingham: Protean Pubs
Lévi-Strauss, Claude (1968): The Savage Mmd. Chicago: University of Chicago Press
Liljegren, Anders (1986): The »Ghost Rocket« Documents, in: Flying Saucer Review, 32, 1: 19-24
Lorenzen, Coral (1974): UFO Occupants in United States Reports, in: Bowen 1974 143-176
Mack, Dr. John E.(1994): Abduction: Human Encounters with Aliens. New York: Simon & Schuster (deutsche Ausgabe: Entführt von Außerirdischen. Essen: Bettendorf 1995)
Magin, Ulrich (1990): Abducciones en Alemania, in: Cuadernos de Ufología, 2, 7: 75-77
Magin, Ulrich (1995): Lichtarbeit oder Gehirnwäsche? In: Spuren Nr.37, Herbst 1995, S.43-45
Magin, Ulrich (1999): Kontakte mit »Außerirdischen« im deutschen Sprachraum. Lüdenscheid: GEP
Magin, Ulrich (1997): Der Ritt auf dem Kometen. Frankfurt: Zweitausendeins

Maslow, Abraham (1977): Motivation und Persönlichkeit. Freiburg: Walter
Mayor, Rosalia (1990): Qué hay más allá de la muerte a debate en Madrid in: ABC Madrid 2.12.1990: 106-107
McClure, Kevin (1987): Erscheinungen der Jungfrau Maria. München: Knaur
McManus, D.A. (1959): The Middle Kingdom. London: Max Parish
Méheust, Bertrand (1987): UFO Abductions as Religious Folklore, in: Evans, Hrsg. (1987): 352-357
Meurger, Michel und *Gagnon,* Claude (1988): Lake Monster Traditions – A Cross-Cultural Study. London: Fortean Times
Michel, Aime (1958): Flying Saucers and the Straight Line Mystery. New York: Criterion Books
Michell, John (1969): The View Over Atlantis. London: Thames & Hudson
Michell, John (1983): The Exposure of a Philosopher, in: Fortean Times 41: 6-7
Michell, John (1986): Die Geomantie von Atlantis. München: Goldmann
Michell, J. und *Rickard,* R. (1979): Die Welt steckt voller Wunder. München: Econ
Michell, J. und Richard, R. (1980): Das rechnende Pferd von Elberfeld. München: Econ
Middlekauf, Robert (1971): The Mathers. London. OUP
Miller, D.L., *Mietus,* K.J. und *Mathers,* R.A. (1978): A critical examination of the social contagion image of collective behaviour, in: The Sociological Quarterly, Winter 1978
Moody, R. A. (1975): Life After Life: The Investigation of a Phenomenon. New York. Bantam
Moody, R. A. (1977): Reflections on Life After Life. New York: Bantam
Morrison, Samuel Eliot (o.J.): Christopher Columbus. London: OUP
Norman, Philip (1984): The Rolling Stones. München: Droemer Knaur
Peiniger, H.-W. (1987): Die Hill-Entführung, in: Journal für UFO-Forschung 54:167-173
Peiniger, H.-W. (1990): Buchbesprechung Ed Walters, in: Journal für UFO-Forschung 70: 124-126
Peiniger, H.-W.(1998): Das Rätsel: Unbekannte Flugobjekte. Rastatt: Moewig
Pennick, Nigel (1987): Einst war uns die Erde heilig. Zürich: F. Hüber
Persinger, Michael (1983): Predicting Contemporary UFO Reports in Great Britain from Charles Fort's Data, in: Fortean Times 41: 58-65

Persinger, Michael (1984): Earthquakes and Space-Time Transients, in: Fortean Times 42: 50-54
Pritchard, A. et al., Hrsg. (1997): Alien Discussions: Proceedings of the Abduction Study Conference. North Cambridge Press 1994 (deusche Ausgabe: Von Außerirdischen entführt. Frankfurt: Zweitausendeins)
Randles, Jenny (1983): The Pennine UFO Mystery. London: Granada
Randles, Jenny (1988): Communion Commentary, in: Strange 2: 4-5
Rhine, Mark E. (1969): Psychological Aspects of UFO Reports, in: CONDON 1969: 590-598
Ribera, Antonio (1981): Secuestrados por extraterrestres. Barcelona: Planeta
Ribera, Antonio (1984): Galeria de condenados. Barcelona: Planeta
Ribera, Antonio (1987a): Los doce triángulos de la muerte. Barcelona: Plaza y Janés
Ribera, Antonio (1987b): Abducciones en la Peninsula, in: Cuadernos de Ufología, 2, 1: 46-57
Rickard, R. (1985); The Moving Statues of Ireland, in: Fortean Times 45: 30-33
Rickard, R. (1987a): What »Lake Monster Traditions« Means to Me, in: Fortean Times 49: 61-67
Rickard, R. (1987b): Close Encounters With Death, in: Fortean Times 49: 68-70
Robertson, R. McDonald (1977): Selected Highland Folktales. London: David & Charles
Rojcewicz, Peter M. (1987): The »Men in Black« Experience and Tradition, in: Pursuit, 20, 2: 72-77
Rutkowski, Chris (1987): UFOs as Natural Phenomena, in: *Evans,* Hrsg.: 273-276
Sachs, Margaret (1980): The UFO Encyclopedia. New York: Perigee
Schatt, Stanley (1976): Kurt Vonnegut. Boston, Mass.: Twayne Publishers
Schnabel, Jim (1994): Dark White. London : Hamish Hamilton
Schoenherr, Luis (1984): Percipient-Dependent Component in the UFO Experience, in: Pursuit 67: 98-127
Schuessler, John F. (1981): Cash-Landrum Radiation Case, in: Mufon UFO Journal 165: 3-6
Seesslen, G. (1980): Kino des Utopischen. Reinbeck: Rowohlt
Smith, Joseph (oJ.): Wie das Buch Mormon hervorkam, in: Das Buch Mormon. o.O.: Kirche Jesu Christi der Heiligen der Letzten Tage: v-viii
Smith, Willy (1987): UFOs in Latin America, in: *Evans,* Hrsg.: 97-113

Spencer, John (1985): Hypnose die Lösung? in: CENAP Report 117: 24-30
Spiegel (1985): Der Junge spinnt. Nr. 44, 28. Oktober 1985: 214
Spielberg, Steven (1979): Unheimliche Begegnung der dritten Art. München: Goldmann
Starkey, Marion L. (1949): The Devil in Massachusetts. New York: Alfred Knopf
Steward, James R. (1983): Sasquatch Sightings in South Dakota: An Analysis of an Episode of Collective Delusion. Kansas City, Missouri: Midwest Sociological Society
Stillings, Dennis (1987): Comment on Abductions, in: Pursuit 20, 2: 88
Strieber, Whitley (1987): Communion, New York: Avon
Strieber, Whitley (1988): Transformation – The Breakthrough, New York: William Morrow
Stringfield, Leonard (1987): The case for proof in a squirrel's cage, in: *Evans,* Hrsg. 145-155
Thomas, Keith (1982): Religion and the Dedine of Magic. Harmondsworth: Penguin
Truzzi, Marcello, Hrsg. (1968): Sociology and Everyday Life Englewood Cliffs Prentice Hall
Vallee, Jacques (1965): Passport to Magonia. Chicago Regnery
Vallee, Jacques (1974): The Pattern Behind the UFO Landings, in: *Bowen,* Hrsg. 27-67
Vallee, Jacques (1988): Letter to the Editor, in: Magonia 31: 15-16
Vallee, Jacques (1989): Dimensions – A Casebook of Alien Contact Chicago: Contemporary Books
Verne, Jules (1886): Robur le Conquerant. Paris: Hetzel
Vincente, Enrique de (1987): Lo absurdo se hizo Ovni, in: Cuadernos de Ufología, 2, 1: 33-45
Vita-Finzi, Claudio (1989): Omnivorous fantasy, in: Times Literary Supplement, March 3-9: 225
Vonnegut, Kurt (1969): Slaughterhouse Five. New York: Dell
Vonnegut, Kurt (1985): Galapagos. New York: Delacorte Press
Walsh, Michael (1988): The Opera as SF – Philip Glass rurns into psychodrama, part Freud, part Kafka, in: Time, 1.8.1988: 43
Walter, Werner (1988): Spacenapping, in: CENAP Report 149: 9-22
Walton, Travis (1978): The Walton Experience. New York: Berkley
Watkins, Alfred (1925): The Old Straight Track. London: Methuen
Watson, Nigel (1985): Things in the Air, in: Fortean Times 44: 42-43
Watson, Nigel (1987a): Blasted Rumours, in: Fortean Times 49: 51-52
Watson, Nigel (1987b): Before the Flying Saucers Came, in: *Evans,* Hrsg.: 26-31

Watson, Nigel (1988): Physical Trigger/Psychic Response, in: *Spencer,* John und *Evans,* Hilary, Hrsg.: Phenomenon. London: Futura 338-342

Webb, Walter N. (1996): Begegnung bei Buff Ledge. Rottenburg: Kopp

Wedd, Tony (1961): Skyways and Landmarks. Kingston-upon-Hill

Westrum, Ron (1983): The Sociology of Hidden Events, in: Fortean Times 41: 31-35

Wilson, Colin (1973): New Pathways in Psychology – Maslow and the Post-Freudian Revolution. London: Gollancz

Fortianische und Ufologische Zeitschriften

CENAP-Report
Werner Walter
Eisenacher Weg 16
68309 Mannheim
Internet: www.alien.de/cenap

Journal für UFO-Forschung
Gesellschaft zur Erforschung des UFO-Phänomens e.V.
Postfach 2361
58473 Lüdenscheid
Internet: www.ufo-forschung.de

Forum Parawissenschaften e.V.
Postfach 1202
69200 Sandhausen
Internet: www.forum-parawissenschaften.de

Fortean Times
John Brown Publishing
The New Boathouse
136-142 Bramley Road
London W10 6SR
Großbritannien
Internet: www.forteantimes.com

Fortean Studies
John Brown Publishing
The New Boathouse
136-142 Bramley Road
London W10 6SR
Großbritannien

Science Frontiers
William Corliss
Box 107
Glen Arm
MD 21057
USA
Internet: www.science-frontiers.com/sfonline.htm

Nessletter
Rip Hepple
7 Huntshieldford
St. John's Chapel
Weardale
Co Durham
DL 13 1 RQ
Großbritannien

Weitere Titel aus dem Königsfurt Verlag

Horst-Eberhard Richter / Elmar Brähler (Hg.):
Abschied vom Ego-Kult. Die neue soziale Offenheit.
ISBN 3-933939-00-3. *Wertewandel und neue Wege.*

Josef Rattner: Grundlagen ganzheitlicher Heilung.
Einführung in die Psychosomatik.
ISBN 3-933939-17-8. *Ratgeber für jeden Haushalt.*

Paul Letter: Paracelsus. Leben und Werk.
ISBN 3-933939-24-0. Hardcover, zahlreiche Abb. *Neue Quellen.*

Horst Obleser: Parzival. Ein Initiationsweg und seine Bedeutung.
ISBN 3-933939-26-7. *Die Gralslegende psychologisch gedeutet.*

Ulrich Magin: Ausflüge in die Anderswelt.
ISBN 3-933939-25-9. *Bedeutungen rätselhafter Phänomene.*

Pierre Niccart: Du bist was du vergißt. Ein Erlebnisbuch.
ISBN 3-933939-23-2, farbig. *Faszinierende Erfahrungen.*

Laura Hermes: Aphrodites Traum – Traumdeutung in der Antike.
ISBN 3-933939-28-3. *Unterhaltsam und informativ.*

Klausbernd Vollmar: Sich erfolgreich träumen.
ISBN 3-933939-07-0. *Die DreamCreativity®-Methode.*

Kb. Vollmar & J. Fiebig: Traum und Traumdeutung.
ISBN 3-933939-01-1. *Reihe: erleben und verstehen.*

Frederik Hetmann: Märchen und Märchendeutung.
ISBN 3-933939-02-X. *Reihe: erleben und verstehen.*

Hans Dieckmann: Zauber aus 1001 Nacht. Märchen & Symbole.
ISBN 3-933939-09-7. *Ein Klassiker der Märchenforschung.*

KÖNIGS FURT